VAUBAN

Bernard Pujo

VAUBAN

Albin Michel

En couverture : Portrait inédit provenant de la collection appartenant au comte Pierre de Bourgoing, au château d'Aunay. Le bâton de maréchal et le cordon bleu du Saint-Esprit ne figuraient pas à l'origine sur ce portrait qui représentait Vauban dans la force de l'âge. La tache visible sur la joue gauche est la trace d'une blessure reçue au siège de Douai en 1667.

22, rue Huyghens, 75014 Paris

ISBN 2-226-05250-X

Prologue

Le petit groupe de cavaliers mené par Vauban progresse à vive allure sur le chemin qui suit la vallée de la Cure, au pied de la colline de Vézelay. La brume automnale flotte encore sur la rivière, étendant son écharpe blanche sur les champs avoisinants. Le chemin devient sentier, il suit le tracé d'une antique voie romaine menant de Sens à Autun. Il quitte la vallée et grimpe dans les bois. D'un seul coup le voile de brume se déchire. Le soleil perce à travers les arbres, traçant dans la forêt des allées de lumière. Le sentier débouchant sur un plateau dégagé, les cavaliers s'arrêtent pour contempler le paysage. La basilique de Vézelay se dresse là-bas sur son piédestal, cerné par les vignobles aux teintes dorées. Une ligne de hauteurs barre l'horizon, ponctuée par des chapelles qui servaient autrefois d'abri aux pèlerins en marche vers Compostelle. Un vallon verdoyant, où paissent des animaux, se niche au milieu des bosquets. Tout à l'entour les bois avec leurs feuillages mordorés composent une palette de somptueuses couleurs.

Vauban hume avec délectation cette odeur de campagne à l'automne, mélange de senteurs de feuilles mortes, de champignons et de feux de bois. Ce matin il a laissé en arrière sa chaise de poste avec ses bagages car il est impatient d'arriver chez lui. Depuis cinq ans il attend ce congé pour retrouver sa terre de Bazoches et sa famille*[1].

Les chevaux, comme s'ils sentaient l'écurie proche, ont pris le petit galop. Vauban se laisse glisser dans le fond de sa selle, goûtant ce subtil plaisir du cavalier qui fait corps avec sa monture. Il oublie sa fatigue, ses inquiétudes, la guerre toujours recommencée. Ici dans sa terre de Morvand, sur son sol de granit, au milieu de ses bois, il retrouve la tranquillité d'esprit et la joie de vivre.

La voie romaine a tracé au milieu de la forêt une percée rectiligne, à

* Les notes sont à la fin de l'ouvrage.

flanc de coteau. Et puis dans une trouée apparaît l'élégante silhouette du château de Bazoches.

L'arrivée des cavaliers a été annoncée. Déjà Vauban entend les cris joyeux de ceux qui l'attendent. Ils ont franchi le pont qui enjambe les douves et s'avancent au-devant de lui : son épouse Jeanne, sa fille aînée Charlotte escortée de sa nombreuse progéniture, et sa fille cadette Jeanne-Françoise, sa préférée, la petite espiègle, maintenant mère de trois enfants. Suit toute la maisonnée avec des cousins, des neveux, parmi lesquels on reconnaît à sa soutane l'abbé Louis Le Prestre. Les serviteurs sont là aussi, ils font partie de la famille depuis tant d'années qu'ils vivent avec elle, comme la fidèle Gabrielle[2] qui tient compagnie à Mme de Vauban laissée si longtemps seule dans cette grande demeure.

Vauban descend un peu lourdement de sa monture. Dans les articulations l'on sent son âge et, en ce mois d'octobre 1701, il a soixante-huit ans passés[3]. Il embrasse sa famille dans de grandes effusions. Puis il se dirige vers un groupe qui se tient un peu en arrière dans une attitude déférente. Ce sont les fermiers de ses terres de Vauban, de Champignolles, de Neuffontaines, de Pouilly... venus accueillir leur seigneur. Ils ont apporté, suivant la coutume : qui un poulet, qui une pintade, qui un lapin ou un lièvre. Vauban les salue amicalement, s'enquiert de la dernière récolte, de l'état du bétail, il s'intéresse en particulier à la vendange : le vin de cette année sera-t-il bon et abondant ?

Maintenant il entre dans la cour du château. Chaque fois qu'il y pénètre, il en admire les heureuses proportions. Tout de suite il se dirige vers la grande galerie, aménagée par lui dans l'aile sud. C'est une vaste salle, transformée en atelier. Les frères Francart, ses fidèles dessinateurs sont là. Ils travaillent sur des projets de tours bastionnées. Accrochés aux murs des plans de places fortes, des croquis de portes monumentales, des esquisses de fronts fortifiés. Sur des tréteaux repose un plan en relief d'une ville avec sa citadelle, ses remparts flanqués de bastions et de demi-lunes. Des estafettes entrent, apportant d'Alsace, de Flandre et de Provence, des documents sur les travaux en cours. Vauban écoute les comptes rendus présentés par des ingénieurs qui l'attendaient, donne quelques conseils, rectifie le tracé d'une courtine. Puis il se retire dans sa chambre, accompagné de Colas, son valet de chambre. Dans celle-ci située au premier étage de la tour carrée, caressée le soir par le soleil couchant, il se défait de sa tenue de voyage. Il procède à quelques ablutions et prend à la hâte une légère collation. Par un étroit passage construit en encorbellement, il rejoint directement sa pièce préférée, son bureau aménagé dans la tour nord. Il y a si longtemps qu'il attend ce moment !

Ce bureau est une petite pièce pentagonale, revêtue de boiseries discrètement moulurées. Dans la cheminée un feu flambe allégrement, entretenant une douce température. L'ameublement se réduit à une table de travail toute simple et un fauteuil. Une fenêtre ouverte vers l'est permet à Vauban de surveiller l'entrée des dépendances du château : des bâtiments d'un style sobre, construits autour d'une cour pavée au milieu de laquelle des sources proches alimentent un vaste abreuvoir. Justement on y conduit les chevaux de son escorte, ils y pénètrent jusqu'aux jarrets, baignant leurs boulets et leurs paturons fatigués par les chemins pierreux du Morvand. Les valets d'écurie et les estafettes vont et viennent s'apostrophant bruyamment. Un maréchal-ferrant façonne un fer, son marteau frappant l'enclume lance des notes claires.

Vauban écoute avec plaisir cette joyeuse animation. Ce sont pour lui des sons familiers, si souvent entendus au cours de sa vie de nomade au milieu des camps, des garnisons ou des places fortes.

Puis il se dirige vers l'autre fenêtre, celle qui ouvre vers l'ouest. Quel contraste ! Tout de suite après les douves du château s'étendent des prés descendant en pente douce vers le creux du vallon. Des vaches et des moutons y broutent paisiblement. Quelques beaux chênes mettent des notes de couleur dans cette vallée verdoyante qui se prolonge très loin jusqu'à un horizon brumeux d'où émerge, sentinelle immobile, la colline de Vézelay. Vauban distingue clairement le profil de la basilique. Elle domine toute la région, repère précieux pour tous ceux qui cheminent sur la terre, appel silencieux pour ceux qui sont en quête de l'au-delà. Le soleil couchant éclaire magnifiquement la colline sacrée. Vauban contemple un long moment ce spectacle magique.

Il s'assied devant sa table et tout naturellement lève les yeux. Plutôt que de se complaire à des scènes de bataille, des peintures de forteresses, des motifs héraldiques, ce guerrier, ce preneur de villes, ce bâtisseur de places fortes a fait peindre les cinq caissons formant le plafond de son bureau en couleur bleu de ciel. Dans chaque angle un oiseau de la région est représenté dans une pose familière : un geai, une fauvette, un passereau, un pic et une bergeronnette. Celle-ci semble regarder le maître de ces lieux d'un œil moqueur. Dans le choix de son cadre, c'est l'homme qui se révèle.

Vauban prend un épais dossier posé sur le coin de sa table. Il porte un titre : *Mes Oisivetés* et un sous-titre, en guise de table des matières : « Ramas de plusieurs mémoires sur différents sujets. » Il consulte le carnet sur lequel il note les pensées qui lui passent par l'esprit pendant ses longues journées de voyage, ce sont pêle-mêle des questions techniques, des réflexions philosophiques, des observations sur les cultures des régions traversées.

Mais aujourd'hui il renonce à classer ses notes. On lui a demandé à Versailles d'établir un résumé de ses activités pendant ses cinquante années au service du Roi. Il choisit une plume qu'il taille avec soin et il inscrit en haut d'une feuille vierge :

Abrégé des services

Parlant de lui-même à la troisième personne, il trace ces premières lignes :

« Son nom est Sébastien Le Prestre, chevalier, seigneur de Vauban, qui est une maison de noblesse du Nivernais, dans lequel est située la petite seigneurie de Vauban appartenant à cette famille depuis deux cents ans et plus.

« Il a commencé à servir dès l'année 1651, âgé de dix-sept ans. Il a été assez heureux pour avoir pu continuer depuis ce temps-là jusqu'à aujourd'hui sans aucune interruption et sans avoir été, une seule année, soit en paix soit en guerre, qu'il n'ait été employé utilement hiver et été. »

Il ferme les yeux et il repense à sa jeunesse. Il se revoit enfant, ici même à Bazoches, avec son grand-père. C'est là que pour lui tout a commencé.

Avertissement

Pour rendre la lecture des textes plus facile, nous avons adopté la syntaxe et l'orthographe modernes (aussi bien pour les noms communs que pour les noms propres).

Nous avons seulement maintenu l'écriture ancienne pour le Morvand, cher au cœur de Vauban, qui était fier d'être *morvandiau.*

Les différentes mesures utilisées au XVIIe siècle peuvent être converties de la manière suivante :

mesure de longueur :	une lieue = 4 kilomètres (3,898 km)
	une toise = 2 mètres (1,949 m)
mesure de surface :	un arpent = 51 ares soit 1/2 hectare
	un arpent = 100 perches
	(mais l'arpent de Paris ne vaut que 32,4 ares)
mesure de volume :	liquide — un muid = 268 litres
	sel — un minot = 38 litres
mesure de poids :	un tonneau = 979 kilos
	un tonneau = 2 000 livres
mesure monétaire :	une pistole ou un louis = 10 livres
	un écu = 3 livres
	une livre = 20 sols
	un sol = 12 deniers

La transformation des écus ou des livres, du temps de Louis XIV, en francs de notre époque est difficile à réaliser. Les évaluations que nous avons pu consulter varient de manière importante.

Nous donnerons, à titre indicatif, l'estimation avancée par J.-F. Pernot dans sa présentation de la *Dixme Royale* : 1 livre = 1,57 franc or d'avant 1914, soit 41 francs de 1988.

En tout état de cause le pouvoir d'achat de ces unités monétaires ne peut être comparé.

PREMIÈRE PARTIE

PRENEUR DE VILLES ET BÂTISSEUR DE PLACES

1.

Les débuts difficiles d'un jeune hobereau 1633-1653

Origines familiales — Jeunesse en Morvand — Au service de Condé.

Les souvenirs d'enfance ne respectent ni la chronologie ni la topographie. Sébastien ne pouvait dater de manière précise ses séjours à Bazoches chez son grand-père. Dans sa mémoire ils devaient se mêler avec ses passages chez son oncle paternel, celui qui habitait au château de Vauban et qui en exploitait les terres.

L'histoire de sa famille, les Le Prestre, il l'a sans doute peu à peu reconstituée, comme l'on assemble les pièces d'un puzzle en découvrant progressivement le tableau qu'elles composent. D'autant que l'on ne dit pas tout aux enfants et que les souvenirs des adultes sont eux-mêmes déformés par le prisme de leur propre mémoire.

Les Le Prestre étaient originaires d'un petit bourg auvergnat, Brezons, dans le Cantal, au sud de la ville de Murat. Ils s'occupaient d'exploitations forestières et possédaient des biens importants. Mais, dans la première moitié du XVe siècle cette région fut ravagée par des bandes armées qui se disputaient le contrôle de la vicomté de Murat. Aussi cette famille s'était-elle repliée vers le Nivernais. C'était en effet une province riche en forêts, située entre deux bassins, celui de la Loire permettant d'acheminer les grumes vers les ports de l'Océan pour les constructions navales et celui de la Seine, avec l'Yonne et ses affluents sur lesquels flottaient les bois pour les besoins de la capitale.

Ainsi, un Jean Le Prestre de Brezons, abandonnant terres et titres, vient se fixer à Dun-Phlun près de Saint-Saulge [1]. Il y entre en relations d'affaires avec les La Perrière, seigneurs de Billy, qui s'occupent d'armement maritime à La Rochelle et leur fournit des pièces de bois pour la construction des navires.

Un La Perrière ayant épousé Charlotte de Montmorillon, dame de Bazoches, quitte Billy pour s'installer dans ce château. Les Le Prestre viennent se fixer à leur tour à proximité de Bazoches. Le petit-fils de Jean Le Prestre, Émery, qui a d'abord embrassé la carrière des armes, est revenu au pays pour reprendre la tradition familiale : il est fournisseur en bois de la marine royale et remplit en même temps la charge de « notaire » de la châtellenie de Bazoches. Il achète en 1555 à Charles de Champignolles, seigneur sans postérité et sans argent, son domaine de Vauban [2] et devient ainsi le premier Le Prestre de Vauban. Il a un fils, Jacques, qui sera le grand-père de Sébastien.

Quelle destinée a connue ce Jacques, né au milieu du XVIe siècle et mort au milieu du XVIIe, à quatre-vingt-seize ans... [3] ! Il commence sa carrière dans l'armée : son capitaine, Arnault, est un protestant, proche de l'amiral de Coligny. Jacques Le Prestre va servir un moment dans la maison de l'amiral, chef de file du parti huguenot. Il épouse la fille de son capitaine en 1571 à La Rochelle. Elle meurt après lui avoir donné deux enfants.

Jacques Le Prestre rentre alors en Morvand, où il se met au service de Claude de La Perrière, seigneur de Bazoches. Il en gère les biens et assume à son tour la charge de « notaire » de Bazoches ainsi que de ses dépendances. En 1591 il se remarie avec la fille de son châtelain, Françoise de La Perrière, et s'installe à Bazoches que son beau-père n'habite pas. Il y aura six enfants, trois garçons et trois filles. L'aîné des garçons de ce second mariage, Urbain, sera le père de Sébastien.

Alors se noue le drame : Claude de La Perrière meurt sans avoir rédigé de testament. On apprend que Françoise est une fille naturelle [4], reconnue par son père, nonobstant illégitime. Les héritiers légitimes de Claude de La Perrière entament un procès qui durera plus de trente ans. Les Le Prestre s'y ruineront sans pour autant conserver le domaine de Bazoches.

Jacques Le Prestre avait légué à son fils aîné, Paul, quand celui-ci s'était marié, le château de Vauban et une partie de son domaine. Urbain se mariant à son tour, en 1630, Jacques Le Prestre répartit entre les six enfants de son second mariage le reste de ses biens. Dans ce partage Urbain reçoit le manoir de Champignolles avec un lot de terres et de bois en communauté avec son frère puîné. C'est ce dernier, Jacques, qui va rester sur place pour cultiver ce petit domaine. Urbain lui cédera d'ailleurs aussitôt sa part, allant s'installer à Saint-Léger-de-Fourcheret [5], paroisse d'origine de sa jeune épouse.

En mai 1633 y naîtra Sébastien Le Prestre qui se fera connaître sous le nom de Vauban.

Tel est donc l'héritage génétique du jeune Sébastien. Des lignées d'hommes attachés à la terre et aux bois, des hommes de la France profonde, des Auvergnats et des Morvandiaux, des soldats aussi : à chaque génération, aussi loin que l'on peut remonter, il y a un ou deux Le Prestre qui se sont fait tuer au service du Roi. Car ce sont des nobles, de petite noblesse certes, mais ils sont Le Prestre de Brezons puis Le Prestre de Vauban. Et quand le Roi les appelle, ils répondent présent comme le grand-père de Sébastien qui est parti en campagne, ayant le titre d'écuyer, en 1595, avec la noblesse du Nivernais.

Tout cela le jeune Sébastien va l'apprendre bribes par bribes. Il écoute avec passion son grand-père, la mémoire de la famille, lui raconter tous ses souvenirs intimement liés à l'histoire de son pays. Quand ce grand-père disparaîtra, Sébastien souffrira de n'être plus chez lui à Bazoches. Il naîtra alors dans l'esprit de ce jeune garçon la volonté farouche de revenir un jour dans cette demeure qu'il fera sienne.

Comme s'il voulait chasser de son esprit des souvenirs pesants, Vauban ne parle jamais de sa jeunesse. Son père, Urbain, n'avait disposé que d'un petit héritage et n'avait pas rempli d'emploi officiel. Il n'était pas entré dans la carrière des armes, comme son frère aîné, Paul, tué en 1635 à la bataille de Rethel, ou comme son jeune frère Gabriel, tombé la même année en Piémont. Il n'avait pas choisi le commerce des bois, qui avait autrefois enrichi sa famille ; il ne s'était pas non plus orienté vers la magistrature. C'était un homme simple, bon et sans doute un peu effacé. Urbain aimait la nature, particulièrement les arbres qu'il soignait et greffait avec succès. Il avait épousé Aimée de Cormignolles, elle aussi de petite noblesse et sans grande fortune.

Sans doute ce jeune ménage, sympathique mais désargenté, apparenté à tous les seigneurs des environs, était-il reçu dans leurs châteaux ou leurs manoirs. Urbain s'occupait de l'aménagement de leurs jardins et de leurs vergers. C'est ainsi qu'à l'époque de leur mariage, ils étaient domiciliés au château de Ruères[6], appartenant à la famille huguenote des Briquemaut[7]. Plus tard ils habiteront probablement un certain temps au château de Gresigny dont les propriétaires, la famille Morot, étaient alliés aux Le Prestre[8].

Sébastien est baptisé dans la petite église de Saint-Léger-de-Fourcheret le 13 mai 1633 par l'abbé Orillard, curé de la paroisse. C'est ce prêtre, assisté de son vicaire l'abbé Philippe de Morot, qui va donner au jeune garçon ses premières leçons d'écriture, de lecture, de calcul et, bien sûr, de catéchisme.

Saint-Léger-de-Fourcheret se situe en bordure septentrionale du massif du Morvand, plus au nord c'est la « Terre-Plaine », un plateau s'ouvrant sur de larges horizons. Le Morvand, région « bossillée » dira Vauban, aux vallées profondes et aux sombres forêts, est un pays rude. Après des étés souvent chauds et de beaux automnes, les hivers arrivent brutalement avec des températures très basses, la neige tient longtemps sur le sol, et les printemps sont humides et froids. C'est un climat éprouvant : quand on y résiste, on se forge une santé ! Et Sébastien résiste aux froids. On note dans une chronique locale :

« Le 24 mai 1635 [deux ans après sa naissance] et les deux jours

Le Morvand de Vauban

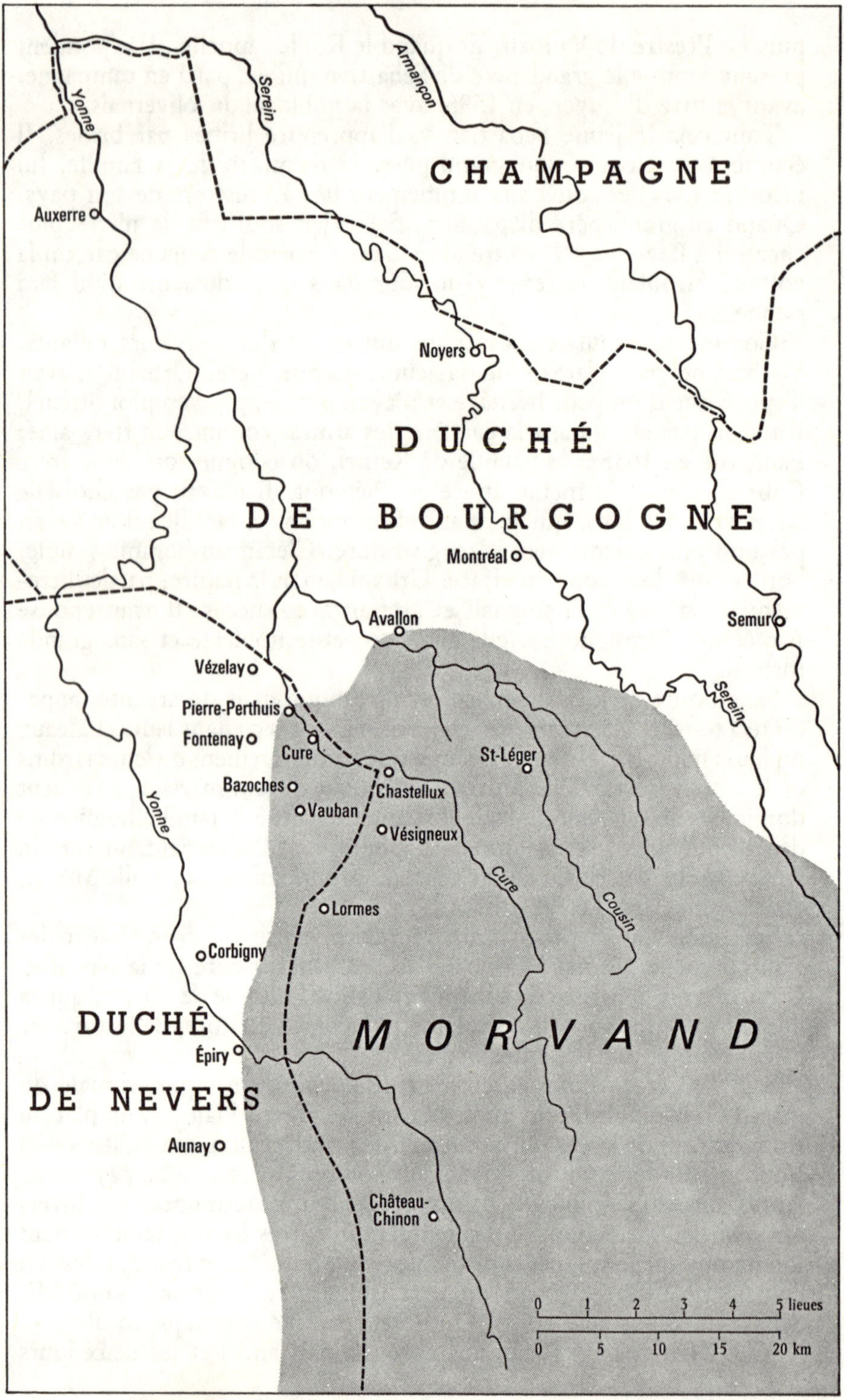

suivants il survint de si fortes gelées que les vignes, les seigles et la dernière poussée des arbres furent complètement gâtés[9]. »

Sébastien résiste aussi aux épidémies qui sévissent dans la région : « En 1637 une terrible épidémie de peste ravagea plusieurs localités dans le nord du Morvand, en particulier la ville d'Avallon perdit plus de sept cents habitants de tous âges. Un drapeau noir flottait sur les tours et les clochers de la ville[10]. »

Il mène la vie insouciante et turbulente de tous les garçons de son âge, au milieu des petits paysans du village, préférant cette compagnie à celle de sa sœur unique, Charlotte, de cinq ans sa cadette, courant à travers les prés et les bois, pêchant dans les ruisseaux, attrapant des écrevisses, dénichant des nids et gaulant les noyers, chapardant les fruits dans les vergers que son père entretenait amoureusement. Il mène ainsi une existence heureuse et libre. Puis, quand il grandit, il commence à aider, comme tous les jeunes à la campagne, à sortir et rentrer les bêtes, à chercher de l'eau à la fontaine ou au puits, à entasser le bois à l'abri pour l'hiver. Au fur et à mesure qu'il prend des forces il participe plus activement aux travaux des champs. Il accompagne et seconde son père dans ses tournées arboricoles. Ensemble ils cueillent le long des chemins, sur les talus ou dans les fossés, des plantes dont Sébastien apprend en même temps le nom et les vertus : la bardane, dont les fruits, les pignoles, s'accrochent aux vêtements des paysans et aux toisons des animaux, elle soigne les maladies de la peau ; le serpolet, surnommé le pouillot, dont on parfume le boudin ; la sauge, aux multiples usages médicinaux ; le pied de chat, avec ses fleurs roses ou blanches on compose une poudre contre la toux ; la scrofulaire, utilisée pour soigner les truies ; la salicaire, dont les grandes et belles fleurs rouges sont souveraines contre la diarrhée.

Au cours de ces longues promenades Sébastien ne cesse d'observer, d'interroger, de tout enregistrer.

Sa connaissance et son amour de la terre trouvent leurs puissantes racines dans cette jeunesse campagnarde, son exceptionnelle résistance et sa vigueur aussi. Chaque fois qu'il le peut, il va chez son grand-père — Bazoches n'est qu'à cinq lieues de Saint-Léger-de-Fourcheret —, mais par quels chemins ! Il faut dévaler et regrimper pour traverser les petites vallées du Cousin, de la Cure et du Chalaux. Les sentiers sont rudes et pierreux. Les bois sont épais avec des taillis ronceux, où l'on grappille en fin d'été des mûres savoureuses qui tachent les doigts et maculent la figure de l'enfant. Pour traverser les ruisseaux on saute de rocher en rocher, parfois l'on glisse et l'on tombe dans de grands éclaboussements et des éclats de rire. Partout se dressent des arbres magnifiques, des chênes aux structures puissantes, des charmes à la silhouette plus légère, au bord de l'eau des vergnes[11] aux troncs tordus ou des saules aux feuillages argentés. De petits étangs se nichent au creux d'un vallon. Au passage de l'enfant, qui lance des galets ricochant sur l'eau, des sarcelles et des canards sauvages s'envolent dans un bruit d'ailes et de nasillements.

Des blocs de granit percent de-ci de-là la mince couche d'humus, comme des sentinelles veillant sur cette vieille terre du Morvand. Elle a vu passer les tribus arvernes et éduennes, défiler les colonnes des légions romaines, et demeure inchangée, intangible et immuable. Sébastien est inconsciemment imprégné de cette nature austère et secrète qui façonne des hommes rudes et opiniâtres.

Bientôt les leçons du brave curé de village deviennent insuffisantes. Les parents de Sébastien se préoccupent de lui donner une formation plus poussée. Ils s'adressent à un membre de leur famille, l'abbé de Fontaine, qui réside au prieuré de Montréal.

Montréal n'est éloigné que d'environ cinq lieues de Saint-Léger-de-Fourcheret, mais c'est un tout autre pays et une autre histoire. Ce « Mont royal » se dresse en effet au milieu de la Terre-Plaine, petite cité cernée d'une triple enceinte, blottie contre son château d'où l'on jouit d'une admirable vue panoramique. Sébastien découvre un autre monde, la vie citadine dans un lacis de ruelles et de courettes. Il apprend aussi une autre tranche d'Histoire de France, passant de l'époque gallo-romaine à l'ère mérovingienne et carolingienne. Dans la collégiale, où des artisans ont sculpté sur les stalles en chêne des scènes naïves et savoureuses de la vie quotidienne, Sébastien découvre les noms des souverains venus prier dans cette église : depuis la reine Brunehaut en passant par les Childéric jusqu'aux Lothaire.

Mais son précepteur est envoyé au prieuré de Semur. Sébastien l'accompagne, sans doute, pendant quelque temps, Il s'éloigne peu de son village natal, six lieues à vol d'oiseau. Ce n'est plus toutefois le Morvand mais l'Auxois, un pays d'élevage parsemé de quelques buttes. Semur se dresse sur l'une d'elles, dans une boucle de l'Armançon, protégée par une ceinture impressionnante de hautes murailles ponctuées de puissantes tours. Cette fois c'est à l'histoire du Moyen Âge et de la Renaissance que Sébastien va être confronté dans cette petite ville au passé tumultueux. Incorporée au duché de Bourgogne au XIe siècle, conquise par Louis XI en 1478, puis devenue le refuge des Ligueurs, son château est démantelé par Henri IV dans les premières années du XVIIe siècle.

Que lui apprenait l'abbé de Fontaine ? Vauban a répondu indirectement à cette question en parlant de son bagage de connaissances à la fin de son adolescence, « ayant une assez bonne teinture des mathématiques et des fortifications et ne dessinant d'ailleurs pas mal [12] ».

Curieuse formation donnée par ce prêtre ! Elle s'explique cependant quand on sait que la fortification était alors couramment enseignée dans les collèges comme une application de la géométrie. Les Italiens avaient en effet révolutionné, au XVIe siècle, l'art de la fortification en y introduisant des formes géométriques. Il fallait, dès lors, posséder quelques notions de mathématiques pour pouvoir calculer des angles et des niveaux et être en mesure de discuter savamment de flanquements ou de systèmes bastionnés.

Mais cette formation donnée par l'abbé de Fontaine comportait des lacunes, Vauban s'en excusera plus tard auprès du duc de Bourgogne auquel il soumettait un mémoire : « Vous n'en trouverez pas le style fleuri ni éloquent, mais très simple, et d'un homme, qui n'ayant pas d'études, cherche à se faire entendre du mieux qu'il peut. »

Il est donc probable que Sébastien n'a pas fréquenté le collège des Carmes [13] qui accueillait à cette époque la jeunesse noble de la région et qu'il s'est contenté des leçons particulières de son parent. L'essentiel de sa formation, il l'a acquise par lui-même grâce à son exceptionnelle capacité d'observation et d'écoute.

Sébastien apprend tout d'abord que cette bordure septentrionale du Morvand, où il est né, constitue la limite du duché de Bourgogne qui s'enfonce comme un doigt de gant entre la Champagne et le Nivernais, deux anciennes provinces de la couronne de France. Comme dans tous les pays de marches, avec des frontières fluctuant au gré des alliances politiques ou matrimoniales, les villes se protègent et se fortifient, les demeures seigneuriales sont des forteresses ou des maisons fortes. Tout jeune il épelle les noms de ces cités fortifiées : Vézelay, Avallon, Noyers, Montréal, Semur... Il découvre cette ligne de châteaux placés en sentinelles au passage des rivières ou plantés comme des guetteurs sur les hauts de terrain : Vauban, Bazoches, Domecy, Chastellux, Vésigneux, Ruères et tant d'autres. Il est sensible à la noblesse de leur architecture, à la majesté des murailles flanquées de leurs tours, à la puissance de leurs donjons. Il observe ces silhouettes qui font corps avec leur site, il examine la structure de ces fortifications sans se douter encore que son destin se confondra avec leur construction et parfois leur destruction.

En écoutant l'histoire de ce pays, il apprend ainsi le triste sort de ces régions limitrophes [14], pillées par les troupes ou leur servant de champ de bataille. Ce sont les affrontements entre catholiques et huguenots qui dévastent le nord du Morvand pendant la seconde moitié du XVIe siècle. Une des familles les plus influentes de l'Avallonnais, les Jaucourt, est passée au protestantisme. Avallon est assiégée et ses alentours mis à sac par les protestants. Une bande armée, menée par le capitaine Blosset, venant du Nivernais en 1554, attaque et brûle les châteaux de Domecy et de Vauban [15]. Puis les protestants se sont emparés de la ville de Vézelay dont ils ont fait un point d'appui dans la région. Ils sont aussi bien implantés autour de Saint-Léger-de-Fourcheret avec les châteaux de Villarnoux et de Ruères.

Sébastien écoute son grand-père lui raconter l'histoire de cette sombre période au cours de laquelle la France a failli sombrer dans le chaos. Puis ces luttes se sont apaisées, l'édit de Nantes en 1598 a donné aux huguenots une charte de leurs droits et de leurs privilèges. Mais le feu couve sous les cendres : les protestants, soutenus et poussés par les Anglais, se sont révoltés contre le pouvoir royal. Le cardinal de Richelieu a maté cette révolte et pris la ville de La Rochelle en 1628. Toute cette histoire, encore très proche, marque profondément l'esprit de Sébastien.

Ensuite la France est en guerre contre les Habsbourg qui règnent sur le Saint Empire germanique et sur l'Espagne. Une Espagne dont les possessions en Italie, en Franche-Comté et aux Pays-Bas encerclent le royaume de France. La guerre a commencé en 1635, deux ans après la naissance de Sébastien et elle dure toujours. Les péripéties et les retournements de situation sont nombreux. A la fin de l'année 1642 le cardinal de Richelieu meurt, Louis XIII le suit quelques mois plus tard dans la tombe. Les Espagnols en profitent pour reprendre l'offensive et se jeter sur la Champagne. C'est alors qu'un jeune prince, le duc d'Enghien, sauve la couronne en gagnant la bataille de Rocroi.

Sébastien apprend aussi que Turenne mène des actions victorieuses contre les impériaux sur le Rhin, s'ouvre la route du Danube et marche sur Vienne. L'empereur Ferdinand accepte de signer en 1648 le traité de Westphalie. Mais les Habsbourg d'Espagne ne désarment pas et la guerre se poursuit contre eux. Toutefois la Fronde qui se lève en France ralentit le cours des campagnes militaires.

Tels sont les échos qui parviennent jusqu'au Morvand, en ce début d'année 1651.

Sébastien est maintenant un adolescent, solide gaillard entraîné aux longues courses à travers le pays, aimant galoper à bride abattue quand par chance on lui prête un cheval, passionné de chasse et de pêche, habitué à se baigner dans les eaux froides des ruisseaux et des étangs. De taille moyenne, bien charpenté, la face colorée et tannée par le grand air : rien ne le distingue de ses camarades, paysans morvandiaux modelés par une terre et un climat également rudes. Rien, sinon le regard qui éclaire et transcende sa physionomie. Il a l'œil vif toujours en éveil, il observe, il écoute, il enregistre tout. Il sait bien qu'étant de petite noblesse et sans fortune, n'ayant pas vocation à être d'Église ni de goût pour être robin, son destin est d'être un soldat. Il est impatient d'action. A cette époque on entrait jeune dans le métier des armes : Turenne n'avait que quinze ans quand il prit du service, La Rochefoucauld était soldat à treize ans, Fabert était entré à quatorze ans dans les gardes-françaises et Condé commandait en chef à vingt et un ans !

Justement une grande nouvelle circule dans les manoirs et les châteaux de la région : Condé vient visiter son cousin Louis de

Bourbon à Vésigneux. Condé, prince de sang, descend directement de Charles de Bourbon, proche oncle du roi Henri IV. Tout jeune, n'étant encore que le duc d'Enghien, il est investi du commandement des armées du Nord dans un moment tragique où les troupes espagnoles déferlent à travers la Champagne. Avec une fougue extraordinaire, il a culbuté à la tête de sa cavalerie « la redoutable infanterie espagnole », les *Tercios*. Triomphe du mouvement contre une formation statique, de la jeunesse contre l'expérience d'un glorieux mais vieux maréchal : c'est la victoire de Rocroi le 19 mai 1643. Deux ans plus tard Condé, envoyé sur le Rhin avec Turenne, gagne une nouvelle bataille à Nördlingen, puis il défait les Espagnols à Lens en 1648.

Grâce à ces actions victorieuses de Condé et de Turenne, le cardinal Mazarin a pu contraindre la Maison d'Autriche à signer la paix de Westphalie. Un traité qui reconnaît officiellement à la France ses droits sur les Trois Évêchés (Metz, Toul et Verdun), et lui accorde des places en Palatinat ainsi que des garnisons en haute Alsace : c'est la frontière du Rhin enfin acquise.

En dépit de ce grand succès, qui aurait pu lui valoir quelque reconnaissance, Mazarin se heurte à une résistance de plus en plus vive. Le parlement de Paris se dresse contre lui, récusant les mesures financières prises par le gouvernement. C'est le début de la Fronde.

Le Cardinal fait arrêter les meneurs provoquant l'insurrection dans la capitale. La Cour doit quitter précipitamment le Louvre dans la nuit du 5 janvier 1649 pour chercher refuge au château de Saint-Germain. Alors Condé avec ses troupes assiège Paris et fait céder la rébellion. Condé doublement vainqueur de l'ennemi sur les frontières et de l'insurrection à l'intérieur, estime que la Reine Mère doit l'appeler auprès d'elle pour remplacer Mazarin. Mais bientôt il constate que le Cardinal n'est nullement prêt à lui céder sa place. Furieux, il rejoint le clan de la Fronde.

Mazarin réagit promptement et le fait enfermer à Vincennes, en même temps que d'autres princes comploteurs, le 18 janvier 1650. Cependant l'agitation s'amplifie, gagne la province. Le Cardinal, sentant que la situation lui échappe, relâche Condé et les princes frondeurs le 13 février 1651, tandis que lui-même se replie sur Cologne pour observer la suite des événements. Condé vient d'être libéré quand il passe par Vésigneux, en route pour la Guyenne dont il a reçu le gouvernement. Il n'est pas encore un rebelle. Il se targue au contraire de vouloir défendre la royauté contre cet « intrigant italien » qui manœuvre la Reine Mère. Ne chuchote-t-on pas qu'elle aurait même épousé secrètement Mazarin...

Vésigneux est le rendez-vous habituel de la noblesse des environs. Le comte de Bourbon-Busset, dont la fortune égale la naissance, en a fait sa résidence principale. Il aime à s'y entourer d'une petite cour.

Chaque année, pendant la belle saison, il y donne de brillantes fêtes auxquelles les princes de sang eux-mêmes ne dédaignent pas de prendre part[16].

Le château se dresse au creux d'un vallon formant un noble ensemble avec son vaste corps de logis, encadré de deux ailes. Il comporte un donjon, est flanqué de plusieurs tours et est protégé par de larges douves remplies d'eau. Ce château a joué autrefois un rôle militaire, c'est maintenant une belle demeure avec sa cour intérieure aux aimables proportions, son environnement de chênes et de tilleuls centenaires, son étang bordé de roseaux.

Le châtelain a invité tous les seigneurs du voisinage à venir saluer le prince de Condé. Déjà les équipages arrivent par l'allée seigneuriale plantée d'arbres qui forment une voûte triomphale. Les vastes dépendances se remplissent, elles peuvent accueillir jusqu'à quatre-vingts chevaux.

Le jeune Sébastien est accompagné par son père et par son oncle maternel, Edmé de Cormignolles, sieur de la Montagne, qui sert dans le régiment de Condé. Dans la grande salle centrale où se presse une brillante assistance, le prince fait son entrée. Profil d'aigle, avec un nez bourbonien, une laideur imposante, une mine de reître : il a une allure accordée à son caractère violent et orgueilleux. Il dévisage ce jeune homme, le jauge d'un coup d'œil et l'accepte au titre de cadet[17] dans son régiment.

Et Sébastien, âgé de dix-sept ans, se met en route pour Clermont-en-Argonne, base arrière du régiment de Condé. Il a en poche, comme tout viatique, une lettre de recommandation pour le capitaine d'Arcenay[18]. Celui-ci n'est pas un inconnu pour lui. La terre d'Arcenay est en Morvand, toujours dans ce rayon de cinq lieues autour de Saint-Léger, cercle à l'intérieur duquel Sébastien a passé toute sa jeunesse et son adolescence.

Enrôlé à son arrivée sous son nom de Sébastien Le Prestre, il ne se fera pas appeler par son patronyme : désormais il est Vauban.

Clermont est à cette époque un gros village adossé au flanc d'une colline boisée dont le sommet est le point culminant du massif de l'Argonne. Un château fort se dresse au-dessus du village sur une butte, au pied de laquelle coule une petite rivière, l'Aire. L'ensemble est ceinturé de remparts. Point de passage obligé au débouché de l'Argonne, sur la route de l'Alsace, cette modeste place est passée de main en main au gré des luttes avec la Lorraine. Elle est française depuis 1632. Le Roi l'a donnée à Condé.

Le jeune Vauban est fier de servir sous ce chef prestigieux. Ayant déclaré qu'il avait des notions de fortifications, il a tout de suite été désigné pour travailler à la remise en état des défenses de Clermont.

Grâce à cela il ne participera pas aux actions menées par son régiment contre les troupes royales. Car maintenant Condé s'est rangé du côté de la Fronde, allant jusqu'à traiter en secret avec les Espagnols. Il a rejoint l'armée des princes qui s'est heurtée à Gien à l'armée loyaliste de Turenne.

Puis ce sera l'épisode rocambolesque de la Grande Mademoiselle, propre cousine du Roi, qui ouvrira les portes de Paris aux troupes rebelles de Condé et qui fera tirer le canon de la Bastille contre l'armée royale. Finalement, en novembre 1652, le jeune roi [19] a pu rentrer dans sa capitale. Condé a déjà quitté Paris, ramenant ses troupes en Argonne où les rejoignent des contingents espagnols. Il décide de mettre le siège devant la place royale de Sainte-Menehould, qui est à moins de trois lieues de son fief de Clermont.

Sainte-Menehould est situé en limite de Champagne, au pied du versant ouest de l'Argonne, commandant le défilé qui permet à la route de Paris de traverser le massif. C'est une position importante. Au cours de son histoire elle a déjà subi cinq sièges.

Vauban, engagé pour la première fois dans une action de guerre, va immédiatement s'y distinguer. La place de Sainte-Menehould, bâtie sur un monticule, est bordée par le cours de l'Aisne. Son enceinte fortifiée est cernée par un fossé rempli des eaux de la rivière grâce à un canal creusé en amont de la ville du temps de François Ier.

Vauban participe à la confection de quelques « logements » de mines dans la muraille pour les faire effondrer avant l'assaut. A un moment critique, pour aider à cette action, il se jette à la nage dans la rivière sous le feu de l'ennemi, « action qui lui fut imputée à grand honneur, et qui lui attira beaucoup de caresses de la part de ses officiers », note-t-il dans son *Abrégé des Services* [20].

Pour le récompenser de sa brillante conduite, on lui propose un poste d'enseigne [21] dans le régiment de Condé. Mais le jeune Vauban est réaliste. Il sait que pour tenir un rang d'officier il lui faudrait disposer de moyens financiers dont il est totalement dépourvu. Il remercie en soulignant « qu'il n'était pas en état d'en soutenir le caractère ». Il demande sagement à passer « maître [22] » dans la cavalerie où il va servir pendant un an. Engagé dans plusieurs opérations, il sera blessé au cours de l'une d'elles.

Vauban ne se pose pas tout de suite de questions ; pour lui comme pour les jeunes de son âge, la guerre est un jeu brutal mais noble et exaltant, qui prolonge ceux de l'adolescence. Toutefois, bientôt il s'interroge. Il est au service de Condé et celui-ci ne se bat plus contre Mazarin, il lutte contre le Roi : il a partie liée avec l'étranger !

Vauban sait que Turenne, après avoir combattu un temps du côté de la Fronde, a rejoint le service du Roi. Il songe à tous ses aïeux, les Le Prestre, qui ont toujours servi avec fidélité la couronne de France. Mais il est engagé d'honneur vis-à-vis de Condé qui l'a accepté, jeune hobereau sans grande qualification, lui a fait confiance et lui a donné sa chance. Alors tout en réfléchissant, il attend une occasion, un signe du destin.

Avec une escouade de cavaliers, Vauban fait une reconnaissance tout près des positions tenues par les troupes royales... Cinquante ans plus tard il reverra cette scène, gravée dans sa mémoire, comme si elle s'était déroulée la veille[23]. Une patrouille du régiment de Saint-Maure les surprend. Ses trois compagnons tombent tout de suite aux mains de ce parti. Lui s'échappe, pousse vigoureusement son cheval, repère d'un coup d'œil l'entrée d'un étroit chemin creux et s'y engage. La patrouille royale le suit, obligée de se mettre à la queue leu leu. Alors brusquement il se retourne, pointe son arme sur le cavalier qui le suit de plus près, le lieutenant Saint-Pierre, et lui dicte ses conditions de reddition : il ne sera ni dépouillé, ni maltraité et gardera sa monture. Proposition acceptée, il fait son entrée dans le camp royal à cheval et avec son arme !

Mazarin, à qui l'on a rapporté cette affaire, se fait présenter le jeune homme. Curieux face-à-face... Ce cardinal, qui n'était pas homme d'Église, italien de naissance, au service de la France, rompu à toutes les finesses et les roueries de la diplomatie, dissimulant derrière une façade de modestie et d'humilité une soif dévorante de pouvoir et de richesse, avait connu d'étonnants avatars mais il était en train de triompher de la rébellion intérieure comme de la menace extérieure et d'assurer la couronne sur la tête de son filleul, le roi Louis XIV. Devant lui un jeune hobereau, tout juste sorti d'une des terres les plus anciennes et les plus reculées du royaume, peu au fait d'une situation politique, à vrai dire très embrouillée, mais animé par une volonté ardente de se dévouer corps et âme à son Roi, parce qu'il incarnait pour lui la France.

Mazarin a peu de peine à convaincre son interlocuteur, qui sort de cet entretien « converti » suivant son propre terme, de se placer au service du Roi. On ne peut s'empêcher de penser que cette reddition ait été voulue et calculée par Vauban pour lui permettre de changer de camp sans perdre ni la face ni l'honneur.

Cela se passait vers la fin de l'été 1653 : Vauban avait tout juste vingt ans.

2.

Rude apprentissage d'un ingénieur 1653-1659

Années de formation sous Clerville — Sièges menés sous La Ferté et Turenne — Paix des Pyrénées.

Au moment où le jeune Vauban se range sous la bannière royale, la situation en France est encore confuse. Certes la Fronde est maîtrisée mais l'agitation dans les provinces n'est pas encore calmée. Surtout la guerre contre l'Espagne se poursuit. Les Espagnols ont profité de ces cinq années de désordre en France pour reprendre les présides de Toscane et la place de Casal en Italie, pour saisir la ville de Dunkerque, Gravelines et Mardick en Flandre maritime et pour récupérer la Catalogne. Toutefois, l'Espagne n'est pas assez forte pour porter des coups décisifs à son adversaire et la France est encore trop affaiblie par la période anarchique qu'elle vient de traverser, pour faire céder les Habsbourg de Madrid.

Mazarin manœuvre habilement afin de se concilier l'Angleterre de Cromwell[1], puis les princes allemands groupés dans la « ligue du Rhin ». Il amènera ainsi Philippe IV d'Espagne à signer en 1659 la paix des Pyrénées.

Pendant encore six ans la guerre se traînera avec une succession de places prises ou perdues, de rencontres où s'affronteront Condé à la tête des troupes espagnoles et Turenne commandant les armées du Roi. Vauban sera présent à la plupart de ces actions, employé alternativement à la conduite des travaux de sape ou de mine puis à la réparation des forteresses. Six années de rude apprentissage pendant lesquelles il va, en première ligne, participer à quatorze sièges ! Vauban se souvient avec émotion de cette suite ininterrompue de sièges, il s'y trouvait toujours dans les endroits les plus exposés. Il ne s'en sortit que par miracle, l'un des rares survivants des équipes d'ingénieurs engagés dans ces opérations, ayant été lui-même blessé sérieusement plus d'une douzaine de fois.

En temps de guerre la fonction d'ingénieur était très meurtrière. Vauban, qui en parlait savamment, la décrivait en ces termes : « Il n'y avait autrefois rien de plus rare en France que les gens de cette profession et le peu qu'il y en avait subsistait si peu de temps qu'il était encore plus rare d'en voir qui eussent vu cinq ou six sièges, et encore plus qui en eussent tant vu sans y avoir reçu beaucoup de blessures qui, les mettant hors de service dès le commencement ou le milieu d'un siège, les empêchaient d'en voir la fin et par conséquent de s'y rendre savants[2]. »

Les sièges se déroulaient toujours suivant le même cérémonial. Une armée investissait d'abord par surprise la place ennemie afin de couper toute liaison avec l'extérieur, puis elle s'installait solidement entre deux lignes de retranchement qui ceinturaient la place, pour interdire aussi bien une sortie des assiégés que l'intervention de forces venant la secourir. C'est alors qu'entraient en jeu les ingénieurs. Ils choisissaient un ou plusieurs secteurs d'attaque, puis faisaient creuser des tranchées progressant dans ces directions suivant des tracés sinueux pour éviter qu'elles ne soient battues par des tirs d'enfilade. On ménageait de cette manière des cheminements jusqu'à la contrescarpe, et à l'escarpe même, afin d'installer au pied des murailles des « logements de mines » pour les faire effondrer. Par les brèches ainsi pratiquées les troupes d'assaut pouvaient s'engouffrer dans la place.

Les soldats, ou les paysans réquisitionnés pour travailler aux tranchées, étaient soumis aux feux de canons ou de mortiers de la place, dès qu'ils entraient dans la zone de portée de ces engins, soit de l'ordre de cinq à six cents mètres, puis ils étaient exposés aux tirs des mousquets et aux lancers de grenades à courte distance. C'est pourquoi la dernière partie du creusement des sapes se faisait-elle de nuit. Ces travailleurs pouvaient aussi subir les sorties en force des assiégés, tentant d'interrompre leur ouvrage et de détruire leurs préparatifs. On comprend que les ingénieurs, se relayant jour et nuit pour diriger et stimuler la main-d'œuvre, aient été particulièrement exposés. Les pertes dans leurs rangs étaient toujours lourdes.

Mazarin a mis sa jeune recrue à la disposition du chevalier de Clerville[3], considéré alors comme le grand spécialiste des sièges et des fortifications. Clerville se prépare justement à diriger le siège de Sainte-Menehould que le maréchal du Plessis vient d'investir. La première mission de Vauban va donc être d'intervenir en second dans la reconquête d'une place, qu'il avait lui-même aidé à faire tomber dans les mains de Condé moins de deux ans plus tôt.

Le Cardinal a-t-il choisi à dessein cette mission pour mettre à l'épreuve la sincérité de la « conversion » de Vauban, ou plus simplement a-t-il estimé que celui-ci, connaissant bien les défenses de Sainte-Menehould, apporterait une aide précieuse à Clerville ? Mazarin était assez habile pour avoir fait d'une pierre deux coups.

Vauban, quant à lui, ne se pose pas de cas de conscience. Clerville en a témoigné : « Le sieur de Vauban [...] a bien et fidèlement servi Sa Majesté sous notre direction au siège de Sainte-Menehould, [...] à la conduite des lignes, tranchées et sapes qui lui furent par nous commis dont il s'acquitte très dignement [...][4]. »

Après un mois de siège la garnison se rendit. Le jeune Louis XIV, entouré d'une petite cour, a assisté pour la première fois à un siège. Son parrain et tuteur, le Cardinal, était aussi présent. Il a pu constater le zèle et l'efficacité de sa nouvelle recrue.

La reddition de Sainte-Menehould, le 27 novembre, marque la fin de la campagne pour l'année 1653. Le Roi, escorté par la Cour, rentre dans sa capitale. Les armées des deux parties prennent leurs quartiers d'hiver : il n'est point d'usage de se battre pendant la mauvaise saison.

Vauban, chargé par Clerville de réparer les brèches pratiquées dans les défenses de la place, se met au travail, passant l'hiver sur les chantiers pluvieux et venteux. Désormais ce sera son rythme de vie : missions de reconnaissances et de sièges au cours de la belle saison, travaux de démolition ou de construction pendant le reste de l'année.

« A vous, Sire, qui devez être fait l'oint du Seigneur, le fils du Très-Haut, le pasteur des peuples, le bras droit de l'Église, le premier des rois de la terre, et qui êtes choisi et donné du ciel pour porter le sceptre des Français, étendre loin l'honneur, l'odeur de vos lys... [5] »

C'est en ces termes que l'évêque de Soissons accueille en la cathédrale de Reims, le 3 juin 1654, le jeune Louis XIV qui va être sacré roi de France. Vauban n'assiste pas à la cérémonie, il est de trop petite noblesse. Mais s'il n'entend pas ces paroles, il est imprégné de leur esprit. Oui, pour lui le souverain a un caractère sacré, il est de droit divin, il n'est pas seulement le roi des Français : il est la France.

Pendant que les fastes du sacre se déroulent à Reims, Vauban est toujours à Sainte-Menehould, terminant à l'entière satisfaction de Clerville la remise en état de la place. Mais voici que les opérations reprennent. Le premier objectif est Stenay, une ville importante bâtie sur la rive droite de la Meuse, en bordure des Pays-Bas espagnols. Les forces qui investissent la place sont commandées par Fabert[6] tandis que Turenne avec son armée couvre l'opération face à la menace constituée par Condé dont on ne connaît pas les intentions. Le chevalier de Clerville dirige le siège. Vauban, qui le seconde, est sérieusement blessé dans les premiers jours par un coup de mousquet. A peine guéri, il reprend son poste et se porte au point le plus délicat, dans la sape où l'on pose une mine. A nouveau il est blessé par une pierre. Stenay a opposé une vaillante résistance mais, à court de vivres et de munitions, la garnison capitule le 9 août. Condé n'a pas essayé d'intervenir pendant le siège, il s'est porté au contraire vers Arras, menaçant l'Artois. Mais Turenne contre-attaque et le défait le 25 août. Vauban assiste à cette action sans y jouer aucun rôle.

La campagne se termine par le siège de Clermont-en-Argonne par

Sièges auxquels Vauban a participé dans le Nord

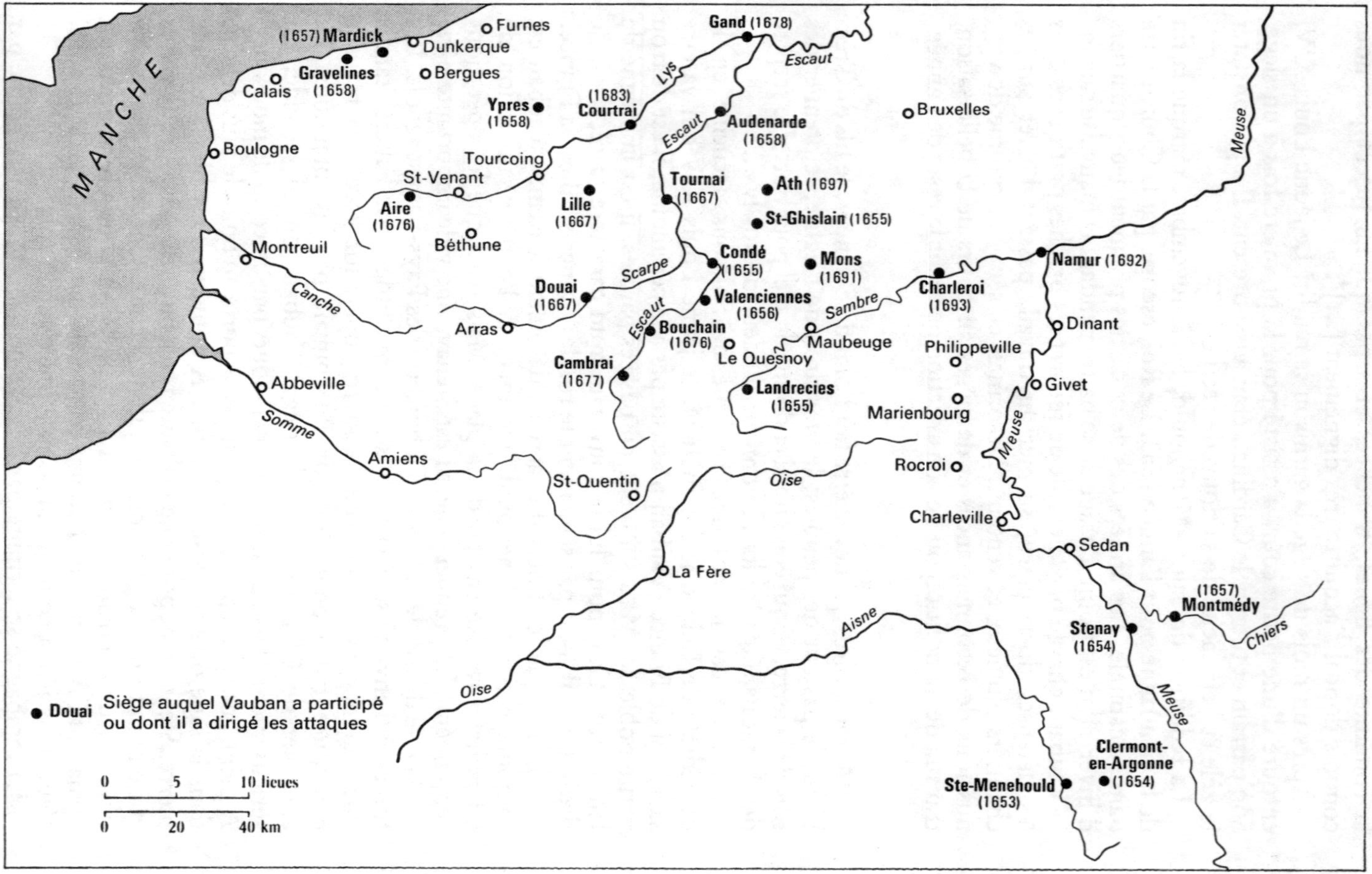

les troupes royales, commandées par le maréchal de La Ferté. Vauban, cadet dans le régiment de Condé, avait été chargé de remettre cette place en état, et voici qu'il doit la faire tomber... Clerville, malade, laisse son second agir seul. L'affaire est vivement menée. Vauban connaît parfaitement les lieux, il fait placer trois puissantes mines au pied des murailles. Les assiégés se rendent avant même qu'elles ne soient actionnées. Vauban estimera plus tard que cette capitulation avait été pour le moins prématurée : « S'ils avaient été habiles en fait de mines, ils ne l'auraient pas fait et se seraient tirés d'affaire avec bien plus d'honneur qu'ils ne le firent[7]. »

De nouveau Vauban est laissé sur place avec mission de raser les fortifications de la ville, ce qui va l'occuper pendant les mois d'hiver.

La conduite de Vauban pendant les sièges ainsi que la manière dont il dirige les travaux le font vite remarquer. Au mois de mai 1655 il reçoit un brevet d'ingénieur ordinaire du Roi.

Ce titre correspond plus à une fonction qu'à un échelon hiérarchique. Les ingénieurs étaient recrutés soit parmi des architectes spécialisés dans les travaux de fortification, soit parmi les officiers subalternes dans les régiments d'infanterie au moment des campagnes. Ces derniers retournaient pour la plupart dans leurs corps d'origine quand cessaient les opérations. Il n'y avait pas de formation spécifique prévue pour ces ingénieurs qui suivaient un « noviciat » auprès d'un maître. C'est ainsi que Vauban pourra écrire : « Quand j'étais diacre de Monsieur de Clerville[8]. »

Toujours accompagnant le chevalier de Clerville, Vauban participe aux opérations de 1655 dans le Hainaut, en particulier aux sièges de Landrecies, de Condé et de Saint-Guillain. Et quand l'hiver arrive — Clerville étant occupé ailleurs — il se voit confier la mission d'exécuter des ouvrages pour compléter les défenses de Condé, petite place campée au confluent de l'Escaut et de la Hayne : « Le Roi ayant résolu de fortifier la place de Condé, et nous en ayant pour cet effet adressé les ordres, nous y laissâmes le dit Sieur de Vauban après l'avoir fait tracer, les affaires de Sa Majesté nous appelant ailleurs[9]. »

Voici le jeune Vauban — il n'a que vingt-deux ans — laissé seul aux prises avec les entrepreneurs, les problèmes d'approvisionnement des chantiers, les inondations saisonnières, enfin avec le plus ou moins bon vouloir du commandant de la garnison. Et lorsque Clerville revient, il constate avec satisfaction « qu'il y fit travailler pendant neuf mois durant avec toute diligence et conduite possible ».

Puis les opérations reprennent en 1656 avec les beaux jours. C'est toujours une partie d'échecs entre Condé et Turenne. Les armées du Roi investissent la place de Valenciennes, tenue par les Espagnols. Vauban est chargé de diriger les travaux du siège ; dès les premiers jours il est sérieusement blessé à la jambe et doit être évacué.

C'est ainsi qu'il se retrouve sur un brancard dans la ville de Condé dans laquelle il vient de travailler tout l'hiver. Mais la place est assiégée par les Espagnols. Vauban se fait porter sur son brancard « dans tous les endroits qui demandaient sa présence [10] ». Au bout d'un mois de siège, la ville doit se rendre « par famine [11] ».

Le cardinal Mazarin s'emploie à faire libérer son protégé et l'envoie aussitôt à Saint-Guillain, petite place sur la Hayne entre Condé et Mons. Elle est menacée par l'armée espagnole. En effet, à peine Vauban a-t-il pu entrer dans la ville qu'elle est assiégée. Il en organise habilement la défense. Bientôt les troupes royales contraignent les Espagnols à lever le siège.

Au cours de cette campagne, le maréchal de La Ferté [12] commandait une armée. C'était un chef de guerre au caractère rugueux mais qui s'y connaissait en hommes. Il avait remarqué le jeune « diacre » de Clerville qui menait avec vigueur et intelligence les travaux de sape et que l'on voyait toujours aux endroits les plus exposés. Parlant de Vauban il affirmera que « si la guerre pouvait l'épargner, il parviendrait aux plus hautes dignités ». Aussi veut-il se l'attacher. Il lui offre à la fin de la campagne de 1656 une compagnie dans le régiment qui porte son nom.

Cinq ans après avoir quitté son village natal, avec pour tout bagage un maigre balluchon, Sébastien Le Prestre est devenu à la force du poignet le sieur de Vauban, ingénieur ordinaire du Roi, capitaine au régiment de La Ferté avec une solde assurée et l'estime de ses chefs.

Il ne se repose pas sur ses lauriers. La campagne suivante débute au mois de juin par le siège de Montmédy à la limite nord du duché de Lorraine. Le maréchal de La Ferté commande l'armée assiégeante ; la direction du siège est assurée par Clerville. La ville tombe rapidement mais la garnison espagnole se replie sur la citadelle, solidement campée sur un éperon rocheux bordé par un terrain découvert où coule la Chiers.

Vauban conservera un mauvais souvenir de ce siège qui fut particulièrement long et meurtrier pour les assaillants. Il l'évoquera en ces termes : « Je me souviens qu'à celui de Montmédy, où il n'y avait que sept cents hommes de garnison, qui furent assiégés par une armée de dix mille hommes, que de quatre (ingénieurs) que nous étions au commencement du siège, destinés à la conduite des travaux, je me trouvais le seul, cinq ou six jours après l'ouverture de la tranchée, qui en dura quarante-six, pendant lesquels nous eûmes plus de mille trois cents hommes de tués et mille huit cents blessés... [13] »

Pour sa part Vauban reçut quatre blessures, « la plupart légères », sans compter « plusieurs autres coups dans les habits ». En conclusion

Vauban critique la manière dont Clerville a mené l'opération : « La citadelle pouvait être emportée en quinze jours, si elle eût été bien attaquée. »

Le maréchal de La Ferté qui a pu tout au long de ce siège observer l'activité et l'efficacité de ce jeune ingénieur, tient à le récompenser spécialement. Il lui offre une deuxième compagnie dans le régiment de Nancy qui lui appartient aussi. Elle lui servira « de pension », dit-il à Vauban : il touchera la solde correspondant à cette charge sans avoir à en exercer les fonctions.

Pendant que les armées s'affrontent sur les marches du royaume, de la Lorraine jusqu'à l'Artois, Mazarin cherche activement une alliance pour en finir avec l'Espagne. N'espérant rien du côté de la Hollande, il parvient à signer en mars 1657 le traité de Paris avec l'Angleterre. Ce pacte prévoit que les forces françaises et anglaises attaqueront ensemble les positions espagnoles en Flandre maritime, la flotte anglaise bloquant les ports et débarquant six mille hommes pour participer aux opérations. Cromwell exige comme prix de cet accord de garder Dunkerque, une fois conquis. Mazarin, pragmatique, accepte : l'urgence étant de défaire les Espagnols, on verrait bien après !

Ainsi le siège de Montmédy, dont Vauban garde un si cuisant souvenir, n'était qu'une opération de diversion destinée à attirer les Espagnols vers la Lorraine tandis que Turenne s'apprêtait à attaquer les places maritimes. Cromwell impatient pousse à agir sans plus tarder. On décide de prendre d'abord Mardick [14], petite place située entre Dunkerque et Gravelines.

A la demande de Turenne, Vauban est arrivé en toute hâte pour diriger les travaux de siège. L'affaire est menée rondement ; Mardick, faiblement défendu, tombe le 3 octobre. Les Anglais, à qui la place est d'abord confiée, n'y travaillent que mollement : « Une partie quitte leur travail et emploie leurs pelles à déterrer les lapins [15]. » Vauban est alors chargé de remettre en état les défenses de la place. Tâche malaisée car le sol est mouvant. Vauban y passera à nouveau toute la mauvaise saison.

Les hostilités reprennent : dès le mois de mai, Dunkerque est investi. Condé avec les Espagnols tente de secourir la place. Mais Turenne remporte contre lui la brillante victoire des Dunes (14 juin 1658). Pendant ce temps le maréchal de La Ferté met le siège devant Gravelines. Il confie à Vauban le soin de mener cette opération qui s'avère délicate. La ville, protégée par de bonnes fortifications et par le cours de la rivière Aa, est défendue par une garnison forte de trois mille hommes. Les Espagnols ont ouvert les écluses, inondant les abords de la place.

Vauban conduit habilement les travaux d'approche. En vingt jours la place tombe avec un minimum de pertes dans les rangs des assaillants.

Sans prendre le temps de souffler, Vauban rejoint alors Turenne qui assiège successivement Ypres puis Audenarde, pénétrant profondément dans les Flandres espagnoles. Ces deux places tombent en quelques jours.

Le cardinal Mazarin, tenu au courant par Turenne et par La Ferté des services rendus par leur jeune ingénieur, le convoque. Vauban lui-même rapporte l'entrevue : « M. le Cardinal le gracieusa fort, et, quoique naturellement peu libéral, il lui donna une honnête gratification et le flatta de l'espoir d'une lieutenance aux Gardes[16]. »

Mazarin a tout lieu d'être « gracieux ». Cette série de succès remportés en Flandre va hâter la conclusion des interminables négociations conduites avec l'Espagne. Le traité des Pyrénées, signé le 7 novembre 1659, dans l'île des Faisans, sur la Bidassoa, met un terme à une guerre qui durait depuis près d'un quart de siècle.

Traité complexe comme l'était le contentieux entre les deux protagonistes, il laissait la porte ouverte à d'ultérieures contestations, mais il marquait un progrès certain dans le lent cheminement de la France vers ses frontières naturelles. La France restituait un certain nombre de places conquises en Franche-Comté et dans les Pays-Bas espagnols, mais recevait l'Artois et les provinces de Roussillon et de Cerdagne jusqu'à la crête des Pyrénées.

Louis XIV pardonnait à Condé qui était rétabli dans ses rangs et prérogatives. Le duc de Lorraine, sous certaines conditions, rentrait dans ses États. Enfin l'infante Marie-Thérèse, renonçant à ses droits sur la couronne d'Espagne, était promise en mariage au roi de France.

Ce traité couronne l'œuvre de Mazarin qui meurt peu après (9 mars 1661), épuisé par sa tâche. Cette date marque aussi le début du règne personnel de Louis XIV, qui déclarera dans ses *Mémoires :* « Je me sentis élever l'esprit et le courage, je me trouvais tout autre, je découvrais en moi ce que je ne connaissais pas. Il me sembla alors que j'étais roi et né pour l'être. »

3.

Ingénieur ordinaire du Roi 1659-1667

En garnison à Nancy — Mariage à Épiry — Reconnaissance de mission à Marsal — Travaux à Brisach — En mission pour le Roi.

Après cette interminable guerre contre l'Espagne, la France entre dans une période d'accalmie : « Tout était calme en tout lieu », écrit Louis XIV dans ses *Mémoires,* « la paix était établie avec mes voisins vraisemblablement pour aussi longtemps que je le voudrais moi-même. »

Le jeune roi va mettre à profit ces années de paix pour asseoir son autorité dans son royaume et se donner les moyens d'imposer sa volonté à l'Europe. Il poursuit en fait la politique qui fut celle de Richelieu puis celle de Mazarin : isoler les Habsbourg de Madrid en tentant de leur opposer les Anglais et les Hollandais, contenir les Habsbourg de Vienne en soutenant les prétentions des princes allemands. Son objectif territorial demeure d'établir à l'est la frontière sur le Rhin et au nord de contrôler les Pays-Bas espagnols, mais son ambition véritable se situe au niveau de la gloire et de la primauté du royaume de France et de son souverain, *nec pluribus impar.*

Pour Vauban, après huit années de campagnes mouvementées, les huit années de paix qui commencent seront un temps de maturation, d'élargissement de ses connaissances et de ses expériences. D'aucuns ne progressent et ne grandissent que par des actions d'éclat, en quelque sorte portés par la vague des événements, mais d'autres trouvent en eux-mêmes, par la réflexion et le labeur acharné, le principe de leur réussite. Vauban est de ceux-là. « Ingénieur ordinaire du Roy, capitaine-lieutenant du régiment d'infanterie de campagne de M. le Maréchal de la Ferté-Senectère et capitaine d'une compagnie entretenue en la garnison de Nancy [1] » : ce sont, certes, pour un jeune homme de vingt-six ans de beaux titres, d'autant qu'ils ont été gagnés en six années de travaux et de combats. Mais ils ne lui donnent droit, en fait, qu'à mener une modeste vie de garnison consacrée à l'instruction de quelques dizaines de soldats dont le zèle à servir est proportionné à leur maigre solde.

Toutefois Vauban a glané, au cours des quatorze sièges auxquels il vient de participer et de ses travaux dans une demi-douzaine de places, suffisamment de sujets de méditation pour occuper ses loisirs.

Les procédés d'attaque ne lui paraissent guère satisfaisants : ils sont coûteux en hommes. Il en a fait la douloureuse expérience avec les multiples blessures qu'il a reçues. Ne peut-on arriver à avancer les positions des batteries pour faire des brèches dans les murailles à coups de canon, plutôt que par les « logements de mines » dont la préparation est si périlleuse ? Ne peut-on réaliser un réseau de tranchées permettant d'approcher des enceintes fortifiées sans s'exposer inutilement aux coups des défenseurs ?

Puis ses pensées se portent sur les problèmes de la défense des places. Son maître, le chevalier de Clerville, ne lui a guère enseigné que quelques règles codifiées au début du siècle par un ingénieur de Bar-le-Duc, Jean Errard[2]. Elles ont trait aux dimensions et aux formes des bastions, aux longueurs des courtines qui doivent être proportionnées à la portée des arquebuses (environ cent vingt mètres), bastions et courtines devant se flanquer mutuellement. Mais Clerville semblait ignorer les améliorations apportées depuis par Antoine de Ville et par Blaise de Pagan[3]. Ce dernier, dans son ouvrage sur la fortification paru en 1645, a dégagé deux principes fondamentaux : l'adaptation du tracé bastionné à la configuration du terrain et l'échelonnement en profondeur de la défense. Vauban l'étudie attentivement.

Il a été aussi frappé par le rôle que les cours d'eau peuvent jouer dans l'organisation de la défense, soit en remplissant les fossés, soit en créant des zones inondées autour des places. Il observe avec intérêt les cours des rivières, leurs débits et leurs crues ; il s'intéresse aux canaux, à leur tracé et à leur alimentation.

Tout naturellement il se remémore ces campagnes auxquelles il a participé en modeste exécutant : ces villes prises et abandonnées, ces forteresses relevées ou rasées, cet « emmêlement de places » qui au roi de France, qui au roi d'Espagne, avec des provinces mises à sac alternativement par les deux camps opposés. Lui-même, visitant sur ordre de Turenne, les travaux d'Audenarde, n'a-t-il pas été pris par un parti ennemi alors qu'il pensait être en territoire ami... Il fut relâché peu après, ayant été échangé, mais cette aventure n'avait point été plaisante et aurait pu mal se terminer.

Ne conviendrait-il pas que le Roi concentre ses efforts sur la constitution d'une bonne et véritable frontière, avec quelques solides places judicieusement implantées, dans ces provinces de Flandre et du Hainaut d'où l'ennemi peut à tout moment déboucher, menaçant très vite la capitale du royaume ?

Parfois les pensées de Vauban prennent une autre direction. Il a la nostalgie de son Morvand. Si bien qu'il demande un congé et l'obtient au début de l'année 1660. Le voici de retour dans son pays natal, auréolé de ses exploits et de ses titres de guerre. Il se rend d'abord à Saint-Léger-de-Fourcheret où sa mère et sa sœur vivent toujours modestement. Son père est mort en 1652, discrètement comme il avait vécu. Il est fêté dans les seigneuries des environs. Il revoit avec émotion Bazoches qui appartient maintenant au comte de Giry, époux d'une La Perrière. Le château a toujours fière allure, sa silhouette ocrée au soleil couchant se détache sur la masse sombre des bois. Il est imposant sans être sévère. C'est une demeure où il doit être agréable de vivre. Vauban se promet qu'elle sera un jour à lui.

Pour le moment son cousin Paul Le Prestre, qui habite Vauban, a préparé le terrain pour le marier à une noble demoiselle de sa parenté proche[4], Jeanne d'Osnay, fille de Claude d'Osnay, baron d'Épiry. Ce dernier est de noblesse ancienne, mais peu fortuné. Il est veuf et il habite avec sa fille.

Le château d'Épiry ne conserve de son origine médiévale qu'une belle tour carrée qui se dresse sur une colline à l'écart du bourg[5]. Les bâtiments annexes sont à vocation agricole.

Au mois de mars 1660, alors que la campagne est encore revêtue de son habit hivernal, la cérémonie nuptiale se déroule sans grand faste dans la petite église d'Épiry. Vauban a tout juste le temps de faire le tour du voisinage et déjà il reçoit un message lui enjoignant de rentrer à son poste à Nancy. Il laisse sa jeune épouse aux soins de son père et il regagne sa garnison.

Dans les clauses du traité des Pyrénées figurait le démantèlement de la place de Nancy. C'est pour exécuter ce travail que Vauban a vu son congé écourté. Il quitte donc le commandement de sa compagnie pour reprendre ses fonctions d'ingénieur. La démolition des murailles de cette importante cité, comme le « rasement » des ouvrages qui complétaient sa défense, représente un long et fastidieux travail. Il va occuper Vauban deux années entières en 1661 et 1662.

Ayant mené à son terme cette mission, il en reçoit une autre plus captivante : « par ordre de Sa Majesté » il doit aller reconnaître la place de Marsal et en préparer un plan d'attaque. A quoi correspond ce projet ?

Les accords signés, après le traité des Pyrénées, avec le duc de Lorraine, stipulaient que celui-ci s'engageait à laisser la libre circulation entre Metz et les villes de Sarrebourg et de Phalsbourg cédées au Roi de France. Marsal, petite place lorraine située près de Dieuze, se trouvait sur cet axe de communication. Le duc mettait mauvaise grâce à s'exécuter. Louis XIV envisage alors d'employer la force ou tout au moins de menacer de le faire[6]. La mission confiée à Vauban se situe dans ce cadre.

Le Roi, fort satisfait de la manière dont Vauban s'est acquitté de son rôle, « le tira du régiment de La Ferté et lui donna une compagnie dans celui de Picardie, et une gratification pour ce qu'il avait fait à Marsal ».

Il convient de s'arrêter un instant sur ces deux lignes que Vauban a écrites dans son *Abrégé des Services :* c'est un tournant important dans sa carrière. Jusque-là il était « le diacre » du chevalier de Clerville, c'est-à-dire un ingénieur taillable et corvéable à merci. Certes, il avait été distingué par le maréchal de La Ferté qui lui avait donné une compagnie, mais cet emploi était précaire, les régiments étaient mis sur pied ou dissous suivant les besoins et les ressources financières du moment.

Le cardinal Mazarin, qui le premier l'avait remarqué et l'avait « converti », était mort. Désormais tout le pouvoir était rassemblé dans les mains du Roi. Et c'est Sa Majesté qui, après avoir mis à l'épreuve ce jeune ingénieur, décide de le prendre directement à son service. Le régiment de Picardie fait en effet partie des « vieux corps », constituant le noyau de l'armée royale.

Dans la subtile hiérarchie réglant alors la structure militaire, « Picardie » vient en tête de ces dix vieux régiments, seules unités permanentes, tout de suite après la Maison du Roi[7]. Être affecté dans ce régiment c'est un pas décisif vers cette « lieutenance aux Gardes » que Mazarin lui avait fait miroiter cinq années plus tôt. De plus, recevoir une compagnie représente un cadeau substantiel. Le jour où Vauban sera autorisé à céder cette unité, il pourra en tirer une forte somme d'argent.

Cependant si le Roi lui donne une compagnie dans « Picardie », ce n'est pas pour qu'il y serve comme capitaine. Il a d'autres desseins à son endroit. Le ministre Colbert lui a déjà recommandé Vauban, dont il avait entendu dire grand bien[8]. Aussi Sa Majesté décide-t-elle de l'envoyer à Brisach pour remettre de l'ordre dans les travaux de cette place.

A cette époque l'organisation des fortifications en France était assez complexe. Jusqu'à la mort de Mazarin, elle était centralisée au niveau du secrétaire d'État de la Guerre, charge tenue par Michel Le Tellier[9], dont le fils, le marquis de Louvois[10], était assuré depuis 1654 de la survivance de la charge paternelle. Après la disparition du Cardinal, la fortification fut partagée entre Le Tellier assisté de Louvois et Colbert, intendant puis contrôleur général des Finances[11].

Le Tellier conservait la responsabilité des places dans les provinces où l'on menait des campagnes (Flandre, Artois, Hainaut, rive droite du Rhin, Italie et Roussillon). Colbert avait la haute main sur les places fortes, « de l'ancien domaine du Roi » (Picardie, Champagne, Trois Évêchés, Provence, Languedoc et côtes de l'Océan), ainsi que la responsabilité de la défense des ports, quand il deviendra secrétaire d'État à la Marine.

La place de Brisach, adossée au fleuve, formait une tête de pont sur la rive droite du Rhin. Les travaux entrepris depuis plusieurs années, sur les ordres de Colbert, avaient été mal conduits et mal contrôlés. Il fallait non seulement reprendre en sous-œuvre certains ouvrages mais également modifier le plan général de la place.

Vauban se met à l'œuvre avec ardeur. Mais bien vite il se heurte au mauvais vouloir du nouvel intendant d'Alsace, Colbert de Saint-Marc[12], dont Brisach relève sur le plan administratif. Cet intendant paraît avoir partie liée avec un entrepreneur peu scrupuleux, un certain Saint-André. Il essaye d'abord de faire relever Vauban, écrivant dans ce sens au ministre : « A la vérité il est intelligent et on trouvera difficilement un meilleur entrepreneur, mais il entend médiocrement la maçonnerie et ne vise qu'à l'économie, ce qui occasionnera bien des contestations au point de vue de la solidité des ouvrages[13]. »

Heureusement pour Vauban, le ministre ne se fait guère d'illusions sur le caractère de son cousin et il ne tient aucun compte de ses avis. D'autant que Colbert a une grande confiance dans le chevalier de Clerville qui prend très loyalement la défense de son ancien second. Il lui adresse à cette occasion un certificat très élogieux affirmant « l'estime particulière que nous en faisons[14] ».

Mais Colbert de Saint-Marc ne s'en tient pas là. Profitant d'absences prolongées de Vauban, envoyé en missions spéciales par le Roi, il établit des pièces comptables falsifiées de mèche avec le sire Saint-André. Vauban, au retour de ses voyages, signe sans doute un peu hâtivement les papiers présentés par l'intendant, ce qui lui valut par la suite bien des ennuis et des tracas.

Les ingénieurs, à titre « d'entrepreneurs » des travaux d'une place, étaient en effet responsables de l'ordonnancement des paiements aux entreprises. Ils étaient comptables et, en tant que tels, ils avaient à répondre devant la Cour des comptes des fautes ou des fraudes commises par les entreprises qu'ils employaient. Quand les comptes de la place de Brisach furent contrôlés, Vauban fut directement mis en cause. Ce contentieux dura plusieurs années. Il fallut l'appui résolu de Louvois, ainsi que l'intervention de Colbert, pour laver Vauban de tout soupçon et confondre l'intendant peu scrupuleux[15].

Vauban fut profondément mortifié par cette affaire dont il tira de profitables leçons.

Quelles sont ces « missions spéciales » confiées par le Roi à Vauban au cours des années 1664 à 1666 ? Elles sont directement liées aux différents projets que Louis XIV envisage pendant cette période : des plans de campagne contre l'Espagne ou contre l'Angleterre : « J'envisageais avec plaisir le dessein de ces deux guerres comme un vaste champ où pourraient naître à toute heure de grandes occasions de se signaler... », note-t-il dans ses *Mémoires*.

C'est une période d'intense activité diplomatique au cours de laquelle les envoyés de Sa Majesté se démènent dans toutes les capitales européennes et dans les cours allemandes. Il s'agit de soutenir en sous-main le Portugal contre l'Espagne, d'assister discrètement les Hollandais dans leur conflit avec l'Angleterre, de faire miroiter devant l'empereur Léopold un partage éventuel de la succession d'Espagne[16], de subventionner généreusement les différentes cours allemandes pour les engager à s'opposer au passage des troupes impériales voulant se porter au secours des Espagnols aux Pays-Bas.

Dans le même temps le Roi se documente sur l'état des places fortes en Allemagne et aux Pays-Bas. Aussi Vauban, déguisé en honnête bourgeois voyageant pour ses affaires, circule dans toutes les provinces allemandes et espagnoles. Il fait, avec sa minutie et sa conscience coutumières, des relevés précis des principales places. Il se renseigne discrètement sur l'importance des garnisons et sur leur armement, il note l'état des routes, le passage des rivières...

Il effectue ainsi trois voyages en Allemagne et un autre aux Pays-Bas. Ses rapports donnent entière satisfaction au Roi qui « lui donna une honnête gratification à son retour, et de grandes espérances[17] ».

Ces espérances ne vont pas tarder à se concrétiser. Au mois de mai 1667 les armées de Louis XIV entrent en Flandre, c'est le début d'une nouvelle période de guerre. Pour Vauban, cela va être l'occasion de prouver de manière éclatante sa maîtrise dans l'art des sièges.

4.

Choisi par Louvois
1667-1668

Guerre de Dévolution — Siège de Lille — Préféré a Clerville — Traité d'Aix-la-Chapelle.

Pour Louis XIV, la période de paix, qui durait depuis le traité des Pyrénées, n'avait été qu'une longue veillée d'armes. Il l'avait mise à profit pour réorganiser son armée. Il s'était appuyé pour cela sur deux hommes qui se partageaient le département de la guerre : Michel Le Tellier et Louvois son fils. Les effectifs des unités régulières étaient passés de quarante mille à soixante-dix mille hommes. Cette armée plus nombreuse était plus disciplinée et mieux armée. En nommant Turenne « maréchal général », titre créé exclusivement à son intention, le Roi avait mis un terme aux rivalités perpétuelles entre les maréchaux qui se querellaient pour des questions de préséance jusque sur le champ de bataille.

En même temps le Roi avait affûté ses armes diplomatiques. Il était décidé à tirer parti des ambiguïtés contenues dans les textes de ce traité des Pyrénées. Le roi d'Espagne n'ayant pas versé la dot convenue, inscrite dans une clause du pacte, après la célébration du mariage de sa fille Marie-Thèrèse, la renonciation de celle-ci à l'héritage paternel devenait caduque. Du moins Louis XIV en laissait courir la rumeur. Il avait par ailleurs fait exhumer une vieille coutume du droit privé du Brabant, selon laquelle les enfants d'un premier lit étaient les seuls héritiers légaux, les biens de leurs parents leur étant entièrement « dévolus ». Après la mort de Philippe IV, en 1655, Louis XIV fait publier un *Traité des droits de la Reine très chrétienne sur divers États de la Monarchie d'Espagne*, mettant en avant que Marie-Thérèse est issue d'un premier mariage du roi d'Espagne, alors que l'hériter putatif Charles II est d'un second lit[1]. Ce document conclut en réclamant pour la reine de France la plus grande partie des Pays-Bas, un tiers de la Franche-Comté et la moitié du Luxembourg. La Reine Régente à Madrid repousse évidemment les prétentions ainsi formulées par Louis XIV, elle propose de réunir une conférence.

Avant même d'avoir reçu cette réponse, le Roi, ayant à ses côtés Turenne, entre en Flandre le 24 mai 1667 à la tête d'une armée de soixante-dix mille hommes. Il balaye les forces espagnoles réduites à vingt mille soldats mal encadrés, pauvrement équipés et disséminés entre de multiples places. C'est le début de la guerre dite de Dévolution.

Vauban a rejoint l'armée royale. Il mène, sous les ordres du Roi, les sièges de Tournai puis de Douai. Ces deux places n'opposent qu'un simulacre de résistance. Toutefois devant la seconde, Vauban, s'étant avancé trop près des défenses espagnoles, reçoit un coup de mousquet qui le blesse au visage. Il portera toujours la marque de cette blessure sur la joue gauche.

Louis XIV s'est fait accompagner d'une partie de la Cour à qui il offre le spectacle de ces sièges, comme il leur montre à Fontainebleau une parade militaire. En campagne le roi de France est aussi en représentation : « Tout ce que vous avez vu de la magnificence de Salomé et de la grandeur du roi de Perse n'est pas comparable à la pompe qui accompagne le Roi dans son voyage », écrit Coligny à son ami Bussy-Rabutin[2].

Vauban se tient à l'écart de la Cour et de ses fastes. Il a d'ailleurs d'autres soucis en tête, car le Roi a décidé de mettre le siège devant Lille et il l'a chargé « de la principale conduite des attaques de cette place ». Vauban est pour la première fois responsable d'une action d'envergure. On savait en effet que Lille avait une garnison forte de cinquante mille hommes, renforcée d'une milice comptant vingt mille membres, que les fortifications n'étaient pas négligeables et que le gouverneur de la place était un soldat aguerri.

Turenne investit la place et repousse des forces espagnoles qui tentent de la dégager. Vauban fait « ouvrir les tranchées ». Grâce à leur judicieuse disposition, il arrive en neuf jours seulement à les pousser jusqu'au pied des bastions. Les habitants de la ville, craignant les suites d'un assaut, font pression sur le gouverneur pour qu'il capitule. Le 28 août, on entend sonner la chamade, la place se rend.

La satisfaction de Louis XIV est patente. Alors qu'il s'attendait à un siège lent et coûteux, cette grande place est tombée en un temps record avec un minimum de pertes humaines. La Cour a pu admirer la puissance irrésistible de la volonté royale.

Avec neuf ans de retard, le Roi tient la promesse faite par Mazarin après le siège d'Ypres et d'Audenarde au jeune ingénieur débutant. Vauban est admis comme lieutenant dans l'illustre régiment des gardes-françaises, unité réservée à la fine fleur de la noblesse[3]. Le ministre Le Tellier, en lui annonçant cette flatteuse promotion, ajoute même que ce n'est pas une « lieutenance » mais une « compagnie » qui lui aurait été donnée s'il s'en était trouvé une de vacante : « Il avait ordre de Sa Majesté de lui dire cela[4]. » Vauban le rapporte avec satisfaction dans son *Abrégé des Services*, d'autant qu'à titre de compensation le Roi lui alloue une pension annuelle de vingt-quatre mille livres et l'autorise par surcroît à céder la compagnie du régiment « Picardie », offerte quatre années plus tôt. La nomination dans les Gardes est une étape importante pour la carrière militaire de Vauban, mais la faveur royale sera déterminante, pour son destin.

Désormais Louis XIV n'envisagera plus d'assiéger une place sans avoir à ses côtés Vauban dont la réputation de « preneur de villes » ira grandissante. Il reste à l'ingénieur de faire ses preuves de « bâtisseur ». Lille va lui en donner également l'occasion.

C'est alors que Louvois intervient de manière décisive dans la vie de Vauban. Ces deux hommes, pourtant si dissemblables, vont admirablement se comprendre. En maintes circonstances ils ne sont pas d'accord mais ils communient dans une même passion, celle du service de leur pays se confondant avec leur dévouement au Roi.

Louvois a été élevé dans les allées du pouvoir, travaillant dans les bureaux de son père dès l'âge de quatorze ans. Depuis l'année 1666 — il a alors vingt-cinq ans — il est officiellement associé à la charge de Le Tellier, le ministre de la Guerre. Le père assure le travail de bureau et la présence indispensable à la Cour, le fils est sur le terrain en contact direct avec l'armée. Louvois est doté d'une nature excessive, exacerbée par la griserie du pouvoir. C'est un bourreau de travail. A sa manière exigeante et brutale, il forgera l'instrument militaire qui permettra à Louis XIV de mener sa politique de conquête et de prestige.

En dépit de leur différence d'âge — Vauban est son aîné de huit ans —, de leur différence de statut social, de leurs tempéraments souvent opposés, une véritable amitié va naître et se développer entre eux. Pendant un quart de siècle, ils échangeront une correspondance quasi quotidienne. Son caractère officiel et son contenu, essentiellement technique ou tactique, laissent cependant clairement apparaître la profonde connivence de ces deux hommes attelés à la même œuvre.

Louis XIV a l'intention de faire de Lille sa grande place forte du Nord et la clef des Flandres. Les fortifications de la ville ont été en partie détruites pendant le siège. Il faut les rétablir et les améliorer. Surtout il faut construire une citadelle, à l'extérieur de l'enceinte urbaine. Son rôle sera de former un réduit inexpugnable en cas d'attaque ennemie et aussi de se protéger contre une population citadine dont on craignait parfois les humeurs. Lille avait été bourguignonne, puis espagnole depuis plusieurs siècles, sa loyauté à l'égard du roi de France restait à prouver. Normalement la construction de la citadelle revenait de droit au chevalier de Clerville, en titre commissaire général des Fortifications, qui avait d'ailleurs déjà travaillé sur ce projet. Mais Louvois l'apprécie peu, comme le montre cette lettre envoyée à Charuel, intendant des Flandres : « Vous pouvez laisser discourir M. le Chevalier de Clerville sur tout ce qu'il aime à faire dans les places. Comme il parle fort bien et qu'il y prend plaisir, vous pouvez lui laisser dire, mais ne faites jamais rien de tout ce qu'il dira que vous n'en ayez ordre d'ici[5]. »

Louvois veut confier à Vauban le projet de la citadelle et il manœuvre pour être en mesure de présenter au Roi les deux plans, celui de Clerville et celui de son ancien élève, étant assuré que ce dernier serait retenu. Il a déjà dévoilé ses intentions dans ce mot adressé à Charuel : « Je me suis résolu de me rendre à Péronne, jeudi prochain, pour y conférer avec vous [...] parce que le griffonnement de la citadelle que M. de Clerville se propose de bâtir à Lille déplaît tout à fait à tous ceux auxquels le roi m'a commandé de le faire voir. [...] Je voudrais aussi que vous amenassiez le sieur de Vauban parce que je serai bien aise de l'entretenir de plusieurs choses qui regardent sa profession[6]. »

Vauban, après la fin du siège de Lille, avait été dirigé sur Courtrai pour en remettre les fortifications en état[7]. La convocation de Louvois l'y touche et le place dans une position délicate. Il lui est demandé de dessiner un projet destiné à être opposé à celui de son ancien maître, qui est toujours son supérieur hiérarchique. Il fait preuve en la circonstance de tact et d'habileté. Après avoir étudié les emplacements possibles pour cette citadelle, il écrit quelques jours plus tard à Louvois : « Dans quatre ou cinq jours je vous enverrai mon sentiment sur la citadelle sans rien changer à l'assiette du Chevalier de Clerville, qui est fort bien choisie. J'espère vous faire savoir tant d'avantages sur mon projet, bien différent du sien, que j'ose me permettre que vous l'approuverez[8]. »

En envoyant son projet, un pentagone régulier placé sur la face ouest de la ville, Vauban tient à préciser : « [...] Je suis long, mais je suis seul, et je voulais vous parler juste. Aussi crois-je n'y avoir pas mal réussi, puisque pour ce qui regarde les mesures et leur observation, je m'en suis fié à personne qu'à moi[9]. »

Et le lendemain en adressant à Louvois quelques renseignements complémentaires, il ajoute : « Le Chevalier de Clerville y fit avant de partir, moi présent, planter une douzaine de piquets, à l'aventure, seulement pour dire qu'il avait tracé la citadelle ; mais la vérité est qu'il n'y en a pas un qui puisse servir[10]. »

Le ton est donné, dès ce premier échange de correspondance. Vauban parle naturellement « juste » et en toute franchise. Quand il estime avoir fait un bon travail, il ne craint pas de le dire : « Je crois n'avoir pas mal réussi. » Étant en confiance, il n'hésite pas à livrer le fond de sa pensée : la scène du Chevalier de Clerville, tentant de sauver la face en faisant semblant de tracer la citadelle, est dépeinte en peu de mots avec une cruelle ironie.

En dépit des efforts déployés par Clerville, jusque devant le Conseil du Roi, pour soutenir son propre projet, c'est celui de Vauban qui est choisi : « Sa Majesté désire que le plan de Vauban s'exécute de point en point », écrit Louvois à son protégé [11].

Sans perdre un instant, Vauban se met au travail. Il entreprend le tracé de la citadelle sur le terrain, contacte les entrepreneurs, étudie les devis, rendant compte au ministre de ces démarches avec une extraordinaire minutie. Tandis que Louvois le presse et le harcèle, tout en l'encourageant à l'économie : « Vous ne sauriez rien faire de plus agréable au Roi que de mettre des ouvriers en besogne pour travailler à la contrescarpe et d'obtenir le meilleur marché de la toise que vous pourrez [12]. »

Car Louvois, de son côté, tient quotidiennement le Roi au courant de l'avancement des travaux en lui lisant les lettres de l'ingénieur. Bientôt, par le truchement du ministre, c'est au Roi que Vauban s'adressera, de même qu'il recevra par cette voie les instructions royales.

Dès cette première œuvre d'envergure Vauban mène son chantier avec maîtrise et célérité. La citadelle de Lille est une véritable petite ville, pouvant héberger une garnison de trois mille hommes, qu'il s'agit de faire sortir de terre, avec ses casernements, une maison pour le gouverneur et les officiers, son hôpital, son église, son arsenal et ses poudrières, des magasins pour les vivres, sa place d'armes, ses rues, ses égouts, l'ensemble étant enclos dans un système de fortifications dont le périmètre extérieur se développe sur plusieurs milliers de toises.

Les gros travaux de terrassement, commencés dès l'hiver 1667, sont réalisés par de la main-d'œuvre militaire et par des paysans réquisitionnés dans la châtellenie de Lille : plus de deux mille hommes seront employés à creuser les fossés, transporter la terre sur les glacis.

Dans le même temps il faut organiser l'approvisionnement et le charroi des matériaux, l'ouverture de carrières pour extraire pierres de taille et moellons, la construction de fours pour cuire les briques et la chaux. Tous les maçons de la région sont utilisés, mais il faut faire venir des carriers de Picardie ainsi que des tailleurs de pierre et des charpentiers des régions voisines.

Le « corps de la place », avec ses cinq bastions, soulignés par de profonds fossés, se dessine peu à peu sur le sol, il se prolonge avec ses « dehors », tenailles en protection des courtines, demi-lunes reliées aux poternes par des caponnières, puis viennent les « avancées » avec les glacis surmontés des chemins couverts ponctués de places d'armes. Le tracé d'ensemble de la citadelle, vu de haut, forme une étoile aux multiples branches.

Véritable tour de force, trois ans après le début des travaux, le régiment royal « Picardie » s'installera dans les casernes de la citadelle.

La fin de l'année 1667 approche. Vauban sent encore plus vivement sa solitude et la nostalgie de sa province. Il est marié depuis sept ans, sa fille Charlotte a six ans et il ne la connaît pas ! Son épouse vit tristement, seule dans sa tour d'Épiry. Et lui est toujours sur la route, de place en place, de siège en siège. Dans cette sévère plaine du Nord, balayée par les vents et les pluies, il songe à son Morvand, où après les flamboiements somptueux des forêts à l'automne le pays se drape dans son manteau de neige.

A défaut de pouvoir s'y rendre, ne pourrait-il faire venir sa famille auprès de lui ? Mais il est un éternel errant. Aujourd'hui à Lille, où sera-t-il demain ? Sa solde d'ingénieur n'est pas élevée, même si elle est augmentée de son traitement de capitaine au régiment « Picardie » et de la pension récemment allouée par le Roi. Car ces voyages incessants sont coûteux, ils nécessitent l'entretien de tout un petit équipage. En dépit des gratifications, reçues dans telle ou telle occasion, il n'a pas encore réussi à se constituer un patrimoine.

Le Roi vient de l'autoriser à vendre sa compagnie du « Picardie ». Mais Vauban a fait ses comptes. S'il pouvait au contraire céder sa lieutenance aux Gardes, qu'il vient de se voir attribuer, il en tirerait un meilleur prix [13]. Le Roi ne va-t-il pas être offusqué par cette requête et estimer que cet ingénieur de petite noblesse fait bien peu de cas d'une distinction dont il devrait être au plus haut point flatté ? Vauban s'en ouvre à M. de Saint-Pouange [14] qui en parle à Louvois. Ce dernier écrit à Vauban : « J'en ai parlé au Roi qui vous a accordé cette grâce qui, étant fort extraordinaire, vous devra obliger de plus en plus à vous appliquer à ce que Sa Majesté soit bien servie en toutes manières à ce qu'elle commet à vos soins [15]. »

Dans cette affaire, Vauban dévoile un peu le fond de son caractère. Il est certes sensible aux titres et aux distinctions, mais en bon Morvandiau, mâtiné d'Auvergnat, il sait compter. Et les écus patiemment économisés vont lui permettre un jour de réaliser son rêve : acheter de la bonne terre, des arpents de bois, une solide demeure aux murs épais, tout cela, bien sûr, implanté au cœur du Morvand.

La campagne éclair menée par Turenne dans les Flandres est terminée depuis la fin du mois d'août. Il semble que le Roi aurait pu aisément conquérir le reste des Pays-Bas espagnols, tant est grande la disproportion entre les forces en présence. Et cependant rien ne se passe. Louis XIV a-t-il renoncé à exploiter son succès, ou bien est-il détourné des plaisirs guerriers par d'autres attraits ? Est-il tant subjugué par les charmes de sa nouvelle maîtresse, l'éblouissante Athénaïs de Rochechouart [16], aux yeux d'azur dans un visage angélique, qui vient de détrôner la première favorite, Mlle de La Vallière ? Ce serait mal connaître le Roi qui fait toujours passer son devoir avant son plaisir. Est-ce plutôt la vie de la Cour, au cérémonial pesant et contraignant, qui retient le souverain dans le réseau de ses fêtes et de ses représentations ?

Non point : le 2 février 1668, le Roi quitte brusquement son château de Saint-Germain et en cinq jours de marches forcées arrive à Dijon. Déjà Condé, gouverneur de la Bourgogne, chargé de préparer en grand secret cette nouvelle campagne, s'est emparé de Besançon. En douze jours de promenade militaire, la Franche-Comté est occupée. Louis XIV reprend alors tranquillement, le 19 février, la route de la capitale.

Vauban, prévenu au dernier moment, laisse son chantier de Lille pour rejoindre en hâte l'escorte royale. Il assiste à cette démonstration de force sans avoir à intervenir. Les places de Salins, de Dole et de Gray se rendent avant même qu'un simulacre de siège ne soit entrepris.

Toutefois Vauban est chargé d'établir des projets de places. Louvois lui transmet à ce sujet les instructions du Roi : « Comme le Roi est résolu de faire faire une citadelle à Besançon et quelques fortifications dans les autres places de la Franche-Comté lesquelles, par l'estime que Sa Majesté a pour vous, Elle est bien aise que vous les traciez vous-même à ceux qui les entreprendront[17]. »

Le rôle de Vauban est clairement défini : à lui le projet initial et la phase capitale du « tracé » de la place sur le terrain. D'autres ingénieurs seront chargés de faire exécuter. Plus tard il aura à contrôler les travaux et à rectifier, si besoin est, les erreurs commises.

Il passe ainsi deux mois en Franche-Comté. Sur le chemin du retour, il est arrêté à Chaumont par une forte fièvre. C'est une des premières crises de ce qu'il appelle son « mauvais rhume ». Tout au long de sa vie, il sera sujet à ces accès de bronchite chronique qu'il surmontera grâce à sa robuste constitution.

Toutefois Louvois informé de son indisposition, s'inquiète de sa santé. Dans une lettre, début mai, il demande à Vauban de venir conférer avec lui à Saint-Germain, dès qu'il sera rétabli : « [...] Je vous prie surtout de ne point précipiter votre départ, de crainte que vous ne retombiez malade[18]. »

Touchante sollicitude du ministre à l'égard de son ingénieur ! Il a écrit cette phrase dans un premier élan, puis à la réflexion l'a biffée marquant sa hâte de le voir.

Quand Vauban arrive à Saint-Germain, où se tiennent pour l'heure le Roi et son gouvernement, il apprend que son travail en Franche-Comté n'aura pas de suite. Cette province est rendue à l'Espagne en vertu d'un accord fraîchement paraphé, le traité d'Aix-la-Chapelle (2 mai 1668).

Vauban comprend alors que si Louis XIV n'a pas poursuivi son avance aux Pays-Bas, c'est parce que l'Angleterre et les Provinces-

Unies venaient de se réconcilier et de signer une alliance contre la France. La Suède y avait adhéré, formant la Triple Alliance.

En menant une action contre la Franche-Comté, le Roi s'était assuré d'un gage pour une future négociation. C'est ainsi qu'au traité d'Aix-la-Chapelle, la France avait accepté d'évacuer la Franche-Comté, l'Espagne cédant par contre à Louis XIV toute la bordure sud des Pays-Bas, une douzaine de villes avec leurs dépendances [19].

Le Roi décide de fortifier immédiatement cette nouvelle frontière, mission confiée à Vauban.

Pour marquer sa satisfaction, le Roi le nomme « gouverneur de la citadelle de Lille [20] ». Nouvelle étape dans la carrière de Vauban, car être gouverneur cela signifie avoir autorité sur la garnison, disposer d'une maison et jouir d'un titre flatteur, ce qui n'est pas négligeable dans une société hiérarchisée.

En même temps Vauban est officiellement chargé de toutes les fortifications relevant du département de Louvois, à savoir les places des provinces frontières du Nord, de la rive droite du Rhin, d'Italie et du Roussillon : lourde responsabilité pour ce jeune ingénieur de trente-cinq ans.

Désormais pour Vauban les périodes de paix seront aussi occupées que les périodes de guerre.

5.

Quatre années de paix et de travaux 1668-1672

Face à Dunkerque — Randonnée des Alpes aux Pyrénées — A la disposition du duc de Savoie — L'affaire des brouettes — Visite du Roi en Flandres — Le « plus pauvre gentilhomme de France ».

La paix signée à Aix-la-Chapelle n'est en fait qu'un armistice ; il va durer quatre ans.

Dans l'entourage du Roi d'aucuns se félicitent de ce traité, comme Colbert en raison de l'état des finances du royaume et comme Lionne[1] qui tente de démêler une situation diplomatique très complexe. Mais d'un autre côté le clan des militaires, avec Louvois, Condé et Turenne, est dépité. Apprenant la signature du traité, Turenne s'exclame qu'il a reçu un « coup de massue » et un diplomate, le comte d'Estrades[2] affirme que « son maître paierait avec usure aux marchands de fromages la duplicité de leur conduite ».

Quant à Vauban, il apprécie peu cet enchevêtrement de places amies et ennemies que le traité a laissées subsister en Flandres. Il écrit à Louvois, à propos de la place de Condé, demeurée espagnole alors qu'elle est située derrière la ligne formée par Tournai, Ath et Binche, cédés à la France : « Prenons Condé sans faire tant de cérémonies ; quinze jours de temps employé en feraient l'affaire et après cela, vous plaiderez mains garnies. Il n'y a point de juges plus équitables que les canons : ceux-là vont droit au but et ne sont pas corruptibles. Faites que le Roi les prenne pour arbitres s'il veut avoir bonne et brève justice de ses justes prétentions[3]. »

Vauban serait-il un belliciste ? A-t-il lu le premier volume des *Fables* que Jean de La Fontaine vient de dédier au Dauphin ? « La raison du plus fort est toujours la meilleure. Nous l'allons montrer tout à l'heure[4]. »

Ou bien connaît-il les pensées intimes du Roi qui, évoquant ce traité, écrira plus tard dans ses *Mémoires :* « [...] quand même il n'arriverait rien de nouveau, je ne manquerais pas d'occasion de rompre quand je voudrais avec l'Espagne ; que la Franche-Comté que je rendrais, se pouvait réduire en tel état que j'en serais le maître à toute heure, et que mes nouvelles conquêtes bien affermies m'ouvriraient une entrée plus sûre dans le reste des Pays-Bas. »

Vauban est certes sensible à l'air du temps. Il vient d'assister en Flandres et en Franche-Comté à la démonstration éclatante de la suprématie présente des forces de la France. Il voudrait que l'on en profite pour organiser, une fois pour toutes, une bonne frontière bien défendue avec une ligne homogène de places fortes : cela justement pour éviter d'ultérieurs conflits, et non pour partir à l'attaque vers de nouvelles conquêtes.

Pour le moment il est chargé de « faire les projets de la ville et citadelle d'Ath, Audenarde et Charleroi, avec celui de Dunkerque[5], de quoi l'occuper amplement pour la fin de cette année 1668.

Et Vauban arrive à Dunkerque[6] : l'homme de la France profonde, face à la mer... C'est le coup de foudre. Ce terrien, habitué aux grands vallonnements boisés et aux structures granitiques, stables et immuables, découvre l'élément fluide, changeant, capricieux, toujours en mouvement. Le travail incessant, inlassablement recommencé des marées le captive. Il est fasciné ; il se passionne pour les problèmes posés par les constructions maritimes. Il prolonge son séjour, si bien que Louvois le rappelle à l'ordre : « Je vous avoue que ma patience est à bout et quelque envie que j'aie de trouver des raisons du long séjour que vous faites à Dunkerque, je n'en puis trouver aucune[7]. »

Vauban imperturbable lui répond : « J'ai bien vu [...] que vous étiez en colère contre moi. J'en suis au désespoir ; mais quand ce serait pour mourir, je ne saurais aller plus vite. Quand je trace, je n'écris point, et quand j'écris, je ne saurais dessiner. Il faut que toutes choses se fassent les unes après les autres et qu'on ait encore le temps d'y songer ; car ce n'est pas ici un jeu d'enfant [...][8]. »

Quand Vauban « cogite », il ne faut pas le déranger, ni interrompre le fil de ses pensées, serait-on ministre de Sa Majesté. C'est le Vauban cartésien en action : il faut résoudre les problèmes les uns après les autres, décomposer les difficultés en autant de parcelles qu'il en faut pour les résoudre. Dans sa malle de voyage doit figurer un exemplaire du *Discours de la Méthode !*

Mais bientôt un autre Vauban se dévoile, celui qui s'enthousiasme pour son œuvre. Quelques jours plus tard, il annonce à Louvois : « Comme je suis extrêmement amoureux des dessins des vieux bastions et de la citadelle, je l'ai tout tracé moi-même et il n'y a rien que je n'ai mesuré pour le moins deux fois [...][9]. »

Dans sa lettre suivante, il précise : « Il en coûtera, pour tout parfaire, près de deux millions de livres au Roi, mais aussi il aura une place qui sera l'admiration des siècles à venir[10]. »

Cet homme de raison et de rigueur est un enthousiaste. Son métier de bâtisseur, il le fait avec passion.

Derrière un masque rude et un parler abrupt, Vauban est aussi un homme sensible. Il a besoin pour bien travailler de se sentir dans un climat de complète confiance. Il veut pouvoir s'exprimer avec la plus grande liberté. S'adressant à son ministre, il lui déclare : « Je vous supplie très humblement d'avoir un peu de créance à un homme qui est tout à vous et de ne point vous fâcher si, dans celles [les lettres] que j'ai l'honneur de vous écrire, je préfère la vérité, quoique mal polie, à une lâche complaisance qui ne serait bonne qu'à vous tromper, si vous en étiez capable, et à me déshonorer [...]. Trouvez donc bon, qu'avec le respect que je vous dois, je vous dise librement mes sentiments dans cette matière[11]. »

Ce n'est pas le langage d'un courtisan, mais d'un homme qui, tout en affirmant son dévouement et son loyalisme, conserve une attitude de libre arbitre et de grande dignité.

Vauban est en train de pousser activement les travaux de la place d'Ath avant que l'hiver et le gel ne surviennent, quand il reçoit le 16 novembre cette missive de Louvois : « Je serais bien aise qu'à votre premier jour de loisir vous allassiez faire une course à Lille [...] que vous allassiez faire une course dans les places du Hainaut [...] et que vous vinssiez à Paris en poste (dont le Roi vous dédommagerait), à Pignerol et à Perpignan par la même voie, afin qu'étant de retour ici au 15 du mois de janvier, vous puissiez retourner en Flandres pour disposer les choses à l'ouverture des ateliers [...][12]. »

Pour prévenir une demande de Vauban, le ministre ajoute : « Vous comprendrez bien par là qu'il ne faut pas que vous songiez à mettre les pieds chez vous [...]. »

Et en moins de trois mois, partant de Lille, Vauban va effectuer à cheval ou en chaise de poste, cette incroyable randonnée ! Son départ ayant été retardé, il arrive à Pignerol[13] au milieu de février 1669 par des routes et des chemins enneigés. Il trouve une place mal agencée dont « les défauts et les bizarreries » le laissent perplexe. Il tente cependant de faire un plan où « il s'agit de réconcilier l'art avec la nature ». Quand il en repart, il ne peut franchir le col du Mont-Genèvre, itinéraire normal pour aller par Briançon vers le Midi. Il lui faut donc repasser par le col du Mont-Cenis et Grenoble, pour redescendre sur Valence. De là il gagne Antibes et Toulon, le temps d'y faire « les projets de la nouvelle darse et des fortifications de la place ». Puis il galope vers Perpignan où il travaille trois journées sans interruption, « jour et nuit », avant de faire un tour à Collioure et Villefranche-de-Conflent. Sur le chemin du retour, il passera au large du Morvand « sans songer seulement à passer chez moi, puisque vous me l'ordonnez ainsi[14] ». En avril, mission remplie, il est à Lille, ayant parcouru près de trois mille kilomètres de routes cahotantes et de mauvais chemins, ayant franchi en plein hiver deux fois les Alpes et dressé les plans de six places.

Va-t-il se reposer un moment dans sa citadelle ? Il n'en est pas question. Il repart aussitôt visiter toutes les places de l'Artois : Douai, Arras, Bapaume, Béthune, Saint-Venant... pour ne citer que les principales. Et visiter ne signifie pas pour Vauban jeter un coup d'œil. Comme en témoigne la correspondance échangée quotidiennement avec Louvois, il inspecte dans le détail, il s'attache aussi bien aux plans d'ensemble qu'aux mesures d'exécution, il s'intéresse aux problèmes d'approvisionnement et de main-d'œuvre, il vérifie les devis et les prix pratiqués.

Vauban le précise lui-même : « A mesure qu'il faisait un projet de place et qu'il était approuvé, le Roi le chargeait de la principale direction en ce qui regarde la conduite des ouvrages, ce qui l'engagera depuis à des voyages continuels dans tous les temps de l'année[15]. »

Non content de lui faire contrôler les places relevant du département de Louvois, voici maintenant que le Roi l'envoie étudier les places de Picardie. Cette province relève de la responsabilité de Colbert, assisté du chevalier de Clerville. Cela risque de provoquer des conflits de prérogatives. Mais telle est la volonté royale. En fait, progressivement, Clerville est dépouillé de ses responsabilités[16] et Vauban assume les fonctions de « commissaire général des Fortifications du royaume », sans en avoir encore le titre.

Vauban se soucie de donner un certain style à la citadelle de Lille. Il voudrait en particulier orner les bâtiments de la place centrale avec des portiques pour tempérer leur allure sévère et uniforme. Il calcule au plus juste le coût de cet embellissement, à moins de quatre mille livres, « et de cela je me suis si assuré », écrit-il à Louvois, « que je me soumets volontiers à payer le surplus, s'il y en a, et d'avoir encore les étrivières par-dessus le marché[17] ». Mais le ministre lui répond sèchement : « Le Roi s'étonne [...] que vous vous arrêtiez à des babioles au lieu de songer aux choses essentielles qui sont de parachever les places que l'on a commencées [...]. »

Toutefois, dans la même lettre, quelques lignes plus loin, Louvois ajoute : « [...] Vous pouvez faire mettre les armes du Roi sur tous les angles flanqués des bastions et des soleils sur les épaules des dits bastions[18]. »

Quand il s'agit de la gloire et du prestige de Sa Majesté, ce ne sont plus des babioles !

Vauban se partage entre Lille, Dunkerque et Ath dont le Roi souhaite la prompte mise en défense. Louvois vient en octobre faire le tour de toutes ces places. Il prévient Vauban qu'il devra entreprendre un nouveau voyage sur Pignerol pendant l'hiver. Mais auparavant il doit établir « l'état de tous les travaux à faire en 1670 [19] », le Roi ayant l'intention de consacrer aux fortifications la somme d'un million et demi de livres cette année. Voilà de quoi occuper ses soirées et ses nuits.

A nouveau au début de l'année 1670, Vauban reprend donc la route de l'Italie ; il connaît cette fois encore les routes ravinées et les cols enneigés. Le Roi a accordé des fonds supplémentaires pour l'amélioration des fortifications de Pignerol, le projet initial doit donc être adapté. Vauban, à peine arrivé, reçoit une missive de Louvois le priant d'abréger au maximum son séjour et de rentrer sans perdre de temps... autrement dit sans s'arrêter en Morvand. Le Roi vient de décider de visiter au printemps les places de Flandres et d'Artois : Vauban doit être là pour l'accueillir.

Le déplacement de Louis XIV se fait avec le déploiement de forces et de fastes habituel. La Cour accompagne le souverain qui est escorté par sa maison militaire en grande tenue. Il convient d'impressionner les Espagnols et les Hollandais dont les espions doivent observer le cortège royal. Vauban attend le Roi à Saint-Quentin, puis l'accompagne dans sa tournée par Arras, Landrecies, Cambrai, Lille et Dunkerque.

Vauban a tout juste le temps de reprendre en main ces chantiers en cours que déjà Louvois le convoque. Le ministre part mi-juillet en Piémont, Vauban doit être du voyage. Sous le prétexte d'inspecter la place de Pignerol, il s'agit de remplir une mission diplomatique auprès du duc de Savoie : convaincre ce dernier de se ranger du côté de la France, si celle-ci entre en conflit avec la Hollande.

Voulant être agréable au duc de Savoie, Louvois lui offre de mettre à sa disposition Vauban pour inspecter quelques-unes de ses places. Le duc, enchanté de cette aubaine, demande à Vauban de lui tracer des plans pour ses villes de Verrue, Verceil, Turin. Mais le séjour qui devait être d'une semaine se transforme en six semaines. Louvois envoie courrier sur courrier pour rappeler Vauban. Celui-ci quittera le duc en excellents termes : « Son Altesse Royale en fut si contente qu'en prenant congé de lui après mille honnêtetés, elle lui fit présent elle-même de son portrait enrichi de diamants [20]. »

Vauban est de retour fin septembre. Après avoir rendu compte à la Cour, il reprend son va-et-vient entre les places de Flandres, d'Artois, du Hainaut auxquelles s'ajoutent maintenant celles de Picardie.

Le rôle de Vauban ne se limite pas à concevoir des plans de nouvelles places ou d'ouvrages complémentaires pour les places anciennes, à contrôler les travaux en cours et leur conformité avec les projets et les devis approuvés par le ministre, à résoudre les multiples problèmes posés par l'approvisionnement des chantiers, la disponibilité de la main-d'œuvre, en majorité fournie par des unités de l'armée. Après avoir aplani les inévitables chicanes entre ingénieurs, entrepreneurs et intendants, il lui faut répondre à l'insatiable curiosité et aux perpétuelles exigences de Louvois. Celui-ci veut tout connaître, tout contrôler, tout décider jusque dans le moindre détail. Ainsi l'affaire des brouettes, une commande de matériel qui ne dépassait pas quelques centaines de livres dans un budget annuel de fortifications s'élevant à plus d'un million et demi. Pour hâter les travaux Louvois décide de mettre vingt-deux mille hommes supplémentaires à la disposition de Vauban, à employer en priorité sur les chantiers de Dunkerque, Tournai et Ath, places que le Roi a l'intention de visiter prochainement.

Vauban explique au ministre que les travaux de terrassement iraient beaucoup plus vite si les travailleurs disposaient de bons outils et surtout de brouettes. Il voit tous les jours les files de terrassiers, transportant péniblement dans des hottes jusqu'aux glacis la terre extraite des fossés. Il est sensible à la fatigue de ces hommes et irrité par leur faible rendement. Mais le ministre s'exclame : des brouettes, quelle folie... « [...] il me semble que ce serait une dépense épouvantable de faire faire des brouettes qui coûteraient quarante à cinquante sols pour les avoir bonnes, et dont l'on romprait tous les jours une infinité, au lieu que des hottes ne coûteraient pas plus de six ou sept sols pièce et ne seraient pas sujettes aux accidents [...][21]. »

Vauban revient sur la question, explique que le rendement serait bien meilleur et confirme sa demande de quatre mille brouettes. Louvois chicane sur le nombre qui lui paraît excessif, ajoutant : « Le soldat étant maladroit ne les pourrait pas conduire et les romprait par malice, au lieu que se servant de hottes il en coûtera moins. »

Vauban tient bon et le ministre accepte finalement de faire fabriquer deux mille brouettes et quatre mille hottes. Après un échange de longues lettres, Louvois cède devant la tranquille obstination de son ingénieur.

Au printemps 1671 Louis XIV va visiter en grand arroi ses places de Flandres. Il est accompagné par la Reine et les deux favorites, Mme de Montespan et Mlle de La Vallière. Le Roi veut constater l'avancement des travaux qui lui coûtent si cher tout en galvanisant par son auguste présence l'ardeur des troupes qui y sont employées.

Bien sûr Vauban est là qui explique au souverain le rôle des différents bastions construits à Dunkerque le long du chenal conduisant de la mer à la ville, en particulier le fameux « Risban » qui par marée haute est entièrement cerné par les flots.

Ce voyage royal est aussi destiné à distraire la Cour. Le Roi a particulièrement goûté une tragi-comédie, *Psyché,* dont le texte avait été écrit par Molière et Corneille, et la musique par Lully[22]. Il ordonne à son surintendant de la Musique de le suivre, avec tous les musiciens de la Chambre, pour donner à Dunkerque une représentation de cette dernière œuvre. Lully voulant conférer à cette fête exceptionnelle un caractère majestueux, demande que l'on mette à sa disposition tous les musiciens des régiments campés autour de la place. Il dispose ainsi d'un nombre considérable de trompettes, hautbois, fifres, sacquebutes, cromornes et de sept cents tambours qu'il fait travailler ensemble. « Le jour de la représentation », rapporte une chronique du temps, « on chanta le prologue et la finale de *Psyché* avec accompagnement de tous ces instruments, employés avec tant d'adresse qu'ils produisirent l'effet de grandeur héroïque que désirait le musicien. Sur le dernier accord on tira une salve de quatre-vingts coups de canon qui donna aux spectateurs un plaisir mêlé d'effroi. »

Puis le cortège royal passe par Tournai, où Vauban montre au Roi l'état actuel de la fortification et le projet de citadelle implanté sur la face nord de la place[23]. Enfin Sa Majesté vient camper devant Ath. Vauban peut utiliser la main-d'œuvre, constituée par les régiments de l'escorte, pour raser la colline de Montferron, « hauteur qui incommode la place », car elle la domine à l'ouest.

Louis XIV est pleinement satisfait de ce voyage triomphal et des places visitées. Pour marquer son contentement à l'égard de Vauban, il va, dès son retour à Fontainebleau, donner instruction à Colbert de faire classer par la Cour des comptes le dossier relatif à Brisach : « [...] désirant décharger le sieur de Vauban de toutes les recherches qui pourraient être faites contre lui, à cause de marchés et entreprises qu'il a ci-devant faits pour les revêtements des ouvrages de mes places de Brisach et Philippsbourg[24]. »

Louvois n'est pas étranger à cette décision en faveur de laquelle il est intervenu à maintes reprises auprès de Colbert, détenteur des pièces du dossier.

Ainsi se termine un contentieux qui depuis cinq ans, telle une épée de Damoclès, demeurait en suspens au-dessus de la tête de Vauban. Cette faveur royale le confirme dans sa position officieuse de commissaire général des Fortifications.

Louvois qui, tout au long de cette affaire, a constamment et activement défendu Vauban, ne le laisse pas pour autant se reposer. A peine le cortège royal a-t-il repris la route de la capitale, que le ministre le harcèle à nouveau : « [...] j'attends avec impatience de vos nouvelles de Douai. Quand vous aurez réglé ce qu'il faut faire, allez faire un tour dans les autres places et employez ces deux mois prochains à les visiter perpétuellement, afin que chacun, craignant à tout moment de vous voir arriver, s'applique plus à l'exécution de ce dont vous l'auriez chargé[25]. »

Vauban applique à la lettre les consignes reçues. Par tous les temps il est sur les chemins ou sur les chantiers. En dépit de sa robuste constitution et de sa jeunesse — il n'a pas quarante ans — il lui arrive de marquer de la fatigue. Il s'en excuse auprès de Louvois dans un style toujours direct : « L'incommodité de mon rhume était tellement aggravée par la fatigue du cheval que j'ai failli en crever par les chemins ; et la vérité est que j'ai été obligé de mettre plus de cinquante fois pied à terre à cause des maux de tête et des éblouissements que le toussement me causait[26]. »

Toutes ces allées et venues[27] ne l'empêchent pas, bien au contraire, de s'intéresser à maintes questions ne relevant pas de son domaine. Étant à Dunkerque, il va jeter un coup d'œil sur les travaux d'agrandissement du port. Il désapprouve le projet en cours d'exécution et critique l'incompétence des ingénieurs qui y sont employés. Aussitôt il envoie ses remarques à son ministre : « En vérité, Monseigneur, je n'ambitionne point sur autrui, je n'ai point l'âme tournée à faire mal à qui que ce soit, mais je suis Français et, comme tel, je ne puis m'empêcher d'avoir quelque déplaisir que le Roi ait dépensé deux ou trois millions pour faire la meilleure place de son État, en intention de s'assurer le port le plus important et qu'on manque à faire tout ce qui se peut pour le rendre aussi bon qu'il pourrait être[28]. »

Quel dommage que le port ne soit point du ressort de Louvois ! Ce que Vauban explique très joliment en regrettant « que Dieu ne vous eût inspiré assez de charité pour vouloir dégager M. de Colbert de ce soin ».

A quoi, en bon politique, Louvois lui répond : « qu'il faut se contenter de bien servir son maître en ce dont il nous charge, et ne pas s'inquiéter du reste[29] ».

Un peu plus tard Vauban entend parler d'un canal qui serait creusé par les Espagnols à Nieuport, à moins de trois lieues de Dunkerque. Sa curiosité est la plus forte, il ne peut s'empêcher d'aller voir ce qui se passe. Vauban se trouve face à face avec le gouverneur espagnol qui le reçoit fort mal, mais il ne se laisse pas impressionner. Il enregistre le moindre détail et rend compte longuement, avec une intense jubilation, de son algarade avec l'Espagnol. « Nous trouvâmes le gouverneur à cheval. C'est un vieillard d'espagnol de soixante-dix à quatre-vingts ans qui paraît encore vigoureux ; il était orné d'une barbe à vieille façon mélangée de beaucoup de poils blancs contre très peu de noirs, et d'une perruque noire à cheveux plats surmontée d'un chapeau retourné à petits bords[30]. »

Vauban, se tenant à cinquante pas, envoie l'un de ses officiers le saluer et lui adresser un compliment. Le gouverneur prend à partie cet officier, « le querellant, se pétulant fort de ce que l'on venait le voir si souvent [...] et cela d'un ton fier et traitant de maître à valet avec mon député ».

Alors Vauban s'avance et lui demande la cause de son emportement : « Il me dit quantité de choses confuses d'un vieillard fort en colère [...] à ces douces paroles, je répondis à peu près sur le même ton. » Si bien que le gouverneur finit par s'exclamer : « Tenez mor..., voyez, puisque vous avez si envie de voir. Eh bien avez-vous tout vu ? Pardieu, vous voilà bien satisfaits. »

Ayant bien observé tous les travaux en cours ainsi que la disposition des troupes, Vauban s'en retourne, ravi de son expédition.

Louvois lui ayant demandé de rédiger une note sur la manière de conduire un siège, Vauban se lance dans la rédaction d'un *Mémoire pour servir d'instruction de la conduite des sièges*[31]. Il va y consacrer près de deux mois — janvier et février 1672 —, ne pouvant se mettre à un travail sans chercher à atteindre la perfection. Louvois, impatient, comme à son habitude, réclame ce mémoire ; Vauban lui répond le 9 février qu'il en a déjà rédigé « cent cinquante pages d'écriture corrigée » et qu'il estime en avoir encore autant à écrire plus une trentaine de dessins. Avec sa belle assurance, il ajoute : « Ce que je puis vous en dire, Monseigneur, est qu'après vous être donné la peine de le lire une fois ou deux, j'espère que vous saurez mieux les sièges et la tranchée qu'homme du monde[32]. »

Comme Louvois lui envoie dix jours plus tard une lettre de rappel, Vauban lui répond sereinement : « Vous entendez bien, Monseigneur, que plus vous m'écrirez, plus vous me retarderez[33]. »

Et, là-dessus il entretient son ministre de diverses expériences qu'il est en train de mener à Lille sur « le boulet creux », sur « la conduite des sapes » et sur un « pont flottant » mobile. Ce dernier matériel permettrait de faire franchir des cours d'eau à l'infanterie, la cavalerie et les canons, avec des éléments aisément assemblés et transportés par chariots.

Ce sont les premiers témoignages de la capacité d'invention de Vauban qui, tout au long de son existence, s'intéressera avec la même ouverture d'esprit aux sujets les plus divers, faisant preuve d'une imagination et d'une créativité jamais en défaut.

Entre-temps des plaintes sont parvenues jusqu'au bureau de Louvois au sujet de prétendues malversations concernant les travaux en cours à Lille.

Vauban, alerté, écrit immédiatement à Louvois, non pour tenter de dégager sa responsabilité, ou celle de ses collaborateurs, mais bien au contraire pour demander que le ministre instruise cette affaire au fond et fasse toute la clarté voulue. Il a la conscience tranquille et veut que la vérité éclate. Il termine cette lettre d'un seul élan : « Examinez donc hardiment et sévèrement, bas toute tendresse ; car j'ose bien vous dire que, sur le fait d'une probité très exacte et d'une fidélité sincère, je ne crains ni le Roi, ni vous, ni tout le Genre humain ensemble. La Fortune m'a fait naître le plus pauvre gentilhomme de France ; mais en récompense, elle m'a honoré d'un cœur sincère, si exempt de toutes sortes de friponnerie qu'il n'en peut même souffrir l'imagination sans horreur, et là-dessus, je suis, Monseigneur, avec le plus profond respect du monde, votre très humble, très obéissant et obligé serviteur[34]. »

Cri du cœur d'un parfait honnête homme : Vauban s'y révèle tout entier.

Cette accusation le hérisse, lui qui a « toute friponnerie » en horreur. Il a souffert pendant cinq ans, en silence, des soupçons qui ont pesé sur lui dans l'affaire de Brisach. Aujourd'hui, alors qu'il vient d'en être entièrement lavé, il ne supporte pas que de nouvelles accusations puissent souiller son nom.

Il place sa fierté non dans sa naissance mais dans sa probité. Et cela il ne craint pas de le clamer à la face du ministre et à la face du Roi. Vauban n'affiche aucune fausse humilité, il est conscient de sa valeur et à l'occasion il n'hésite pas à le dire. C'est dans son honnêteté qu'il place son orgueil.

6.

Organiser le « pré carré » 1672-1674

Début de la guerre de Hollande — Intervention des « pierriers » — Faire « le pré carré » — Partir en Morvand ! — Siège de Maëstricht — Algarade avec Louvois.

Depuis la signature du traité d'Aix-la Chapelle, Louis XIV organise méthodiquement la guerre qu'il compte mener contre les Provinces-Unies. Il peut de moins en moins supporter cette république de marchands calvinistes, dont les gazetiers se permettent, à Amsterdam, des insolences à son endroit. Colbert l'entretient dans cet état d'esprit. Le ministre, qui travaille avec acharnement à développer l'économie française, se heurte constamment aux Provinces-Unies, puissance dominante en Europe sur le plan commercial. Avant même le déclenchement d'un conflit armé, une guerre douanière est ouverte.

Louvois, de son côté, soutient l'humeur belliqueuse du Roi et prépare minutieusement l'entrée en campagne : les effectifs des unités permanentes sont portés à plus de cent mille hommes, les dépôts de vivres et de munitions, dans les places pouvant servir de base aux opérations, sont approvisionnés pour six mois de guerre, les travaux de fortifications sont poussés activement.

Enfin sur le plan diplomatique, Lionne puis le marquis de Pomponne[1] travaillent à isoler les Provinces-Unies. La Triple Alliance est disloquée, le roi d'Angleterre s'engage par un pacte secret à se ranger du côté de la France[2], l'Empereur promet de rester en dehors d'un éventuel conflit, la Suède signe même une alliance avec Louis XIV en avril 1672. Quant aux princes allemands, ils monnayent leur neutralité contre des espèces sonnantes et trébuchantes.

Fin avril 1672, Louis XIV marche fièrement, encadré par Condé, Turenne et Luxembourg, à la tête de ses armées vers le Rhin. Vauban, bien évidemment, est dans l'escorte royale.

Les troupes hollandaises, qui ne comptent que vingt-sept mille hommes, sont bousculées, les places tombent après des simulacres de résistance : « Tout marcha bien au début[3]. »

Le Rhin est franchi le 12 juin au gué de Tolhuis[4] ; par la rive droite du fleuve les armées françaises s'emparent d'Utrecht et marchent sur

La guerre de Hollande (1672-1678)

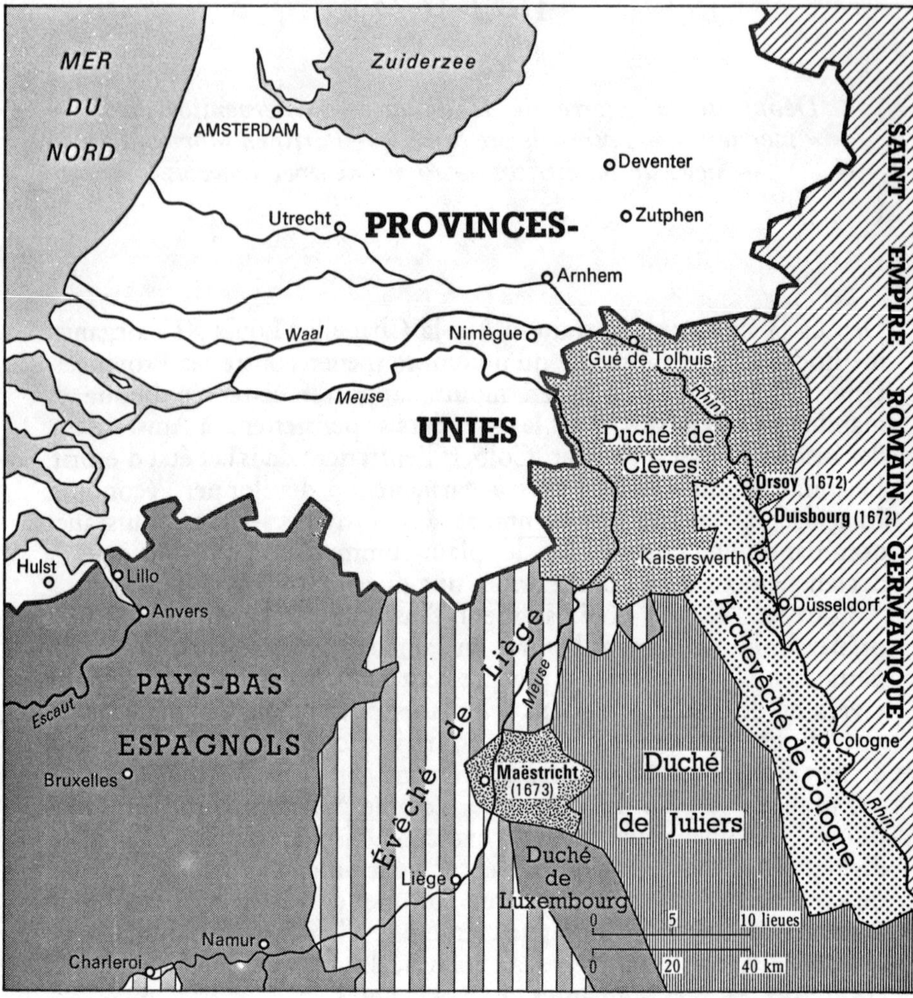

Amsterdam. Mais au lieu d'envoyer un corps de cavalerie se saisir rapidement de cette métropole, le Roi gaspille son temps à prendre les unes après les autres les petites forteresses hollandaises : Arnhem, Deventer, Zutphen.

Après avoir fait tomber Orsoy, Vauban est en train de mettre le siège devant Duisbourg le 20 juin, quand on apprend que les Hollandais ont ouvert les écluses de Myden, submergeant la majeure partie de leur province. Amsterdam est aussitôt transformée en une île au milieu du Zuyderzee. L'offensive française est stoppée, tandis que sur mer l'amiral hollandais Ruyter défait la flotte anglaise à Sole Bay, le 7 juin.

Cependant les États Généraux offrent de signer la paix en cédant tout le pays situé sur la rive gauche de la Meuse. Le Roi, grisé par ses succès, formule des exigences supplémentaires dont la région comprise entre Meuse et Rhin. Les Hollandais rompent alors les négociations tandis que Guillaume d'Orange[5] se saisit du pouvoir : il va devenir l'adversaire le plus acharné de Louis XIV. Quant à celui-ci, il rentre à Saint-Germain, laissant son armée vivre sur le pays conquis. Vauban est chargé de faire le relevé de la vingtaine de places qui viennent d'être enlevées. Il ne chôme pas, car en un mois il a rempli sa mission et il adresse à Louvois les plans en s'excusant, non sans humour, de leur imperfection : « [...] Leur perfection aurait demandé plus de temps que nous n'en avons eu, attendu qu'on ne peut faire venir un bastion dans sa chambre et qu'il faut l'aller voir sur les lieux [...]. C'est pourquoi vous aurez, s'il vous plaît, la bonté d'excuser les petites fautes et brouilleries que vous y pourrez trouver[6]. »

Sur son chemin de retour vers la Flandre, Vauban s'arrête à Ath pour en surveiller les travaux puis il va toucher barre dans sa citadelle de Lille. Il y trouve « beaucoup de brouillerie » car le fameux d'Artagnan, en son absence, s'y est comporté en maître. Finalement les choses s'arrangent, Vauban expliquera que le capitaine des mousquetaires « s'en excusa fort honnêtement à sa manière, disant que ce qui s'était passé entre eux était une bagatelle qui n'en valait pas la pensée[7] ». Tout en chevauchant d'une place à l'autre, Vauban réfléchit sur un certain nombre de sujets qui lui tiennent à cœur. En particulier il s'interroge sur l'usage du tir indirect pour la défense et l'attaque des fortifications. Il s'intéresse aux mortiers. Il leur reconnaît de multiples avantages, leur coût moins élevé que celui du canon, leur plus grande mobilité, leur moindre vulnérabilité : « Ces machines bien servies, jointes à l'effet de mines bien conduites, réduiront l'ennemi quel qu'il soit à attaquer comme ont fait les Turcs devant Candie, de qui j'admire la conduite dans ce siège[8]. »

Vauban a déjà expérimenté le tir des mortiers, chargés de pierres

« grosses comme le poing », qui portent à deux cents toises. Il envisage de faire fabriquer des mortiers de gros calibre, seize à dix-huit pouces d'embouchure, qui pourraient lancer « jusqu'à deux brouettes de pierres à la fois » et qui feraient « une pluie si terrible qu'il n'y a que celle des hallebardes, la pointe en bas, qui leur puisse être comparée ».

Louvois s'intéresse à l'idée, mais il soulève une objection : comment éviter que les pierres n'abîment l'intérieur du tube des mortiers ? Vauban répond aussitôt, il a déjà inventé un mode de chargement de ces mortiers, baptisés « pierriers » : « La cartouche [...] n'est autre chose qu'un panier d'osier juste au calibre du mortier, lequel on remplit de pierres bien arrangées et puis après on le prend par les anses et on le met dedans sur la charge de poudre [...]. Cela se fait en moins de temps qu'on ne pourrait charger un canon et conserve très bien le métal de la pierre[9]. »

Et il ajoute sur un ton goguenard : « [...] Voilà quelle est mon invention qui est, comme toutes les autres qui viennent de moi, simple et très facile. »

Vauban, mis d'humeur joyeuse par cette invention, se départit un moment du ton sévère et technique de la correspondance avec son ministre pour lui faire une proposition inattendue : « Nous pourrions faire un échange, si vous le vouliez, qui serait, vous de me donner une copie de votre portrait par Mignard, pour orner ma chambre, et moi, un plan de Lille bien rectifié avec la description de tout son paysage à la portée du canon à la ronde [...]. Ce que je vous demande, Monseigneur, ce n'est pas pour m'épargner quarante pistoles que je donnerai de bon cœur [...] mais c'est que je ne sais point d'autre moyen pour en pouvoir tirer un de la main de Mignard [...] et je n'en voudrais pas avoir de ceux qui sont faits par d'autres que par lui[10]. »

Ce guerrier, cet ingénieur a un sens artistique inné. Ce n'est point par flagornerie qu'il demande un portrait de son ministre, c'est parce qu'il apprécie hautement la peinture de Mignard. Plus tard, il fera travailler Mansart à la décoration de ses places fortes, Le Nôtre à l'arrangement de ses jardins.

Puis le cours de ses pensées prend un autre chemin. Colbert lui a demandé d'aller inspecter en Picardie deux places : Saint-Quentin et Guise. Vauban ne connaissait pas encore la seconde. Sa première impression est mauvaise, « la figure hétéroclite du château, l'antipathie qui est entre ses flancs et ses faces, la méchante économie de la fortification », tout le pousse à recommander de raser la place. Comme il est consciencieux, il s'attache à trouver les éléments positifs qu'il énumère. Il en arrive à conclure qu'en effectuant certaines réparations cette place, sans être bonne, pourrait cependant servir. Il l'écrit à Louvois. Mais il n'est pas satisfait, toute la nuit il retourne la question de ces deux places dans son esprit et le lendemain matin il reprend la plume pour dire au ministre : « [...] il m'est venu depuis dans l'esprit un moyen très excellent pour les mieux fortifier dont il faut que je vous fasse part, qui est d'aller tracer les fortifications alentour de Mons, Saint-Guillain, Condé et Ypres, est un moyen sûr pour les assurer et plus de vingt autres avec[11]. »

Autrement dit, pour bien défendre la Picardie, il faut que vous assuriez une frontière solidement fortifiée en Flandre, sur la ligne Mons-Ypres.

Vauban est le contraire d'un théoricien. Il part de problèmes concrets, dégageant peu à peu de ces cas particuliers des idées générales. La place de Guise a été pour lui prétexte pour rassembler toutes les réflexions qui occupent son cerveau depuis de longs mois. Au cours de ses nombreux voyages dans les Pays-Bas espagnols et dans les pays rhénans, il a beaucoup médité sur cette imbrication de places amies et ennemies, sur ces frontières tellement incertaines et difficilement défendables, sur cette multiplicité de places dévoreuses d'effectifs et de crédits.

Cette dernière campagne en Hollande, qui a permis de conquérir une vingtaine de places supplémentaires, sans rien résoudre, lui laisse un goût amer. Alors à l'occasion de cette étude concrète de la place de Guise, toutes ces pensées diffuses se cristallisent et Vauban formule son « idée maîtresse », qui désormais orientera toute son action : « le pré carré ».

Il continue son épître à Louvois en ces termes : « Sérieusement, Monseigneur, le Roi devrait un peu songer à faire son pré carré. Cette confusion de places amies et ennemies pêle-mêlées ne me plaît point. Vous êtes obligé d'en entretenir trois pour une ; vos peuples en sont tourmentés, vos dépenses de beaucoup augmentées et vos forces de beaucoup diminuées ; et j'ajoute qu'il est presque impossible que vous les puissiez toutes mettre en état et les munir [...]. C'est pourquoi, soit par traité ou par une bonne guerre, si vous m'en croyez, Monseigneur, prêchez toujours la quadrature. Non pas du cercle mais du pré ; c'est une belle et bonne chose que de pouvoir tenir son fait des deux mains. »

Ce n'est plus l'ingénieur qui parle, ce n'est plus le preneur de villes ou le bâtisseur de citadelles, c'est le stratège. Vauban maîtrise maintenant ses techniques d'ingénieur, ses regards portent plus loin et plus haut. Avec la franchise et la spontanéité qui le caractérisent, il va dire désormais bien haut ce qu'il estime être juste et bon quand l'avenir de la France sera en jeu.

Et en écrivant à Louvois, c'est au Roi qu'il s'adresse.

Après être passé par Ath, Condé, Valenciennes, et avoir inspecté les passages de la Meuse, enfin après être redescendu de Sedan vers Verdun, Vauban se dirige vers Nancy fin mars 1673.

En Lorraine, au mois de mars, le climat est encore rude et cette randonnée est harassante. On imagine Vauban arrivant le soir dans une auberge avec la petite troupe qui l'escorte. Hommes et chevaux sont crottés et épuisés par une longue étape, les chemins sont boueux après le gel hivernal. Vauban, accompagné d'un ingénieur, le sieur de Saint-Lô en charge des chantiers de la région, entre dans la grande salle commune. Un feu flambe dans la haute cheminée et les deux hommes s'y dirigent d'instinct tendant vers les flammes leurs mains engourdies par le froid.

Pendant ce temps le valet de chambre de Vauban, ayant défait le portemanteau fixé au troussequin de sa selle, l'a monté dans la chambre de son maître pour que celui-ci puisse changer de chemise et enlever ses bottes avant le repas. Le secrétaire de son côté a pris sur le cheval de bât la boîte contenant l'attirail d'écriture et de dessin, ainsi que les grands rouleaux en cuir contenant cartes et esquisses. Il a demandé à l'aubergiste une table dans un coin tranquille pour y installer tout ce matériel.

Dans la cour de l'auberge les deux hommes d'armes s'occupent des chevaux. Les ayant dessellés et amenés à l'abreuvoir, ils les attachent dans l'écurie devant les mangeoires remplies de foin. Il leur faut encore entretenir les armes, les pistolets d'arçon des ingénieurs et leurs propres mousquets souillés par la boue des chemins. Les routes ne sont pas sûres et il faut à tout moment être prêts à se défendre contre des partis ennemis ou des maraudeurs.

La salle est maintenant pleine de monde : marchands ambulants, rouliers, paysans des environs s'interpellent bruyamment. Une soupe épaisse et fumante est servie à toutes les tables. Une servante découpe dans de grosses miches de larges tranches de pain qu'elle fait passer avec des plats chargés de fromages.

Vauban commande des pichets de vin qu'il offre à son « équipage », en bon Bourguignon il ne conçoit pas un repas qui ne soit arrosé. Alors que peu à peu la salle se vide, il s'installe à la table où son secrétaire a disposé une écritoire et des feuilles de papier. Commence une longue et studieuse veillée. Il a envoyé tout son monde se reposer et il lui faut lutter contre l'envie d'aller lui-même se coucher. Mais il doit rédiger les comptes rendus et préparer les projets qui partiront par le prochain courrier pour Versailles. Le service du Roi ne supporte pas d'attente ! Cette nuit encore les chandelles brûleront longtemps dans la salle de l'auberge.

Ainsi jour après jour, il lui faut affronter les frimas matinaux et les vents vespéraux des plateaux lorrains, pour veiller tard le soir, penché sur des cartes et des plans.

Alors Vauban a un coup de cafard. Est-ce le début du printemps qui éveille en lui la nostalgie du pays natal ? Ce petit printemps aux vents frémissants et aux fines senteurs après le long et rude hiver en

Morvand, cette douceur de l'air quand apparaît un soleil encore timide, ces chants d'oiseaux qui éveillent les bois de leur profond sommeil...

Le mois prochain il sera quadragénaire « en six ans de temps il n'a été que trois jours en congé et encore à la sauvette en se faisant morigéner ». La coupe est pleine ! Il faut qu'il dise ce qu'il a sur le cœur, que l'on sache ce qu'est sa vie d'éternel errant, une vie qui ruine sa santé et sa bourse. Il envoie cette lettre à son ministre :

« Agréez, s'il vous plaît, Monseigneur, qu'après avoir eu l'honneur de vous entretenir si souvent de places et de fortifications, je puisse aussi une fois avoir celui de vous parler de mes affaires personnelles.

« Je ne prétends point vous faire une exagération de mes services, ni de me faire valoir par un récit qui vous serait ennuyeux, vous le connaissez, vous en savez le mérite et c'est assez. Je ne veux que vous prier de vous souvenir, Monseigneur, que depuis mon retour de l'armée, j'ai toujours voyagé ou plutôt toujours couru de place en place, essuyant tout ce que l'hiver et le mauvais temps ont de rude et de fâcheux, avec sept ou huit chevaux et six ou sept hommes dont trois mangent ordinairement avec moi. Que, depuis ce temps-là, je n'ai point eu d'autre gîte que les cabarets qui sont les lieux du monde les plus propres à se ruiner à petit bruit et sans façon, spécialement en Flandres où ils excellent sur tous les autres pays en cherté et en mauvaise chère.

« Que pendant que les autres se réjouissent et prennent tout ce qu'ils peuvent de bon temps, le mien se passe à faire le chemin d'une place à l'autre, partie à en visiter et ordonner les ouvrages et le reste à écrire et régler des dessins [...]. »

Il porte à l'attention de son ministre qu'on lui doit six mois d'appointements en retard, qu'on oublie de lui verser sa pension et le reste de sa lieutenance et que, « servant avec une assiduité d'esclave », il néglige complètement ses propres affaires. Puis il en arrive à ce qui lui tient le plus à cœur :

« [...] vous me promîtes congé pour aller faire un tour chez moi cette année et que vous m'en donnâtes parole positive. Je vous somme présentement de me la tenir ; je n'ai pas voulu vous en importuner plutôt, parce que j'étais nécessaire à vos places ; mais à présent que tout est en train et qu'après le retour des entrepreneurs je peux régler tout ce qu'il y a ici à faire en quatre ou cinq jours, je vous conjure, Monseigneur, de ne me le point refuser. Je ne mettrai que sept ou huit jours à y aller, quinze jours à y demeurer et huit jours pour me rendre après où vous voudrez [...]. Encore une fois, Monseigneur, je vous supplie de ne me le pas refuser car, si vous le faites, vous me mettez au désespoir[12]. »

Hélas ! A peine avait-il expédié cette lettre qu'il en recevait une de Louvois lui apprenant que « l'armée que le Roi doit commander sera assemblée le 18 du mois prochain » et qu'il doit immédiatement « venir en poste à Lille[13] ».

La guerre allait se rallumer, il n'était, bien évidemment, pas question pour Vauban d'aller en Morvand. Louvois le lui redit quelques jours plus tard en lui affirmant que sa situation allait être régularisée et que le Roi lui allouait mille livres pour « se mettre en équipage » pour la prochaine campagne. Piètre consolation pour Vauban, qui s'incline pourtant de bonne grâce, tout en prenant date : « A l'égard de mon congé, je ne vous en parle plus ; je vois bien que je m'y suis pris trop tard [...]. Mais si le Roi fait la paix ou que la campagne finisse aussi de bonne heure qu'elle l'a fait l'an passé, je vous supplierai très humblement d'obtenir de Sa Majesté que j'aille faire un tour un peu long chez moi ; autrement je serai contraint de vous faire quelque demande moins raisonnable [...][14]. »

Depuis l'arrêt de l'offensive française devant un pays submergé par les eaux, les Hollandais ne sont pas restés inactifs. Guillaume d'Orange, en dépit de son jeune âge — il n'a que vingt-deux ans — a pris les affaires en main et a redressé la situation critique dans laquelle se trouvaient les Provinces-Unies. Il a d'abord réussi à former avec l'Empereur et les princes allemands une alliance tournée contre la France. Puis, par une manœuvre audacieuse dès le mois de décembre 1672, il a tenté de s'emparer de Charleroi pour couper les communications de l'armée française stationnée encore en Hollande. Cette opération n'a pas réussi grâce à la vaillante défense du comte de Montal, gouverneur de la place. Sur mer, la flotte hollandaise, commandée par l'amiral de Ruyter, défait une flotte anglo-française qui tentait d'effectuer un débarquement en Zélande.

Pendant ce temps Louis XIV prépare avec Louvois la campagne pour l'année 1673. Il laisse Condé en Hollande devant cet étrange champ de bataille immergé « où des mâts de vaisseaux se dressaient parmi les moulins à vent[15] », et Turenne sur le Rhin, où il a bataillé tout l'hiver avec succès, empêchant les impériaux et les Brandebourgeois de faire leur jonction avec les Hollandais.

Le Roi décide de s'emparer de Maëstricht, ville importante sur la rive gauche de la Meuse, point de passage vers le Rhin de Cologne, bien située pour servir de base à d'ultérieures opérations contre les Provinces-Unies. La place est tenue par une forte garnison hollandaise, commandée par un homme de guerre réputé, Farjaux. Elle est défendue par de puissantes fortifications.

Louis XIV organise cette expédition avec son sens du décorum. Il quitte Saint-Germain le 1er mai accompagné de la Cour et escorté par sa gendarmerie, trois cents cavaliers d'élite au justaucorps écarlate, brandebourgs et ceinturon galonnés d'or, montés sur des chevaux harnachés de rouge. Pour tromper l'adversaire, le Roi, qui a rejoint l'armée à Courtrai, fait mine de marcher sur Gand et Bruxelles. Cette feinte réussit : le commandant des armées alliées, M. de Monterey, dégarnit en partie Maëstricht pour renforcer les places de Flandres. Début juin l'armée française change brusquement de direction, deux corps d'avant-garde foncent sur Maëstricht qu'ils investissent. Le gros de l'armée, vingt-six mille fantassins et dix-neuf mille cavaliers, s'installe à distance respectueuse de la place, creusant des lignes de « contrevallation » et de « circonvallation » pour interdire tant une sortie de la garnison que l'intervention d'une armée de secours.

C'est alors au tour de Vauban d'intervenir. Celui-ci décide d'utiliser pour la première fois une nouvelle technique qui va faire ses preuves de manière éclatante. S'inspirant des méthodes employées par les Turcs au siège de Candie, il fait ouvrir une première « parallèle » creusée à la limite de portée des canons de la place en suivant le tracé de ses fortifications. De là partent des tranchées en direction du front que Vauban a choisi d'attaquer. Ces tranchées sont plus larges que les boyaux habituels. Elles s'élargissent par endroits pour former des « places d'armes » où les assiégeants pourront se regrouper à l'abri des feux. Puis il fait aménager une deuxième parallèle, à une distance d'environ cent cinquante toises des remparts, dans laquelle sont installées des positions de batteries : vingt-huit canons y sont halés de nuit et commencent à tirer sur le secteur choisi, tant pour neutraliser l'artillerie adverse, que pour ébranler puis ébouler les murs des bastions et des courtines. Enfin il fait creuser une nouvelle portion de tranchées qui arrive jusqu'au pied des glacis de la place. C'est là que sera aménagée une troisième parallèle, devant servir de base de départ aux troupes d'assaut. Dans le même temps un autre secteur d'attaque est préparé sur la face nord de la ville pour servir de diversion et laisser les assiégés dans l'expectative.

Grâce aux précautions prises par Vauban, à la profondeur et au tracé sinueux des tranchées, les pertes dans les rangs des travailleurs sont infimes. Implacablement l'étau se resserre sur la place dont des pans de murailles, sous l'effet de la canonnade, commencent à s'ébouler.

Alors le Roi, cédant aux pressions de son entourage et voyant que les tranchées atteignent la première ligne de défense ennemie, un chemin couvert, donne l'ordre d'attaquer. Les gardes-françaises engagent l'action avec impétuosité et prennent pied sur le premier ouvrage. Dans l'assaut le capitaine d'Artagnan tombe mortellement blessé. Les assiégés contre-attaquent vigoureusement, infligeant aux assaillants des pertes sévères. Cependant la place continue à être canonnée et ses défenses sont peu à peu neutralisées. Aucune armée de secours n'étant à l'horizon, le gouverneur « après treize jours de tranchée ouverte » demande à capituler le 30 juin.

Vauban, tout en se félicitant de l'efficacité de la nouvelle méthode utilisée à Maëstricht, déplore que « ce siège fut fort sanglant à cause des incongruités qui arrivèrent par la faute des gens qu'il ne veut pas nommer [16] ». Ces incongruités ce sont ces attaques prématurées, déclenchées contre son avis, qui coûtèrent la vie à quatre-vingts officiers, cent vingt mousquetaires et sept cents soldats. Vauban reviendra sur cette affaire qui l'a profondément meurtri, lui dont le premier souci est d'économiser les vies humaines : « [...] Je ne sais si on doit appeler ostentation, vanité ou paresse la facilité que nous avons à nous mettre à découvert hors de la tranchée sans nécessité, mais je crois bien que cette négligence ou cette vanité (comme on voudra l'appeler) a coûté plus de cent hommes pendant ce siège, qui se sont fait tuer mal à propos et sans aucune raison. Cela est un péché originel dont les Français ne se corrigeront jamais si Dieu, qui est tout-puissant, n'en réforme l'espèce [17]. »

Quant à Louis XIV, fort satisfait de la chute si rapide de cette place formidable, « après avoir beaucoup gracieusé » Vauban, il lui alloua une gratification de quarante mille livres.

Après la prise de Maëstricht, le Roi, caracolant au milieu de sa maison militaire, va faire le tour de ses places de Lorraine et d'Alsace et ne rentre dans sa capitale en octobre qu'au bout de six mois de pérégrinations.

Vauban, comme à l'accoutumée, a été laissé sur place pour réparer les dégâts causés par le siège et « remurailler » les brèches, suivant sa propre expression. Mais bientôt Louvois lui demande de se rendre en Alsace. Le Roi a décidé, à la suite de son inspection, de transférer la charge des fortifications de cette province du département de Colbert à celui de Louvois. Vauban doit faire l'état des lieux. Il a gardé un mauvais souvenir de la place de Brisach et ce qu'il retrouve n'est guère mieux :

« Je ne crois pas que depuis la création du monde, il se soit vu d'affaires plus embrouillées ni plus négligées que le sont celles des fortifications de cette place... [18] », écrit-il à son ministre.

Après un mois de travail il s'exclame : « J'aimerais mieux faire le projet de trois places neuves que celui du rapetassement de celle-ci [19] ». Mais, après avoir grogné, il se prend au jeu. Il affirme que, si on lui laisse le temps de l'exécuter, il fera de Brisach « la seconde place du Royaume », la première restant à ses yeux son cher Dunkerque. Puis il va voir Philippsbourg [20], qu'il trouve en mauvais état. Il rend compte qu'il faudra du temps et de l'argent pour mettre cette place en condition de soutenir un siège.

Sur le chemin du retour, chevauchant à travers les Vosges, faisant étape à Nancy et remontant à travers la Champagne vers la Picardie dans la froidure et les bourrasques de pluie ou de neige, il rumine de sombres pensées. Elles tournent autour de toutes ces places fortes que le roi de France semble vouloir collectionner. Elles sont bien trop nombreuses pour que l'on puisse les mettre dans un état convenable et parmi elles, combien qui ne valent rien ! Justement en passant à Nancy il a appris que l'on venait d'attribuer un fonds de quarante-cinq mille livres pour réparer Marsal. Aussitôt il saisit sa plume et interpelle son ministre : « Je ne sais si vous connaissez bien cette place et si vous l'avez vue sur les lieux. Mais pour moi il y a longtemps que je la considère comme un trou, qui peut être assiégé par deux redoutes, qui n'est à portée de rien, qui ne s'oppose à rien et qui n'est enfin bon qu'à raser [...][21]. »

Poursuivant sa route, il passe par La Fère, sur l'Oise : il apprend que l'on prévoit d'en raser les remparts. Cette fois encore il n'est absolument pas d'accord et le dit sans ambages à Louvois, en profitant de l'occasion pour lui administrer une leçon dont il sait fort bien qu'elle sera entendue par le Roi : « Le père de Rodéric, dernier roi des Goths en Europe, fit abattre toutes les murailles de ses villes pour prévenir la mauvaise volonté de ses peuples qui n'étaient pas contents de lui. Douze ans après les Maures d'Afrique passèrent le détroit, tuèrent son fils et conquirent l'Espagne en dix-huit mois de temps et en refermèrent les villes que toute la Chrétienté a reprises en huit cents ans de temps avec de si grands efforts et des consommations d'hommes si prodigieuses que jusqu'à présent l'Espagne n'en est pas encore remise[22]. »

Dans un vibrant plaidoyer, il explique pourquoi cette place de La Fère, facilement défendable et bien située pour barrer la route de la capitale, ne doit pas être désarmée. Il revient à cette occasion sur sa grande idée, espérant bien la faire adopter par le Roi : « Je ne suis point pour le grand nombre de places ; nous n'en avons que trop, et plût à Dieu que nous en eussions moins de moitié, qu'elles fussent toutes en bon état et le " pré carré " comme je le désirerais, le Roi serait en pouvoir de se moquer de ses ennemis et de rendre, en se jouant, leurs efforts inutiles[23]. »

Louvois est sans doute agacé par les critiques ou les suggestions formulées par Vauban. Celui-ci s'étant autorisé à défendre un officier que le ministre avait sanctionné, il en reçoit une algarade : « [..] J'ai sujet à considérer que le long temps que vous avez demeuré en Alsace ne vous ait fait perdre l'idée des choses de ce pays-ci », et Louvois l'incite à ne pas s'occuper non plus des « affaires générales[24] ».

Vauban répond sans s'émouvoir : « [...] Je m'empêcherai bien d'ici en avant de vous parler d'autre chose que de pierres et de briques. » Et, saisissant la balle au bond, il poursuit en évoquant une directive malencontreuse que Louvois a envoyée au sujet d'un détail technique pour un ouvrage de Nancy. Il lui retourne alors le compliment :

« Je vous demande pardon, Monseigneur, si je prends la liberté de vous dire qu'il me paraît en quelque façon que vos grandes affaires ne vous ont pas donné le temps de considérer avec assez d'attention le sens de la lettre que j'ai eu l'honneur de vous écrire là-dessus[25]. »

La formule est respectueusement ironique et signifie en clair : vous ne voulez pas que je sorte de mon domaine, alors ne vous mêlez pas du mien ! Mais Vauban est bien décidé à ne pas se laisser cantonner dans des questions « de pierres et de briques ». Il estime que son rôle ne se limite pas à construire ou à raser des fortifications ; il a son mot à dire quand il s'agit d'implanter ou de supprimer des places fortes. Car il conçoit clairement, après avoir tant arpenté toutes les provinces frontières, comment devrait être réalisée cette ceinture protectrice qui permettrait au Roi « de se moquer de ses ennemis ».

Avec la tranquille assurance de celui qu'habite une grande idée, il poursuit imperturbable sa route, tel le paysan morvandiau qui trace droit son sillon dans sa terre aréneuse et pierreuse.

7.

Seigneur de Bazoches 1674-1675

Mission à Ré — Siège de Besançon — Défense d'Audenarde — Importance des gazettes — Acquisition et transformation de Bazoches.

En ce début d'année 1674 la guerre contre la Hollande piétine et s'éternise. Une vaste coalition, financée à coups de florins généreusement dispensés, se constitue contre Louis XIV. Les Hollandais ont désormais pour alliés l'Empereur et le roi d'Espagne[1]. Le duc de Lorraine se joint à eux et prend la tête d'une armée dans l'espoir de reconquérir son duché. Le Grand Électeur de Brandebourg, Frédéric-Guillaume, neutralisé un moment par les subsides français, se décide lui aussi à rallier le camp impérial. « Le « château de cartes » des alliances rhénanes s'écroule dans le même temps. Seules la Suède, engagée dans un conflit territorial avec le Brandebourg, et la Bavière, dont l'Électeur est abondamment arrosé, demeurent pour l'instant du côté de la France.

La guerre change de nature et de dimension. Ce n'est plus un conflit entre la France et son adversaire commercial, les Provinces-Unies, cela devient à nouveau l'affrontement entre la Maison de France et la Maison des Habsbourg.

L'Angleterre est, elle aussi, en train de négocier ; elle va bientôt changer de camp et se joindre aux alliés[2]. Dès lors la France est menacée d'incursions ennemies dans la zone du littoral, sous forme de « descentes » appuyées par la flotte anglo-hollandaise. Colbert, en charge de la défense des côtes du royaume, est préoccupé. Il ne peut plus compter sur le chevalier de Clerville, en semi-disgrâce, retiré dans son gouvernement d'Oléron. Aussi fait-il appel à Vauban. Colbert le connaît en effet depuis plus de dix ans et lui manifeste une grande estime. On en trouve l'indubitable témoignage dans la lettre qu'il adresse à son parent, Colbert du Terron, intendant à Rochefort, pour lui annoncer la venue de Vauban, chargé d'inspecter les défenses de l'île de Ré : « Vous trouverez assurément le sieur de Vauban plus habile et plus entendu qu'aucun ingénieur qui ait jamais été en France ; et comme il est particulièrement considéré du Roi par son mérite, il est nécessaire que vous agissiez avec lui sur ce fondement, et qu'au surplus vous l'entendiez et fassiez exécuter tous les expédients qu'il vous donnera pour avancer les ouvrages, en quoi même je puis vous assurer qu'il est très habile[3]. »

Pourquoi Vauban garde-t-il toujours une réserve distante à l'égard de Colbert ? Conserve-t-il une telle rancœur de l'affaire de Brisach, dans laquelle cependant le ministre a pris la défense de l'ingénieur, contre son propre cousin, Colbert de Saint-Marc, responsable de malversations et sanctionné comme tel ? Est-ce la rivalité, opposant les deux ministres, Colbert et Louvois chargés conjointement des fortifications du royaume, qui influence le comportement de Vauban ?

Il existe assurément une antinomie profonde entre les natures et les caractères de ces deux hommes : Colbert, de haute taille, au teint pâle, la mine sévère, « le Nord » comme le surnommait Mme de Sévigné, et Vauban, trapu, au teint mordoré de paysan bourguignon, d'aspect plutôt rustre. D'un côté c'est un homme de cabinet et de dossiers, de l'autre un homme de terrain et d'action. Pourtant ils possèdent bien des traits en commun : leur puissance de travail, leur souci de l'étude des problèmes poussée jusque dans le moindre détail, leur goût de l'ordre, leur tournure d'esprit plus pragmatique que théorique, sans oublier un total dévouement au service du Roi.

Entre la froideur d'un Colbert et la brutalité d'un Louvois, le tempérament de Vauban aurait pu le faire incliner vers le premier. Et cependant c'est vers le second qu'il s'est tourné. Car à cette époque on appartenait au clan de l'un de ces deux grands ministres. Et Louvois a été le premier à distinguer Vauban et il se l'est attaché.

Vauban, qui inspectait début janvier 1674 les places du Hainaut, est donc convoqué de manière urgente à Saint-Germain où il reçoit de Colbert les termes de sa mission : visiter « le tour entier de l'île de Ré » et faire « les plans et figures de tous les lieux où une armée navale peut faire des descentes », puis « examiner tous les ouvrages qu'on y peut faire pour les empêcher[4] ».

Vauban retrouve avec plaisir l'Océan, le spectacle sans cesse changeant et toujours renouvelé du déferlement des vagues, l'air vivifiant que l'on respire à pleins poumons. Oubliés ses méchants rhumes et ses quintes de toux, il se sent plein d'énergie et de vitalité... Ayant fait le tour de l'île, il estime que sa défense doit se concentrer sur le fort de Saint-Martin, déjà doté d'une citadelle. Celle-ci a malheureusement été rasée par ordre de Richelieu à l'époque de la lutte contre les protestants de La Rochelle. Il faudrait la rétablir, construire une enceinte autour de la petite cité pour pouvoir y accueillir en cas de péril la population de l'île, renforcer par ailleurs le fort de la Prée, bâti à une lieue à l'est de Saint-Martin et la redoute de

Sablanceaux, à la pointe orientale de l'île. Il dessine ces différents projets, calcule le coût prévisible des travaux et dicte un mémoire.

Toujours galopant il revient vers la capitale. Le 27 février il présente au Roi, en présence de Colbert, les résultats de son inspection. Le ministre écrit aussitôt à l'intendant de La Rochelle de réaliser les ouvrages : « Sa Majesté a tout approuvé avec éloges [...] il faut vous attacher avec un très grand soin à les faire exécuter pied à pied [...] le sieur de Vauban a dit que tous les ouvrages pouvaient monter à cent cinquante mille livres [...] je puis vous assurer que l'argent ne manquera pas[5]. »

Satisfait de l'accueil qui lui a été réservé, Vauban peut prendre un moment de détente pour visiter Versailles dont le château commence à prendre forme. Il contemple l'ordonnance majestueuse des bâtiments : les trois corps de logis enveloppant l'ancien pavillon construit par Louis XIII, les deux ailes encadrant la grande terrasse du côté du jardin, les sculptures décorant les façades, la cour intérieure pavée de marbre, l'appartement du Roi tout juste achevé, l'escalier des Ambassadeurs en cours de construction... Il apprécie l'harmonie du parc dont les bosquets, les bassins et les pelouses s'étagent jusqu'au Grand Canal.

Puis il retrouve à Paris son cousin Paul Le Prestre[6] qui dirige depuis trois ans la construction de l'hôtel des Invalides. Il va bien sûr visiter cet important chantier : déjà le majestueux quadrilatère se dresse au milieu d'une vaste esplanade. Vauban, en connaisseur, apprécie cet admirable ouvrage.

Le soir il écrit à Louvois, qu'il n'a pas pu voir à Versailles, une longue épître pour lui rendre compte de tout ce qu'il a pu observer pendant son voyage à l'île de Ré. Il a rencontré des personnages pittoresques, en particulier un homme qui a servi chez les Portugais : « C'est un génie tout à fait extraordinaire pour les mécaniques, il a entrepris de faire tourner et marcher les vaisseaux en temps calme [...], c'est une imitation de nageoires de poissons... »

Il s'est aussi entretenu avec un jeune étranger, de grande qualité : « [...] il meurt d'envie de servir et se promet de pouvoir faire un très bon régiment de Croates naturels, si on voulait l'y aider[7]. »

Vauban s'intéresse à tout, son esprit n'est jamais en repos, il tire profit de toutes les rencontres. Son activité intellectuelle est au diapason de son activité physique.

Il ne s'attarde pas dans la capitale. Le voici reparti pour un mois d'inspection des places de Picardie, d'Artois et de Flandre : une dizaine de sites fortifiés avec pour chacun d'entre eux la rédaction de mémoires, de plans et de devis. Il visite le jour, il rédige ou dessine le soir à la lumière des chandelles. Le lendemain matin à l'aube il est à nouveau en route.

Cette fois c'est Louvois qui le presse en lui écrivant : si vous voulez aller chez vous ne perdez pas de temps, sinon votre congé sera bien court ! Vauban tient cependant à terminer son inspection. Il quitte finalement Lille le 4 avril. Quatre jours plus tard il est à Épiry.

En Nivernais et en Morvand, au début d'avril, la campagne est encore dans son habit d'hiver mais un frémissement de la nature annonce l'explosion printanière. Les prés commencent à reverdir. Çà et là des buissons sont tachetés de pousses vert tendre. Quelques blanches pervenches pointent timidement dans les sous-bois. Les terres sont encore lourdes, gorgées d'eau et les chemins boueux.

Il a peu de temps à consacrer à sa pauvre épouse qui l'attend patiemment depuis de si longues années. Il reconnaît à peine sa fille, Charlotte, adolescente de treize ans ; il ne l'a vue qu'une fois ou deux alors qu'elle était encore une enfant. Il fait le tour des terres et des bois qui relèvent de la seigneurie d'Épiry, mais il ne s'attarde pas. Il est impatient de se rendre à Vauban et de revoir le château de Bazoches. Car il a réussi à se constituer un certain patrimoine qui va lui permettre de réaliser sa secrète ambition. Déjà des négociations sont en cours par le truchement de la famille résidant à Vauban. C'est pour les faire aboutir qu'il se rend sur place. Bientôt Bazoches, la demeure de ses rêves, sera à lui.

Les douze jours de congé dont il dispose sont bien vite passés, bref intermède dans sa vie de vagabond. Déjà il doit prendre la route de Besançon. Mais la pluie peut le fouetter, le vent peut déclencher sa méchante toux, il a le cœur joyeux : quand il reviendra dans son pays il sera le seigneur de Bazoches !

Lors de son passage à Versailles, Vauban avait été mis au courant des projets pour la prochaine campagne. Tandis que Turenne tiendrait en respect les forces impériales en Palatinat et sur le Rhin, que Condé battrait l'estrade dans les Pays-Bas espagnols, le Roi, à la tête d'une armée, s'emparerait de la Franche-Comté.

Louvois avait conçu un plan comportant la prise de Salins et de Dole puis celle de Besançon. Vauban, consulté par le ministre, lui avait conseillé de se saisir d'abord de la citadelle de Besançon, se faisant fort « de la ranger en peu de temps ». Louvois avait suivi son avis.

Dès son arrivée, le 26 avril, au camp devant Besançon, Vauban procède à une minutieuse reconnaissance de terrain. Il constate que la citadelle, bâtie sur un éperon rocheux dans le resserrement d'une boucle du Doubs, ne peut être attaquée que du côté de la ville. Toutefois elle peut être battue par des feux à partir du mont Chaudanne, qui la domine à l'ouest. Encore faut-il monter des canons sur cette hauteur escarpée ! Vauban demande qu'on lui fournisse une

« grande artillerie », composée de « trente-six pièces depuis douze jusqu'à vingt-quatre pouces ». Puis il s'emploie à faire tracer des chemins pour escalader le Chaudanne. Il prévient que « ces voies seront raides et difficiles » mais il estime que la chose est possible. Il fait placer et arrimer les canons sur des chariots. Alors, de nuit, le régiment des Suisses s'attelant aux lourds charrois hissera à grands coups de reins les trente-six pièces sur le Chaudanne.

Tout est prêt pour l'attaque. La tranchée est ouverte dans la nuit du 6 mai par les gardes-françaises tandis que la place est abondamment canonnée. En six jours la ville est prise, la citadelle ne prolonge la résistance que de quelques jours.

Grâce à une utilisation judicieuse du terrain et de l'artillerie, Vauban a réussi une nouvelle fois à faire tomber sans coup férir une place qui passait pour redoutable.

Louis XIV se porte immédiatement vers Dole. Vauban a tout juste le temps de « disposer ses attaques » et déjà la ville capitule. Gray, Salins et le fort de Joux sont pris par les lieutenants du Roi. En deux mois de campagne, la Franche-Comté paraît être conquise.

Sa Majesté rentre alors à Versailles pour célébrer ses victoires. C'est une suite de fêtes qui a pour cadre la cour de marbre où l'on donne *Alceste*, dernier opéra de Lully, le Grand Canal, où l'on se promène en gondoles au son d'un orchestre, la grotte de Thétis, où l'on applaudit *Le Malade imaginaire*, enfin le parc où l'on fait jouer les grandes eaux tandis que l'horizon s'embrase d'un somptueux feu d'artifice.

Vauban ne participe pas à ces festivités. On craint en effet une riposte des alliés en Flandre ; aussi est-il prié d'aller se mettre à la disposition de Condé qui veille sur cette frontière. Toutefois le secteur est provisoirement tranquille.

Vauban va-t-il en profiter pour prendre un peu de repos dans sa maison de gouverneur de la citadelle de Lille ? Non point, il part faire le tour des places qui se trouvent en première ligne : Ath, Audenarde, Courtrai. Au retour de cette inspection, il adresse à Louvois une longue épître dans laquelle il aborde les sujets les plus divers, témoignage de l'extrême mobilité de son esprit.

Il a, en particulier, réfléchi au problème posé par la défense d'Audenarde dont les environs peuvent être inondés. Comment dans ces conditions amener en cas de besoin des renforts dans la place ? Il propose de faire construire des « bateaux armés » : « [...] J'en ai fait des dessins sur la ressemblance des galiotes qui peuvent aller à la voile et à la rame, sur lesquels on pourra mettre deux pièces de quatre à chacun, mais il faudrait un charpentier de la marine pour les construire[8]. »

Il aborde sans transition dans la même missive des questions touchant à la place de Lille. Il ne s'exprime plus en tant que guerrier mais en urbaniste. En traçant les plans de la citadelle et de la nouvelle enceinte de la ville, il a prévu l'extension de la cité. Déjà cette « ville neuve » est en train de se bâtir avec « de jolies maisons et grande quantité d'ouvriers occupés çà et là à en bâtir d'autres ». Cette extension urbaine va rapporter au Roi plus de huit cent mille livres grâce à la vente des terrains aux particuliers. C'est une excellente opération qui couvre largement le coût de la construction des fortifications !

Vauban ajoute, avec une désarmante bonhomie, que cette opération immobilière, si profitable pour l'État, devrait bien lui valoir l'attribution d'un petit lopin de terre à côté de la citadelle : « J'ai fantaisie d'avoir un jardin, il faut que je la passe[9]. »

Changement de ton, il aborde ensuite un problème politique qui le tracasse. Il s'agit de l'importance des gazettes et de leur influence sur l'opinion tant nationale qu'internationale. La lecture de la *Gazette de France* l'a mis en colère. Il reproche à Louvois de ne pas vouloir s'en occuper : « [...] Je sais que vous traitez la *Gazette* en bagatelle ; mais ils [les Hollandais] n'en font pas de même et je crois qu'ils ont raison. »

Vauban estime qu'il existe suffisamment de « bonnes plumes » en France pour en placer une dans cet emploi qu'il juge essentiel.

Quel que soit le sujet traité, Vauban l'aborde avec un œil neuf. Bien souvent il formule des conceptions qui paraissent en avance sur son temps.

Les alliés ne restent pas inactifs. Guillaume d'Orange, qui a reçu des renforts espagnols, dispose maintenant en Flandre d'une armée forte de soixante mille hommes. En face de lui Condé, à la tête de quarante mille hommes seulement, observe prudemment les mouvements de son adversaire et attend le moment et le terrain propices pour agir. L'affrontement a lieu le 18 août à proximité de Charleroi, au village de Seneffe. La rencontre est confuse et sanglante. Elle est trop vite proclamée par Louvois comme une grande victoire. Vauban plus prudent dans son appréciation, écrit à son ministre : « [...] Il n'est pas encore temps de s'en épanouir la rate. Prenez garde qu'ils ne vous prennent Arras, Doullens ou quelque autre place aussi importante[10]. »

Le Roi, craignant que l'ennemi ne mette le siège devant Ath, fait ordonner à Vauban de se tenir prêt à s'y jeter pour en organiser la défense. Ce dernier fait observer qu'il n'a aucun titre pour se faire obéir d'une garnison en une telle circonstance, « sans autre crédit que celui qui m'est donné par la bonne opinion que l'on peut avoir de moi ». Par retour du courrier il reçoit le 30 août un brevet de « brigadier d'infanterie » signé de la main du Roi[11].

Vauban ne va pas tarder à avoir à s'en servir car Audenarde est menacé par l'ennemi. Il s'y précipite avant que la place ne soit complètement investie. L'ennemi ayant ouvert la tranchée, Vauban organise aussitôt une sortie qu'il commande en personne. Puis il fait lâcher les eaux, inondant les abords de la place. Cela donne le temps à Condé d'arriver avec son armée. Celle de Guillaume d'Orange se replie précipitamment abandonnant non seulement le siège mais aussi ses vivres et bagages. Vauban administre ainsi la preuve qu'il est aussi habile à défendre une place qu'à l'attaquer. Il reçoit les félicitations du Roi, mais il n'a pas le loisir de se reposer sur ses lauriers. La place de Bergues est à son tour menacée. Condé demande à Vauban de s'y porter toutes affaires cessantes.

Le ton de la correspondance échangée à cette époque entre Condé et Vauban témoigne de l'estime que le prince porte à celui qu'il avait reçu vingt ans plus tôt comme jeune cadet dans son régiment. Loin de lui tenir rigueur d'avoir quitté son service pour rallier le camp royal, il lui exprime sa considération et son amitié. Il vient de lui écrire : « Je voudrais que les choses pussent tourner de manière que vous vinssiez avec nous. J'aurais bien de la joie que cela fût [12]. »

Et Vauban répond au prince : « Un Gascon finirait cette lettre par de belles et magnifiques promesses, mais comme par malheur je ne suis que bourguignon, je ne puis promettre à Votre Altesse que de m'acquitter au mieux de mes devoirs [13]. »

Vauban chevauche en toute hâte vers Bergues. En cours de route sa petite escorte est attaquée, à proximité de Dunkerque, par une troupe ennemie. Il raconte cette chaude affaire dans son *Abrégé des Services :* « Chemin faisant il pensa être tué, dans la Bassée, par la rencontre d'un parti qui battit son escorte et la passa par les armes, blessa son neveu [14], cassa le bras à un palefrenier, qui lui menait un cheval en main et fit son secrétaire prisonnier. »

Louvois, apprenant cette aventure, lui écrit aussitôt pour lui dire son soulagement de le savoir sorti indemne. Il ajoute : « Je suis obligé de vous dire que le Roi vous défend, sous peine de son indignation, de vous plus exposer à de pareils risques [15]. »

Cela n'arrête pas Vauban qui continue ses va-et-vient entre les places menacées par l'ennemi. Bergues n'ayant pas été assiégé, il repasse à Audenarde dont le gouvernement a été confié à un noble vieillard, ce qui lui inspire cette épître à Louvois : « M. de Rochepierre est assurément un très galant homme, plein de cœur et très homme de bien ; mais quatre-vingts années sur la tête font un terrible obstacle à l'activité qu'il faut avoir dans une place avariée qui n'est que de terre. De plus je vous dirai que la mémoire l'abandonne et qu'il n'entend pas trop bien sa place [...]. Il faudrait que le Roi lui donnât un bon gouvernement dans le dedans du royaume, ou une pension bien payée sur quelque bonne abbaye, afin qu'il eût moyen d'achever le reste de ses jours en repos [16]. »

En cette fin d'année 1674 Vauban est fatigué. Cela se voit dans son écriture : difficilement déchiffrable en temps ordinaire, elle devient franchement illisible. Louvois lui en fait la remarque : « Quand votre secrétaire ne sera pas avec vous, empruntez-en un à quelqu'un parce qu'on ne peut plus lire votre écriture. »

Vauban lui-même reconnaît qu'il est à bout de forces et qu'il est débordé de travail. Car tout en courant d'une place à l'autre pour être prêt à les défendre, il faut qu'il continue à contrôler tous les projets de travaux qui lui sont adressés des quatre coins du pays. Il s'en explique auprès de son ministre : « [...] Je voudrais, Monseigneur, me mettre en quatre pour vous satisfaire, puisque je n'ai point d'autre envie ; mais je ne suis qu'un, et plus je vais en avant, plus je me trouve seul, plus mes travaux croissent et moins je me vois en état d'être soulagé. De plus les projets de place ne se font pas en courant ; il y faut aller les voir et les revoir et y bien penser, après quoi on écrit et on dessine. Et tout cela demande du temps, faute de quoi gare à l'enfilade [...]. »

Maintenant il a en charge les places du département de Colbert en plus de celles de Louvois. Il n'en peut plus ! Il lance cette plainte : « Faut-il que je sois prédestiné à être toujours gueux et n'avoir jamais de repos, ni hiver, ni été ? En vérité je ne crois pas qu'il y ait crocheteur dont la condition soit pire que la mienne [...] [17]. »

Heureusement pour lui la situation se stabilise, aussi bien en Flandre que sur le Rhin où Turenne vient de bousculer les contingents impériaux à Turckeim, près de Colmar, le 5 janvier 1675, les rejetant de l'autre côté du Rhin. Cette victoire couronne une manœuvre exemplaire, de ce grand chef de guerre, qui disait peu de temps auparavant : « Il ne faut pas qu'il y ait un homme de guerre au repos en France, tant qu'il y aura un Allemand en deçà du Rhin, en Alsace. »

Grâce à cette glorieuse fin de campagne, l'hiver étant maintenant installé, on peut prévoir une période de calme pendant plusieurs mois. Pour Vauban c'est enfin l'occasion, tant attendue, de bénéficier d'un véritable congé.

Après avoir terminé une dernière inspection des places sur la Meuse, il peut enfin prendre la route de son cher Morvand.

Février 1675 : Vauban va bientôt avoir quarante-deux ans. Il guerroie depuis vingt-cinq ans déjà. Il a gagné au prix de son sang et d'un travail harassant non seulement le grade de « brigadier d'infanterie » et le titre de « gouverneur de la citadelle de Lille », mais aussi le respect des princes et des maréchaux sous lesquels il a servi, l'estime d'un ministre exigeant et par-dessus tout l'affection du Roi.

Mais pour le moment tout cela est estompé par une grande joie. Il vient de réaliser le rêve de sa jeunesse : le château de Bazoches lui appartient. Il est à nouveau enraciné dans sa terre du Morvand, dans son pays natal.

N'ayant aucune fortune et n'ayant trouvé du côté de son épouse qu'une assez maigre dot, il avait fallu qu'il économise écu après écu. La vie vagabonde l'entraînait souvent dans des frais qui n'étaient que partiellement couverts par des indemnités, son traitement lui permettait tout juste d'entretenir un train de vie indispensable pour remplir ses charges. La vente de sa lieutenance des Gardes [18], puis la gratification donnée par le Roi après le siège de Maëstricht lui ont enfin donné les moyens de se constituer le capital nécessaire pour acquérir un domaine.

Il se tenait informé des mutations de la seigneurie de Bazoches qui avait échu en 1661, par héritages successifs, au comte de Melun [19]. C'est la veuve de ce dernier qui cède ce bien à Vauban, pour une somme de soixante-neuf mille livres, à laquelle viennent s'ajouter cinq mille cinq cents livres de droits féodaux réglés au duc de Nevers.

Le château de Bazoches a été construit à la fin du XIIe siècle sur l'emplacement d'un ancien poste romain placé à proximité de la grande voie reliant Sens à Autun. Bâti sur un plan trapézoïdal avec trois tours d'angle et un donjon, il se dresse à mi-pente sur le versant nord d'une colline boisée. Cerné de douves, on y accède par un pont-levis sur sa face est. Déjà les ouvertures pratiquées au cours des siècles précédents, les toits en tuiles plates et les tours coiffées de chapeaux coniques, ont enlevé à ce château féodal son aspect sévère.

Vauban souhaite y installer dès que possible sa famille et en faire également sa base arrière, où il pourra poursuivre ses études et préparer ses dossiers. Aussi fait-il aménager la courtine sud du château en une grande galerie, bien éclairée et haute de plafond. Ce sera son bureau d'études avec ses dessinateurs et ses ingénieurs.

Il lui faut aussi prévoir l'accueil des nombreux courriers qui viendront apporter ou emmener les documents et les plans concernant les places du royaume. Il fait donc construire en retrait de la façade est, sur l'emplacement des dépendances du château, des écuries pouvant abriter une soixantaine de chevaux et loger les estafettes. Ces bâtiments, encadrant un abreuvoir servant de pédiluve pour les montures, s'inscrivent harmonieusement dans cet ensemble. Les sources, nombreuses dans la colline proche, alimentent cette pièce d'eau.

Il prévoit une deuxième tranche de travaux comportant l'érection d'une tour, jouxtant le donjon, à l'angle nord-ouest. Enfin l'accès du pont-levis étant difficile pour les voitures et leurs attelages, il fera ouvrir sur la courtine nord un porche précédé d'un pont dormant. Cette porte est semblable dans son style à celles que Vauban dessinait pour les entrées des places fortes : c'est en quelque sorte sa signature qu'il apposait sur sa demeure.

Bazoches ainsi aménagé est à l'image de son seigneur : un château sans prétention, à taille humaine. Il se fond heureusement dans son environnement de collines boisées et de prairies verdoyantes. La teinte ocre de ses pierres et le ton patiné de ses tuiles adoucissent ce qu'il pourrait avoir de hautain. Sa cour intérieure, dans sa simplicité et son équilibre, dégage une impression lumineuse d'harmonie.

Fidèle à sa théorie du « pré carré », Vauban aura le souci de se constituer autour de Bazoches un domaine homogène[20]. Il ne sera toutefois jamais très étendu ; cette région en bordure du Nivernais et de Bourgogne est entre les mains de quelques grands propriétaires terriens : le duc de Nevers, l'abbaye de Vézelay, le marquis de Chastellux, le prince de Bourbon-Busset. Et puis les moyens financiers de Vauban seront toujours limités.

Vauban ne se préoccupe pas seulement d'arrondir son domaine, il veut l'embellir. Ayant hérité de son père la connaissance et l'amour des arbres, il va planter autour du château des chênes et des tilleuls. Il demande même à Le Nôtre, ordonnateur du parc de Versailles, de lui dessiner le plan d'un jardin qui serait disposé devant la face sud du château, mais il n'aura pas le temps de le faire réaliser[21].

Pendant les trois mois qu'il passe à Bazoches, de février à avril, Vauban ne chôme pas. Il lui faut parcourir son bien : quelque cent trente hectares de terres et quatre cents hectares de bois. Il note les améliorations à apporter aux cultures, les chemins à tracer, les bois à exploiter, les pièces à défricher. Il s'intéresse aux paysans qui travaillent sur son fief, soulage quelques misères.

Les courriers continuent à lui apporter de Saint-Germain ou de Versailles des lettres de Louvois et de Colbert. Ce dernier lui écrit que le Roi a entendu la lecture de tous ses mémoires sur les places échelonnées de Calais à Charleville et que « Sa Majesté, après avoir approuvé toutes vos pensées, a donné ses ordres partout pour les exécuter ponctuellement[22]. » Mais Vauban reçoit également des nouvelles sur les préparatifs d'une prochaine campagne en Flandre. Il doit auparavant faire un tour des places de Franche-Comté et d'Alsace, il est grand temps pour lui de quitter Bazoches.

8.

En charge des places du royaume 1675-1678

Pour la guerre de course — Le « pré carré » — Siège de Condé — Inspection hivernale — « Ménager le sang du soldat » — Commissaire général des Fortifications — Repos à Bazoches — Siège de Gand — Paix de Nimègue.

Vauban est à nouveau sur la route. Par Dole, d'où il écrit début mai à Louvois pour lui rendre compte des travaux en cours, il se rend à Salins puis à Besançon. La citadelle de cette ville est remise en état. Il passe par Belfort pour aller inspecter Brisach. Il y trouve un message de Louvois lui prescrivant de remonter rapidement vers la Flandre : « ... Sa Majesté estime votre présence nécessaire. »

Quand il y arrive au début du mois de juin, la campagne a déjà commencé. Le maréchal de Créqui s'est emparé des places de Givet et de Dinant sur la Meuse, et remontant ce fleuve, le maréchal de Rochefort s'est saisi de la petite ville d'Huy. Louis XIV, à la tête d'une armée, marche sur Limbourg, à cinq lieues à l'est de Liège. Le siège dure à peine dix jours, la ville capitule le 28 juin. Le Roi fait mine de marcher sur Bruxelles, puis se ravise. Apparemment satisfait des résultats de cette brève campagne il rentre à Versailles, laissant le prince de Condé en charge de ses arrières.

Vauban n'a pas eu à intervenir dans ces actions de faible envergure. Aucun siège d'importance n'étant prévu, il repart aussitôt vers Metz pour y régler un projet de fortification. Il attache un grand prix à cette ville dont il a dit que « les autres places du Royaume couvraient des Provinces mais que Metz couvrait l'État », ajoutant que tout bon Français devrait apporter pour la fortifier « une hottée de pierres et de terre ». La position de cette place au confluent de la Moselle et de la Seille lui paraît « la plus heureuse qui soit dans le monde ». Ces cours d'eau qui longent les remparts de la ville excitent son imagination. Il se plaît à bâtir en esprit des barrages, des écluses et des batardeaux, jouant avec les niveaux, maîtrisant les courants, retenant ou lâchant tour à tour des masses d'eau. Il écrit à Louvois pour lui faire partager son plaisir et son exaltation : « Il n'y a pas une partie de la place qui ne puisse être défendue par des courants d'eau très grands et très rapides.

Enfin vous serez surpris de tous les manèges qu'on peut faire faire à la Seille et même à la Moselle. Si jamais j'ai six jours de temps pour y pouvoir travailler à mon aise, j'en ferai un projet qui vous donnera pour cinq ou six heures d'occupation agréable et sans vous ennuyer [...][1]. »

Un des secrets de l'efficacité de Vauban réside dans sa faculté d'enthousiasme.

Mais bientôt de mauvaises nouvelles arrivent : Turenne est tué le 27 juillet à Salzbach, Créqui est assiégé dans Trèves par le duc de Lorraine, il capitulera en début de septembre. On craint une action ennemie du côté des places maritimes. Par ordre du Roi, Vauban a rallié immédiatement Dunkerque, où il se tient prêt à soutenir un assaut ennemi qui ne se produit pas. Alors, ne pouvant rester inactif, il visite les places de Bergues, de Gravelines et de Calais, proposant des aménagements à y réaliser. Il réfléchit surtout à la meilleure tactique à employer pour terminer cette guerre contre la Hollande qui dure depuis plus de trois ans. Il en arrive à cette conclusion, surprenante de la part d'un terrien, bâtisseur de places et preneur de villes : c'est sur la mer qu'il convient de rechercher la décision.

Dans une lettre adressée à Louvois il prône la guerre de course « qui ne coûte rien au Roi » : « Si les corsaires de cette ville [Gravelines] étaient un peu aidés et mieux soutenus qu'ils le sont, il est constant qu'ils feraient beaucoup plus de mal aux Hollandais par leurs pirateries que toutes nos armées de terre [...]. »

Le commerce étant la principale ressource des Hollandais, c'est sur ce front qu'il faut les attaquer : « [...] Si on s'amuse à faire un mélange de guerre et de marchandise, de cent ans vous n'aurez pas la paix avec les Hollandais à qui le commerce tient lieu de prés et de vignes et généralement de tout ce qui est nécessaire à la vie[2]. »

Comme son esprit ne peut demeurer en repos, Vauban, dans la même missive, entretient Louvois d'un sujet qui lui tient à cœur. Il dresse un projet complet de création d'une compagnie de sapeurs. Cette spécialité n'existe pas encore dans la troupe. Il est fait appel à des volontaires ou bien l'on désigne des hommes pour remplir ces fonctions qui nécessitent un long entraînement. Vauban se fait fort de former une telle unité « quand elle sera faite et dressée, elle vaudra mieux, pour l'attaque et la défense des places, que les cinq cents meilleurs hommes du Royaume ». Cette compagnie serait aussi bien utile en temps de paix « quand on voudra commencer quelque grand ouvrage », qu'en temps de guerre « pour conduire la tête des tranchées ».

Vauban sème ainsi ses idées sans se lasser. Il sait qu'il faudra du temps pour qu'elles soient acceptées, mais il ne se décourage pas. Le Morvandiau est un homme persévérant.

Toute menace semblant être écartée du côté de la mer, Vauban rentre à la mi-septembre dans sa citadelle de Lille. Il tourne alors ses regards vers les opérations menées sur terre. Pour constituer « le pré carré » qu'il prône avec conviction, il conseille de se saisir de la ville de Condé, position qui commande Bouchain, Valenciennes et Cambrai. La prise de ces quatre places compléterait heureusement la frontière du royaume[3].

Louvois lui répond qu'il a fait part de son idée au Roi, mais que celui-ci considère qu'il est un peu tard en saison « pour profiter de vos avis ». Mais Vauban est opiniâtre, il revient sur cette question dans une lettre, deux semaines plus tard. Il y précise sa conception d'une frontière protégée par un système cohérent de places fortes :

« Il me semble que le Roi n'a que trop de places avancées, s'il en avait moins, de cinq ou six que je sais bien, il en serait plus fort de douze à quatorze mille hommes et les ennemis plus faibles de six à sept mille ; et si cela était, on serait en état de chasser les ennemis de l'Alsace et de les empêcher aisément de rien entreprendre en Flandre.

» Si nous voulons durer longtemps contre tant d'ennemis, il faut songer à se resserrer. Vous ne le pouvez bien faire que par la prise de Condé qui nous assure celle de Bouchain et l'une et l'autre facilitant tellement celle de Valenciennes et Cambrai qu'il est presque impossible qu'elles en puissent échapper. Si le Roi était maître de ces places, il épargnerait je ne sais combien de garnisons dans ses dernières et ferait un pré carré en Flandre, que vingt années de guerre ne pourraient lui arracher [...][4]. »

L'opiniâtreté est cette fois récompensée. Les idées de Vauban ont fait leur chemin. Louvois lui demande, de la part du Roi, de rédiger un mémoire pour préparer le siège de Condé[5].

Tout en se préoccupant des affaires du royaume, Vauban songe à Bazoches, où les travaux d'aménagement doivent être bien avancés. Il en dit un mot à son ministre, lui demandant l'autorisation d'aller y faire un séjour qu'il mettrait à profit pour soigner son rhume chronique. Louvois lui répond sur un ton amicalement moqueur : « Si vous voulez aller chez vous cet hiver (car je m'imagine que la maladie dont vous vous plaignez ne peut être guérie que là) faites-moi envoyer diligemment des états de tout ce qu'il y a à faire l'année prochaine dans les places de mon département [...][6]. »

Cela implique d'établir des dossiers pour une vingtaine de places, avec plans et devis estimatifs à l'appui. Et pour ne pas être en reste,

Colbert lui demande de venir à Versailles l'entretenir des places de Metz et de Verdun ainsi que du port de Dunkerque.

Finalement Vauban devra passer par la Lorraine et la Franche-Comté avant de pouvoir se rendre vers la mi-février à Bazoches. Il ne pourra y séjourner que quelques semaines devant être impérativement le 20 mai dans la capitale. Il n'a que le temps d'organiser l'installation de sa famille dans le château, de contrôler les travaux en cours, de donner des instructions pour leur achèvement. Le repos, et les soins pour le rhume, ce sera pour une autre fois ! Déjà la chaise de poste l'emmène au grand trot vers Paris, tandis qu'il réfléchit à ce siège de Condé qu'il doit bientôt diriger.

Depuis qu'il a fait prendre la décision de mener cette action, il a beaucoup travaillé sur cette affaire qui ne sera pas facile. Cette ville est en effet située au confluent de l'Escaut et d'une petite rivière, l'Haisne. La région est marécageuse et les abords de la place peuvent être aisément inondés. Aussi Vauban a-t-il fait construire à Audenarde, dans le plus grand secret, une flottille de « bateaux armés » — il en a fixé les dimensions à « cinquante à soixante pieds de long » — capables de porter des petits canons et que l'on peut manœuvrer « à la rame, à la voile et au croc ». Il a longuement discuté de tous ces préparatifs avec Louvois qui, de son côté, fait assembler à Versailles une « redoute flottante », destinée à être transportée sur des chariots jusqu'en Flandre.

Louis XIV a décidé de donner un lustre particulier à cette campagne du printemps 1676 dans l'espoir d'impressionner les puissances européennes et de hâter les négociations de paix engagées sans succès depuis plusieurs mois. Pour compenser l'absence de Turenne et de Condé, qui vient de prendre sa retraite[7], il se fait accompagner par une pléiade de maréchaux, Créqui, Schomberg, d'Humières, Lorge..., et une nuée de lieutenants généraux, de maréchaux de camp.

Louvois qui, début avril, est à pied d'œuvre devant la place de Condé, écrit au Roi pour savoir si l'on peut commencer les travaux de siège avant son arrivée. Louis XIV lui répond par ce message : « Je n'approuve pas seulement, mais j'ordonne que l'on travaille à toutes les batteries et logements que Vauban jugera utiles et nécessaires pour avancer la prise de la place[8]. »

Le Roi fait entièrement confiance à son « preneur de villes ». Il a raison. La ville est investie le 17 avril. Dès le lendemain, à la tête de neuf mille hommes, Vauban commence les travaux de contrevallation, ouvre les tranchées le 21 : cinq jours plus tard la place se rend. Aussitôt Vauban court à Bouchain que Monsieur, frère du Roi, a investi. La tranchée est ouverte dans la nuit du 6 au 7 mai. La place, abondamment bombardée, capitule le 11 mai.

Toutefois le prince d'Orange, à la tête d'une armée de secours, s'est approché de Bouchain. Le Roi, bien que disposant de la supériorité numérique, hésite à hasarder son prestige dans une bataille rangée. Il demande l'avis de ses maréchaux, tergiverse et attend. Le lendemain l'armée du prince d'Orange se replie sans avoir été engagée. Cette occasion de remporter un succès décisif ne se présentera plus au Roi.

Pendant un mois les armées adverses vont « jouer aux échecs », suivant l'expression de Mme de Sévigné. Les Français mettent le siège devant Aire, à mi-chemin entre Béthune et Saint-Omer, tandis que le prince d'Orange investit Maëstricht. Cette place résiste tandis qu'Aire tombe le 31 juillet après dix jours d'un siège mené par Vauban. Celui-ci reçoit au cours de l'action un coup de mousquet qui le blesse à la main.

Vauban voudrait que, sans plus tarder, on attaque Valenciennes, dernière pièce manquant à son « pré carré ». Mais le Roi est déjà rentré à Versailles. Il est préoccupé par la situation sur le Rhin où les impériaux ont investi Philippsbourg. Il décide ainsi de remettre le siège de Valenciennes à une prochaine campagne. Vauban est désappointé ; le Roi le console en lui adressant, pour marque de satisfaction, un brevet de maréchal de camp[9].

Vauban reprend son bâton de pèlerin. Il visite longuement les places de la Flandre maritime, fait activer les travaux de Courtrai et de Douai, puis inspecte les places du Hainaut. Au cours de ces visites il ne s'intéresse pas seulement aux travaux, il se penche aussi sur les problèmes des hommes.

A cette époque où les rémunérations, comme les charges et les titres, dépendent pour une large part du bon vouloir du Roi et de ses ministres, tout le monde intervient en faveur des postulants, et ceux qui ne bénéficient pas d'un appui assez haut placé ont de grandes chances d'être oubliés. Vauban se fait bien souvent l'intermédiaire entre les solliciteurs et Louvois. Il écrit pour souligner les mérites de tel officier, pour appuyer la candidature de tel autre, pour obtenir une pension ou une gratification, parfois pour obtenir le pardon d'une sottise commise par un jeune écervelé. Quand il s'agit de défendre ses ingénieurs le ton devient plus pressant. Il connaît leurs mérites et leurs contraintes, « toujours sur pied pour le service, ils ont des équipages à entretenir ». Alors quand il apprend qu'on les fait se morfondre dans l'attente du règlement de leurs soldes, il s'indigne et écrit à Louvois : « [...] Si vous attendez ce temps-là pour ordonner que l'on paye les appointements des ingénieurs, il faudra donner l'ordre qu'on leur arrache les dents, car je ne vois pas que, pendant ce temps-là, elles leur puissent servir de rien[10]. »

Début décembre, pour répondre à une convocation du Roi, Vauban passe par la capitale. Les plans de la prochaine campagne sont en train d'être étudiés et l'avis du grand ingénieur est sollicité. Vauban ne s'attarde pas à la Cour. Il ne s'y sent pas à l'aise. L'atmosphère d'intrigues, de futilités et de commérages qui y règne ne lui plaît guère. Quant à obtenir les faveurs du Roi, c'est en d'autres lieux, sous le feu de l'ennemi, qu'il prétend les gagner.

En dépit des incommodités de la saison, il repart pour voir l'état des places de Belfort et de Montbéliard. Passant le 21 décembre à Verdun, il écrit à Louvois : « J'arrivai hier soir de Stenay par le plus mauvais et le plus froid temps du monde. Toute la terre n'était qu'une glace sur laquelle je faillis vingt fois me casser le cou. Les crampons n'y font rien et les chevaux sont toujours prêts à tomber [11]. »

Rien ne l'arrête ; il peut pleuvoir, venter, neiger, il poursuit, imperturbable, son programme. Pour chaque ville qu'il visite, il commence par en faire un tour complet à cheval pour la considérer de l'extérieur et étudier les différents points d'où elle pourrait être attaquée puis, étant entré dans le corps de la place, il en fait une visite minutieuse. Rien n'échappe à son œil exercé, les angles des bastions et leurs flanquements réciproques, l'épaisseur et la solidité des murailles, la protection des accès vers les dehors, la pente des glacis, les banquettes de tir, l'étanchéité des voûtes des galeries souterraines... Il arpente les courtines, explore les fossés, suit le tracé des chemins couverts. Et quand son escorte, rompue et transie, va se reposer, il s'installe au coin d'une cheminée pour noter ses observations, relever les défauts des constructions, suggérer des améliorations à apporter au système de défense.

De Verdun il envoie à Colbert les mémoires qu'il a rédigés sur cinq villes qu'il a ainsi visitées chemin faisant : Rocroi, Charleville, Mont-Olympe, Mézières et Stenay. Et déjà il repart vers Metz, Nancy et Sélestat.

Il ne connaissait pas encore cette dernière place qui lui paraît « importante » compte tenu de sa position entre la haute et la basse Alsace. Il s'y arrête quelques jours pour rédiger une instruction sur sa défense [12]. Puis il termine sa randonnée par Brisach, Belfort et Besançon, où il arrive début février, au bout de six mois de voyages quasiment ininterrompus. Il y trouve une lettre de Louvois qui le met de méchante humeur : non seulement le ministre ne lui donne aucune information sur la prochaine campagne, mais il se permet de critiquer un projet qu'il a fait pour Thionville. Alors Vauban prend feu et flamme, il n'aime pas être contredit dans ce qu'il considère être son domaine réservé, la fortification. Il répond aussitôt à Louvois : « [...] Je sais fort bien que si vous ne faites pas exécuter de point en point tout ce que j'ai eu l'honneur de vous mander pour cette place et qu'elle soit attaquée (comme cela peut bien arriver) vous aurez peut-être sujet à vous en repentir. »

Et sur sa lancée, il décoche un autre trait à son ministre : « [...] Voici un abrégé, très abrégé, de ce qu'il y a à faire à la ville et citadelle de

Besançon ; sur quoi il n'y a rien à retrancher si vous ne voulez pas mettre la charrue devant les bœufs [...] comme vous le fîtes l'année passée. »

Puis, se plaignant de n'être pas tenu informé des plans qui ont été arrêtés à Versailles, il s'écrie : « [...] C'est une chose assez curieuse de voir que tout le monde sait ce que vous voulez faire et qu'il n'y ait qu'à moi qu'on en fasse secret; apparemment que j'y dois faire un personnage inutile et que mes avis doivent être comptés pour rien [13]. »

A la manière dont il s'adresse au puissant et redoutable Louvois, on peut augurer qu'il doit gratifier ses collaborateurs de chaudes algarades quand ceux-ci ont le malheur de le contrarier !

Ce qui se prépare en grand secret, c'est la prochaine campagne dans les Flandres. Vauban, convoqué à Saint-Germain où se tient la Cour, accourt à bride abattue, oubliant son accès d'humeur. Il apprend avec satisfaction que le premier objectif choisi par le Roi est Valenciennes, comme il l'avait lui-même conseillé.

Cette place est importante et très étendue. Elle est solidement fortifiée et dispose d'une garnison nombreuse et bien approvisionnée. L'Escaut traverse la ville dont les abords peuvent être inondés. Aussi a-t-on décidé de ménager au maximum l'effet de surprise pour l'attaquer. Pour tromper l'ennemi les fêtes se succèdent à Saint-Germain comme si la trêve hivernale devait se prolonger encore longtemps. D'ailleurs, qui envisagerait de commencer des opérations à cette saison, avec la neige et la pluie qui détrempent les routes ?

Et cependant Valenciennes est brusquement investie dans les premiers jours de mars. Le Roi a quitté discrètement la Cour pour rejoindre ses armées. Vauban est déjà là, faisant creuser les parallèles et les tranchées.

Le Roi réunit un conseil de guerre pour décider du jour de l'attaque. Louvois et tous les maréchaux sont présents. Vauban provoque un tollé dans cette noble assistance en proposant de faire donner l'assaut de jour, contrairement à tous les usages. Il ne se laisse pas impressionner par les protestations générales et explique en ces termes sa position : « Vous voulez ménager le sang du soldat. Vous l'épargnerez bien davantage quand il combattra de jour, sans confusion et sans tumulte, sans crainte qu'une partie de nos gens tire sur l'autre, comme il n'arrive que trop souvent. Il s'agit de surprendre l'ennemi, il s'attend toujours aux attaques de nuit, nous le surprendrons en effet lorsqu'il faudra qu'épuisé par les fatigues d'une veille, il soutienne les efforts de nos troupes fraîches [14]. »

En dépit des critiques exprimées, le Roi donne raison à Vauban. Pendant la nuit du 16 au 17 mars, la place est continuellement canonnée. Les Espagnols attendant un assaut passent la nuit éveillés

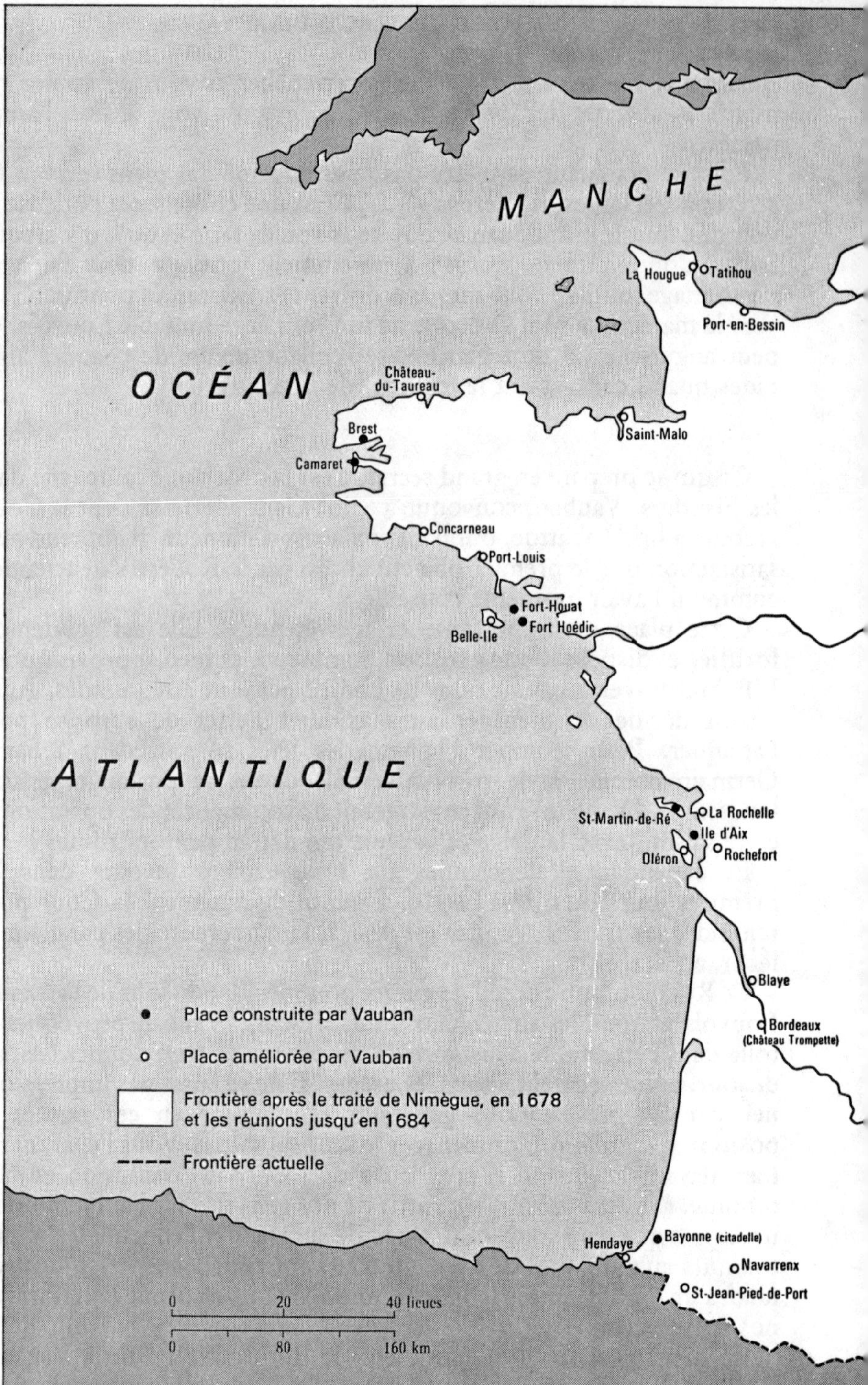
MANCHE
OCÉAN
ATLANTIQUE
La Hougue
Tatihou
Port-en-Bessin
Château-du-Taureau
Saint-Malo
Brest
Camaret
Concarneau
Port-Louis
Fort-Houat
Fort Hoédic
Belle-Ile
St-Martin-de-Ré
La Rochelle
Ile d'Aix
Oléron
Rochefort
Blaye
Bordeaux (Château Trompette)
Bayonne (citadelle)
Hendaye
Navarrenx
St-Jean-Pied-de-Port
Place construite par Vauban
Place améliorée par Vauban
Frontière après le traité de Nimègue, en 1678 et les réunions jusqu'en 1684
Frontière actuelle
0 20 40 lieues
0 80 160 km

méliorées par Vauban

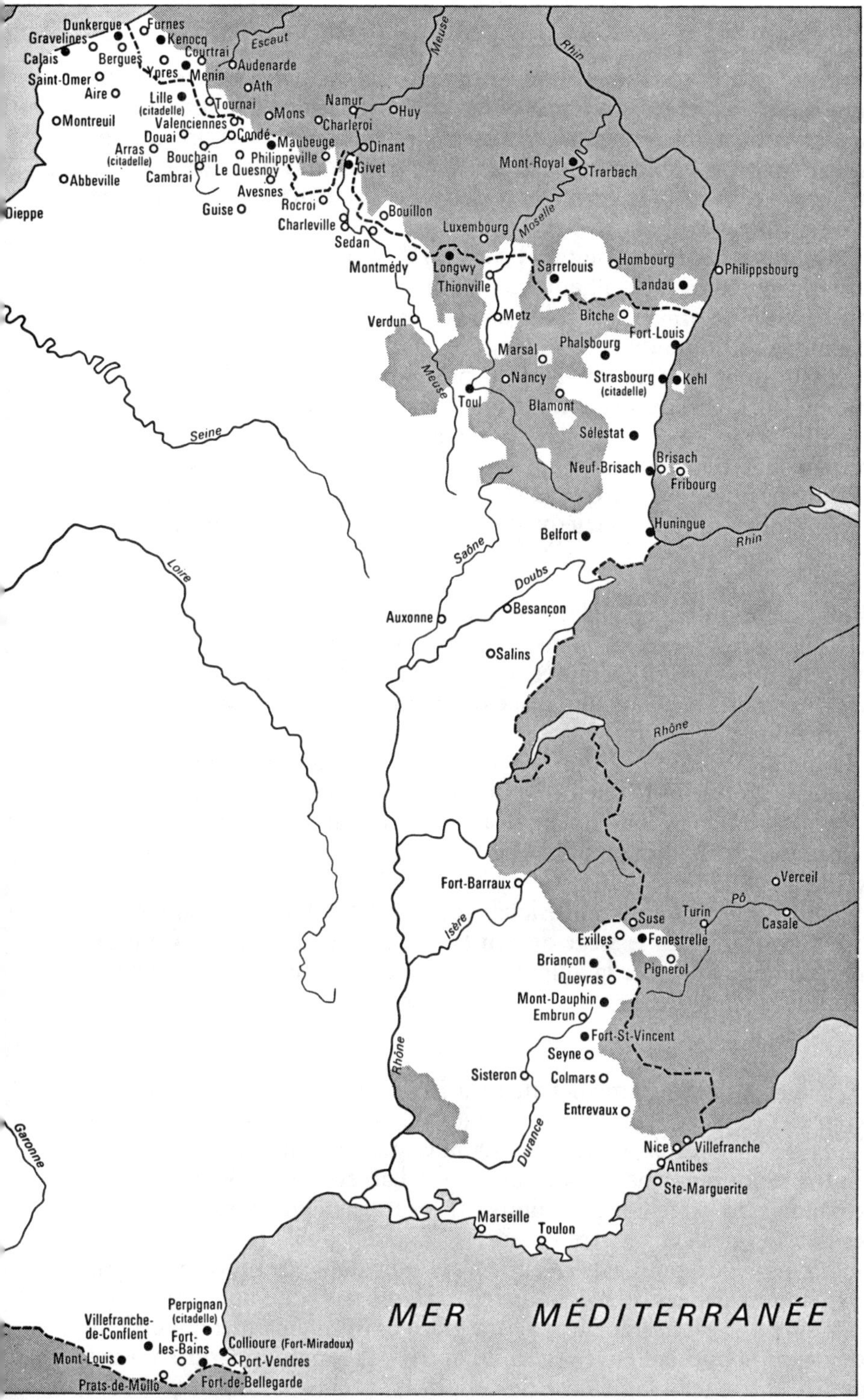

sur les remparts sous une pluie battante, puis au matin rentrent dans leurs campements quand le canon se tait. C'est alors que les troupes royales, mousquetaires en tête, sortent des tranchées et se précipitent sur les ouvrages faiblement occupés. Une porte de la place est enlevée par surprise. Bientôt la garnison se débande, la chamade est sonnée : la ville capitule.

Ravi de ce prompt résultat, Louis XIV, rapporte Vauban, « après mille honnêtetés sur l'heureux succès du siège, lui donne une gratification de vingt-cinq mille écus de son mouvement, sans l'avoir demandée ni prétendue [15]. »

Aussitôt les armées du Roi se portent devant Cambrai qui est investie le 22 mars. La ville tombe le 4 avril mais les troupes régulières se replient sur la citadelle en se battant farouchement. Louis XIV, furieux de se heurter à cette résistance, veut faire donner l'assaut sans plus attendre, déclarant que la garnison serait faite prisonnière [16].

Vauban, toujours soucieux de limiter les pertes, est partisan de prendre son temps. Il le dit à Louvois pour que celui-ci le fasse entendre au Roi : « [...] La conservation de cent de ses sujets lui doit être beaucoup plus considérable que la perte de mille de ses ennemis [...]. A tout ce que je viens de dire j'ajouterai, avec la franchise naturelle que Dieu m'a donnée, que je ne prendrais pas grand plaisir à me trouver assiégé dans une place où, par droit de représailles, on me fît prisonnier de guerre [17]. »

Louis XIV écoute la voix de la raison. Il laisse agir Vauban. La citadelle capitule le 17 avril et les honneurs de la guerre sont rendus à la garnison. Le Roi est, à juste titre, fort heureux de cette prise : Cambrai était en effet comme « un avant-poste espagnol à la frontière de France ».

Dans le même temps Monsieur, avec les maréchaux d'Humières et Luxembourg, a mis le siège devant Saint-Omer. Le prince d'Orange, qui tente de débloquer la ville, se fait battre à Cassel. La campagne se termine, de manière précoce, sur ce double succès.

Vauban s'attelle immédiatement à la tâche de remettre en état les défenses des places conquises. Puis il va faire accélérer les travaux des places de la côte, en particulier Dunkerque, une action de l'ennemi étant à redouter dans ce secteur. Il est harcelé par Louvois qui lui demande sans cesse des précisions sur les travaux en cours, des plans, des devis et des états de toutes sortes. Excédé, Vauban, à la fin d'une longue lettre de huit pages, où il s'est évertué à répondre point par point aux exigences de son ministre, termine sur cette note ironique : « De surplus, Monseigneur, j'ai une grâce à vous demander qui est que vous ayez la bonté d'envoyer ici un autre Vauban pour avoir soin des travaux et songer à la défense de ces places, si elles sont assiégées ; car pour moi je ne pourrais plus faire autre chose que de vous écrire et faire des mémoires, dont Dieu sait la nécessité et l'avancement que cela nous produit [...][18]. »

Dans son rôle de directeur général des Fortifications, Vauban se heurte aussi à d'autres difficultés. Les intendants de province ne lui reconnaissent que de mauvais gré le droit de s'immiscer dans leurs affaires. La répartition des places entre deux départements ministériels différents est certainement à l'origine de controverses supplémentaires.

Il manque incontestablement une autorité indiscutée, celle du commissaire général des Fortifications. La charge était attribuée au chevalier de Clerville, mais celui-ci, depuis qu'il est en semi-disgrâce dans son gouvernement d'Oléron, ne l'exerce plus. Or justement Clerville vient de mourir. Vauban est en droit de briguer sa succession puisqu'il exerce en fait cette fonction depuis une dizaine d'années. Mais plutôt que de se porter ouvertement candidat à cette charge, il préfère une approche indirecte, inspirée sans doute par son atavisme paysan. Il rédige un mémoire intitulé : « *Le Directeur général des fortifications ou mémoire concernant les fonctions des différents officiers employés dans les fortifications*[19]. »

Cela lui permet de souligner que les deux places d'intendant et de commissaire général des Fortifications « sont vacants et ne sont point exercés », et que « les ministres n'ont pas cru se faire tort d'en prendre soin eux-mêmes chacun dans son département ». Il laisse entendre, sans l'exprimer expressément, que cette formule est boiteuse et ne saurait durer.

Ce mémoire semble avoir atteint son objectif puisque le Roi, par provision du 4 janvier 1678, confie à Vauban cette charge de commissaire général. Désormais il est officiellement responsable « de toutes les places du Royaume ». De plus il perçoit à ce titre un traitement annuel de seize mille livres, auquel viennent s'ajouter des indemnités pour « les visites annuelles aux frontières » et une allocation de deux mille livres pour payer un secrétaire. Vauban n'est pas insensible à cet aspect des choses : les travaux de Bazoches lui coûtent cher !

Sans attendre cette nomination, Vauban a déjà rejoint, en plein mois de décembre, le maréchal d'Humières qui a investi la place de Saint-Guillain, à mi-chemin entre Mons et Condé. Louvois a mis Vauban à la disposition du maréchal pour diriger les travaux du siège, non sans lui avoir fait de multiples recommandations : « Vous savez assez le déplaisir que Sa Majesté aurait s'il arrivait quelque inconvénient à mon dit Sieur de Vauban, pour qu'il soit inutile que je vous recommande sa conservation et de vous servir de votre autorité pour empêcher qu'il ne se commette[20]. »

Louis XIV tient à son grand ingénieur comme à la prunelle de ses yeux. Ce siège en plein hiver est particulièrement pénible. Vauban a décidé de détourner la rivière d'Haisne pour assécher les abords de la place, mais les travaux avancent lentement « tant par la difficulté de la terre qu'on ne peut presque plus ouvrir », que par le faible rendement des paysans réquisitionnés pour cette entreprise : « Ils ne peuvent résister à la rigueur du temps qui est extrême. » Malgré « le froid horrible » qui « nous transit tous », Vauban est en permanence sur le terrain, stimulant tout le monde. Il avoue toutefois à Louvois qu'il est à bout de forces : « L'extrême lassitude où je me trouve ne me permet pas de pouvoir dire davantage[21]. »

Heureusement deux jours plus tard Saint-Guillain capitule. Vauban, mission accomplie, se rend à Saint-Germain pour recevoir de nouvelles instructions.

Louvois se rend compte de l'état d'extrême fatigue où Vauban est tombé. Il l'autorise à aller prendre quelque repos chez lui à condition qu'il soit de retour début février, car une campagne décisive se prépare. Par la chaise de poste Vauban se hâte de gagner le Morvand pour passer avec les siens les fêtes de fin d'année. Il n'est pas retourné à Bazoches depuis qu'il y a installé sa famille, voilà deux ans déjà. Il brûle d'impatience de retrouver les siens, de voir le château transformé suivant ses plans, de faire le tour de ses terres.

Les jours sont bien courts en janvier et le temps peu clément. Qu'importe, il savoure le paisible bonheur des longues veillées au coin de la grande cheminée où se consument de grosses bûches. Toute sa parentèle est là, écoutant le récit de ses voyages, de ses combats, les échos qu'il ramène de la Cour. Lui-même interroge longuement son cousin Millereau qui, exerçant la fonction de bailli royal à Lormes, est très au courant de toutes les affaires de la région. Vauban lui a confié la gestion de ses biens. Il fait appel à lui pour régler les affaires familiales. Justement sa fille Charlotte est déjà en âge de se marier[22] : elle aurait un penchant pour le jeune Jacques de Mesgrigny, dont la demeure, le château d'Aunay, n'est qu'à deux lieues d'Epiry. Millereau est chargé de s'entretenir avec les parents du jeune homme sur les conditions d'une union.

Ce mois de congé s'écoule trop vite. Vauban commence à peine à se réadapter au rythme tranquille de cette vie familiale. Une lettre de Louvois arrive à Bazoches lui rappelant qu'il est temps de rentrer[23].

Des négociations avaient été poursuivies entre les belligérants pendant l'année 1677 mais Louis XIV avait repoussé toutes les propositions qui avaient été présentées. Craignant que l'Angleterre ne bascule complètement du côté de l'Alliance, le Roi veut cependant en finir en frappant un grand coup et en saisissant le maximum de gages pour la phase ultime des négociations. Il dispose de forces armées, qui ne furent jamais aussi fortes, soit près de trois cent mille hommes, de valeur inégale sans doute, mais très supérieures en nombre à celles des alliés. Il décide de mettre l'adversaire définitivement à genoux en saisissant sa principale place, en plein cœur des Pays-Bas espagnols : la ville de Gand. Un plan très élaboré est mis sur pied pour laisser l'ennemi dans l'incertitude quant au point d'application de la nouvelle campagne. Plusieurs armées investissent en même temps, début mars 1678, les places de Mons, Namur, Ypres et Gand.

Le Roi et la Cour ont quitté Saint-Germain dans les premiers jours de février et se sont dirigés en grande pompe vers les provinces de l'est. Les alliés, dont les troupes sont encore dans leurs quartiers d'hiver, ne savent quel parti prendre : les armées françaises se montrent partout, des Flandres jusqu'au Rhin.

Alors le Roi, laissant la Cour à Stenay, rejoint en trois jours de marche forcée l'armée du maréchal d'Humières qui campe devant Gand. Vauban est déjà là qui a étudié en détail la place et ses abords. Il fait ouvrir la tranchée le 5 mars. Cinq jours plus tard, la ville capitule et la citadelle se rend le 12 mars. La nouvelle de la chute si rapide de cette grande ville se répand comme une traînée de poudre dans toute l'Europe, provoquant la stupeur parmi les coalisés. D'autant que, sans plus attendre, le Roi marche sur Ypres. Vauban commence les travaux d'approche le 18 mars. Sept jours plus tard la ville et la citadelle capitulent.

Cette campagne éclair décide la Hollande à traiter. Cette fois les négociations à Nimègue sont menées avec la volonté d'aboutir. Trois traités séparés sont signés par la France. En août avec les Provinces-Unies qui récupèrent Maëstricht et qui acceptent un accord de commerce et de navigation : c'est une paix blanche. En septembre avec l'Espagne qui est la grande perdante : elle cède à la France la Franche-Comté et une partie de ses Pays-Bas[24]. Quelques mois plus tard, en février 1679, un traité est signé avec l'empereur Léopold : la France garde Fribourg-en-Brisgau et renonce à Philippsbourg sur le Rhin. Par ailleurs, Louis XIV s'engage à restituer la Lorraine à son duc, hormis Nancy et Longwy.

Pour Vauban, qui a contribué largement aux sièges victorieux ayant permis d'aboutir à cette paix et qui a convaincu le Roi d'obtenir les places constituant son « pré carré », c'est une profonde satisfaction.

Le règne de Louis XIV était à son zénith. Un contemporain, l'abbé de Choisy, donnait le ton en écrivant : « Le Roi Louis le Grand, en faisant la paix de Nimègue, était parvenu au comble de la grandeur humaine [...]. Après avoir en mille occasions fait ses preuves sur la conduite des armées et sur la valeur personnelle, il s'était désarmé lui-même au milieu de ses victoires ; et se contentant de ses conquêtes, il avait donné la paix à l'Europe aux conditions qui lui avaient plu[25]. »

9.

« Celui qui prend les villes » 1678-1681

Chantier de Dunkerque — Mémoire sur les places de Flandre — Projet pour Toulon — Création de Montlouis — Bâtir un risban sur pilotis — Tour de France — Gouverneur de Douai — Congé estival à Bazoches.

A l'époque des traités de Nimègue Vauban a quarante-cinq ans. Il guerroie depuis déjà un quart de siècle, ayant participé à trente-cinq sièges qu'il a dirigés pour la majorité d'entre eux. Il vient de faire une nouvelle fois la démonstration éclatante de sa maîtrise dans l'art, dit de la poliorcétique, par la prise de Gand. Il a fait tomber cette importante métropole en quelques jours, comme s'il s'agissait d'une quelconque place provinciale.

Maintenant que la paix est faite avec l'Europe pour une longue période, du moins peut-on l'espérer, que va devenir Vauban ? Les conditions de cette paix correspondent en partie à ses souhaits, quant au tracé des frontières. Il va falloir consolider celles-ci en les dotant d'une ceinture cohérente de places fortes, améliorant les anciennes et construisant de nouvelles pour barrer les axes éventuels de pénétration de l'ennemi. Travail de longue haleine qui devrait à lui seul l'occuper pendant un second quart de siècle, si Dieu et le Roi lui en laissent le loisir et ne l'embarquent pas contre son gré dans d'autres entreprises guerrières. D'autant que les progrès même, réalisés récemment dans les techniques de l'attaque, demandent que soient repensées les techniques de la défense.

Vauban a prouvé abondamment que les places les mieux construites et les mieux fortifiées tombaient comme des fruits mûrs pour peu que l'on sache les approcher judicieusement. Alors il va falloir rendre plus difficiles leurs approches en utilisant au maximum les cours d'eau et les inondations des abords, se protéger de manière plus efficace des effets de l'artillerie... Et si malgré toutes ces dispositions, l'ennemi parvient à s'emparer des premières lignes de défense, ouvrages à cornes, chemins couverts et demi-lunes, il faut qu'il se heurte à une seconde position, demeurée jusque-là à l'abri de ses vues et de ses coups, avec de puissants bastions, des tenailles protégeant les courtines, des fossés profonds balayés par des feux croisés ou parcourus par des courants d'eau.

Mais Vauban est opposé à tout système. Il considère que chaque place est un problème particulier qu'il faut traiter en fonction de son environnement. Il va adapter ses principes aux configurations diverses du terrain : forteresses dressées sur une arête rocheuse ou bâties sur un plateau dégagé pour barrer un couloir en zone montagneuse, places flanquées de tours bastionnées pour battre des hauteurs dangereuses et les interdire à l'ennemi, citadelles protégeant et surveillant à la fois des cités implantées en pays de plaine, « risbans[1] » audacieusement construits sur des rochers ou des bancs de sable pour protéger l'accès de rades ou de ports...

A peine Vauban vient-il de terminer le siège de Gand et d'Ypres, que Colbert lui demande de diriger personnellement le grand chantier de Dunkerque. Il s'agit de réaliser le projet conçu par Vauban quand il travaillait, en 1671, à la défense de cette ville : transformer le petit havre accessible aux seuls bateaux de faible tonnage, en un grand port ouvert aux plus gros vaisseaux. L'idée a fait son chemin et Colbert en est devenu le partisan enthousiaste. Il écrit à Vauban : « [...] Je ne doute pas que vous ne considériez ce travail comme l'une des plus belles choses que vous ayez faites jusqu'à présent, puisque toutes les apparences veulent que vous puissiez donner à Dunkerque un port qui le rendra capable de recevoir des vaisseaux jusqu'à sept à huit cents tonneaux, en sorte que le Roi pourra tenir une escadre aussi forte qu'il lui plaira et par conséquent augmenter considérablement sa puissance maritime[2]. »

Il s'agissait, suivant le plan de Vauban, d'aménager un bassin pouvant contenir une vingtaine de bâtiments armés de quarante à soixante canons et pour ce faire de pratiquer une coupure de trente-cinq toises de large et de trois toises de profondeur dans le banc de sable, couvert à marée haute, qui obstruait l'entrée du port. Les berges de ce chenal, long de près d'une demi-lieue, devaient être rehaussées et consolidées. Puis, pour éviter que cette voie ne s'ensable, Vauban avait conçu un système très complexe d'écluses permettant à marée basse de déclencher un fort courant provenant de quatre canaux, remplis pendant la phase de montée des eaux. L'ensemble devait être protégé par deux fortins construits sur pilotis à l'entrée du chenal du côté du large et un fort bâti au milieu de la jetée Ouest, le « Risban », armé de soixante-dix pièces d'artillerie.

Colbert se fait tenir constamment au courant de l'avancement du chantier. Il a une entière confiance en Vauban, mais il n'en demeure pas moins inquiet : les berges du chenal résisteront-elles à l'action des courants provoqués par les marées ? Il encourage Vauban l'assurant que l'argent ne fera pas défaut et affirmant : « J'ai une si grande confiance aux choses que vous entreprenez, que je ne fais aucun doute que vous ne surmontiez ces difficultés[3]. »

Quant à Vauban, il ne quitte pas le chantier. L'arrivée des travailleurs est réglée par un coup de canon : ils se précipitent, pelles et hottes sur l'épaule, dès que la mer se retire et se replient rapidement quand elle monte à nouveau. Bientôt l'on constate que, comme prévu, à l'ouverture des écluses un vigoureux courant balaie le chenal et entraîne vers le large le sable apporté par la marée montante. Vauban, soulagé, l'écrit à Louvois, en ajoutant : « Je vous demande pardon de ma méchante écriture, je suis si las et si mouillé que je n'ai presque pas la force d'écrire[4]. »

Au bout de deux mois de travail acharné, la partie est gagnée. Vauban peut se permettre de laisser la surveillance des chantiers à un ingénieur, pour reprendre ses tournées d'inspection. Déjà Louvois, quelque peu jaloux du temps consacré à un travail qui ne relève pas de son département, le presse d'aller voir les villes de la frontière du Nord.

Vauban commence par un projet de remise en état de la place de Menin. Il fait établir des devis par trois entrepreneurs différents. En envoyant ce dossier en octobre à Louvois, il le met en garde de ne pas céder à la tentation de choisir le devis le moins élevé sans s'être assuré de la qualité de l'entreprise intéressée[5]. C'est un principe qui lui tient à cœur et qu'il rappellera souvent au ministre enclin à faire des économies pas toujours judicieuses : « Il n'y a rien de si pernicieux que ces prétendus bons marchés, qu'on doit considérer comme un moyen très sûr de perpétuer le travail sans jamais avoir la satisfaction de le finir ; ceci soit dit pour désabuser ceux qui mettent toute leur application à faire des marchés au plus bas prix qu'ils peuvent sans examiner les suites ni la possibilité qu'il y a de le pouvoir exécuter ou non[6]. »

Dans le même temps il explore la vallée de la Sambre à la recherche d'une position favorable pour y bâtir une place destinée à tenir cette trouée entre Le Quesnoy et Philippeville. Ne trouvant pas d'emplacement qui lui convienne, il se résout à utiliser la place de Maubeuge : « [...] il faut faire de nécessité vertu et tâcher d'obtenir de notre industrie ce que la situation nous refuse, en bâtissant sur des données bien digérées[7]. »

Ces données, ce sont le fond de la vallée où est bâtie la ville avec la rivière qui la traverse et trois petites collines qui dominent la place. Vauban va en tirer partie au mieux. Il y fera un « beau et grand projet », suivant ses propres termes, qui sera exécuté dans les années suivantes.

Le traité de Nimègue a été signé en septembre 1678 avec l'Espagne. Depuis que Vauban en connaît les termes définitifs, il réfléchit à ses conséquences sur la défense des frontières du royaume. En tant que commissaire général aux Fortifications, il est normal qu'il fasse part de ses réflexions à Louis XIV. Il rédige en novembre un *Mémoire des places frontières de Flandres qu'il faudrait fortifier pour la sûreté du pays et l'obéissance du Roi*[8].

Affirmant d'entrée de jeu que « la frontière du côté des Pays-Bas se trouve ouverte et dérangée par la présente paix », il souligne qu'il est urgent d'en « régler une nouvelle ». En quelques lignes il définit les missions que doivent remplir les places fortes : un rôle défensif, « fermer les entrées de notre pays à l'ennemi », un rôle offensif, « nous faciliter les entrées dans le sien » et enfin un rôle de base opérationnelle « capable de contenir toutes les munitions nécessaires à leur défense, mais encore toutes celles dont on pourrait avoir besoin pour entreprendre chez l'ennemi ». Il prône alors, pour que la frontière soit « très bien fortifiée », d'établir « à l'imitation des ordres de bataille », deux lignes de places fortes.

La première ligne serait composée de treize grandes places, plus deux forts : Dunkerque, Bergues, Furnes, Fort de Kenocq, Ypres, Menin, Lille, Tournai, Fort de la Mortagne, Condé, Valenciennes, Le Quesnoy, Maubeuge, Philippeville et Dinant. C'est-à-dire, à peu de choses près, la frontière actuelle de la France !

Cette « ligne avancée » pourrait être renforcée par des canaux qui eux-mêmes seraient mis en état de défense par la construction sur leurs bords de redoutes, en particulier les canaux d'Ypres à la Lys et de la Lys à l'Escaut. Vauban ajoute que non seulement ces canaux constitueraient une bonne ligne de sûreté mais « qu'ils faciliteraient merveilleusement le commerce par le moyen de la navigation ». Le guerrier est toujours associé à l'économiste. Il traite des questions de « sûreté » mais il pense en même temps au commerce et au bien-être des populations.

La seconde ligne, placée un peu en retrait, comprendrait aussi treize places : Gravelines, Saint-Omer, Aire, Béthune, Arras, Douai, Bouchain, Cambrai, Landrecies, Avesnes, Marienbourg, Rocroi et Charleville. Ces deux lignes étant « mises en état et très bien munies », il n'est point d'avis de bâtir d'autres places. Au contraire, il estime très nécessaire de se défaire progressivement de celles qui ne sont pas comprises dans ces deux lignes. Vauban revient sur son idée qui lui est chère : « Dix places de moins doivent valoir au Roi trente mille hommes de plus. » Si Sa Majesté avait eu ces effectifs disponibles pendant la dernière guerre : « Elle aurait pu conquérir le reste des Pays-Bas. »

Constatation ou critique ? Vauban ne s'y appesantit pas. Il termine son mémoire sur une note en faveur d'une politique offensive. Il trace

Le "pré carré"

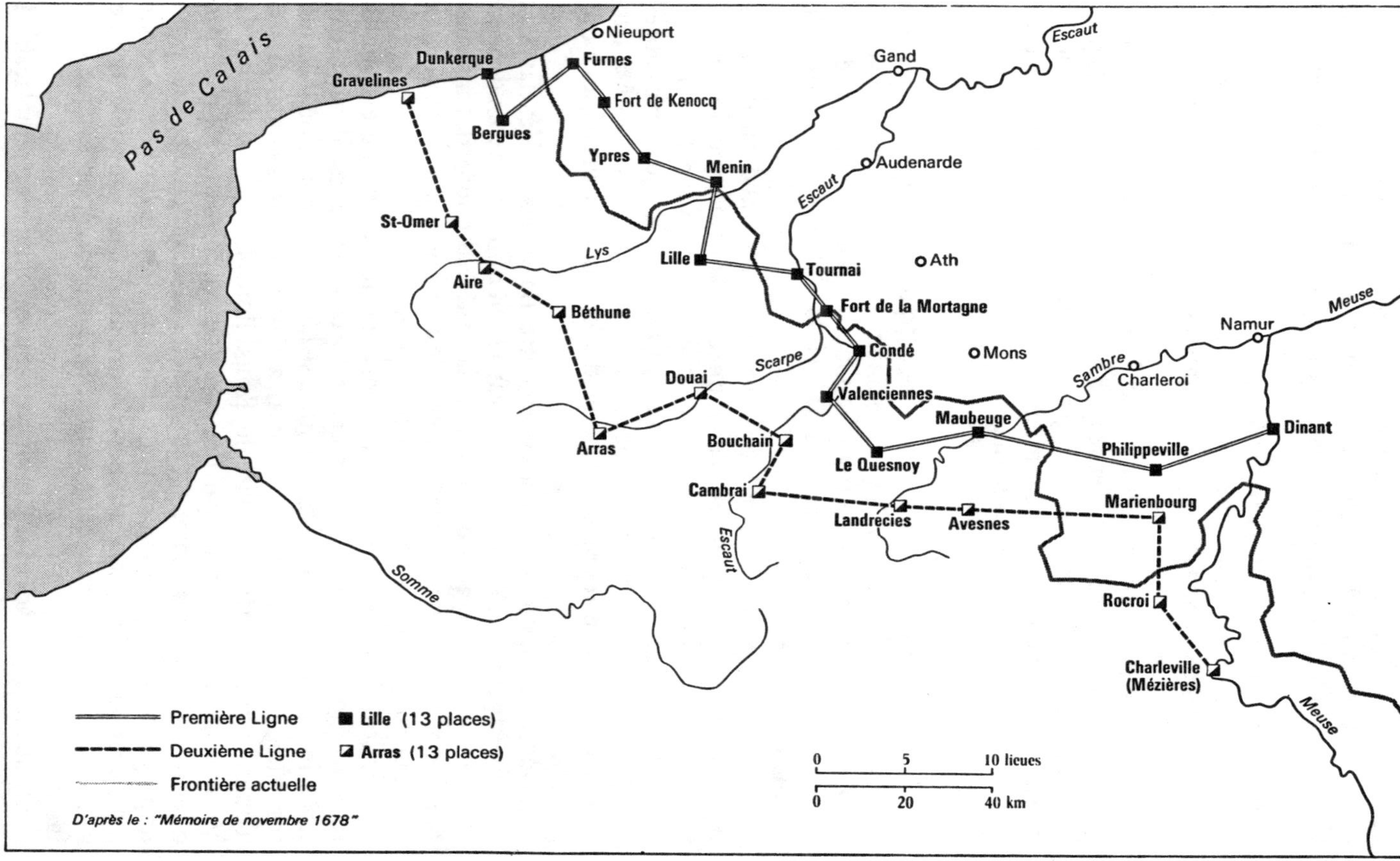

Pas de Calais
Nieuport
Dunkerque
Furnes
Gravelines
Fort de Kenocq
Bergues
Ypres
Menin
Gand
Escaut
Audenarde
Escaut
St-Omer
Lys
Lille
Tournai
Ath
Aire
Béthune
Fort de la Mortagne
Condé
Mons
Namur
Meuse
Sambre
Charleroi
Scarpe
Douai
Valenciennes
Maubeuge
Dinant
Arras
Bouchain
Le Quesnoy
Philippeville
Cambrai
Landrecies
Avesnes
Marienbourg
Escaut
Somme
Rocroi
Charleville
(Mézières)
Meuse
Première Ligne
Deuxième Ligne
Frontière actuelle
Lille (13 places)
Arras (13 places)
0
5
10 lieues
0
20
40 km
D'après le : "Mémoire de novembre 1678"

quels pourraient être les axes d'attaque « en cas de guerre au temps à venir » : marcher sur Dixmude pour saisir Nieuport, marcher sur Courtrai pour aller à Audenarde et Ath, marcher sur Mons puis sur Charleroi, enfin et surtout saisir Luxembourg pour marcher sur Trèves.

Se réservant de traiter la frontière de la Meuse et du Rhin dans un autre mémoire, il ajoute toutefois que du côté de l'Allemagne un objectif s'impose : Strasbourg dont la possession est essentielle pour la sûreté du royaume.

Louvois a lu ce mémoire à Louis XIV qui « souhaite que vous fassiez la même chose de la Meuse au Rhin[9] ». A quelques détails près le Roi approuve les vues de son grand ingénieur. Il lui demande de passer par la capitale dans la première quinzaine de décembre afin d'en discuter plus longuement avec lui.

Comme d'habitude Vauban ne reste que le temps strictement nécessaire à la Cour. Il y reçoit ses instructions concernant l'année 1679 : aller voir les places de Franche-Comté, passer en Provence puis en Roussillon pour étudier le tracé et la défense de la nouvelle frontière avec l'Espagne.

Vauban s'empresse de prendre la route du Morvand où il pourra séjourner un petit mois avant de commencer sa grande randonnée. Il va pouvoir embrasser sa seconde fille, Jeanne-Françoise née le 25 octobre à Bazoches. Il eût, bien sûr, préféré un garçon, mais après cette longue période pendant laquelle sa femme ne lui a donné aucun enfant vivant, il se reprend à espérer d'avoir un jour un héritier qui portera son nom.

Il apprend qu'un fief est à céder entre Bazoches et Vézelay : la baronnie de Pierre-Perthuis. Le château est en ruine, mais il en dépend une trentaine d'hectares de prés dans la vallée. Il donne des instructions pour que les actes soient passés. C'est une première pièce pour la construction de son « pré carré » personnel.

Vers le 20 janvier Vauban doit déjà se mettre en route pour la Franche-Comté. Il visite Salins et les forts avoisinants, il passe par Lons-le-Saunier. Toujours galopant, il se hâte vers Lyon d'où il écrit à son ministre pour lui indiquer qu'il a l'intention de s'embarquer à Toulon pour gagner plus vite le Roussillon. Louvois s'alarme, la Méditerranée est sillonnée par des corsaires barbaresques, il n'est pas question de donner suite à ce projet. Vauban reçoit une note impérative : « [...] comme je vous crois des plus malpropres à servir d'espalier dans une galère, j'ai pris l'ordre du Roi de vous défendre de sa part de vous servir de cette voiture [...] son intention est que vous fassiez votre voyage par terre[10] ».

Décidément, le Roi et son ministre estiment qu'il est irremplaçable !

Mais Vauban n'est pas facile à tenir en bride. Il emprunte un bateau pour descendre le Rhône vers Marseille. Il fait froid, en cette mi-février, le fleuve charrie des glaçons et la navigation s'avère difficile. A nouveau, Louvois, qui l'apprend, lui fait la leçon : « [...] je me réjouis que vous ayez échappé aux glaçons du Rhône et je vous conseille de ne plus vous exposer [11] ».

Cependant Vauban arrive sain et sauf à Toulon. Il y travaille avec acharnement sur un projet qu'il a du mal à mettre d'aplomb : « la plus pénible occupation que j'ai eue de ma vie », confie-t-il dans une lettre à son ministre. Le site est complexe avec ces presqu'îles avançant dans la mer, avec ces collines dominant la rade de toutes parts, avec ces ruisseaux apportant leurs alluvions dans le port qu'elles envasent. Il peine pendant trois semaines sur un mémoire réglant l'ensemble des problèmes posés par Toulon : ses fortifications, les batteries dans la rade, l'agrandissement de la darse, la construction d'un arsenal, l'implantation d'un fort au Mourillon, le détournement des ruisseaux. Tout y est classé, décortiqué, répertorié avec cartes, plans et devis à l'appui [12].

Vauban n'a qu'un regret. Il n'a pas eu le loisir d'aller « visiter les trois îles qui sont à l'embouchure de la rade de Toulon », Porquerolles, Port-Cros et l'île du Levant. D'un coup d'œil il en a évalué la valeur et l'importance. Quelle honte pour le royaume de les laisser « abandonnées et désertes » ! Il recommande à Louvois de les acquérir, « [...] vous les auriez pour moins de cent mille francs et on pourrait faire une terre de trente à quarante mille francs de rente en fort peu de temps [13] ».

Maintenant Vauban, condamné à emprunter la voie de terre, se désespère de la lenteur du voyage, « on ne peut pas dire qu'on court la poste, on la traîne et fort souvent on va à pied ». Il lui faut cinq jours pour aller de Toulon à Marseille ! Il jette un regard sur la citadelle à l'entrée de ce dernier port. Il est horrifié : « C'est un assemblage fort magnifique de tout ce qui a jamais passé d'extravagant et de ridicule par la tête des plus méchants ingénieurs du monde. » Vauban a la dent dure pour ses prédécesseurs.

Enfin le voici en Roussillon. Il est arrivé au terme de son expédition. Il revoit avec bonheur ces places de soleil qu'il a visitées, il y a dix ans déjà : Perpignan, Bellegarde, Villefranche. Il découvre Port-Vendres, il est enthousiasmé. Il ne comprend pas « la nonchalance que l'on a eue pour ce poste jusqu'à présent ». Il estime que de bâtir une place à Port-Vendres c'est un service essentiel « à rendre au Roi et à toute la France ».

Vauban a été chargé par Louis XIV d'une mission précise : trouver un emplacement favorable pour implanter une place forte en Cerdagne [14]. Il sillonne cette haute plaine encadrée par de grands massifs montagneux. Il répertorie plusieurs positions dont il analyse les avantages et les inconvénients ; ses préférences vont à une hauteur située au débouché du col de la Perche sur un mouvement de terrain dominant la vallée de la Têt. Il propose un nom pour la place forte à créer : Montlouis.

Il dessine avec jubilation cette place, sortant toute neuve de son cerveau, avec sa citadelle carrée garnie de quatre bastions à orillons et flanquée de trois demi-lunes, dominant une petite cité dans son enceinte discrètement bastionnée. Le pays lui plaît, son climat est sain, ses habitants lui rappellent ses Morvandiaux « entendant à demi-mot ce qu'on veut dire, de surplus un peu pendarts et gens à escopeter leurs ennemis sans beaucoup de façons ».

Ce séjour dans l'air pur des Pyrénées lui fait du bien. Il est plein d'allant et d'énergie pour rédiger le volumineux dossier qu'il expédie à Louvois, « treize pièces d'écriture plus quinze dessins », auxquels il joint une lettre d'envoi d'une quinzaine de pages. Il ne dissimule pas la difficulté de l'entreprise : « [...] cette année-ci sera l'année des épines et des chardons qui précède tous les grands établissements, mais la suivante tout ira bien, Dieu aidant, il ne faut que se donner patience. »

Il ne se limite pas dans cette correspondance aux problèmes techniques, il aborde longuement la question du personnel nécessaire pour entreprendre une œuvre de cette envergure. A l'accoutumée, il défend ses subordonnés : « [...] ce n'est pas qu'ils soient mes parents, ni mes amis, ni par l'envie que j'ai de partager avec eux ; c'est parce qu'ils sont capables, fidèles et appliqués [...] qu'en un mot si vous ne leur rehaussez leurs appointements, ils seront contraints de quitter ou de voler. »

Et, comme Louvois a non seulement tendance à économiser sur les salaires des ingénieurs mais aussi à mettre en doute leurs mérites, Vauban hausse le ton : « Je suis un bon garçon qui va droit au bien du service sans m'amener à la vétille ; mais on ne me fait point plaisir de me négliger et de me compter pour moins que je suis ; ce qui soit dit, pour le coup, sans me fâcher car je n'en ai nulle envie [15]. »

Vauban se livre tout entier dans sa correspondance. Incapable de biaiser, ou de dissimuler ses sentiments, il va droit au but. Il ne cherche pas à agrémenter ses lettres de fioritures, il écrit comme il s'exprime avec des formules qui sentent le terroir et ses ascendances paysannes. Il ne se prend pas pour plus grand qu'il n'est, mais il est conscient de sa valeur et ne supporte pas qu'elle ne soit pas reconnue. Il admet difficilement que l'on ne tienne pas compte de ses avis.

Le Roi a demandé à Louvois d'inspecter avec le commissaire général des Fortifications les places de la frontière depuis la Franche-Comté jusqu'à la mer du Nord. Le ministre donne rendez-vous à Vauban, qui est encore en Roussillon, pour la fin mai à Dole [16]. Celui-ci calcule qu'il a le temps de faire un rapide crochet par le Morvand. Il sait que les occasions de passer chez lui sont rares, il faut les saisir au vol. Il ne pourra rester à Bazoches que quatre ou cinq jours, le temps de régler les derniers arrangements pour le mariage de sa fille qui doit être célébré à la fin de cette année. Il annonce alors officiellement ce projet d'union au Roi, qui voudra bien l'approuver : « Sa Majesté m'a commandé de vous dire qu'elle l'approuve et souhaite que vous en ayez toute la satisfaction que vous attendez, prenant part à celle que vous aurez [...] », écrit Louvois à Vauban, ajoutant en son nom propre : « [...] Comme je ne connais pas le gendre que vous vous proposez de prendre, je ne puis pas dire autre chose, si ce n'est que je lui ferai plaisir pour l'amour de vous, de tout mon cœur, en toutes occasions où je pourrai être utile[17]. »

C'est, au-delà des formules de politesse et de bienséance, un témoignage sincère d'amitié et d'attachement.

Vauban a effectué au mois de juin avec son ministre le début de l'inspection des places de l'Est. Il continuera seul pendant l'été la visite des places entre Meuse et Moselle, Louvois s'étant cassé la jambe lors d'une chute de cheval. Puis, à l'automne, il est de retour en Hainaut et en Flandre. Il est sur les routes depuis le début de l'année. Va-t-il pouvoir s'arrêter dans sa citadelle de Lille ?

Il n'en est pas question. Il doit se rendre immédiatement à Dunkerque. Le Roi a décidé, en effet, que les travaux de ce port devaient être terminés sans tarder, il a débloqué les fonds nécessaires. Colbert presse Vauban d'établir les plans et les devis du Risban qui va constituer la pièce maîtresse de la défense du port.

C'est un ouvrage difficile à réaliser puisqu'il sera implanté sur le banc de sable, sur une berge du chenal d'accès à la rade. Vauban, après avoir longuement réfléchi, calculé, supputé, envoie le 6 novembre un mémoire complet sur le Risban[18].

Ce sera un fort en maçonnerie de forme triangulaire, dont le rempart aurait une courbure convexe pour mieux résister à l'assaut des vagues. Il sera assez élevé pour que la mer ne puisse atteindre, même par gros temps, le terre-plein sur lequel seront disposés une trentaine de canons. La garnison comprendra une centaine d'hommes. Ce fort pourra battre de ses feux toute la rade jusqu'à la ville et la citadelle.

Il reste à trouver des entrepreneurs qui acceptent d'endosser les risques de la construction d'un tel ouvrage dont les fondements devront être assis sur des pilotis et qui sera exposé en permanence « aux insultes de la mer ». Cela coûtera cher, conclut Vauban dans son mémoire, mais cela en vaut la peine. D'ailleurs Colbert, en lui commandant ce travail, a d'avance répondu à toutes les objections en affirmant qu'il fallait : « [...] considérer ce travail comme le plus important de tous ceux auxquels Sa Majesté donne ses soins et celui qui fera le plus de bruit et qui aura le plus de réputation dans les Pays

Étrangers, n'ayant rien de plus grand dans ce monde que de voir ce port où il entrera des vaisseaux de quelque grandeur qu'ils soient, couverts de ce Risban[19]. »

Il faut attendre la fin de l'hiver pour ouvrir ce chantier. Vauban qui souffre à nouveau de son « mauvais rhume », une espèce de bronchite chronique, va se mettre un peu au chaud dans sa maison de la citadelle de Lille. Il y trouve un courrier de Louvois lui donnant son accord pour qu'il aille un moment « chez lui » en Morvand, tout en le priant de passer par la Sarre pour y étudier l'implantation d'une nouvelle forteresse. Le ministre ajoute sur un ton moqueur, que cela ne représente qu'un détour d'une petite semaine sur le chemin de Bazoches, où « vous aurez encore le loisir de vous y ennuyer[20] ».

Revenant sur ce sujet, quelques jours plus tard, au milieu d'une lettre consacrée à différentes questions de service, Louvois lui lance cette pointe : « Rien n'est plus mauvais à un homme attaqué de rhume que les occupations que les mauvaises langues disent que vous avez à Lille : sortez-en le plus tôt que vous pourrez [...][21]. »

Ce preneur de forteresses exerçait-il ses talents dans d'autres domaines et se mesurait-il à d'autres défenses de plus tendre nature ? Cela paraît vraisemblable. Ses missions lui imposaient d'être constamment en voyage, loin de chez lui. En vingt ans de mariage il n'avait passé au total que quelques mois auprès de son épouse. Son infatigable activité prouvait qu'il était doté d'un tempérament puissant. Il ne trouvait de distraction que dans le travail et la guerre. N'avait-il pas besoin, parfois, de moments de détente ! Il n'était certes pas insensible aux attraits féminins et lui-même ne devait pas être dépourvu de charme, en dépit de son abord rugueux. A Lille, en particulier, où sa charge de gouverneur le faisait souvent séjourner, il est très probable qu'il « ait eu quelque commerce », comme il le dira joliment plus tard, avec des dames de cette ville et de ses environs.

Mais Vauban ne s'attarde pas à Lille. D'autant qu'il doit être à Bazoches début décembre pour le mariage de Charlotte, sa fille aînée[22]. Cette union a tout lieu de lui plaire. Il connaît le père de son gendre, Nicolas de Mesgrigny, maréchal de camp, et surtout il apprécie tout particulièrement son cousin, Louis de Mesgrigny, qui est un ingénieur distingué. Charlotte habitera le beau château d'Aunay, situé à moins de huit lieues au sud de Bazoches ; elle pourra aisément venir visiter sa mère, qui va se retrouver seule avec sa deuxième fille âgée d'à peine un an.

Les derniers invités de la noce repartis, déjà Vauban fait ses adieux à sa famille. Un lourd programme l'attend pour 1680 : les périodes de paix sont aussi chargées pour lui que les saisons guerrières.

Pendant cette année, il sillonnera le royaume en commençant par la frontière nord-est, en se portant de là vers la côte basque, en longeant les Pyrénées de l'Atlantique à la Méditerranée, puis il remontera vers les places du Nord, redescendra en Alsace et terminera en Flandre. Si l'on ajoute aux jours passés en déplacements en voiture ou à cheval, le temps consacré aux visites des places et de leurs environs, aux inspections des chantiers, aux conférences avec les ingénieurs et les entrepreneurs... on peut se demander comment il pouvait écrire un courrier abondant, rédiger de longs mémoires, dessiner de nombreux plans et croquis, en s'appliquant aux moindres détails. Et pourtant ses écrits sont là, les dossiers existent encore avec de nombreuses annotations de la main de Vauban qui les authentifient !

D'abord il travaille sans arrêt. Il utilise plusieurs secrétaires à qui il dicte ses textes, mais il les revoit, les corrige et les amende abondamment. Le soir tard, dans des gîtes de fortune qui lui servent d'étapes, il prend des notes, griffonne à la hâte ce qu'il dictera le lendemain. Pour ne pas perdre de temps, il invente une sorte de « chaise à porteurs » aux brancards allongés dans lesquels sont attelés deux chevaux ou deux mules. Il fait aménager à l'intérieur un bureau sur lequel il peut écrire pendant ses longs trajets.

Il place à portée de la main une petite bibliothèque. Vauban est un grand lecteur qui s'intéresse à de multiples sujets : non seulement à l'architecture et à l'histoire, mais aussi à la politique, à la philosophie, à la botanique, à la médecine... Au hasard de ses voyages il emporte ainsi avec lui les livres d'architecture de Vitruve, un abrégé de l'*Histoire des Flandres* ou une *Histoire de la Chine*, un traité sur les *Principes de la Philosophie* ou un autre sur *Le discernement du corps et de l'âme*, les *Maximes politiques* de Tacite et *Le Prince* de Machiavel, ainsi qu'une *Anatomie des plantes* et une *Pharmacopée* de Chairas[23]. Dans un autre coin de sa litière, il dispose tout le matériel dont il peut avoir besoin pour son travail d'ingénieur. D'abord son « étui de mathématiques » contenant compas, règles, « plaques de géométrie »... Pour exécuter ou vérifier les relevés de terrain et les toisées, il prend un trébuchet, une alidade et un « pied du Roy »[24]. Son secrétaire ne manque pas d'ajouter la boîte contenant tout ce qu'il faut pour réaliser les dessins et les plans qui seront coloriés au lavis ou à la gouache : encre de Chine, plumes et pinceaux, pots de couleur, gomme-gutte pour fixer ces dernières...

Installé dans sa « chaise à porteurs », Vauban observe le paysage, l'état des cultures, la nature des bois, la qualité du bétail, l'allure des cours d'eau... Inlassablement il note sur ce qu'il appelle ses « agendas ».

Il a une capacité aiguisée d'observation et une curiosité toujours en éveil. C'est ainsi qu'en février, venant de visiter les places de la Sarre, il arrive à Sélestat où il croise par hasard le cortège de l'Électeur de Bavière qui escorte sa fille, Marie-Christine, fiancée au Dauphin de

France. Il raconte la scène dans une lettre adressée à la sœur-prieure d'un hôpital de Lille : « Je n'eus donc que le temps de la voir en passant dans son carrosse, sans dessein de me montrer, car j'étais fait comme un brûleur de maison, mais comme pour la voir il fallait s'approcher assez près, je ne pus éviter que madame la maréchale de Rochefort, qui était dans le même carrosse, ne s'en aperçut, qui se mit aussitôt à dire : " voilà celui qui prend des villes [...] ". »

Vauban n'a pas de fausse modestie, il n'est pas mécontent d'avoir été reconnu, malgré sa piètre tenue, et assez satisfait du titre qui lui est ainsi attribué ! Marchant près du carrosse, il a le temps de dévisager la Dauphine et de la détailler en connaisseur : « Voilà ce qui m'en paraît : elle a les yeux grands, vifs et beaux à merveille ; elle est brune, le teint beau, le nez assez grand, un tant soit peu abaissé sur la bouche qu'elle a aussi un peu grande, mais bien faite, les lèvres vermeilles et d'un beau teint ; à la regarder de profil elle a le visage un peu longuet et un peu avancé depuis les yeux jusqu'au menton [...]. Au reste tout cela fait un composé qui la rend agréable et d'un air fort espirité. Je ne l'ai pas vue debout mais on m'a dit qu'elle est fort bien faite dans sa taille ; elle a un grand air de jeunesse et beaucoup de gaieté[25]. »

Au moment de cette rencontre, Vauban venait de reconnaître la région située entre la Sarre et le Rhin. La frontière dans ce secteur était mal assurée. Le Roi lui avait demandé son avis sur les villes qu'il convenait de fortifier.

Vauban prône la construction d'une place sur la Sarre, qui sera appelée Sarrelouis. Il propose des améliorations à apporter à Hombourg et Bitche, puis il inspecte le chantier de Phalsbourg. Il rend compte de ces visites à Louvois dans une lettre décrivant de manière imagée les sites de ces places[26] :

« — Saarbrück, petite villotte assez jolie pour le pays, si elle n'avait été brûlée...

» — Hombourg, située dans un pays de bois de si grande étendue [...] que quand on y est, on croit être dans le Canada tant l'immensité de ces déserts paraît sauvage...

» — La Petite-Pierre[27], c'est l'une des plus petites villes du monde et la plus bizarrement située sur un roc escarpé aux trois quarts de son circuit... »

Passant par l'Alsace, Vauban gagne la Franche-Comté. Il s'arrête longuement au mois de mars à Besançon, où il établit un dossier complet sur les travaux à effectuer tant pour la fortification de la ville que celle de la citadelle, dont l'estimation s'élève à un million et demi de livres[28].

Vauban reçoit alors une missive de Louvois lui annonçant que Louis XIV comptait voir ses places du Nord en commençant par Boulogne le 20 juillet. Bien évidemment il faudra que tous les dossiers soient faits en vue de cette inspection royale. Toutefois le marquis de

Seignelay[29], chargé par son père de visiter les installations de la côte atlantique au sud de la Garonne, serait vers le 16 avril à Bordeaux comptant y trouver Vauban. Lui-même, Louvois, l'attendra le 1er mai à Perpignan pour faire le tour des places du Roussillon : « Il est vrai qu'il n'y a pas de poste de Bayonne à Toulouse, mais il y en a de Toulouse au Roussillon et ainsi pour peu que vous fassiez diligence vous pouvez vous y rendre en huit jours[30]. »

Et Vauban, sans sourciller, exécute ce programme : de Bordeaux il accompagne Seignelay jusqu'à Bayonne, y traçant les plans de la place et de la citadelle. Il retrouve Louvois à Perpignan début mai, retraverse la France pour préparer l'arrivée du Roi dans ses places du Nord et l'y accompagner.

Puis, comme si de rien n'était, à la fin de l'été il reprend ses pérégrinations en « Franche-Comté, Alsace, Trois Évêchés, Luxembourg, Hainaut, Artois, Cambrésis, Flandre et Picardie où il travaille aux fortifications des places de ces pays-là[31]. »

Quand on connaît les distances parcourues, l'état des chemins et des routes empruntés, l'inconfort des voitures et la fatigue provoquée par de longues étapes à cheval, on demeure interdit devant semblables performances.

Il est vrai que Louis XIV, reconnaissant les services exceptionnels de son commissaire général aux Fortifications, « l'honore » en décembre 1680 en lui attribuant le gouvernement de la place de Douai. Ce poste correspond à l'attribution d'une rente non négligeable. C'est aussi une charge qui peut être monnayée si Sa Majesté l'autorise. Vauban ne tardera pas d'ailleurs à solliciter cette faveur.

Infatigable, il se remet en route au début de l'hiver à la requête de Colbert pour inspecter les places de la Manche jusqu'à Saint-Malo. En passant à Dunkerque il admire son œuvre : « Le dit Risban est un ouvrage extraordinaire, bâti plus de cinq cents toises avant dans la mer sur un banc de sable mouvant, qu'il a fallu, pour ainsi dire, fixer... », et il demande à un ami, le baron de Woerden, de lui composer une inscription en latin pour la faire graver sur le fronton de l'entrée du fort : « C'est une manière d'ouvrage qui ne me paraît pas avoir été entrepris par les Romains ni par aucune autre nation[32]. »

Il passe par Calais, Boulogne, Dieppe, Cherbourg, Granville. Il étudie les ports et leurs accès, les villes et leurs défenses. Partout il dessine des projets de fortifications. Il voit grand. Dans chaque place il souligne les améliorations qui pourraient être envisagées, tant pour l'accueil des escadres que pour le développement des activités commerciales. L'intendant de Normandie, qui l'accompagne et qui chiffre en pensée tous les travaux recommandés, s'inquiète des montants auxquels il arrive. Il s'en ouvre par courrier à son ministre.

Colbert le rassure en ces termes : « Ce sera un avantage que M. de Vauban ait visité les ports de la province ; mais comme il est habitué à des dépenses prodigieuses dans les fortifications des places, ce qui ne convient nullement pour ce qui se passe au-dedans du Royaume, je doute fort [...] que l'on puisse exécuter les vastes desseins qu'il embrassera. Il faut seulement examiner ses pensées et les réduire autant qu'il se pourra à la dépense que nous voulons faire[33]. »

Après cette tournée maritime, Vauban reprend le chemin de l'Alsace et de la Franche-Comté. En ces premiers jours du printemps 1681 les chantiers sont réactivés : Sarrelouis sort de terre, Hombourg, Bitche et Phalsbourg sont remis en état, Huningue se termine...

Tandis que Vauban va de place en place les courriers le suivent, apportant des plans et des devis envoyés par Louvois ou Colbert. Il faut immédiatement donner un avis sur la place d'Auxonne, sur le port d'Antibes, sur le canal d'Ypres.

Vauban s'est penché sur le problème du logement des troupes dans les places fortes. Autrefois les soldats étaient logés chez l'habitant, avec tous les incidents et les abus qui en découlaient. Puis l'on fit évacuer certains îlots dans les villes pour y mettre les unités permanentes de la garnison. Vauban met au point des plans de casernements adaptés aux unités d'infanterie et de cavalerie. Ces « casernes » seront peu à peu bâties dans toutes les places ayant une garnison. C'est ainsi que Louvois lui écrit : « Comme le Roi veut loger de la cavalerie et de l'infanterie dans les casernes de Longwy, Sa Majesté désire qu'on les compare aux dessins que vous avez donnés pour leur construction[34]. »

Et Louvois, dans un souci d'économie, entre dans les détails d'exécution. Il précise qu'il faut se conformer « [...] à l'ordre que vous avez donné de faire faire en bois au lieu de pierre les marches des escaliers ».

Puis, à la demande de Colbert, Vauban, qui a quitté vers la mi-avril la frontière de l'Est, traverse à nouveau la France en diagonale pour se rendre sur la côte atlantique à hauteur des pays d'Aunis et de Saintonge. Il revoit l'île de Ré pour laquelle il avait fait un premier projet en 1674. Il précise son étude dont on va commencer la réalisation[35]. Il travaille également sur des projets pour La Rochelle, Rochefort, Brouage et Oléron.

Au retour de ce voyage, traversant le Poitou et le Berry, Vauban s'arrête à Bazoches pour prendre un congé de quelques semaines. Pour une fois il est chez lui en plein mois d'août. La moisson vient d'être faite, la campagne est parsemée de grandes taches dorées. Les bêtes sont regroupées sous l'ombrage des chênes et des tilleuls. Tout le pays paraît assoupi sous un soleil brûlant. Il est bon alors de se tenir, pendant ces journées torrides, dans les grandes pièces fraîches du château et de goûter le calme de ces longues soirées, éclairées d'une douce lumière, bien après que le soleil se soit couché là-bas derrière la colline de Vézelay.

Au petit matin, à la fraîche, il part à cheval à travers ses bois. Il redescend sur l'autre versant de la colline pour rejoindre la vallée verdoyante de la Cure. La vieille abbaye de Chore y sommeille dans son enceinte fortifiée. Elle a connu son heure de gloire au Moyen Âge. Maintenant trois malheureux moines gardent les bâtiments qui se dégradent. L'abbé commendataire se contente de toucher les revenus de ses terres !

Vauban réprouve ces pratiques. Il est bon chrétien, il respecte les hommes d'Église. Il ne manque pas de faire bâtir une chapelle dans les citadelles qu'il fait construire et de demander qu'on y affecte un aumônier. Il admire l'œuvre de ces moines qui ont défriché et mis en valeur tant de terres et de forêts, en particulier dans sa Bourgogne natale. Il apprécie en connaisseur le travail de ces bâtisseurs qui ont toujours le souci d'allier la solidité à la noblesse et à l'élégance de leurs monastères. Tout à l'heure encore, il s'est arrêté à hauteur du bief du moulin de la Cure pour étudier la technique de construction de la digue, édifiée par les moines pour dériver un bras de la rivière. Elle tient depuis cinq ou six siècles sans bouger d'un pouce ! Mais ces abbés de Cour, ces moines indignes qui se contentent de faire peiner de pauvres paysans pour exploiter leurs domaines, Vauban ne les supporte pas.

Il a repris sa promenade après avoir passé la Cure à gué. Il va la suivre jusqu'à la châtellenie de Pierre-Perthuis qu'il vient d'acquérir. De cette petite place il ne reste qu'une poterne et les fondations du donjon. Le château a été rasé à la fin du XVIe siècle pour punir son seigneur de son attachement à la Ligue. La chapelle est encore debout sur le rocher qui domine la Cure. La rivière se faufile entre deux falaises ; un peu plus loin « la roche percée », qui a donné son nom à ce lieu, est le témoin du travail des eaux creusant leur passage dans cette barrière septentrionale du Morvand.

Le site est splendide avec d'un côté la sombre forêt semée de blocs granitiques, de l'autre la vallée qui s'ouvre sur un paysage verdoyant et toujours se profilant à l'horizon sur un ciel limpide la colline sacrée de Vézelay.

Vauban, s'en retournant vers Bazoches, rêve au joli petit château qu'il pourrait rebâtir à Pierre-Perthuis s'il disposait du temps et des fonds nécessaires. Mais ces rêves sont de courte durée, déjà l'attend un courrier de Louvois avec des rumeurs de guerre et de conquêtes.

10.

Luxembourg qu'on croyait imprenable 1682-1684

Politique des « réunions » — Fortifier et embellir Strasbourg — Mission à Casal — Bombardement d'Alger — Passage à Versailles — Coup de cœur pour la Bretagne — Fortification de Brest — Algarade de Louvois — Siège de Courtrai — Prise de Luxembourg — Déception de Vauban.

Louis XIV, en signant en 1678 le traité de Nimègue, n'a pas renoncé pour autant à ses ambitions territoriales. Il a opté pour une politique consistant à jouer alternativement sur le droit ou sur la force. En s'appuyant sur les textes, souvent confus, du traité, il va mener une politique, qualifiée pudiquement de « réunions », c'est-à-dire d'annexions de places ou de territoires en temps de paix.

Quel est son objectif final ? Est-ce, comme d'aucuns l'affirment, de faire de la France la maîtresse de l'Europe, dont elle est déjà l'arbitre, grâce à la puissance de ses armées et au poids relatif de sa population ? Ou bien l'ambition du Roi est-elle plus limitée et plus réaliste : donner à la France des frontières solides et facilement défendables ? Quand il cherche à donner un tracé cohérent à ces frontières, il se trouve en parfaite harmonie avec son commissaire général aux Fortifications. Si bien qu'il est parfois difficile de démêler qui, dans ce domaine, lance le premier les idées.

A peine séchée l'encre du traité, Louis XIV utilise sans vergogne les imprécisions et les ambiguïtés de leurs clauses pour avancer ses pions sur l'échiquier diplomatique. Pour ce faire, il avait besoin d'un légiste habile, tenace et quelque peu cynique. Dès 1679 il remplace aux Affaires étrangères le marquis de Pomponne par Colbert de Croissy[1]. C'est ce dernier qui va conduire la politique des « réunions ».

Pour commencer, le parlement de Besançon, habilement manipulé, décrète le rattachement à la Franche-Comté de Montbéliard, en dépit des protestations du duc de Wurtemberg qui s'en considérait le maître. En Lorraine on confie à une chambre du parlement de Metz le soin de dresser le dénombrement exact des fiefs relevant des Trois Évêchés. Les conseillers de cette chambre déploieront un tel zèle pour satisfaire les souhaits de Louis XIV qu'il faudra tempérer leur ardeur : « Ils firent mieux qu'une armée de cent mille hommes[2]. » Puis l'on revendique en Alsace les droits du roi de France sur les anciennes villes impériales, si bien qu'après un nouvel arrêt prononcé en août 1680 « il ne resta guère d'indépendant en Alsace que Strasbourg ».

Cette métropole était l'objectif ultime d'une telle politique annexionniste. Vauban lui-même, trois ans auparavant, dans son mémoire sur les places frontières[3], l'avait vivement conseillé au Roi : « [...] Il nous est de la dernière conséquence de prendre Strasbourg, la prise et le siège de laquelle est beaucoup plus facile qu'on ne croit et la conquête si considérable, pour porter la guerre au-delà du Rhin, que je ne conçois rien de cette nature qui le soit davantage. »

Dans l'Alsace « virtuellement française », selon les négociations de Münster (traité de Westphalie, 1648), Strasbourg avait un statut historique de neutralité. Mais, après de nombreux avatars, la ville est occupée une nouvelle fois au début de 1679 par les impériaux, puis abandonnée par eux à la fin de l'été de la même année.

Dès lors Louis XIV prépare dans le plus grand secret l'occupation de Strasbourg. Pendant l'été 1681 Louvois se rend en Alsace pour y veiller discrètement sur la concentration des troupes et pour distribuer généreusement les subsides susceptibles de favoriser l'action envisagée.

Le courrier que Vauban reçoit à Bazoches en cette fin du mois d'août 1681 contient les instructions du ministre. Il doit quitter le Morvand afin d'être avant le début octobre à Belfort, en laissant tout le monde dans l'ignorance de sa destination finale : « [...] Réglez votre marche de manière que vous ne passiez pas dans les grandes villes et que vous ne passiez ni ne logiez que dans les lieux peu fréquentés[4]. »

Il lui faut attendre là, en mesure d'intervenir si un siège de Strasbourg s'avère nécessaire. Finalement la ville sera occupée par surprise, le 30 septembre, sans qu'aucun coup de feu ne soit tiré. Louis XIV, entouré de la Cour, y fait une entrée solennelle « en carrosse doré, attelé de huit chevaux », le 23 octobre.

Vauban reçoit alors la mission d'organiser la fortification de la ville. Il établit rapidement un mémoire complet « contenant un gros volume d'écritures et dix-sept feuilles de dessin ». Son projet s'articule autour de la construction d'une citadelle en bordure du Rhin et d'un fort à Kehl, tête de pont sur la rive droite du fleuve. Pour amener les matériaux nécessaires, pierres et bois des Vosges, il propose de creuser un canal suivant la vallée de la Bruche[5] qui pourra ensuite être utilisé pour provoquer des inondations dans le cadre de la défense de la place.

Dans la lettre accompagnant l'envoi de ce mémoire Vauban, après avoir traité des aspects techniques de son projet, se penche sur le sort des travailleurs. Ils sont déjà à l'œuvre suivant un horaire strict, réglé au son du tambour, mais il veut qu'ils soient traités humainement : « Je ne vois plus qu'une chose qui les fatigue et nous profite de peu :

c'est le travail du dimanche, qui est un jour destiné au repos par Dieu même. Et, en effet, il n'est pas possible que des corps, qui ont travaillé avec vigueur six jours durant, n'aient pas besoin de repos le septième et ne soient bien aise d'avoir ce jour-là pour se récréer, puisque ce n'est que pour cela qu'ils travaillent[6]. »

Soucieux du sort des humbles manœuvres qui peinent sur ses chantiers, il se préoccupe en même temps de la beauté des places qu'il bâtit. Dans son projet pour Strasbourg il a dessiné des portes monumentales donnant accès à la citadelle. Louvois qui a étudié point par point les cent quatre-vingts articles du mémoire, les annotant d'une plume acérée, s'est permis de critiquer l'importance de ces portes, demandant que leur coût soit réduit de manière drastique[7]. Aussitôt Vauban lui réplique : « On ne peut les faire ni moins larges ni moins longues, attendu la sûreté des fermetures et nécessité des passages [...]. Ainsi toute la réforme que vous pouvez désirer se réduit nécessairement à quelques triglyphes, métopes et denticules et aux armes et chiffres du Roi qui sont tous les ornements de ces portes [...]. Si donc vous voulez retrancher les ornements de ces portes, vous n'avez qu'à le mander à Tarade. Vous y gagnerez environ quatre à cinq cents écus, moyennant quoi vous pourrez vous assurer qu'elles seront fort simples et même très vilaines. »

Il estime que l'esthétique de ses places fortes est un élément non négligeable de leur valeur et de leur utilité. En particulier pour Strasbourg : « [...] C'est ici le passage de toute l'Allemagne et les Allemands qui sont extrêmement curieux et ordinairement bons connaisseurs, sont gens à juger de la magnificence du Roi et de la bonté de la place par la beauté de ses portes[8]. »

Alors que Vauban se débat dans les problèmes posés par la régulation du cours du Rhin et de ses bras à hauteur de Strasbourg, par la canalisation de la Bruche et de l'Ill, il reçoit des messages pressants de Louvois lui demandant d'aller, toutes affaires cessantes, à Casal, où sa présence est jugée indispensable.

En effet, dans le même temps où Strasbourg était occupé, un corps français, conduit par Catinat, traversant le Piémont, entrait dans Casal, sur le Pô, capitale du Montferrat. Ce duché était une dépendance du duc de Mantoue, seigneur « joueur et dépensier » qui avait monnayé l'occupation de cette place par la France pour cent mille pistoles et une pension de six mille livres. Pour Louis XIV tenir Pignerol et Casal, c'était contrôler le Piémont et menacer le Milanais espagnol. Ainsi les courtisans à Versailles pouvaient affirmer que « le Roi, plus grand que César, avait soumis en un même jour le Rhin et le Pô[9] ».

Vauban ne met aucune hâte à quitter l'Alsace. Il considère que cette expédition italienne est hors de propos et risque d'entraîner le Roi dans des aventures coûteuses. Avec un grand mois de retard et après avoir reçu des lettres comminatoires de Louvois, il finit par se mettre en route vers l'Italie à la fin janvier 1682. Quand Vauban n'est pas d'accord il ne le cèle pas. Le ton de sa correspondance avec Louvois en témoigne. Celui-ci, lui soumettant une idée pour la défense de Casal, écrit à Vauban dont il attend une réaction peu gracieuse : « Examinez cette pensée et la rectifiez. Si vous ne la trouvez pas bonne, humanisez-vous jusqu'à m'en mander la raison [10]. »

Après deux grands mois de travail à Casal, ayant mis sur pied les plans de défense de cette place, Vauban rentre en France en passant par Pignerol. Son humeur est meilleure. Il écrit à son ministre, sur un ton badin, pour lui recommander un personnage rencontré dans cette dernière place : « [...] un jouvenceau, âgé de soixante-quatre ans, homme de qualité et peu habile, jadis fort riche, mais réduit présentement à médiocrité par la charité de ses parents, qui, pour le débarrasser de la sollicitude qu'accompagne la possession de grands biens, ont pris soin de l'en décharger pièce à pièce [...] [11]. »

Colbert avait demandé à Vauban de profiter de son voyage en Italie pour descendre jusqu'à la côte afin d'inspecter les travaux de Toulon et d'Antibes. L'ingénieur en charge de ces places, le sieur Niquet, s'était fait vivement rappeler à l'ordre par Colbert, qui l'avait même menacé de le jeter en prison, pour s'être permis à plusieurs reprises de modifier des plans dessinés par Vauban. Celui-ci, bon prince, ne tient pas rigueur de ces incartades à cet ingénieur au caractère ombrageux mais par ailleurs technicien de valeur. Vauban apprécie la position d'Antibes : « La situation de ce port à l'égard des vents sera admirable quand son grand môle sera achevé. » Il établit pour Antibes et Toulon « des projets de marine et de fortifications, proportionnés à l'importance de ces places [12] ».

Mais, à l'occasion de ces visites, il apprend qu'une expédition maritime se prépare. Une flotte commandée par Duquesne [13] doit aller bombarder Alger pour châtier les Barbaresques qui attaquent régulièrement les bâtiments français en Méditerranée. Vauban rédige aussitôt une longue épître, adressée non point à Colbert ou à Seignelay en charge de la Marine, mais à Louvois pour qu'elle soit lue au Roi. C'est une critique en règle des principes mêmes de l'opération. Il estime que les bombardements effectués depuis les navires sur des positions retranchées à terre sont sans effet et exposent inutilement les marins aux feux terrestres : « Rien n'est plus incertain que les coups de canon en mer, dont la visée est toujours branlante, le calibre ordinairement petit et tirant de loin, spécialement quand il y a du canon à terre qui y répond. »

Vauban s'est informé sur les installations ennemies, sur la puissance de leur artillerie et il conclut son épître avec sa liberté d'expression coutumière : « Je finirai donc ce chapitre par prendre la liberté de vous dire que je ne comprends pas comme quoi il peut se trouver homme assez hardi ou assez... je n'oserai dire le reste, pour avoir osé faire une telle proposition au Roi[14]. »

Il suggère au contraire d'opérer un blocus de la côte algérienne, avec de « petites escadres » qui se relaieraient et croiseraient en permanence au large. Le Roi « a ouï avec attention ce que vous lui avez marqué de vos sentiments sur l'entreprise contre Alger », écrit Louvois quelques jours plus tard[15]. Mais Sa Majesté ne changera pas sa décision pour autant, puisque Alger sera bombardé le 30 août, sans effet d'ailleurs.

Vauban a demandé à s'arrêter une quinzaine de jours à Bazoches sur son chemin de retour du Midi. Triste étape, en vérité ! Il avait su que sa femme attendait un enfant pour le début janvier. Et cela explique, sans doute en partie, le peu d'empressement qu'il avait mis à quitter l'Alsace pour se rendre à Casal. L'heureuse nouvelle l'avait atteint en route : il avait un fils !

Deux mois plus tard l'enfant mourait. Le 15 mars 1683 il était inhumé en l'église Saint-Hilaire à Bazoches. Cet enfant, né après vingt-deux ans de mariage, était le dernier espoir pour Vauban d'avoir un héritier qui porterait son nom et qui assurerait sa lignée.

Louvois, qui lui a témoigné de son amitié à l'occasion de ce deuil, lui adresse à Bazoches les instructions du Roi : se rendre à Strasbourg, puis revoir les places de la Sarre en route vers les Flandres. Le ministre lui annonce par le même courrier que Sa Majesté consent à ce qu'il cède son gouvernement de Douai, charge qui lui avait été attribuée il y a moins de deux ans et qu'il n'avait guère eu le loisir d'exercer. Louvois prenant même à cœur les intérêts de Vauban lui conseille « d'essayer de pousser jusqu'à cinquante mille écus » le montant de cette transaction[16]. Voici de quoi agrandir le « pré carré » en Morvand pour peu que des terres se libèrent dans le voisinage.

Par Belfort Vauban reprend la route de l'Alsace. Il est depuis un mois seulement à Strasbourg et déjà Louvois s'impatiente. Il lui répond tout crûment « qu'il n'est pas là pour son plaisir ». Le creusement du canal de la Bruche est un travail difficile, qui lui donne du fil à retordre, il partira quand il aura trouvé une solution satisfaisante[17]. Il passe par Phalsbourg, Bitche, les places de la Sarre, puis il remonte par Philippeville et Maubeuge. Au fur et à mesure il envoie à Versailles des plans, des mémoires et des devis. Louvois les discute avec âpreté. Vauban demande-t-il un rehaussement d'un ouvrage au Quesnoy, il se voit immédiatement rétorquer par son ministre : « [...] je vois bien que vous ne perdez pas une occasion de proposer au Roi de la dépense[18]. »

Début décembre, Vauban est à Lille où le maréchal d'Humières lui apprend les intentions de Louis XIV. Le Roi veut continuer à exercer une pression sur l'Espagne en agissant dans les Pays-Bas soit en bombardant la place de Bruges, soit en assiégeant Nieuport et Audenarde. Vauban est franchement contre la première alternative. Il est opposé au bombardement aveugle des populations des villes et il considère que ce genre d'action est inefficace et dangereux. Par contre il se prononce en faveur de la prise de Nieuport qui : « [...] tiendra en laisse Ostende et Bruges par l'entrée qu'elle nous donnera dans le pays ennemi du côté de la mer ; elle bouchera une très vilaine trouée dans notre pays et achèvera de nous faire la plus belle frontière du Royaume, la plus sûre et la plus aisée à garder. »

Vauban est toujours guidé par cette préoccupation de compléter le tracé continu d'une ligne de places pour constituer une ceinture protectrice. Il a étudié cette opération sur Nieuport avec le maréchal d'Humières qui : « brûle d'envie de cette exécution pour laquelle il a toute la chaleur possible [...] et moi, misérable qui ne compte pour rien, n'en ai guère moins envie que lui[19] ».

Vauban parlant de lui use de la litote !

Mais d'autres considérations détournent pour le moment le Roi de ses intentions belliqueuses. Toutes ces annexions, même sous le masque pudique de « réunions », auxquelles s'est ajoutée l'occupation de Casal, ont provoqué un climat d'inquiétude en Europe. Une ligue s'est formée entre l'Espagne, la Suède, la Hollande, l'Empereur et de nombreux princes allemands. Elle est dirigée contre les ambitions de Louis XIV. Celui-ci, renonçant à poursuivre pour le moment le blocus de Luxembourg, entrepris depuis peu, se préoccupe de la vulnérabilité de ses côtes. Il décide d'envoyer son commissaire général reconnaître l'état des défenses de la Bretagne.

Louvois annonce cette mission à Vauban en lui demandant de venir, dès que possible, à Versailles : « [...] Je prévois qu'après vous avoir laissé aller quelques jours à l'opéra, le Roi vous laissera faire un petit voyage à Belle-Île[20]. »

Vauban n'est jamais pressé quand il s'agit de se rendre à la Cour. Il continue à travailler sur les places du Nord. Fin janvier il étudie encore la construction d'une chaussée reliant Gravelines à Calais. Cependant il faut bien obéir à l'invitation de son ministre, et puis il y a l'opéra.

Vauban est sensible au charme de la musique et de la danse ! Dès son arrivée dans la capitale, il doit assister au Palais-Royal à la dernière création de Lully, *Le Triomphe de l'amour.* La plainte des violons émeut ce guerrier, comme la grâce des figures aériennes du corps de ballet. Puis Vauban va à Versailles. Il n'y était pas allé depuis plusieurs années. Quels changements ! Il visite les nouveaux agrandissements du palais : la Galerie des Glaces, l'aile du Midi juste achevée, les écuries aux nobles proportions. Surtout il admire les jardins. Les perspectives créées par Le Nôtre l'enthousiasment : ces alternances de parterres et de bassins, de bosquets et de statues, le transportent dans un cadre bien différent de celui de la sévère ordonnance de ses places fortes. Il descend jusqu'au Grand Canal, sillonné par des gondoles vénitiennes et par les modèles réduits des bâtiments de guerre qui croisent des troupes de cygnes aux allures dédaigneuses et altières.

Mais Versailles c'est aussi la foule des courtisans qui se pressent dans les couloirs du palais, dans l'espoir d'être remarqués par Sa Majesté. Ce sont les interminables conciliabules, les commérages chuchotés dans les embrasures des fenêtres, ces bruits qui courent sur l'irrésistible ascension de Mme de Maintenon dans les faveurs du monarque. Vauban se sent complètement étranger à ce monde. Il est heureux de recevoir ses ordres de route, de saluer le Roi et de s'en aller.

Derrière sa carapace de guerrier et de nomade solitaire, Vauban est un homme sensible, vibrant aux beautés de la nature. Il a un coup de cœur pour la Bretagne. Cette terre ancienne et cette population rude ont des traits en commun avec son Morvand natal. Le spectacle toujours changeant de l'Océan, le ciel balayé par les vents, les brusques orages suivis d'apaisantes accalmies, l'émeuvent au plus profond de lui-même.

Il débarque au début de mars 1683 à Belle-Ile. La vieille citadelle du Palais, construite au XVIe siècle, a été souvent attaquée par les flottes anglaises et hollandaises et maintes fois remaniée. Fouquet, ayant acquis cette île en 1650, a voulu en faire son refuge en cas de revers de fortune et a fait travailler à ses défenses. Vauban, en établissant un projet pour la citadelle et pour les fortifications du port, formule un jugement sévère sur l'ouvrage de ses prédécesseurs : « Quoique la fortification de son château ait été bâtie en différents temps et sous différentes gens, qu'on peut dire avoir eu des pensées bien éloignées, ils sont pourtant convenus en un point qui est que pas un d'eux n'a réussi dans le dessin ni dans la construction[21]. »

Il pense cependant que la place est bonne et que le port « s'il était un peu raccommodé » pourrait accueillir des bâtiments jusqu'à deux cents tonneaux.

Colbert lui a demandé de jeter au passage un coup d'œil sur Port-Louis, bâti sur une péninsule à l'embouchure du Scorff. Richelieu avait choisi cette place pour y fonder la première Compagnie des Indes. Après l'échec de cette entreprise, la Compagnie avait été transférée au Havre. Mais ses navires étaient trop aisément attaqués par les Anglais, aussi la Compagnie est-elle ramenée à Lorient sur la rive droite du Scorff. Désormais Port-Louis n'a plus qu'un rôle secondaire de protection éloignée de Lorient. Vauban estime toutefois que le site est particulièrement aisé à défendre « tellement entrecoupé d'eau et de terre qu'on n'en pourrait faire le siège sans avoir deux armées, savoir une de mer et une de terre[22] ».

Vauban arrive à Brest au début du mois d'avril. Les premiers genêts mettent des touches d'or entre les rochers, adoucissant la sévérité des landes bretonnes. Suivant son habitude, il explore longuement tous les environs. A cheval ou à pied il suit le tracé tourmenté de la côte de la pointe de Saint-Mathieu à la pointe de Penhir, en passant par la presqu'île de Plougastel et par celle de Crozon. Il en arrive à la conclusion que « le goulet », large de mille cent cinquante toises, est essentiel pour la défense de la rade : « Le goulet est à Brest, ce que le détroit des Dardanelles est à Constantinople [...] aussi est-ce l'endroit où on peut mieux placer ce qui peut nous rendre la rade assurée. »

Il prône l'installation de « deux grosses batteries sur les endroits les plus avancés des côtes », celle du Léon au nord et celle de Cornouailles au sud. Reste l'épineux problème du Mingant, ce rocher qui émerge au milieu du goulet. Il est tentant d'y installer une batterie, verrouillant ainsi le passage. Cette idée a déjà été avancée par un ingénieur et Colbert a prié Vauban d'en étudier la réalisation. Ce dernier s'est fait conduire à plusieurs reprises avec une petite embarcation près du banc rocheux, il l'a considéré sous tous les angles, s'en approchant autant que les courants très violents le permettaient. Il en fait une description peu encourageante : « [...] l'espace occupé par la tête de ce rocher est petit, étroit et extrêmement inégal avec de grandes profondeurs alentour qui le serrent de fort près et qui même le coupent et le séparent. C'est un lieu extrêmement battu des flots toutes les fois qu'il y a un peu de mer, où les montants et descendants des marées dans les temps les plus calmes font des courants qui ne sont guère moins rapides que ceux du Rhône sous le pont Saint-Esprit, d'ailleurs on peut dire que la mer n'y est pas étale un moment car entre le flot et le jusant il n'y a pas un miséréré de temps d'intervalle [...]. »

Vauban a toujours trouvé une solution aux problèmes les plus ardus, il a réussi à bâtir le Risban de Dunkerque au milieu d'un banc de sable. Mais là, devant le Mingant, il est tenté de s'incliner : « Après y avoir bien pensé de toutes les façons, je n'y trouve que des difficultés presqu'insurmontables et beaucoup d'incertitudes. »

Toutefois il n'aime pas s'avouer battu, alors il suggère, qu'après avoir réalisé les deux batteries mettant la rade à l'abri, on fasse un essai en apportant des blocs de rochers pour agrandir la surface constructible. Si après un hiver les blocs sont toujours en place, on pourra peut-être « avec beaucoup d'application et d'industrie » y bâtir un fort à deux étages pouvant loger dix-huit pièces de canon. Et voici le bâtisseur pris à son propre jeu, il s'enthousiasme déjà : « Il ne faut pas douter que si le Mingant peut être bâti suivant ce dessin, qu'il ne fût très bon, très beau à voir et d'une réputation qui attirera le respect et l'admiration de tous les siècles à venir[23]. »

Colbert, prêt à tout pour mettre en valeur Brest, dont il veut faire la capitale maritime du royaume, écrit aussitôt à Vauban que le Roi débloque soixante-dix-sept mille livres pour travailler dès cette année à la batterie de la côte de Léon[24]. Il ajoute : « [...] il faudra faire l'épreuve dont nous sommes convenus pour le Mingant en portant des pierres et de les couler à l'endroit où le fort doit être construit[25]. »

Le ministre revient sur cette question, répondant à une lettre de Vauban le 26 août. Le Mingant sera donc une de ses dernières préoccupations : épuisé par le travail, Colbert meurt le 6 septembre.

Vauban a quitté la Bretagne pour revoir les places de la frontière de l'Est. Après avoir visité la région de la Sarre il arrive début octobre à Maubeuge. Il avait choisi de fortifier cette ville, en dépit des inconvénients de sa situation qu'il espérait corriger grâce à un peu « d'industrie ».

L'ouvrage réalisé en trois ans le remplit de joie et de fierté ; sans aucune fausse modestie il le dit à Louvois : « S'il y a quelque chose dans la fortification qui mérite l'admiration des hommes, on peut dire qu'il se trouve dans cette place plus que dans aucune du Royaume. Car, soit qu'on la considère par le désavantage de sa situation parfaitement corrigée par la profondeur de ses fossés, par celui de ses eaux et par la belle symétrie et solidité de son revêtement, par la beauté de ses batteries, et encore plus que tout cela, par celle de ses grandes esplanades, on n'y trouvera rien que de grand [...][26]. »

Dans cette lettre Vauban définit sa conception de la place forte, non seulement forteresse qui pallie par sa technique la faiblesse d'un site, mais aussi œuvre d'art qui dégage par sa puissance et sa symétrie un sentiment de beauté et de grandeur.

Tout en inspectant les travaux sur ses chantiers, Vauban se tient au courant de la situation générale. L'Empire traverse une période critique : la Hongrie s'est insurgée contre le pouvoir impérial et une armée turque, forte de trois cent mille hommes, campe depuis juillet aux portes de Vienne. Le pape a envoyé le nonce supplier Louis XIV d'intervenir pour sauver la chrétienté menacée par les « infidèles ».

Vauban, débordant son rôle de commissaire général aux Fortifications, rédige un mémoire de quatre pages qu'il adresse le 15 août à Louvois[27]. Il y suggère que le Roi, fournissant à l'Empereur « du secours d'hommes et d'argent », en profite pour signer avec lui un bon traité de paix qui procure au royaume « un repos pour de longues années ». Les conditions en seraient « la cession pure et simple de la part de l'Empereur des pays nouvellement réunis aux Trois Évêchés, de toute l'Alsace et notamment de la ville de Strasbourg ». Le Roi restituerait pour sa part à l'Empire les villes de Brisach et de Fribourg avec leurs dépendances au-delà du Rhin. Vauban estime que cette dernière proposition impressionnerait favorablement l'opinion allemande : « Sa Majesté détruirait en ce faisant l'opinion que les Allemands ont, et que ses ennemis tâchent d'établir partout, qu'Elle en veut à l'Empire et même à la monarchie universelle [...]. » De plus Vauban affirme que ces deux places n'apportent rien à la France et qu'elles sont, bien au contraire, une charge inutile.

Louvois réagit vivement à cette intrusion d'un ingénieur dans un domaine réservé au Conseil du Roi. Il envoie cette réponse cinglante : « [...] je vous répondrai en peu de paroles que si vous étiez aussi mauvais ingénieur que politique, vous ne seriez pas si utile que vous êtes au service du Roi[28]. »

Vauban encaisse l'algarade, il n'en pense pas moins.

Sur ces entrefaites les troupes impériales, renforcées par l'armée polonaise, défont les Turcs le 12 septembre au Kahlenberg. Vienne n'est plus menacé par l' « infidèle ». Du coup Louis XIV rompt la trêve tacite qu'il avait respectée et lâche dans les Pays-Bas espagnols une armée de vingt mille fantassins et de quinze mille cavaliers avec mission de « vivre sur le pays », c'est-à-dire de le mettre à sac. Puis il fait savoir au roi d'Espagne qu'il retirera ses troupes en échange de la place de Luxembourg.

Ce dernier, Charles II, répond à cette provocation en déclarant la guerre à la France le 26 octobre 1683. La paix n'aura duré que cinq ans.

Louis XIV prend l'initiative en faisant mettre le siège devant Courtrai. L'opération est confiée au maréchal d'Humières, assisté de Vauban. A peine la tranchée est-elle ouverte que le gouverneur de la place capitule.

Louvois, en mettant Vauban à la disposition du maréchal, avait recommandé de ne lui faire prendre aucun risque. Mais Vauban, à son accoutumée, était allé vérifier les travaux en première ligne. D'Humières est obligé de confesser à Louvois : « Je n'ai pu empêcher M. de Vauban d'aller dans la ville [...]. Vous savez bien qu'on ne le gouverne comme on le voudrait, et si quelqu'un mérite d'être grondé, je vous assure que ce n'est pas moi[29]. »

Poursuivant son action, le maréchal d'Humières s'empare de Dixmude. Puis, suivant les instructions du Roi, il continue à « escadronner » du côté de Bruges et de Bruxelles, tandis que Luxembourg est bombardé. Vauban n'a pas à intervenir dans ces opérations que, d'ailleurs, il désapprouve. Ces méthodes de terreur, préconisées par Louvois, choquent son tempérament profondément humain et sensible à la misère des populations qui en sont les victimes. De plus, il estime qu'elles ne sont pas efficaces.

Tout de suite après la chute de Courtrai, Vauban est reparti sur Dunkerque pour surveiller l'avancement des chantiers. En décembre il inspecte les places de la Flandre maritime : Dixmude, Furnes, le fort de Kenocq.

Un conseil de guerre se tient à Versailles, début janvier 1684, pour préparer le siège de Luxembourg. Vauban y est convoqué. Il en profite pour remercier le Roi qui a bien voulu lui rendre la charge de gouverneur de la citadelle de Lille qu'il avait dû abandonner quand il avait été nommé gouverneur de Douai. Il souhaitait vivement revenir dans sa citadelle de Lille qui était son œuvre. Il y avait fait construire une maison à son goût, ornementée de « colifichets », suivant l'expression ironique de Louvois[30]. Il s'y sentait chez lui, avec un jardin qu'il avait planté lui-même. A Lille il était aussi au milieu de son « pré carré » de places fortes.

Toutefois Lille ne lui fait pas oublier Bazoches. Profitant du répit de la période hivernale, il demande à y faire un court séjour[31]. Il est en train de réaliser un certain nombre d'opérations immobilières, grâce à la vente de sa charge de gouverneur de Douai. En Nivernais, il élargit les biens de son épouse par l'acquisition de terres sur la paroisse de Cervon, proche d'Épiry. Surtout il rachète à son neveu, Antoine Le Prestre[32] le fief de Vauban, voisin de Bazoches. Depuis dix ans ce neveu l'accompagne dans tous les sièges et les tournées des places fortes du royaume. Il est plus qu'un collaborateur, dans une certaine mesure il est son disciple. Il est plus qu'un parent, il est pour Vauban ce fils qu'il n'a jamais pu avoir.

Réunir le domaine de Vauban à celui de Bazoches, c'est pour cet homme, si profondément attaché à sa terre et à ses racines ancestrales, une intense satisfaction.

La place de Luxembourg hante les pensées de Vauban. C'est une place redoutable que la nature a bien dotée. Au confluent de deux cours d'eau, la Pétrusse et l'Alzette, coulant dans des vallées profondes et encaissées, Luxembourg est bâti sur un promontoire. La place n'est accessible que par sa face ouest, protégée par une ceinture d'ouvrages, elle-même défendue par un glacis établi sur un terrain rocheux, truffé de contremines. La garnison espagnole est importante, deux mille six cents fantassins et six cents cavaliers, renforcée par une milice bourgeoise. Elle est commandée par un général expérimenté, le prince de Chimay. Celui-ci est d'autant plus motivé pour défendre la ville qu'il a acquis son gouvernement moyennant cent mille écus versés au roi d'Espagne.

L'armée assiégeante a été confiée au maréchal de Créqui[33], à qui Louvois a donné des instructions très précises : « Sa Majesté recommande au dit sieur Maréchal de donner au sieur de Vauban tout le temps nécessaire pour la conduite des travaux qui seront à faire pour la réduction de la place, en sorte qu'elle puisse se faire avec le moins de pertes qu'il se pourra. Elle recommande aussi au dit sieur Maréchal de donner de tels ordres que l'on empêche le sieur de Vauban de s'exposer inutilement[34]. »

Créqui dispose de trente-quatre bataillons et de vingt et un escadrons (soit vingt mille hommes et sept mille chevaux), plus une artillerie forte de quarante-deux canons et de vingt et un mortiers. Les vivres et les munitions avaient été amassés dans les places voisines des Trois Évêchés ainsi que les matériaux nécessaires pour équiper les tranchées, fascines et sacs de terre. Enfin une armée de secours était rassemblée en Flandre, prête à intervenir si l'armée assiégeante était menacée.

Vauban dispose pour sa part de soixante ingénieurs, répartis en quatre brigades et d'une compagnie de « mineurs » dont il avait recommandé la constitution. Il procède de jour et de nuit à de nombreuses reconnaissances jusqu'aux abords mêmes des palissades tenues par les assiégés, si bien qu'un soir leurs guetteurs le repèrent et le mettent en joue. Alors, avec un sang-froid remarquable, Vauban avance vers eux leur faisant signe de relever leurs armes, comme s'il était un officier de leur camp effectuant une ronde. Il continue sans broncher sa promenade. Les guetteurs, trompés par son assurance, le laissent poursuivre sa reconnaissance.

Finalement Vauban décide d'investir la place par quatre secteurs différents : « Il n'y aura plus que les oiseaux du ciel qui pourront y entrer et en sortir », écrit-il à Louvois. La tranchée est ouverte dans la nuit du 8 au 9 mai. Les assiégés se défendent énergiquement, opérant des contre-attaques avec des sorties de cavalerie et en utilisant de nombreuses contre-mines.

Méthodiquement les tranchées avancent, avec des pertes réduites grâce à une nouvelle technique, inventée par Vauban, « les cavaliers de tranchée[35] » qui permettent de travailler plus en sûreté à la sape.

Cependant le Roi est en Flandres avec Louvois, attendant avec impatience des nouvelles du siège. Tous les jours Vauban reçoit des missives du ministre réclamant comptes rendus, plans des tranchées, prévisions sur l'avancement de l'opération. Il y répond, imperturbable : « [...] quand je verrai jour à pouvoir vous faire des pronostics sur l'avenir, je ne manquerai pas de le faire ; mais trouvez bon que je ne m'érige pas en mauvais astrologue. Il y a de certains événements dont Dieu seul sait le succès et le temps qu'ils doivent arriver : c'est aux hommes d'y apporter tout ce qu'ils savent de mieux pour les faire réussir, comme je ferai, Dieu aidant[36]. »

Mais Louvois continue à le harceler. Oubliant les consignes qu'il a lui-même données à Créqui, il presse Vauban d'activer les opérations : après quatorze jours de tranchée ouverte la contrescarpe n'est pas encore prise, le Roi s'étonne[37] ! Vauban, sans se laisser impressionner, poursuit ses travaux d'approche rendus difficiles par le terrain et la pugnacité des défenseurs. Et la ville capitule le 3 juin. Vauban peut alors écrire avec une légitime fierté : « Voilà enfin, Monseigneur, ce terrible Luxembourg réduit au point que vous désirez. Je m'en réjouis de tout mon cœur, pour le grand bien qui en reviendra au service du Roi ; c'est la plus belle et glorieuse conquête qu'il ait jamais faite en sa vie, et celle qui lui assure le mieux ses affaires de tous côtés[38]. »

Effectivement la prise de Luxembourg eut un énorme retentissement en Europe : elle décida le roi d'Espagne et l'Empereur à signer le 15 août la trêve de Ratisbonne.

Luxembourg était, suivant les propres termes de Vauban, une « place redoutable et qu'on croyait pour lors imprenable[39] ». La faire tomber en vingt-six jours de tranchée ouverte fut un tour de force. En dépit des précautions prises « pour la conservation des hommes dans la conduite des attaques », les pertes furent sévères, particulièrement dans les rangs des ingénieurs : quatre furent tués et trente furent blessés sur les soixante engagés dans le siège.

Ce fut d'ailleurs la première préoccupation de Vauban, avant même la reddition de la place, d'envoyer à Louvois un mémoire des ingénieurs tués ou blessés, en précisant : « Comme ce sont ceux de l'armée qui s'exposent le plus, et à proprement parler la victime des autres, j'espère que vous voudrez bien avoir quelques bontés pour eux[40]. »

Quant à Vauban, s'il s'en tire indemne, ce n'est pas faute d'avoir payé de sa personne. La veille de la chute de la place, il écrivait à Louvois : « [...] les voyages que je suis obligé de faire indispensablement tous les jours à la tranchée me réduisent ordinairement en état de ne pouvoir remuer ni bras ni jambes quand je suis de retour tant je suis harassé[41]. »

Le Roi, pour marquer sa satisfaction « du service qu'il vient de lui rendre » gratifie Vauban de huit mille pistoles, soit quatre-vingt mille livres. C'est une somme importante qui ne laisse pas indifférent le bénéficiaire.

Mais Vauban, après ce siège exemplaire, attendait autre chose qu'une gratification, si généreuse soit-elle. Il a depuis huit ans le grade de maréchal de camp. Il aspire à voir son mérite reconnu en recevant au moins le titre de lieutenant général. La nouvelle de sa nomination prochaine est d'ailleurs dans l'air. Boileau, qui suit la campagne comme historiographe du Roi, écrit le 26 mai à un de ses amis : « Vous avez raison d'estimer comme vous le faites M. de Vauban ; c'est un des hommes de notre siècle, à mon avis, qui a le plus prodigieux mérite, et pour vous dire en un mot ce que je pense de lui, je crois qu'il y a plus d'un maréchal de France qui, quand il le rencontre, rougit de se voir maréchal de France. »

Le bruit court si bien de la nomination de Vauban qu'il reçoit de nombreux messages de félicitations. Il s'en plaint sur un ton badin à Louvois qui a aussi la charge de surintendant des Postes. Il lui écrit qu'il a dû envoyer une centaine de lettres pour détromper ses correspondants : « Faites donc, s'il vous plaît, ou qu'on me rende le port de quatre-vingts ou cent lettres que j'en ai payé, ou que tant de gens de bien n'en soient point dédits, en procurant auprès de Sa Majesté que je le sois effectivement[42]. »

Mais derrière cette ironie de façade, il y a une blessure. Vauban est déçu. Il est bien obligé de constater que dans la récente promotion de lieutenants généraux et de maréchaux de France il se trouve des hommes qui sont loin d'avoir son ancienneté, ses états de service et son mérite. En dépit de l'estime où le tient le Roi, de l'amitié que lui témoigne Louvois, il est marqué de manière indélébile par ses origines de petite noblesse et surtout par son statut d'ingénieur. Aucun ingénieur n'a encore reçu pareille distinction. Encore s'il fréquentait la Cour, s'il entretenait des relations avec les princes de sang, s'il se montrait dans les salons où se font et se défont les réputations ! Mais c'est un solitaire qui ne songe qu'à se terrer dans son Morvand sauvage où il tient recluse une épouse que personne n'a jamais vue. Certes, c'est un bâtisseur habile et un remarquable meneur de sièges. Son métier toutefois l'amène à se mêler à des travailleurs armés de pelles et de pioches, à négocier avec des entrepreneurs, gens peu fréquentables, à coucher dans des auberges et manger dans des tavernes au gré de ses incessantes pérégrinations. Même si on ne l'exprime pas ouvertement, c'est ce qu'on pense de lui : Vauban le sait et il l'admet de moins en moins.

Vauban n'aspire pas à une promotion pour la gloriole du titre. Mais dans une société très hiérarchisée il convient de posséder un titre pour être entendu. Il souffre de ne pouvoir s'exprimer librement. Il a été pendant plus de trente ans l'exécutant totalement dévoué d'une politique qu'il n'approuvait pas toujours. Maintenant il va continuer à servir avec autant de zèle, mais il s'estimera en droit d'exprimer ouvertement son opinion sur toutes les questions engageant l'avenir de son pays.

11.

Tracer des canaux et défendre les côtes 1684-1686

Aqueduc de Maintenon — La lettre de Belle-Ile — Révocation de l'édit de Nantes — Canal de communication des mers — Les « dénombrements » — Inspection des côtes bretonnes et normandes — Développer le commerce.

Les traités de Ratisbonne[1], signés le 15 août 1684, doivent instaurer en principe une trêve de vingt années. Pendant cette période la France conserve les places et les terres récemment occupées : en particulier Strasbourg et Kehl du côté de l'Empire, Luxembourg du côté des Pays-Bas espagnols.

Grâce à cette trêve la France va connaître quatre années de relative tranquillité. Pour Vauban cela ne signifie pas quatre années de repos. A peine est-il remis des fatigues du siège de Luxembourg que déjà Louvois le presse de se rendre en Alsace : « Sa Majesté sera bien aise d'avoir votre avis sur ce que vous croyez qu'il y aurait à faire pour mettre la basse Alsace en sécurité et pourvoir à celle de la haute [...][2]. »

Dans le même temps Seignelay, qui vient d'hériter du ministère de la Marine à la mort de Colbert, lui demande d'aller inspecter Dunkerque et les ports avoisinants[3].

Vauban reprend donc son bâton de pèlerin. Après avoir visité Huningue, il rentre par Brisach et Strasbourg pour retrouver au mois d'août Louvois à Longwy et lui montrer les travaux en cours à Luxembourg. En octobre il s'arrête dans sa citadelle de Lille, le temps de mettre au point un long mémoire sur les opérations du siège de Luxembourg. Il calcule précisément le coût du matériel, des munitions et du personnel employés, soit « deux cent soixante-treize mille deux cent onze livres, sans compter la subsistance des troupes ». Il fait aussi le bilan des pertes : cinq cent cinquante tués et neuf cent cinquante blessés « dont il pourra encore mourir quarante à cinquante » et parmi les morts ou blessés « quatre-vingts officiers ou personnel de marque[4] ». Malgré toutes les précautions prises par Vauban, un tel siège est coûteux en vies humaines !

Il n'a pas le temps de profiter des charmes de son jardin lillois, il doit repartir vers Dunkerque, Calais et Ambleteuse. Il assiste à des essais de tir dans la rade de Dunkerque dont il rend compte à Seignelay en faisant des recommandations pour l'équipement des batteries de cette place. Le Roi donnera aussitôt l'ordre « de fondre vingt-quatre ou trente pièces du meilleur fer d'Angoulême de vingt-quatre pouces de balles [5] ».

Vauban rentre à Lille en décembre, inspectant au passage Ypres et Menin. Il trouve des courriers de Louvois qui voudrait déjà le voir à Versailles. Vauban faisant la sourde oreille, le ministre tente de l'amadouer : « [...] après avoir vu quelques représentations d'opéra à Paris, vous voudrez bien prendre le chemin de Belfort pour aller chez vous [6]. » Mais Vauban ne répondant toujours pas, Louvois lui envoie fin décembre un ordre sans appel : « Partez dans les vingt-quatre heures où vous aurez reçu cette lettre [7]. »

Pour quelle raison Vauban doit-il, toutes affaires cessantes, se présenter à Versailles ? Ce n'est ni pour mettre au point une nouvelle campagne guerrière, ni pour débattre de l'implantation d'une autre place forte. Il s'agit d'une bien curieuse entreprise qui défraie déjà la chronique versaillaise, témoin cette lettre de la marquise de Sévigné à sa fille : « Jamais rien n'a été si plaisant que ce que vous me dites de cette grande beauté qui doit paraître à Versailles, toute fraîche, toute pure, toute naturelle et qui doit effacer toutes les autres beautés. Je vous assure que j'étais curieuse de son nom et que je m'attendais à quelque nouvelle beauté arrivée et menée à la Cour, je trouve tout à coup que c'est une rivière qui est détournée de son chemin, toute précieuse qu'elle est, par une armée de quarante mille hommes. Il ne lui en faut pas moins pour lui faire un lit [8]. »

En effet, pour faire face aux besoins du village de Versailles, dont la population a décuplé depuis que Louis XIV y a installé la Cour et le gouvernement, et pour alimenter les bassins et les fontaines du parc du château, il a fallu trouver de nouvelles sources d'eau. On a d'abord tiré parti des ressources naturelles de la région : deux étangs aménagés à Trappes et à Bois-d'Arcy ont permis d'alimenter les réservoirs du château. Puis l'on a capté les eaux des étangs de la plaine de Saclay, dirigées vers Versailles en construisant un aqueduc au-dessus de la vallée de la Bièvre. Enfin les eaux de la Seine, élevées par la machine de Marly, furent partagées entre Versailles et Marly [9]. Craignant que cet approvisionnement en eau ne soit insuffisant, Louvois, qui vient de succéder à Colbert dans la charge de surintendant des Bâtiments, envisage de détourner vers Versailles une partie du cours de l'Eure. Il s'adresse à un membre de l'Académie des sciences, Lahire, qui calcule le dénivelé existant entre le lit de l'Eure à Pontgouin et le réservoir de la Grotte à Versailles [10]. La pente paraît largement suffisante pour faire couler l'eau dans un canal. Mais la rivière faisant une boucle en aval de Pontgouin, il faut que ce canal enjambe la vallée de l'Eure à hauteur du village de Maintenon.

Tel est le problème posé à Vauban. Après l'avoir soigneusement étudié, il propose une formule de tranchée à ciel ouvert se raccordant sur les deux versants de la vallée à un siphon, qu'il dénomme « aqueduc rampant ». Les Romains avaient déjà en leur temps utilisé cette technique. Mais Louvois, s'appuyant sur l'autorité des membres de l'Académie des sciences, rejette cette formule qu'il juge irréalisable. D'où une vive controverse entre Vauban, soulignant le coût de la construction d'un grand aqueduc et Louvois, convaincu que le siphon ne peut fonctionner. Le ton de la dispute est donné par cette lettre du ministre : « Pour répondre au mémoire que vous m'avez envoyé qui a pour titre : Problème sur le poids des eaux dans les aqueducs souterrains, je vous dirai que vous vous trompez grossièrement [...]. »

A court d'arguments, Louvois en vient à avancer cette raison irréfragable : « Il est inutile que vous pensiez à un aqueduc rampant dont le Roi ne veut pas entendre parler, si le mémoire ci-joint n'est pas suffisant pour vous en faire comprendre la raison, la volonté du maître doit vous empêcher d'en plus parler[11]. »

En fait ce majestueux aqueduc était destiné, dans l'esprit de Louvois, non seulement à alimenter en eau le château de Versailles, mais aussi et surtout à contribuer à la gloire de Sa Majesté. Vauban s'incline. Il propose une solution de compromis avec un aqueduc franchissant la vallée[12], à une hauteur inférieure à celle prévue par Lahire, et un canal à ciel ouvert, creusé en amont et en aval, connecté à plusieurs étangs avant d'atteindre Versailles.

Un chantier de cette importance demande de multiples « préparatifs[13] » : rendre l'Eure navigable en amont de Maintenon pour transporter les matériaux, aménager des carrières d'où l'on tirera pierres et parpaings, déterminer les endroits où l'on fabriquera des briques, construire des fours à chaux, fabriquer une quantité d'outils « pics à roc », « lochets », pelles et brouettes, faire des provisions de charbon, de « bois blanc » pour échafauder, etc. Il faut en même temps rassembler la main-d'œuvre spécialisée : briqueteurs, carriers, maçons, mariniers et charretiers... et faire camper à proximité les troupes qui fournissent la main-d'œuvre banale pour déblayer les carrières, tirer de la terre à brique, faire des puits à eau...

En moins de trois mois Vauban a tout prévu et tout ordonné. Dès le mois de mai 1685 les travaux sont entrepris : au total trente mille hommes, dont un tiers d'ouvriers et de maçons, le reste de la main-d'œuvre étant fourni par l'armée, se relaieront à l'ouvrage. Le chantier utilisera jusqu'à sept mille hommes en même temps.

Le Roi vient à la fin de l'été contempler ce gigantesque chantier : le canal est déjà creusé sur vingt-deux mille quatre cent soixante-dix toises et vingt-neuf piles de l'aqueduc sont dressées. Sa Majesté repart satisfaite, ne se doutant pas que la maladie allait bientôt décimer les rangs des travailleurs et que les besoins d'une nouvelle guerre finiraient par arrêter les travaux, laissant cette œuvre à jamais inachevée[14].

Après la visite du souverain, Vauban confie la poursuite des chantiers aux soins de ses collaborateurs et part visiter les places de la côte atlantique.

Il commence une longue tournée par Brest où il arrive au mois d'août. On continue à s'y heurter à d'extrêmes difficultés pour tenter de bâtir un fort dans le goulet sur le rocher du Mingant.

Vauban embarque pour l'île d'Ouessant où il étudie la possibilité d'aménager un port dans la baie de Lampant ou dans celle du Stiff[15]. Puis, longeant la côte, il visite les îlots d'Houat et d'Hoëdic. Il dessine le plan de deux tours à dresser sur ces petites îles[16]. Enfin il débarque à Belle-Île. Il constate à regret que certains ouvrages ne sont toujours pas terminés. Ces retards et ces lenteurs dans l'exécution des travaux sont dus à une mauvaise politique pratiquée vis-à-vis des entrepreneurs. Ils sont sélectionnés en fonction du rabais qu'ils proposent au lieu d'être choisis pour leurs qualités et leur sérieux.

Vauban est furieux. Il faut qu'il s'en explique une fois pour toutes avec son ministre. Le soir même, alors qu'il vient d'avoir une navigation difficile, « les vents étant contraires », et qu'il a consacré sa journée à inspecter des chantiers de fond en comble, il s'installe à la table d'une pauvre auberge. D'un seul trait il rédige douze grandes pages, bourrées de notations précises sur les lieux, sur les personnes rencontrées, sur les problèmes à régler. Au milieu de cette épître, il lance cette admirable diatribe, vibrante d'indignation et de colère maîtrisée contre Louvois :

« Il y a quelques queues d'ouvrages des années dernières qui ne sont point finies et qui ne finiront point si les entrepreneurs en sont crus ; et tout cela, Monseigneur, par la confusion que causent les fréquents rabais qui se font dans vos ouvrages, car il est certain que toutes ces ruptures de marchés, manquements de paroles et renouvellements d'adjudication ne servent qu'à vous attirer tous les misérables qui ne savent où donner de la tête, les fripons et les ignorants, pour les entrepreneurs, et à faire fuir tous ceux qui ont de quoi et qui sont capables de conduire une entreprise.

» Je dis de plus qu'elles retardent et renchérissent considérablement les ouvrages qui n'en sont que plus mauvais, car ces rabais et bons marchés tant recherchés sont d'un homme qui se noie, qui se prend à tout ce qu'il peut ; or se prendre à tout ce qu'on peut en matière d'entrepreneur, est de ne pas payer les marchands chez qui il prend les matériaux, mal payer les ouvriers qu'il emploie, friponner ceux qu'il peut, n'avoir que les plus mauvais parce qu'ils se donnent à meilleur marché que les autres, n'employer que les plus méchants matériaux qu'il peut, tirer toujours le cul en arrière sur tout ce à quoi il est obligé, tromper sur les façons, chicaner sur toutes choses et toujours crier miséricorde contre celui-ci et celui-là, notamment contre tous ceux qui le veulent obliger à faire son devoir [...].

» En voilà assez, Monseigneur, pour vous faire voir l'imperfection de cette conduite : quittez-la donc, et au nom de Dieu rétablissez la bonne foi ; donnez le prix des ouvrages et ne plaignez pas un honnête salaire à entrepreneur qui s'acquittera de son devoir ; ce sera toujours le meilleur marché que vous puissiez trouver. Ne faites plus les marchés à l'année, mais pour tels ou tels ouvrages ; et en un mot soyez fidèles dans l'exécution de votre fait comme vous prétendez que l'entrepreneur le soit dans la sienne. Mais surtout n'acceptez point d'entrepreneur qui ne soit solvable et intelligent, c'est l'unique moyen d'être bien servi. En user autrement, vous ne verrez jamais la fin des ouvrages qui vous coûteront le tiers ou le quart plus qu'ils ne vaudront, vous donneront mille chagrins à vous et à ceux qui s'en mêlent ; et vous et eux n'en serez pas moins la dupe[17]. »

Les raisons de l'accès d'humeur de Vauban sont multiples. En l'occurrence il ne peut s'empêcher de comparer les fausses économies faites à Belle-Île pour des fortifications, indispensables à la défense des côtes du royaume, à ses dépenses somptuaires, à ces millions de livres engloutis dans un ouvrage de prestige, dont il a pourtant démontré l'inutilité : l'aqueduc de Maintenon.

Mais le mécontentement de Vauban a des racines plus profondes. Louvois qui lui écrit peu après : « nonobstant votre mauvaise humeur, je n'en suis pas moins tout à vous[18] », ne devine pas la cause de son irritation. Car Vauban sait que l'on prépare à Versailles un texte, dont il pressent les funestes conséquences.

Le 17 octobre 1685 Louis XIV signe le décret de la « révocation de l'édit de Nantes ». Cette décision royale est l'aboutissement d'un long cheminement. Louis XIV, « Roi Très Chrétien », considère qu'il tient son pouvoir de Dieu et qu'il est responsable devant lui du salut de ses sujets. Il pense aussi que son autorité dans le royaume est inséparable de l'unité dans la foi.

Déjà il s'est heurté au jansénisme. Mettant en doute le loyalisme de ses adeptes, il est entré en conflit avec les communautés de Port-Royal. Maintenant c'est à l'hérésie protestante que le Roi décide de s'attaquer. Les réformés sont alors au nombre de six à huit cent mille en France, répartis dans toutes les classes de la société, de la haute noblesse en passant par les bourgeois, des artisans jusqu'aux paysans. Sous l'influence de Colbert, qui connaissait bien la puissance économique de cette minorité, le Roi s'était contenté d'une application restrictive des termes de l'édit de Nantes, tout en s'efforçant de favoriser la conversion des réformés.

Mais après la paix de Nimègue, l'attitude de Louis XIV se durcit. Il est plus libre « de donner une plus grande application à la conversion des hérétiques ». Dès avant la mort de Colbert, l'influence grandissante de Louvois et, dans une certaine mesure, celle de Mme de Maintenon, oriente les pensées du Roi vers une politique de fermeté : « Le Roi commence à penser sérieusement à son salut, si Dieu nous le conserve il n'y aura bientôt plus qu'une religion dans son royaume », écrit Mme de Maintenon dès août 1681 [19].

Par une série d'arrêts, l'édit de Nantes est progressivement vidé de son contenu. Une politique d'intimidation est appliquée, connue sous le sinistre nom de « dragonnades [20] ». C'est ainsi que, dans les provinces du Poitou, puis du Languedoc et du Béarn, des conversions sont obtenues par villages et villes entières. Le Roi, constatant alors « que la plus grande partie de nos sujets de ladite Religion Prétendue Réformée ont embrassé la Catholique », révoque purement et simplement « l'édit du Roi, notre aïeul, donné à Nantes au mois d'avril 1598 ».

Cette révocation fut accueillie avec enthousiasme, de manière quasiment unanime, chez les catholiques. Vauban fut l'un des premiers et des rares à la désapprouver. Il avait appris la tolérance dès son enfance passée dans un milieu où catholiques et protestants cohabitaient en bonne intelligence. Par tempérament, il réprouvait les actes de violence pratiqués contre la population et il ne pouvait que récuser ces « conversions » extorquées par la terreur. Il pressentait les effets funestes de cette décision : l'exode d'une notable partie de l'élite protestante.

Mais le temps n'était pas encore venu pour qu'il puisse le dire ouvertement.

Tout en grommelant et en remuant de sombres pensées, Vauban poursuit sa route. Il passe par l'île de Ré, où il ajoute quelques additions à son projet initial, établi quelques années plus tôt [21]. Il fait escale dans l'île d'Oléron, ancien fief du chevalier de Clerville. Il y dessine des bastions qui devraient compléter l'enceinte tracée par son ancien maître. Puis il regagne la terre ferme.

A Blaye, sur la rive droite de la Gironde, se dresse une place fortifiée qui commande le fond de l'estuaire et l'accès de Bordeaux. Vauban s'y arrête en novembre. Il est sensible au charme de cette petite cité au passé prestigieux. Il y dessine un projet de triple enceinte, avec bastion, demi-lunes et chemins couverts, défendant l'approche de la place du côté de la terre, tandis que du côté de l'estuaire il prévoit la construction d'un fort sur la rive opposée [22].

Au début de décembre Vauban commence l'inspection des travaux du « canal de communication des mers », à laquelle il va consacrer plus de trois mois.

Ce canal était un projet très ancien. Il était destiné à relier la Garonne à l'Aude pour assurer une liaison fluviale entre l'Atlantique et la Méditerranée en évitant le long et périlleux périple par le détroit de Gibraltar. On avait reculé longtemps devant la difficulté d'une telle entreprise.

Un intendant général des Gabelles, Pierre-Paul Riquet, fit, à partir de 1662, une étude approfondie du problème essentiel qui se posait à la ligne de partage des eaux, située à plus de cent toises au-dessus du niveau des deux mers. En détournant le cours de petits ruisseaux assez abondants dans la région, Riquet trouve le moyen d'alimenter avec leurs eaux un canal de jonction de la Garonne à l'Aude.

Colbert, séduit par ce projet audacieux, autorise par « lettres patentes du Roi », en mai 1665, le sieur Riquet « à exécuter les rigoles nécessaires pour faire l'essai de la pente et de la conduite des eaux ». Restait à trouver les fonds, le coût de l'entreprise étant estimé au départ à six millions de livres. Le financement fut assuré, en principe, par les États du Languedoc et par le Roi. Riquet se lance donc dans l'aventure, payant de ses deniers quand la caisse était vide. Il s'épuise à la tâche et meurt en 1680 avant que son œuvre ne soit achevée. Son fils reprend le flambeau et termine vaille que vaille le canal : son coût total s'élève alors à dix-huit millions de livres, trois fois le devis initial[23].

En fait le canal n'est pas encore totalement utilisable dans son état présent. Vauban est chargé par le Roi d'inspecter le chantier et de donner son avis sur ce qu'il convient de faire. Après avoir longuement parcouru le tracé du canal et minutieusement étudié les nombreux ouvrages qu'il comporte, il en arrive à la conclusion que, non seulement il convient d'achever cette œuvre magnifique, mais qu'il faut l'améliorer. Avec sa loyauté et sa franchise coutumière, il exprime son admiration pour l'audace de la conception et pour l'importance du travail réalisé. Devant ceux qui l'accompagnent, Vauban s'exclame : « Il manque pourtant une chose à ce canal, c'est la statue de Riquet[24]. »

Dans un copieux mémoire, il consigne les travaux qui restent à effectuer et les modifications qui sont à apporter[25]. Il note les réparations à faire « pour le mettre à couvert de tous les accidents [...] ce qui le mettra en état d'être aussi bon canal d'ici à deux cents ans comme il est présentement ». Il suggère des améliorations à réaliser pour que des bateaux de plus fort tonnage puissent y naviguer : son souhait étant de pouvoir faire passer des vaisseaux de guerre d'une mer à l'autre pour compenser ainsi l'infériorité numérique de la flotte royale vis-à-vis de celle du roi d'Espagne[26].

Vauban recommande de confier l'exécution de ces travaux à

l'ingénieur Niquet, dont il apprécie les qualités techniques tout en connaissant son caractère ombrageux. Niquet ne manquera pas, fidèle à sa réputation, de prendre des libertés vis-à-vis du programme fixé, omettant de réaliser certains travaux qu'il juge inutiles et en affirmant bien haut « qu'il n'est pas d'avis de les exécuter ». Vauban eut cette réplique mémorable, digne de son esprit cartésien : « N'être pas d'avis, n'est pas une raison[27]. »

A la demande de Seignelay, Vauban complète sa mission en allant examiner le port de Sète « qu'il faut améliorer tant pour la navigation du canal que pour les galères du Roi », puis les embouchures du Rhône pour étudier la possibilité de joindre par canal « Beaucaire à Aigues-Mortes et Arles à Port-de-Bouc[28] ».

Les comptes rendus et mémoires envoyés par Vauban satisfont pleinement Seignelay, qui porte comme son père un vif intérêt au commerce et au transport par voie d'eau. Il ne dissimule pas son contentement : « J'ai examiné tous ces projets qui me paraissent d'un grand sens et d'une imagination singulière, et surtout d'une forte application [...]. Je vous apprends avec plaisir qu'il a plu à Sa Majesté de vous accorder une gratification de douze mille livres[29]. »

Vauban n'est pas insensible aux louanges, non plus qu'à la gratification. Il y a toujours quelque chose à faire à Bazoches pour mettre le château dans l'état où il souhaiterait qu'il fût !

Mais ce ne sont pas des gratifications qui empêchent Vauban de s'exprimer, quand il le voudra, avec une entière liberté, ni de continuer à s'intéresser activement à des questions sortant de son domaine de responsabilité.

Sillonnant sans cesse les provinces du royaume, il en connaît mieux que quiconque les richesses ou les misères. Bien sûr il réfléchit aux moyens de développer les premières et de réduire les secondes. Ayant un esprit méthodique, il suit en toute matière la démarche prônée par Descartes dont il a lu et médité les écrits : « Conduire par ordre mes pensées, en commençant par les objets les plus simples et les plus aisés à connaître pour monter peu à peu comme par degré, jusqu'à la connaissance des plus compliqués[30]. »

Comment aborder cette connaissance des « ressources » qu'il sent intuitivement être la base de toute étude sérieuse de l'économie du pays ? Vauban trouve aussi la réponse dans les règles de Descartes : « Faire partout *des dénombrements* si entiers et des revues si générales, [...] que je fusse assuré de ne rien omettre[31]. »

C'est ainsi que Vauban va s'appliquer à établir des « dénombrements ». Sans doute n'a-t-il point inventé le terme et n'a-t-il point été un novateur dans ce domaine. En ce milieu du XVIIe siècle l'idée était dans l'air. Le maréchal Fabert, gouverneur de Sedan, demandait dès

1660 à ses subordonnés de mener de telles enquêtes. Et Colbert exigeait du maître de requêtes qu'il établisse des « inventaires des êtres et des choses ». Mais Vauban va appliquer de manière systématique cette méthode, si bien que d'aucuns le considèrent comme le créateur de la science statistique moderne.

Depuis des années déjà, partout où il passe, il demande qu'on lui établisse des inventaires, des tableaux récapitulatifs, des états comparatifs... sur la population, la production agricole, le cheptel... Il se constitue de la sorte une véritable collection de mémoires sur toutes les régions de France. C'est ainsi que l'on trouve dans ses archives pour le début de l'année 1686 :

« Dénombrement par maison de dix mille cinq cent trente-six habitants de Dunkerque avec indication de la profession des chefs de famille, du nombre d'enfants (garçons ou filles, très jeunes ou adolescents) et celui des valets et servantes)[32]. »

« Dénombrement analogue à celui de Dunkerque pour quatre mille cent cinquante-sept habitants de Bergues[33]. »

« Dénombrement analogue à celui de Bergues pour mille six cent soixante-douze habitants de Bombourg[34]. »

Il reçoit ces documents alors qu'il est en train d'arpenter le canal des deux mers ou de chevaucher en Camargue. Il mène de front ses réflexions sur l'hydraulique et sur les ressources humaines de la Flandre maritime.

Ces travaux de Vauban sont d'ailleurs connus. Seignelay lui écrit au mois de juin pour le prier de lui adresser des « formulaires de dénombrement » en ajoutant : « Je ne trouve rien de mieux que l'instruction que vous donnez aux gouverneurs des provinces et des places sur ce sujet[35]. »

Ainsi Vauban accumule-t-il peu à peu les matériaux qui lui permettront plus tard de rassembler toutes ces données en une synthèse, d'où il tirera une méthode logique pour améliorer la situation du peuple dont « la pauvreté excite sa compassion ».

Tout en parcourant la France dans les cahots des malles de postes ou dans le balancement de sa chaise à porteurs attelée à des mules, il observe les conditions de vie des paysans, il s'arrête dans les bourgs pour interroger les marchands et les artisans. Au hasard des étapes il converse avec les notables des villes, les abbés dans les monastères, les nobles dans leurs demeures. Toutes ces observations, ces remarques, ces informations s'accumulent dans ses « agendas » : elles donnent chair et vie aux tableaux et aux chiffres arides de ses « dénombrements ».

Tout en réfléchissant aux données fournies par ses dénombrements, traversant une fois encore le pays en diagonale, Vauban remonte de l'embouchure du Rhône vers la Bretagne, qu'il avait quittée il y a dix mois pour cette longue randonnée. Arrivé en juin à Saint-Malo, il se met au travail. Il voit immédiatement tout le parti que l'on peut tirer de ce site exceptionnel pour y faire à la fois un port de guerre et de commerce. Il note également que l'anse de Cancale pourrait abriter un bon port. Mais le Roi a pour l'heure d'autres priorités et il fait dire à Vauban, par l'intermédiaire de Seignelay : « Sa Majesté n'estime pas qu'il soit nécessaire de n'y rien faire [à Saint-Malo], parce que les abords en sont si terribles par mer qu'il n'y a pas d'apparence qu'un ennemi y voulût faire quelque entreprise[36]. »

Vauban n'insiste pas. Il est persuadé que les faits lui donneront raison. Il sème des idées, elles lèveront un jour.

Passant en Normandie, il étudie la position de Granville qui lui paraît favorable. Il établit un projet de fortification à bâtir à la racine de l'isthme rocheux qui avance en mer et suggère la construction d'une redoute sur l'île de Chausey[37].

Poursuivant l'inspection de la côte normande, il arrive à Cherbourg. Il estime que là aussi il faut renforcer les murailles de la place et construire une citadelle[38]. Puis il continue son chemin par Honfleur, Le Havre, avant de se diriger vers Dieppe et Ambleteuse.

Pour tous ces ports il rédige des mémoires que Seignelay présente au Roi. Celui-ci ne retient que le nom de deux rades « qui puissent être défendues et servir de retraite aux vaisseaux, celle de Dunkerque et celle de Brest ». Tous les autres ports ont des défauts, estime le souverain, il conviendra de les « accommoder » peu à peu. Seignelay transmet à Vauban ces décisions royales en y ajoutant : « Je finis cette lettre en vous disant que je suis ravi de vous voir aussi vif que vous êtes sur tout ce qui regarde la Marine et je ne puis m'empêcher de vous témoigner la joie que j'ai de connaître toujours de plus en plus combien le service du Roi tire d'utilité de l'application continuelle d'un aussi habile homme[39]. »

Seignelay, comme le faisait son père Colbert, apprécie hautement l'intérêt porté par Vauban aux problèmes de la marine. Il a de plus la galanterie de le lui exprimer en des termes qui touchent à coup sûr cet homme dont on sait la sensibilité derrière l'écorce rugueuse.

Mais cela ne convient pas à Louvois qui trouve que Vauban passe trop de temps sur les côtes et dans les ports, délaissant les places de son département. Aussi Vauban ne peut-il songer à s'arrêter un moment dans sa citadelle de Lille. Il l'a cependant quittée sur ordre exprès de Louvois, il y a plus de vingt mois, et n'a pas cessé depuis de travailler d'arrache-pied ou de voyager sans prendre un jour de repos ! A peine touche-t-il barre à Lille, ayant terminé son inspection des côtes bretonnes et normandes, il repart pour une tournée des places du Nord, en commençant par Bergues, Saint-Omer, Aire, Béthune...

L'encre des rapports qu'il rédige sur ces lieux est tout juste sèche, qu'il est déjà en route pour Douai, Cambrai, Bouchain, Valenciennes, Condé et Tournai. Il s'arrête dans cette dernière ville pour rédiger un long compte rendu de ces dernières visites. Vauban ne se contente pas de traiter de l'état des fortifications, il entretient son ministre de multiples sujets auxquels il s'est intéressé tout en cheminant : à Douai il a assisté à des écoles de tir, à Valenciennes à des expériences de mines. Surtout il a étudié le réseau des rivières et des canaux de la région qu'il vient de traverser. Il pense qu'on pourrait grandement l'améliorer en faisant communiquer par un canal la Lys à l'Escaut dont il a déjà dessiné « un profil ». On devrait de plus joindre la Lys au canal d'Ypres. Le ton de la lettre devient enthousiaste : « Vous pouvez juger, Monseigneur, de l'excellence de la communication par elle-même, mais bien davantage par celle de la Lys au canal d'Ypres, si elle se faisait, vu que les chanvres d'Angleterre qui emportent beaucoup d'argent au Royaume en seraient bannis par ceux du Hainaut dont nos marchands feraient le commerce, outre quoi, le fer, le bois, la chaux, les pierres de taille et mille autres choses y trouveraient encore leur issue très favorablement, même les fourrages, blés, avoines, pois, fèves, chanvres à corde de la marine, huiles de colza et toutes les manufactures du pays [...][40]. »

Celui qui s'exprime en ces termes est-il un intendant, un économiste ? Non, c'est bien Vauban, le spécialiste de la fortification, le « preneur de villes » et le défenseur du « pré carré ». Il est de plus en plus persuadé qu'il ne sert à rien de gagner des batailles et de réussir des sièges, si le pays est misérable, si le peuple végète, écrasé par des impositions financières. Sans doute faut-il bâtir de solides frontières, nul plus que lui n'en est convaincu, mais il faut dans le même temps mettre sur pied une économie prospère.

C'est vers ce sujet que ses pensées s'orientent le plus souvent. Mais bientôt des menaces vont surgir à nouveau sur les frontières du royaume qui vont le contraindre à reprendre ses fonctions guerrières.

12.

Sur les fontières de l'Est 1686-1688

Fort-Louis construit à contrecœur — Congé à Bazoches — Correspondance avec Catinat — Création de Mont-Royal et de Landau — Nouvelle rebuffade de Louvois — Plaidoyer pour le fusil et la « bayonnette » — Lieutenant général.

Louis XIV pensait avoir obtenu, par la trêve de Ratisbonne, une reconnaissance de facto des annexions territoriales effectuées depuis la signature de la paix de Nimègue. Il croyait aussi avoir extirpé la racine de l'hérésie calviniste en révoquant l'édit de Nantes. En fait il avait suscité, à l'extérieur comme à l'intérieur du royaume, beaucoup de haines et de rancœurs. Au cours des deux dernières années ses actions brutales contre la république de Gênes[1] et contre les Vaudois[2], comme ses prétentions affichées sur le Palatinat[3], avaient entretenu l'inquiétude des uns et l'indignation des autres.

Pendant ce temps l'empereur Léopold et Guillaume d'Orange travaillent chacun pour leur part à coaliser les puissances européennes contre la France et sa politique de « défense agressive ». A partir de 1685 des accords se nouent qui aboutissent en juillet 1686 à la création de la ligue d'Augsbourg. Elle regroupe l'Empereur, de nombreux princes allemands ainsi que les rois d'Espagne et de Suède, ce dernier au titre de ses terres d'Empire. Les ligueurs s'unissent en principe pour maintenir et sauvegarder la trêve de Ratisbonne. En fait, par leurs conventions avec les Provinces-Unies, l'Angleterre et le Brandebourg, ils organisent une véritable opération d'encerclement et d'intimidation contre la France.

Louis XIV, conscient de la menace qui grandit du côté de la frontière allemande, veut tenir plus solidement les accès d'Alsace. Louvois écrit dans ce sens à Vauban en lui demandant de se rendre immédiatement « en poste » à Strasbourg pour examiner « s'il y aurait quelque île du Rhin sur laquelle on peut placer un fort qui peut empêcher les Allemands d'être maîtres de la Basse Alsace[4] ». Le ministre ajoute que Sa Majesté a bien songé à construire un fort « au-deçà du Rhin » mais qu'Elle craint de « donner aux Allemands de nouvelle matière de se plaindre qu'Elle contrevient à la Trêve ».

Vauban quitte précipitamment à la fin du mois d'octobre son inspection des places du Nord pour l'Alsace. L'ingénieur Tarade, en charge de cette province, a déjà effectué des reconnaissances et proposé un projet de fort dans l'île de Giesenheim, à cinq lieues en aval de Strasbourg. Vauban estime que cette proposition n'est pas satisfaisante. Sans doute un tel fort empêcherait l'ennemi de remonter en bateau le Rhin vers Strasbourg, mais ne lui interdirait en aucune façon de progresser sur la rive gauche du fleuve. Il soumet plusieurs autres projets dont celui d'une place à construire à Seltz [5]. Mais le Roi rejette cette idée : « Sa Majesté s'en tient à un fort dans une île à tracer et à fonder tout de suite », note Louvois [6].

Vauban revient à la charge, il suggère de bâtir une simple redoute sur l'île de Giesenheim et en profite pour critiquer vertement la politique consistant à multiplier le nombre de places [7].

Louvois, piqué au vif, répond point par point, en terminant son épître par cette constatation : « Vous n'étiez pas en bonne humeur apparemment quand vous avez écrit cette lettre [8]. »

Vauban est obligé de s'incliner. Il rend compte en janvier 1687 que l'on travaille aux fondations de l'ouvrage bâti dans l'île de Giesenheim [9]. Cette place sera baptisée Fort-Louis. Plus tard, dans son *Abrégé des Services*, Vauban omettra de la citer pour bien marquer qu'il considérait qu'elle n'était d'aucune utilité !

Il profite de ce qu'il est dans la région pour aller voir les places de Thionville, Metz et Verdun. Passant au retour par Strasbourg, il inspecte le fort de Kehl. L'officier qui le commande lui fait une excellente impression, aussitôt il le signale à son ministre : « Il n'est ni mon parent ni mon ami particulier, et ce que j'en dis n'est que pour satisfaire un témoignage que l'on doit aux gens de mérite [10]. »

Constamment Vauban s'intéresse aux hommes. Rien ne sert, pense-t-il, de bâtir de parfaites places fortes si elles ne sont pas confiées à des chefs de valeur.

A Fort-Louis les travaux avancent rapidement. La présence de Vauban n'étant plus nécessaire, il va étudier la défense de la haute Alsace et passe par Huningue, pour laquelle il propose la construction d'un ouvrage supplémentaire. Début mars, il est à Belfort dont il dessine un nouveau tracé de fortification [11]. Il part à la reconnaissance de Montbéliard, mais il estime que la ville ne mérite pas d'être fortifiée.

A travers la Franche-Comté, Vauban gagne rapidement le Morvand avec, en poche, une lettre de Louvois lui donnant un congé jusqu'à la fin avril.

Depuis cinq ans Vauban n'a pas eu le loisir de séjourner à Bazoches ! Son dernier passage avait été de plus attristé par la mort toute proche de son fils. Heureusement sa seconde fille, Jeanne-Françoise, est pleine de vie. Elle anime le château de ses rires et de ses cris. Vauban a un faible pour elle : la petite fille, âgée de sept ans, en est consciente et joue de son charme auprès de son père avec une coquetterie naissante.

Le mariage de cette enfant est déjà arrangé avec Louis Bernin de Valentinay, fils d'un receveur général qui sera bientôt contrôleur général de la Maison du Roi. La cérémonie n'aura lieu que dans quelques années mais cette alliance semble satisfaire les deux familles.

Il n'est pas certain cependant qu'elle satisfasse pleinement la mère de Jeanne-Françoise. Mme de Vauban est déjà privée de la présence de sa fille aînée, mariée depuis huit ans. Elle pense au moment où elle se retrouvera seule dans cette grande demeure. Quant à son mari, elle ne le voit qu'une fois tous les cinq ans... et encore, à peine est-il arrivé qu'un courrier du Roi le rappelle pour quelque siège ou quelque mission lointaine ! Sans doute ses lettres la tiennent-elles régulièrement au courant de ce qu'il fait [12]. Toutefois il évolue dans un monde si étranger à sa propre existence qu'elle a de la peine à l'imaginer dans des lieux et dans des occupations tellement différents de sa vie quotidienne. Son horizon à elle est limité aux collines qui entourent Bazoches et ses journées sont rythmées au son de la cloche de la petite église du village.

Grâce à Dieu, il y a cet attachement à la terre morvandelle qui les rassemble. En l'absence de Vauban, elle est la maîtresse des lieux. Elle surveille les domaines, l'exploitation des bois, l'état des troupeaux ; elle s'occupe des familles de paysans qui vivent sur leurs fiefs. Pour tenir son époux au courant, elle dicte régulièrement de longues lettres au bas desquelles elle trace maladroitement sa signature. Et ce n'est pas maintenant — elle a largement dépassé la quarantaine — qu'elle va apprendre à écrire. Elle ne sortira pas non plus de son Morvand pour aller s'offrir en spectacle à Versailles ou pour jouer le rôle de maîtresse de maison dans la citadelle de Lille à côté de son mari, le gouverneur.

Elle vieillira ici, à Bazoches, au milieu d'une compagnie de cousins et de neveux, toute une parentèle heureuse de grappiller les miettes de la fortune du maître de céans.

Vauban est tout à la joie de se retrouver chez lui. En cette fin du mois de mars, il peut observer les signes émouvants de la renaissance de la nature. Bientôt c'est la semaine pascale. Elle revêtira cette année pour la paroisse de Bazoches un lustre particulier grâce à la présence de son seigneur. Vauban assiste à la préparation joyeuse des reposoirs pour la procession du jeudi saint. Ils sont disposés aux croisées des chemins, devant les chapelles, celle de Saint-Hubert à l'orée du bois, sur le versant sud de la vallée et celle du château. Toute la population, curé en tête marchant sous un dais tenu par quatre paroissiens, escorté des enfants de chœur en soutanelle rouge et des filles en robe blanche, un cierge à la main, suivi des confréries avec leurs bannières, forme une longue procession qui fait le tour des reposoirs en chantant des cantiques et en égrenant des Pater et des Ave.

Vauban se revoit, enfant, suivant le bon abbé Orillard sur les chemins pierreux de Saint-Léger-de-Fourcheret. Aujourd'hui, auréolé de tout son prestige, il préside gravement la cérémonie tout en se sentant tellement proche de ces braves gens qui le contemplent avec respect !

Il est allé à Saint-Léger, avec quelques parents et amis, pour revoir les lieux de son enfance. Sur la place du village il a retrouvé une vieille femme. C'était son ancienne compagne de jeux, elle partageait avec lui son « époigne[13] ». Elle osait à peine reconnaître Sébastien dans ce personnage qui lui faisait signe d'avancer. Il lui a offert une bourse remplie de pièces d'or.

Vauban consacre une partie de son congé au travail. En traversant la Franche-Comté il est passé par Besançon, dont les fortifications lui posent un problème car la place est surplombée par les hauteurs avoisinantes. Il a beaucoup réfléchi sur ce point et il a décidé de remplacer les classiques bastions, à l'angle des courtines, par des « tours bastionnées » au sommet desquelles il disposera une plate-forme avec des canons abrités dans des casemates. Il fait dessiner ces nouveaux ouvrages par les frères Francart, qui sont installés dans la grande galerie du château et qui réalisent, suivant les indications du maître, des plans et des croquis rehaussés de lavis[14].

Vauban entretient depuis plusieurs années une correspondance régulière avec Catinat[15]. Beaucoup de traits communs rapprochent ces deux soldats aux états de service également brillants : leur origine de petite noblesse, leur simplicité de manières, leur franchise et leur intégrité. Ils se sont maintes fois rencontrés au hasard des sièges et des garnisons. Catinat, que ses soldats appellent « le Père la Pensée », s'intéresse aux travaux de « dénombrements » menés par Vauban et lui a fourni des éléments d'information sur l'Italie. Profitant de son temps de répit à Bazoches, Vauban écrit à son ami à propos « d'un mémoire sur les revenus des princes d'Italie, qui est fort différent de celui que je vous avais envoyé. [...] » Suit une longue discussion sur la comparaison du nombre d'habitants en Italie et en France, du montant des revenus attribués au pape, au roi d'Espagne, au duc de Savoie. On croirait lire une note rédigée par un économiste. Mais voici que le ton change et c'est le militaire qui parle : « Vous avez raison de dire que trop de places en France est un inconvénient dont on ne s'apercevra point tant qu'on sera autant en état d'attaquer que de se défendre ; j'en conviens fort avec vous, mais s'il arrivait une grosse guerre, il serait fort à craindre qu'il [cet inconvénient] ne parût dès la première campagne[16]. »

Vauban est en communion de pensée avec Catinat sur ce problème, qui lui paraît essentiel, à propos duquel il se bat en vain contre Louvois et même contre le Roi. La multiplication des places fortes est une mauvaise politique, ruineuse en argent et en effectifs. Il faut limiter le nombre de places, les bien choisir et les bien fortifier. Il s'est élevé, sans succès, contre la construction de Fort-Louis sur le Rhin. Il vient justement de recevoir une missive de Louvois lui demandant d'écourter son congé pour aller voir une position sur la Moselle que le Roi voudrait renforcer. Encore une nouvelle place, « chose qui n'est point de mon invention ni de mon goût ! » Il tente de retarder son départ de Bazoches mais Louvois, qui a reçu sa « lettre chagrine », ne se laisse point fléchir. Vauban doit être sur place dès le 20 avril. Il pourra toutefois revenir après cette mission chez lui, lui écrit le ministre : « Si effectivement vous avez affaire chez vous et que vous soyez bien aise d'y passer un mois, rien ne vous sera si aisé [...][17]. »

Promesse faite bien légèrement, une nouvelle fois elle ne sera pas tenue.

C'est toujours la crainte d'une attaque impériale, débouchant en direction du duché de Luxembourg, qui a incité Louis XIV à placer un verrou supplémentaire dans la vallée de la Moselle. Il voudrait renforcer la place de Trarbach, située dans une boucle de la rivière formant la presqu'île de Traben. Cette position est tenue par les Français depuis 1681.

Plutôt que d'essayer de « rapetasser » la place ancienne, Vauban préfère concevoir à proximité une construction nouvelle : elle sera baptisée Mont-Royal[18]. Il dessine cet ensemble comprenant au nord une tête, défendue par deux bastions à oreillons, sur les faces latérales deux larges courtines flanquées en leur milieu d'une tour bastionnée. Il prévoit en avant de la place l'emplacement d'un camp retranché où pourrait se replier une armée en cas de besoin.

Louis XIV vient en personne vers le 20 mai, pour inspecter la frontière du côté de Luxembourg. Vauban lui présente son projet pour Mont-Royal. Le Roi l'approuve et, pour marquer sa satisfaction, lui donne une gratification « de douze mille écus d'argent », avant de reprendre le chemin de Versailles.

Tandis que son équipe d'ingénieurs et de dessinateurs constitue le dossier complet de la nouvelle place[19], Vauban circule dans la région et en Alsace. Il contrôle les travaux effectués à Sarrelouis, Bitche, Huningue et Belfort. Puis il rentre fin juillet à Bazoches pour y terminer son congé. Il en a bien besoin. Il traîne toujours son « mauvais rhume » avec ses quintes de toux. Son mode de vie, par

La Frontière de l'Est

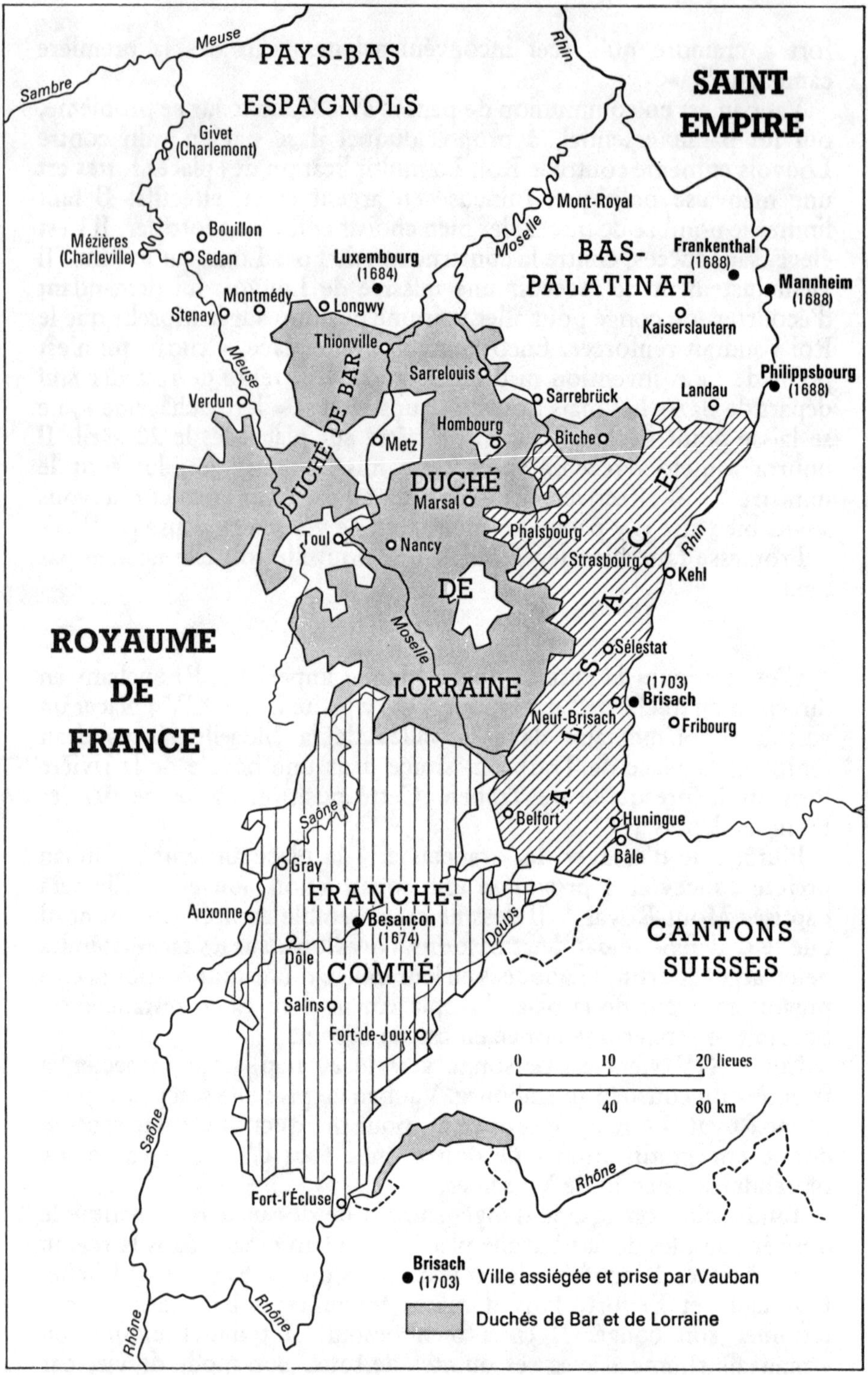

monts et par vaux, dans la boue des tranchées et dans les courants d'air des chantiers, n'est pas de nature à lui permettre de s'en débarrasser[20]. Il compte bien cette fois séjourner plusieurs mois à Bazoches. Il a tellement de projets en tête pour améliorer son domaine : prairies à drainer, terres à défricher, chemins à empierrer, sources à capter, bois à rajeunir, sans compter les bâtiments à remettre en état... Il voudrait aussi explorer les cours de la Cure et du Cousin son affluent. On devrait pouvoir rendre ces deux rivières navigables, on y flotte déjà les bois vers la capitale. Si l'on pouvait aussi acheminer vers Paris les produits de la terre et de l'élevage, et recevoir à meilleur prix les marchandises et les matériaux, ce coin du Morvand connaîtrait un sort meilleur.

Vauban est à peine depuis un mois au repos qu'il reçoit ce message de Louvois :

« La nouvelle que le Roi vient d'avoir de la défaite de l'armée turque lui fait juger à propos de pourvoir à donner la dernière perfection à ses frontières du côté de l'Allemagne : Sa Majesté m'a commandé de vous dépêcher ce courrier pour vous dire que, sans attendre que le congé qu'Elle vous a accordé soit entièrement consommé, vous partiez de chez vous, en poste, pour vous en aller en Alsace[21]. »

La victoire des impériaux sur les Turcs à Mohács[22], le 12 août 1687, bouleverse en effet la situation en Europe. L'empereur Léopold, délivré de la menace qui pesait sur sa frontière orientale, va pouvoir retourner ses forces contre la France. Louis XIV, précise Louvois dans ce même courrier, considère que l'Alsace est bien protégée par Huningue et Belfort au sud, par Brisach, Fribourg, Strasbourg et Phalsbourg au centre. Il est toujours inquiet pour la basse Alsace où peut déboucher une armée allemande remontant le long de la rive gauche du Rhin. Aussi envisage-t-il de fortifier une place, Landau ou Gemersheim. Vauban est prié de s'y rendre immédiatement et de donner son avis.

Et voici, début septembre, Vauban galopant à nouveau vers l'Alsace et le Palatinat. Après avoir envisagé les différentes solutions possibles, il arrête son choix sur Landau, situé « dans les terres de la domination du Roi » depuis le traité de Westphalie, ce qui ne donnera pas un nouveau sujet de contestation avec les Allemands. Il établit deux projets différents, laissant au Roi le soin de décider. Sans perdre de temps Louis XIV tranche : « Le Roi a choisi votre second projet sur Landau et va y faire travailler incessamment », annonce Louvois dès le 23 octobre. La vieille place sera entièrement rénovée, son enceinte dotée de tours bastionnées et renforcée par d'importants « dehors », ce qui ne l'empêchera pas de connaître un destin agité, changeant à plusieurs reprises de main au cours des années suivantes.

En dépit de cette mission rapidement menée — en moins de deux mois se rendre du Morvand en Palatinat, reconnaître l'emplacement le plus favorable pour implanter une place forte, constituer le dossier complet pour sa construction et obtenir du Roi son agrément... —, Vauban n'est nullement satisfait. Il estime que toutes ces décisions prises au coup par coup ne sont pas heureuses. Ces nouvelles places fondées à la hâte — Fort-Louis, Mont-Royal, Landau — entraînent une dispersion des efforts et des moyens.

A vrai dire, au-delà du choix de l'implantation de telle ou telle place forte, c'est la politique de défense du pays que Vauban met en cause. Vis-à-vis de la menace constituée par la constitution de la ligue d'Augsbourg, il conçoit, tant au niveau des moyens militaires que de l'action diplomatique, des orientations différentes de celles arrêtées par le Roi et son gouvernement.

Vauban a toujours soutenu les mêmes principes : constituer des frontières inviolables aux limites naturelles de la France, grâce à des places judicieusement choisies mais en nombre restreint, abandonner celles qui sont tenues en territoire étranger, ne point provoquer les puissances voisines par des attitudes agressives ni sur le plan politique ni sur le plan religieux. Pendant son dernier séjour à Bazoches il a mis tout cela par écrit, sous forme d'un mémoire qu'il se décide à envoyer à Louvois avec une lettre adressée le 28 septembre[23]. Il reçoit une réponse cinglante du ministre : « Quant au mémoire [...] je vous dirai que, si vous n'étiez pas plus habile en fortification que le contenu de votre mémoire donne lieu de croire que vous l'êtes sur la matière dont il traite, vous ne seriez pas digne de servir le Roi de Narsingue, qui, de son vivant, eut un ingénieur qui ne savait ni lire, ni écrire, ni dessiner. »

Et Louvois lui lance ce dernier trait : « [...] Comme je ne vous ai jamais vu vous tromper aussi lourdement qu'il paraît que vous l'avez fait par ce mémoire, j'ai jugé que l'air de Bazoches vous avait bouché l'esprit et qu'il était fort à propos de ne vous y guère laisser demeurer[24]. »

Vauban est habitué aux boutades du ministre, encore que, cette fois, l'ironie soit bien lourde. Cela ne le dissuadera pas de continuer à dire ce qu'il pense et ce qu'il estime être juste. Il sait que ses idées feront leur chemin et pour lui c'est l'essentiel.

Vauban a repris sa vie de nomade. D'Alsace il s'achemine vers la Flandre, visitant au passage Thionville, Charlemont, Philippeville puis les places du Hainaut. Plutôt que de regagner directement Lille où il compte passer le plus rude de l'hiver, il fait encore quelques détours voulant se rendre compte par lui-même de la possibilité d'aménager le tracé des canaux en Flandre maritime.

« J'ai visité une partie du chemin qu'on peut faire prendre aux canaux de Tournai à Lille et de Lille à Dunkerque [...] », écrit-il à Louvois. Ayant constaté qu'il serait très aisé de réaliser l'interconnexion de ces voies d'eau et des rivières locales, il souligne l'utilité d'un tel projet : le creusement des canaux dessécherait douze à treize mille arpents de marais, les pays avoisinants verraient leur commerce développé, on pourrait faire passer rapidement munitions et ravitaillement des villes de l'Escaut vers celles de la Lys ou du côté de la mer, les matériaux pour les constructions navales de Dunkerque seraient acheminés commodément... enfin les villes étrangères de Gand et de Bruges seraient privées d'un courant commercial lucratif.

Vauban conclut cette étude par une réflexion destinée à prévenir une remarque désobligeante de Louvois : « Vous croyez peut-être que je suis bien fou de me tourmenter d'une chose dont on ne me prie pas et pour laquelle vous n'avez pas grand goût et vous aurez raison. Car au lieu de me reposer je n'ai fait qu'entasser rhume sur rhume à la visite de ces lieux et c'est de quoi je me serais bien passé[25]. »

Vauban ne se fait pas d'illusions, son projet sera rangé dans un dossier. Mais un jour on s'y intéressera, car il est bon et judicieux.

Au mois de décembre il s'arrête enfin quelques jours dans sa maison de gouverneur dans la citadelle de Lille. Il profite de ce court répit pour adresser à Louvois une longue missive, véritable cours de tactique, sur les formations utilisées au combat par les Turcs ou par les Allemands, ainsi que les leçons à en tirer quant aux « ordres de bataille » à adopter face aux uns ou aux autres. Passant aux questions techniques, il prend vigoureusement parti contre l'armement donné à l'infanterie, les piques et les mousquets : « Je ne suis pas partisan des piques [...]. Il y a plus de douze ans que je suis dans un déchaînement perpétuel contre elles et contre les mousquets [...][26]. »

Les piques, dont était doté le tiers des effectifs des unités d'infanterie, étaient destinées à la défense contre la cavalerie. C'étaient des perches de bois mesurant jusqu'à dix-huit pieds de long, comportant à la base un talon métallique et à la pointe un fer acéré. Les fantassins, alignés sur plusieurs rangs en profondeur, formaient avec leurs piques un véritable mur face aux chevaux qui chargeaient. Ces piques, fort encombrantes, étaient d'une utilité limitée. Quant aux mousquets, ils avaient deux défauts essentiels : la charge de cette arme comptait trente-six temps, ce qui ne permettait de tirer environ qu'un coup toutes les trois minutes ; la mise à feu d'autre part était faite avec une mèche, difficile à maintenir allumée et visible la nuit[27].

Vauban prône l'équipement de l'infanterie avec des fusils[28], arme plus légère, permettant une cadence de tir deux à trois fois plus rapide. Les fusils coûtent beaucoup plus cher à fabriquer que les mousquets. Aussi Louvois n'a-t-il doté les compagnies que de quatre grenadiers armés de fusils.

Vauban se bat non seulement pour le remplacement des mousquets par des fusils, mais aussi pour la suppression des piques. Il propose de remplacer celles-ci par des « bayonnettes », ajustées sur le canon du mousquet ou, mieux, du fusil : « Il y faudrait ajuster des bayonnettes avec lesquelles on ne laisserait pas de tirer et de charger comme s'il n'y en avait point[29]. »

Le Roi, à qui Louvois a lu cette lettre, est intéressé et intrigué : « Je vous prie de m'expliquer comment vous imaginez une bayonnette au bout d'un mousquet qui n'empêche point qu'on ne le tire et qu'on ne le charge[30]. »

Vauban se fait alors un plaisir d'expliquer son invention, consistant à adapter la « bayonnette » au bout du fusil grâce à une douille.

Pour une fois Vauban passe les fêtes de fin d'année au chaud dans sa citadelle de Lille.

L'année 1688 s'ouvre toutefois dans une atmosphère tendue. Louis XIV voudrait transformer en traité de paix la trêve de Ratisbonne, mais ses prétentions inquiètent et éloignent les chances d'un accord général.

Aussi le commissaire général des Fortifications doit-il s'assurer que tout est prêt pour faire face au déclenchement d'une guerre. Pendant les six premiers mois de cette nouvelle année il sera constamment en route : d'abord en Flandre maritime à Dunkerque et à Ypres, puis en Franche-Comté pour vérifier l'avancement des travaux pour ses tours bastionnées de Besançon. Il retrouve en avril Louvois qui vient voir la place de Landau. De là il chevauche vers l'Alsace, va s'assurer que le chantier de Mont-Royal sur la Moselle est bien mené. Il termine en juillet ses pérégrinations dans les places de l'Artois.

Au mois d'août Vauban est de retour dans son gouvernement de la citadelle de Lille. Il y apprend la bonne nouvelle, à vrai dire attendue depuis près d'un lustre : « « Le Roi l'honore de la dignité de lieutenant général de ses armées[31]. » Cette nomination n'est point fortuite. Moins d'un mois plus tard Vauban aura un siège important à conduire et la France sera engagée, à nouveau, dans un long conflit.

DEUXIÈME PARTIE

GRAND SERVITEUR DE L'ÉTAT

13.

Pour le rappel des huguenots
1688-1690

Siège de Philippsbourg — Recommandations tactiques et stratégiques — Nouvelle mission en Bretagne — Commandement en basse Flandre — Mémoire sur la défense de Paris — Mémoire pour le rappel des huguenots — Maladie et convalescence à Bazoches.

Tandis que Vauban termine au début de l'été 1688 son inspection de la ceinture des places fortes qui doit mettre le royaume à l'abri « des insultes » de l'ennemi, Louis XIV mène contre l'Empereur et contre le pape un combat diplomatique incertain.

L'archevêque-électeur de Cologne, Maximilien de Bavière, fidèle allié de la France, meurt dans les premiers jours de juin. Louis XIV veut faire élire à sa place l'évêque de Strasbourg contre un candidat soutenu par l'Empereur. L'élection n'ayant pas permis de départager les deux postulants, il appartient au pape de trancher. Innocent XI, déjà en conflit avec le roi de France sur d'autres sujets, désigne le candidat impérial, un prince de Bavière. Furieux, Louis XIV lance, le 24 septembre, un manifeste à l'attention des puissances européennes : face à la conduite hostile du pape et de l'Empereur dans l'affaire de Cologne et au refus opposé à son souhait de convertir la trêve de Ratisbonne en traité de paix, il se voit contraint, déclare-t-il, de se saisir préventivement de quelques places. Sans attendre de réponse, il fait occuper les États pontificaux, Avignon et le Comtat Venaissin. Dans le même temps ses armées pénètrent en Allemagne, dans l'électorat de Cologne et dans l'évêché de Liège ainsi que dans le Palatinat, à Spire et Kaiserslautern ; elles occupent Pforzheim et Heidelberg sur la rive droite du Rhin.

Louis XIV annonce qu'il occupe ces places et ces territoires « à titre de garantie », en attendant que satisfaction lui soit donnée et qu'une juste paix soit signée. Ces différentes actions militaires ne rencontrent pratiquement aucune résistance, mais le Roi veut également s'emparer de Philippsbourg : ce siège va être confié à Vauban, le « preneur de villes ». Ce sera le début de la guerre, dite de la « ligue d'Augsbourg » : elle allait durer huit années.

La place de Philippsbourg, sur la rive droite du Rhin au nord de Karlsruhe, a été fortifiée par les Français, qui l'ont occupée près de trente ans jusqu'au traité de Nimègue. C'est une position solide, entourée de marais et reliée à un ouvrage formant tête de pont sur la rive gauche. Elle est investie par surprise le 27 septembre. L'opération, placée sous l'autorité nominale du Dauphin[1], est commandée par le maréchal de Duras[2]. Celui-ci avait reçu des instructions très précises de Louvois sur la manière de se comporter vis-à-vis de Vauban : « Sa Majesté attend que vous suiviez entièrement les avis de Vauban pour la conduite des tranchées et ce qui regarde le détail des attaques. Comme vous connaissez son expérience et sa capacité, l'intention de Sa Majesté est que vous empêchiez qu'il soit contredit[3]. »

Parmi les lieutenants généraux servant sous Duras, Vauban retrouve son ami Catinat. Avec lui il effectue une reconnaissance approfondie des abords de la place, dont il envoie un compte rendu peu encourageant à Louvois : « La place est extrêmement belle et bien entière ; le front m'en paraît d'autant plus terrible, qu'entre tous les marais et inondations, je ne la puis en aucune façon du monde embrasser, tant l'espace par où on peut aborder est bas et étroit [...][4]. »

La présence de ces marais complique la tâche des assaillants, d'autant que le temps se met à la pluie. Dans la tranchée on marche « dans la boue jusqu'au ventre ». Le gouverneur de la place, Stahremberg, général d'artillerie dans l'armée impériale, utilise fort bien ses canons : « C'est un homme qui ne fait pas de fautes », reconnaît Vauban. Celui-ci est harcelé par les lettres de Louvois qui, de Fontainebleau, réclame toujours plus de comptes rendus et de détails sur le siège. D'un autre côté, il est pressé par le Dauphin qui veut aller dans les tranchées pour voir et se faire voir. Vauban n'a guère envie de mener le fils du Roi dans des endroits où l'on « canonne » fort. Finalement il doit céder et le conduire jusqu'à une tranchée, proche d'une soixantaine de pas de la position adverse. Vauban raconte la scène dans une lettre à son ministre : « Non content de cela, il fallut accommoder un endroit par où il peut regarder par-dessus la tranchée à son aise. Je lui en fis un, et il s'éleva moi le tenant par le pan de son justaucorps pour le retirer quand il en serait temps[5]. »

Le Dauphin est ravi d'avoir senti souffler le vent des boulets. Vauban est soulagé de l'avoir ramené sain et sauf. Comme d'habitude il paie de sa personne, étant tous les jours sur le terrain. Il explique à Louvois qu'il n'a pas le loisir de lui écrire, en lui faisant une vivante description de son emploi du temps quotidien : « [...] ayant mille autres détails dans lesquels il faut entrer, qui font que mon esprit trouve toujours les journées trop courtes, mais mon corps en récompense les trouve bien longues [...]. Car si toutes les tranchées étaient mises en bout l'une de l'autre, elles pourraient composer une ligne droite de six grandes lieues de long, dont je fais tous les jours plus des deux tiers, le plus souvent le pied mouillé et par-dessus cent milliers de fascines qu'on a employées à paver les tranchées [...] jugez de l'agrément de la promenade[6]. »

En dépit de l'impatience de ceux qui à Versailles s'étonnent de la lenteur du siège, Vauban ne veut pas en hâter le déroulement. Déjà il doit déplorer dans les rangs de ses ingénieurs des pertes qui lui arrachent ce cri du cœur : « Ce sont des martyrs de l'infanterie. » Malgré les conditions épouvantables de la saison, malgré le sol marécageux, malgré les tirs meurtriers de l'artillerie adverse, il avance méthodiquement ses tranchées et ses parallèles, qui arrivent maintenant à hauteur des premiers ouvrages de la défense ennemie.

Le 29 octobre, après vingt-trois jours de « tranchée ouverte », Philippsbourg se rend sans qu'il soit besoin de lui donner l'assaut.

Le Dauphin, enchanté de cette première expérience guerrière — heureuse diversion pour lui à la vie de cour dans laquelle il se morfond — marque sa satisfaction en offrant à son mentor quatre canons pris sur l'ennemi. Vauban fait transporter ces pièces à Bazoches en précisant à Louvois, non sans humour, que « si par hasard vous avez quelques expéditions de guerre à faire en Morvand vous les trouverez là, toutes prêtes[7]. »

Quant au Roi, il écrit de sa main à Vauban cette belle épître[8] :

« Vous savez il y a longtemps ce que je pense de vous et la confiance que j'ai en votre savoir et en votre affection ; croyez que je n'oublie pas les services que vous me rendez et que ce que vous avez fait à Philippsbourg m'est fort agréable.

» Si vous êtes aussi content de mon fils qu'il l'est de vous, je vous crois fort bien ensemble, car il me paraît qu'il vous connaît et qu'il vous estime autant que moi.

» Je ne saurais finir sans vous commander absolument de vous conserver pour le bien de mon service.

» Signé : Louis »

Vauban ne peut qu'être profondément touché de ce message par lequel le Roi lui exprime, non seulement sa reconnaissance pour le succès de ce dernier siège, mais en termes fort chaleureux son estime et son attachement. Tous ces témoignages flatteurs ne le détournent cependant pas de son désir le plus constant : profiter un peu de son cher Bazoches. Il écrit quelques jours plus tard à Louvois : « Le Roi ne me saurait faire un plus grand plaisir que de me permettre d'aller passer deux mois de temps chez moi dans ma pauvre famille, et ce, d'autant plus que depuis trois ans je n'y ai été que deux fois ; encore en a-t-il fallu partir quinze jours après, sans jamais avoir eu le temps de faire pour cinq sols d'affaires. Je vous supplie donc d'avoir la bonté de m'obtenir congé pour cela, la saison est peu propre pour séjourner dans un aussi mauvais pays comme le mien, mais j'aime beucoup mieux y être dans le cœur des plus cruels hivers que de n'y point aller du tout[9]. »

Dans cette lettre Vauban, l'homme du Morvand, se livre tout entier : il sait bien que son pays est pauvre, que sa terre est ingrate, que son climat est rude, mais il ne rêve que d'une chose : s'y retrouver au milieu des siens.

Pour le moment, toutefois, il n'en est pas question : Philippsbourg conquis, l'armée se porte devant Mannheim puis Frankenthal. Ces deux places se rendent si vite que Vauban n'a pas le temps de mener à bien « ses expériences ». Il s'agit d'une nouvelle méthode d'emploi de l'artillerie qu'il vient d'inventer : le tir à ricochets. Plaçant les batteries de manière à prendre à revers les pièces de l'adversaire placées sur les remparts, il calcule une trajectoire et une charge telles que les boulets ricochent horizontalement en fauchant à la file canons et servants. Il a rendu compte à son ministre des premiers essais, fort satisfaisants, effectués à Philippsbourg : « A propos de batterie à ricochets, vous ne savez peut-être pas que celle de Philippsbourg, que sans doute vous aurez traitée de visionnaire et de ridicule, a démontré que six ou sept pièces de canons font déserter l'un des longs côtés de la couronne et toute la face de l'un des bastions opposés aux grandes attaques, si bien qu'on n'en tirait plus[10]. »

Bien qu'il ne soit pas artilleur, Vauban, dans ce domaine, comme dans tous ceux auxquels il s'intéresse, recherche des procédés et des méthodes originaux, invente des matériels nouveaux.

Le Roi a accédé à sa demande « d'aller faire un tour » à Bazoches mais Vauban veut auparavant régler certaines affaires. Il s'occupe d'abord de ses ingénieurs, en écrivant à son ministre une longue lettre pour souligner leurs mérites et solliciter quelques récompenses : « Je sais bien, Monseigneur, que vous vous passeriez bien de tous les discours que je vous fais en faveur de ces messieurs, et je vous en demande pardon ; mais quand on expose d'honnêtes gens à se faire tuer autant que je le fais, on doit du moins rendre témoignage de leur mérite et de leur bon cœur[11]. »

Il veut ensuite s'assurer de l'état des défenses de la frontière de l'est du Royaume. Il va faire le tour des places de Mont-Royal à Belfort, en passant par Landau, Fort-Louis et Huningue. Si bien que fin décembre, il n'est encore qu'à Strasbourg d'où il envoie à Louvois un compte rendu de son inspection. Ayant constaté que les travaux n'ont guère progressé et qu'ils ne seront pas terminés pour la prochaine campagne, il prône, pour se mettre à l'abri d'une surprise, d'appliquer une tactique de défense mobile.

Après avoir distribué le gros de l'infanterie dans les places ou dans les camps établis à leur proximité, il conseille de constituer « un camp volant » avec la cavalerie, renforcée par quelques fusiliers et « un équipage d'artillerie de cinquante à soixante pièces de campagne, je veux dire ces petites pièces carabinées [...] qui ne pèsent que cinq à six cents livres et que trois chevaux peuvent mener aussi vite partout que la cavalerie ». Ce groupement mobile, bien mené, devrait battre l'estrade devant l'ennemi et « l'empêcher d'entreprendre en le prévenant ». C'est, avant la lettre, le groupement tactique moderne pratiquant le combat retardateur. Même si l'on peut trouver dans l'histoire militaire ancienne des formations de même nature, on peut estimer que Vauban est là aussi un précurseur.

Mais il ne se limite pas à des réflexions sur la tactique, il aborde aussi bien le domaine de la stratégie en débordant sur celui de la politique. Ses avis sont aussi nets et argumentés : « Il me paraît aussi que, dans la conjoncture présente, on ne doit songer qu'à bien ménager les troupes, empêcher que l'ennemi n'empiète sur nous et surtout ne pas hasarder de grosses affaires qui puissent devenir gniolles ; cependant toujours négocier avec celui-ci ou celui-là. Comme nous plaidons, mains garnies, nous ne saurions faire de mauvaises affaires que par notre faute. De surplus, prendre garde au-dedans du royaume et veiller à la conduite des nouveaux convertis qui, je m'assure, ne demandent que paix et repos[12]. »

Vauban plaide donc pour une politique de prudence, de négociations à l'extérieur et d'apaisement à l'intérieur : elle n'est pas en accord avec celle conduite à cette époque par le Roi, conseillé en cela par Louvois. La dévastation en cours du Palatinat, sous le prétexte d'empêcher qu'il ne serve de base à une offensive des impériaux, soulève en Allemagne une indignation générale. La destruction, un peu plus tard, de la vieille cité de Heidelberg, contribuera à transformer cette colère en haine contre les Français et à rallier à la coalition tous les princes allemands. Vauban réprouve absolument de semblables pratiques. Quitte à recevoir des rebuffades, il ne se prive pas de dire tout haut ce qu'il pense.

C'est dans cet état d'esprit qu'aux premiers jours de janvier 1689 il se hâte vers Bazoches. Les routes sont froides, souvent verglacées, les relais de poste peu confortables. Vauban est pressé d'arriver chez lui. Ce siège de Philippsbourg a été exténuant, il a besoin d'une longue période de repos. Il s'aperçoit qu'à son âge — il est dans sa cinquante-septième année — s'il est encore très vigoureux, il ne récupère plus aussi vite après de grandes fatigues. Heureusement la prochaine campagne ne pourra commencer au plus tôt qu'en avril : il a deux ou trois mois de répit devant lui.

Deux mois qui vont se réduire à deux semaines. Les événements se déroulant en Angleterre incitent Louis XIV à renforcer ses défenses côtières. Vauban est prié d'interrompre une nouvelle fois son congé. Il doit rejoindre, toutes affaires cessantes Seignelay qui sera à Belle-Île le 29 janvier.

Le roi Jacques II d'Angleterre[13], qui a épousé en secondes noces une princesse catholique, a commis de nombreuses maladresses dans un pays partagé entre presbytériens, anglicans et catholiques. Une partie de la population adresse un appel à Guillaume d'Orange, propre gendre du Roi, pour qu'il vienne au secours de la religion protestante qu'elle estime menacée.

L'offensive française dans le Palatinat écartant tout danger d'action contre la Hollande à travers les Pays-Bas espagnols, Guillaume d'Orange rassemble une flotte de six cents bateaux, débarque en Angleterre le 5 novembre avec quinze mille hommes et marche sur Londres. Jacques II, abandonné de tous, s'enfuit en France. Louis XIV l'accueille à bras ouverts et lui donne des moyens pour retourner en Irlande, d'où il pourra tenter de reconquérir sa couronne. Mais cette intervention française risque de déclencher une réaction de la part des Anglais et des Hollandais. Leurs flottes peuvent menacer les côtes du royaume, d'où la mission confiée à Vauban d'aller inspecter leurs défenses.

Celui-ci traverse une nouvelle fois la France. Il emprunte à Nevers un coche d'eau pour descendre la Loire, il passe Orléans et Tours sans encombres mais, arrivé aux Rosiers, en aval de Saumur, « les vents contraires » l'obligent à poursuivre en chaise par voie de terre[14]. Ayant parcouru pendant près de deux mois toute la côte atlantique de La Rochelle à Brest, Vauban estime que la Bretagne sud peut être bien défendue. Par contre il souligne la vulnérabilité du Poitou et du pays d'Aunis : « Si les projets de Belle-Île, Port-Louis et Morbihan, et Brest avec ceux des côtes sont bien exécutés et les descentes gardées, je tiens tous ces lieux en sûreté. Mais craignez pour la baie de Bourgneuf, Noirmoutier et La Rochelle, ce sont de bons pays, pleins de fourrage, très abordables et tout farcis de nouveaux convertis qui n'espèrent que le Prince d'Orange[15]. »

Les travaux effectués dans certaines places ont souffert d'avoir été réalisés dans un esprit de fausse économie, « de mauvais ménage » suivant l'expression de Vauban. Celui-ci ne craint pas de faire la leçon au jeune Seignelay, tout ministre qu'il est. Il s'adresse à lui avec une grande liberté de ton : « Et puisque me voilà sur le chapitre des mauvais ménages, il faut que je vous demande excuse si je prends la liberté de vous dire encore que l'extrême envie d'épargner vous fait souvent commettre de pareilles fautes ; pardonnez-moi si j'use de ce terme et, sur cela, souvenez-vous de ce qu'on fait aujourd'hui à Oléron [...] de ce que vous avez pensé faire l'an passé à Belle-Île et de ce que vous avez fait à la forme de Brest, qui l'a pensé perdre, et, novissime, au château du Taureau [...][16]. »

Vauban en profite pour enseigner à Seignelay ce qu'est « le bon ménage de la fortification » : il consiste à « bâtir solidement et donner le prix juste des ouvrages ». Et Louvois l'ayant prévenu que le Roi lui confierait un commandement en basse Flandre pour la prochaine campagne, il ne s'attarde pas en Bretagne, en trouvant le temps de rédiger un mémoire complet sur les places qu'il vient de visiter. Remontant vers la Flandre, il inspecte Calais[17] et retrouve enfin les places dont il a la responsabilité : Dunkerque, Bergues et Ypres. Il fait hâter les travaux de défense, réclame des moyens à Louvois et secoue tout son monde.

Le bruit court, début juillet, que l'ennemi va investir Ypres. Vauban s'y précipite. Toutefois la menace ne se précise pas de ce côté. Louvois lui écrit qu'il s'inquiète d'une attaque possible d'un port : « Quand Guillaume d'Orange aura vu qu'il ne peut faire de descente en Guyenne et Pays d'Aunis, il s'orientera vers les Flandres et son premier objectif sera Calais, Dunkerque ou Gravelines. Sa Majesté souhaite que vous rendiez ces places encore meilleures qu'elles ne sont[18]. »

Pendant tout l'été Vauban se dépense pour renforcer les fortifications de ces ports, tout en constituant un front défensif terrestre de Dunkerque à Menin.

Les nuages continuent à s'accumuler dans le ciel de France. Les princes allemands s'engagent les uns après les autres du côté de l'Empereur. Charles II d'Espagne ouvre aux troupes impériales les places fortes des Pays-Bas et Guillaume d'Orange déclare la guerre à Louis XIV, après l'intervention de la flotte française au large de l'Irlande. Mais l'orage qui menaçait la Flandre n'éclate pas.

La présence de Vauban n'y est plus aussi nécessaire. L'automne approchant, et avec lui son mauvais rhume, il voudrait bien prendre quelque repos. Mais Louvois lui demande d'aller contrôler les places de la Meuse, car « il y a apparence que le sort de la guerre se porte sur la Meuse[19] ». La région étant peu sûre, Vauban doit faire un détour par Saint-Quentin et Rocroi pour y prendre une escorte avant de s'aventurer vers Philippeville, Charlemont et Dinant. Parmi les ingénieurs en charge de ces places, il a plaisir à voir Cladech, qu'il apprécie particulièrement. Il règle rapidement avec lui les affaires en cours, impatient d'aller se reposer. Sans attendre une escorte, il repart directement vers Lille, ce qui lui vaut une vive admonestation de son ministre ému des risques encourus par son irremplaçable ingénieur. Vauban, bien que très fatigué, passe encore par Menin pour assister à des essais d'inondation des abords de la place[20]. Dans les premiers jours de novembre, il arrive enfin, tout égrotant, à Lille.

Au milieu de ces multiples déplacements, Vauban ne cesse de réfléchir à la défense du royaume dont il se sent responsable. Il sait bien qu'en dépit de tous ses efforts et de cette ceinture de fortifications qu'il voudrait rendre impénétrable un ennemi peut « forcer nos frontières », « battre et dissiper nos armées » et « pénétrer le dedans du Royaume ». Ce sont des hypothèses peu probables, sans doute, mais que l'on ne peut écarter. Car derrière ces lignes de fortifications, même si elles sont un peu échelonnées en profondeur, il n'y a plus rien. Si le sort des armes nous est contraire en Artois ou en Hainaut, les armées ennemies peuvent librement ravager la Picardie, progresser par la vallée de l'Oise et se rendre maître de la capitale : Paris peut être occupé, « ruiné de fond en comble » ! Cette pensée tourmente Vauban. Il faut qu'il prévienne le Roi et qu'il attire son attention sur ce risque vital.

Tout en chevauchant le long de la côte de la Manche, le regard fixé vers le large, où peut apparaître une flotte anglaise ou hollandaise tentant une descente en Normandie, tout en sillonnant la basse Flandre, dont la défense lui avait été confiée face aux impériaux et aux Espagnols, en marchant vers le pays de Meuse, tellement boisé et « bossillé » que les Allemands peuvent aisément s'y infiltrer, il revient sans cesse sur cette question qui l'obsède : comment mettre la capitale à l'abri d'une « insulte de l'ennemi » ? Harassé par ces longs mois de voyages ininterrompus et alors que la fièvre le ronge, il rassemble toutes ses forces et rédige en octobre un mémoire qu'il intitule : *L'importance dont Paris est à la France et le soin qu'on doit prendre de sa conservation*[21].

On retrouve dans sa composition le Vauban cartésien qui développe sa thèse suivant un discours essentiellement logique. D'abord il souligne la place éminente occupée par Paris dans le royaume : « C'est le vrai cœur du Royaume ; la mère commune des Français et l'abrégé de la France, par qui tous les peuples de ce grand État subsistent et de qui le Royaume ne saurait se passer sans déchoir considérablement de sa grandeur. »

Puis il montre sa vulnérabilité, particulièrement vis-à-vis d'un ennemi arrivant à portée de canon : « Il n'y a point de ville en Europe [...] où l'effet des bombes soit plus à craindre qu'à Paris. »

La conclusion en découle : « C'est pourquoi il serait, à mon avis, de la prudence du Roi d'y pourvoir de bonne heure et de prendre les précautions qui pourraient la mettre à couvert. »

Vauban propose alors de construire une double enceinte et deux citadelles. Il reconnaît qu'il s'agit d'une œuvre à réaliser en période de paix et qu'elle demande « dix ou douze années de temps pour pouvoir totalement finir ».

Après les impératifs d'ordre militaire, il avance un argument économique, montrant ainsi une autre face de ses préoccupations : « Je répète encore que la dépense de ces ouvrages n'est pas ce qui en doit rebuter le Roi, puisqu'elle ne sortira pas une pistole du Royaume ; ce sera un argent remué aux environs de Paris qui donnera à vivre à quantité de pauvres gens, et fera que les autres en payeront mieux la taille parce qu'il s'y fera plus de consommation. »

Toutefois Vauban ne se fait pas d'illusions quant au sort de son mémoire et note : « J'ai cru du moins le devoir écrire, espérant qu'il se trouvera un jour quelque personne autorisée qui, lisant ce mémoire, y pourra faire réflexion. »

Comme prévu, cet écrit n'aura pas de suite immédiate. Louvois lui en accuse réception en ajoutant que « le Roi l'a trouvé fort bien raisonné mais Sa Majesté a jugé qu'il n'est pas possible d'exécuter [22] ». Cette réponse n'est pas de nature à surprendre Vauban ni à le décourager. Quand il pense à l'avenir de la France, il raisonne en décennies ou même en siècles, car il a la conviction profonde qu'elle survivra toujours aux turbulences de son histoire.

Vauban, fiévreux et secoué par des quintes de toux, s'enferme dans sa maison de Lille. Il est tellement fatigué qu'il n'envisage même pas d'entreprendre le voyage de Bazoches. Mais si la maladie l'abat physiquement, elle ne l'empêche pas de réfléchir et d'écrire. Il est tourmenté par les menaces qui pèsent sur le royaume et par le grave malaise qui y règne. Après en avoir analysé les causes il n'hésite pas à s'attaquer à l'un des piliers de la politique royale, la révocation de l'édit de Nantes ! Le titre de son manuscrit est révélateur : *Mémoire pour le rappel des Huguenots* [23]. Il le signe et le date de décembre 1689. Il commence ce mémoire par une description pessimiste de la situation intérieure du pays : « Car il ne faut pas flatter, le dedans du Royaume est ruiné, tout souffre, tout pâtit et tout gémit : il n'y a qu'à voir et examiner le fond des provinces, on trouvera encore pis que je ne dis. »

La situation extérieure est aussi alarmante : « Sa Majesté doit enfin considérer que c'est la France en péril qui lui demande secours contre le mal qui la menace. Le mal est la guerre présente, ou plutôt cette conjuration générale de tous ses voisins unis et associés pour sa perte. »

Vauban plaide d'abord sa thèse avec ménagement. Il concède dans un premier temps que le projet de conversion des huguenots était justifié et qu'il aurait pu être mené à bien si la trêve de Ratisbonne avait duré. Mais il faut se rendre à l'évidence : « Ce projet si pieux, si saint et si juste [...] a causé et peut encore causer une infinité de maux très dommageable à l'État. » Il énumère ces maux : la désertion de quatre-vingts à cent mille personnes de toutes conditions qui ont emporté avec elles plus de trente millions de livres, le déclin de « nos arts et manufactures particulières », la ruine d'une partie considérable du commerce, la désertion de nombre de marins et de soldats de valeur, les fausses conversions qui se transforment en « relaps, impies, sacrilèges et profanateurs », sans compter « les bonnes plumes » qui se sont retournées contre la France.

Élevant le débat et défendant courageusement le principe de la liberté de conscience, Vauban martèle alors quelques vérités qui ne devraient pas être de nature à faire plaisir à Louis XIV : « Les rois sont bien maîtres des vies et des biens de leurs sujets, mais jamais de leurs opinions, parce que les sentiments intérieurs sont hors de leur puissance, et Dieu seul les peut diriger comme il lui plaît. »

Mais les maux présents ne sont rien à côté de ceux qui peuvent survenir. Vauban les énumère sans chercher à ménager le Roi à qui cet écrit est destiné. Il prévoit que la désertion des huguenots continuera et s'amplifiera, que de les envoyer aux galères « ne servira qu'à grossir leur martyrologe, ce qui est d'autant plus à craindre que le sang des martyrs de toutes les religions a toujours été très fécond ». Il craint que « quelque grand trouble dans le Royaume » soit mis à profit par le prince d'Orange pour faire une « grande descente » avec l'aide et la complicité des huguenots cachés dans les provinces côtières. Vauban va jusqu'à évoquer le cas où « par le mauvais état des affaires » le Roi serait obligé de se soumettre aux ennemis de la Couronne.

Alors Vauban s'autorise à donner à son souverain une leçon de sagesse politique : « J'avoue bien qu'il est dur à un grand prince de se rétracter d'une chose qu'il a faite. [...] Mais enfin le Roi sait mieux que personne que, dans toutes les affaires de ce monde qui ont de la suite, ce qui est bon dans un temps l'est rarement dans un autre, et qu'il est de la prudence des hommes sages de s'accommoder aux changements qui n'ont pas dépendu d'eux, et d'en tirer le meilleur parti qu'ils peuvent. »

Poursuivant sur ce thème, il se montre philosophe : « [...] La gloire des actions ne se mesure point par le commencement de leur exécution, ni par le milieu, mais par la fin. Si le Roi sort bien de cette guerre, tout ce qu'il aura fait pour parvenir à une bonne paix lui sera glorieux ; s'il s'en sort mal, toutes ses actions, quelque belles qu'elles puissent être, seront ternies et souffriront déchet, car l'injustice des hommes fait qu'il n'y a guère de gloire où il n'y a guère de bonheur. »

En conclusion, Vauban prône le rétablissement pur et simple de l'édit de Nantes, dont il attend la paix intérieure, le retour à de bonnes relations avec les voisins et le démantèlement de la coalition dressée contre la France. La déclaration solennelle que ferait le Roi « couperait la principale racine qui unit les confédérés ».

Louvois accuse réception de ce mémoire en termes réservés, mais sans marques ni d'indignation, ni d'hostilité : « J'ai lu votre Mémoire où j'ai trouvé de fort bonnes choses ; mais entre nous, elles sont un peu outrées ; j'essaierai de le lire à Sa Majesté[24]. »

Vauban, dans sa demeure de la citadelle de Lille, est maintenant alité et abattu par une forte fièvre. La nouvelle en parvient à Versailles. Louvois s'en inquiète ; en dépit de ses flambées d'humeur contre Vauban, il lui porte une véritable et sincère amitié : « J'ai reçu votre lettre du dernier mois passé, par laquelle, en même temps que je suis fâché de voir que vous vous soyez laissé manger par la fièvre que vous auriez pu chasser avec un peu de quinquina, je suis très aise que vous ayez pris le parti de vous envenir[25]. »

Le Roi lui-même fait dire à Vauban de se transporter à Paris où il trouvera « de plus habiles médecins » qu'à Lille.

Le quinquina de Louvois ou les médecins du Roi remettent le malade suffisamment d'aplomb pour qu'il puisse prendre la diligence pour le Morvand. Car Vauban le sent bien, ce n'est qu'en retournant dans son pays qu'il guérira. Il y suit un traitement à base de lait de vache et d'ânesse qui semble lui réussir. Au bout de quelques semaines de convalescence à Bazoches il écrit à Louvois : « Je n'ai plus que trois jours à prendre du lait de vache pour achever le nombre de vingt [...]. Il m'a très bien fait, aussi bien que le lait d'ânesse, et hors quelques problèmes qui me restent encore dans les jambes et un peu de maigreur, je commence à me très bien porter et ne doute plus du retour de ma santé[26]. »

Cependant le marquis de Chamlay[27], passant en avril par Bazoches, trouve Vauban dans un état encore peu satisfaisant. Il ne commence à reprendre des forces qu'au mois de mai : témoignage de son rétablissement, il se remet au travail sur un projet de fortification pour Landau qu'il envoie à Louvois. Ce dernier s'en réjouit et lui donne aussitôt rendez-vous à Versailles pour le mettre au courant des affaires qui se sont traitées pendant sa maladie et pour lui fixer un long programme d'inspection des places dans le Nord jusqu'en Sarre[28].

Vauban réapparaît à la Cour le 1er juin 1690, après six mois d'absence. Mais il a sans doute présumé de ses forces car il n'entreprend pas le périple envisagé. Il s'installe à proximité de Versailles où Louvois lui écrit début juillet : « Si votre santé vous permettait de venir ici demain, le Roi en serait bien aise[29]. »

Finalement Vauban rentre en septembre à Bazoches. Il doit reconnaître qu'il n'est pas en état de reprendre son activité. Il lui faut à nouveau une bonne période de repos, de bon air et de bonne nourriture. Sans doute, en bon Bourguignon, y ajoute-t-il quelques verres de vin de ses vignes, un petit cru aigrelet avec un arrière-goût de rocaille. Il fait de grandes promenades sur ses terres et dans ses bois. Le début de l'automne est merveilleusement doux et ensoleillé. Il assiste aux vendanges ; elles sont l'occasion de festivités qu'il préside avec bonhomie. Les vignes sont plantées sur le versant sud des collines qui s'échelonnent de Vézelay à Neuffontaines. Les siennes sont sur ses terres des paroisses de Soeuvres, de Pouilly et de Charancy.

Il assiste également aux cérémonies locales : le 8 novembre on baptise une cloche à Fontenay-sous-Vézelay. En l'honneur des seigneurs de Bazoches elle a été nommée Sébastienne-Jeanne. La petite église, accrochée au flanc de la colline, dresse fièrement son clocher trapu, dans lequel on hissera la cloche après son baptême. Vauban pénètre dans le sanctuaire par un petit porche orné d'une gracieuse voussure romane, témoin de l'ancienneté de l'édifice. Deux fauteuils ont été placés dans le chœur, pour lui et son épouse. Pendant l'office, tandis que les cloches sonnent à la volée, son esprit s'évade vers l'église de Saint-Léger : il se souvient du temps où, avec ses camarades, il s'accrochait aux cordes pendantes sous le clocher, cherchant à se faire hisser toujours plus haut dans le bruit assourdissant du carillon.

Début novembre, Vauban apprend la mort de Seignelay. Louvois est chargé par le Roi de reprendre la direction de toutes les places qui relevaient du ministère de Colbert puis de son fils. Aussitôt Vauban est convoqué par le ministre : « J'ai un grand besoin de votre assistance pour essayer de mettre un ordre à ce que vous savez qui n'en avait pas trop ; ce qui me fait prier, si votre santé vous le permet, de venir ici le plus tôt que vous pourrez[30]. »

Cette longue maladie, qui a tenu Vauban pendant près d'un an à l'écart des affaires, lui a donné l'occasion de prendre du recul et de faire le point. Cette période marque une inflexion dans le cours de son existence. Jusque-là, il s'était cantonné dans son rôle de « preneur de villes » et de bâtisseur de places fortes. Sans doute ne manquait-il pas l'occasion de donner son avis sur des questions débordant de son secteur de responsabilité, mais il le faisait en quelque sorte incidemment. Désormais, tout en assumant pleinement sa charge de commissaire général des Fortifications, il va se comporter *motu proprio* en conseiller officieux du Roi.

Son *Mémoire pour le rappel des Huguenots* marque à cet égard une étape importante : jamais Vauban n'avait été si loin dans la critique, jamais il ne s'était exprimé avec une telle hauteur de pensée dans le domaine politique.

14.

Namur, siège exemplaire 1691-1692

Halte à Louveciennes — Pour une monnaie européenne — Siège de Mons — Mort de Louvois — Séjour à Paris — Nouvelle intercession en faveur des huguenots — Siège de Namur.

Pendant cette année 1690, au cours de laquelle Vauban était resté à l'écart des affaires du royaume, des affrontements ont eu lieu entre les armées françaises et celles des coalisés, sans que rien de décisif ne se soit produit. La menace principale s'était dessinée aux Pays-Bas, où une concentration de troupes allemandes, hollandaises et espagnoles s'était opérée sous le commandement du prince de Waldeck qui s'apprêtait à marcher sur la Champagne. Dans le même temps une armée menée par l'Électeur de Brandebourg se formait sur la Moselle. Mais le maréchal de Luxembourg, plus rapide que les coalisés, devançait leur jonction et battait Waldeck à Fleurus, entre Namur et Charleroi, le 1er juillet.

Sur le Rhin, une armée aux ordres du Dauphin et du maréchal de Lorge continuait à vivre sur le pays en protégeant l'Alsace. En Italie, Catinat manœuvrait prudemment face au duc de Savoie qu'il défaisait à Staffarde le 18 août.

Sur mer, Tourville remportait une victoire, le 10 juillet, contre la flotte anglo-hollandaise dans la Manche au large du cap Béveziers. Dans le même temps, en Irlande, le prince Guillaume d'Orange[1] battait la petite armée du roi Jacques d'Angleterre qui, sous la protection d'un corps français, rembarquait précipitamment.

La France était désormais complètement isolée. Le prince d'Orange avait décidé de joindre les forces anglaises à celles des coalisés et d'attaquer sur mer et sur le continent. La coalition, formée au départ par l'Empereur et les Provinces-Unies[2] s'est renforcée en 1690 par l'adhésion de l'Angleterre, de l'Espagne en juin et du duc de Savoie en octobre. Seuls, la Suisse et le Portugal demeurent avec les États nordiques, Danemark et Suède, à l'écart du conflit. Il manquait à cette coalition un chef, elle l'a trouvé en la personne du prince d'Orange qui réunit les alliés à La Haye, en février 1691, et les persuade de rassembler leurs forces et leurs énergies contre les ambitions de Louis XIV.

Ce dernier décide de prendre l'initiative des opérations en 1691. Fidèle à la tactique consistant à saisir des places fortes, plutôt que de hasarder une bataille de rencontre en rase campagne, il choisit de mettre le siège devant Mons. C'est pourquoi Vauban a été appelé par Louvois et a quitté le Morvand où il terminait sa convalescence.

Vauban est accompagné par sa deuxième fille, Jeanne-Françoise, dont le mariage est célébré à Paris, en l'église Saint-Roch, le 8 janvier 1691. La jeune mariée n'a que douze ans, son époux quinze ans de plus[3], ce qui n'était pas anormal pour l'époque. En l'absence de Mme de Vauban, qui n'avait pas voulu quitter Bazoches, la famille de Valentinay s'était chargée de régler la cérémonie : bientôt, avec le titre de marquis et de marquise d'Ussé, le jeune ménage va briller dans la société parisienne. Vauban n'a guère le temps, ni le goût, de se répandre dans les salons de la capitale non plus qu'à la Cour. S'il se rend à Versailles, c'est pour y travailler avec Louvois à la préparation de la prochaine campagne. Le siège de Mons n'est pas une petite affaire et tout doit être préparé dans le moindre détail.

Ces séances de travail à Versailles ou à Marly sont toutefois égayées par la perspective de pouvoir s'échapper aisément pour aller dans la propriété toute proche de son nouveau gendre, le domaine de Voisins[4]. Ce petit château est bâti près du village de Louveciennes, qui s'appelle alors Luciennes. On y jouit d'une vue magnifique sur la vallée de la Seine. Malheureusement la machine de Marly, implantée au pied même de ce domaine, fait un bruit constant et peu harmonieux. Vauban, habitué aux fracas des chantiers et des sièges, de plus un peu dur d'oreille comme tous les vieux militaires assourdis par les coups de canon, n'en est guère dérangé. Il aime à se promener dans les vergers et les bois des alentours, à l'abri de l'agitation de la Cour et de son cérémonial. Il y travaille au calme. C'est ainsi qu'il écrit de « Luciennes » une vive admonestation à l'un de ses ingénieurs, Cladech, qui s'est permis d'adresser directement des projets à Louvois sans passer par son canal :

« L'usage est, parmi les honnêtes gens de notre métier, de s'adresser à moi avant toutes choses, et de me proposer leurs difficultés et ce qu'ils y trouvent à redire. Comme je ne suis pas indocile, je me corrige ou je leur explique mes pensées [...].

« Vous aurez pu remarquer par la lettre apostillée de Mézières que je n'étais pas ivre quand j'en fis le projet et par faute d'être bien informé de ma pensée, vous alliez donner dans quantités d'absurdités [...]. Voilà un petit avis que je vous donne dans le même esprit de bonté que j'ai toujours eu pour vous [...]. Je suis, malgré toutes vos négligences, toujours à vous[5]. »

Vauban est un chef exigeant, prompt à s'emporter quand l'on se permet de toucher à l'un de ses projets sans l'avertir. Mais il est ouvert à la discussion et prêt à modifier son point de vue si on lui présente des arguments raisonnables. Après avoir tempêté, il se calme bien vite et sa bienveillance naturelle reprend le dessus. Vis-à-vis des ingénieurs, dont il connaît le dévouement, et qu'il voit si souvent exposés et meurtris dans les sièges, il nourrit des sentiments paternels.

C'est aussi à Luciennes qu'il met la dernière main à un *Mémoire sur le canal du Languedoc*[6] préparé pendant son congé à Bazoches. Depuis son inspection du chantier, en cours de finition, du canal de jonction des deux mers, il y a cinq ans, il a souvent pensé à cet ouvrage dont la conception l'avait enthousiasmé mais dont il avait estimé la réalisation imparfaite. Il propose d'améliorer considérablement ce canal en le prolongeant d'un côté jusqu'à Bordeaux et de l'autre jusqu'à Port-de-Bouc sur le golfe de Fos. Il envisage de plus d'y faire passer, sans rupture de charges, des bateaux allant jusqu'à deux cents ou deux cent cinquante tonneaux de jauge, soit de doubler la taille des bâtiments empruntant cette voie.

Il en profite pour ébaucher ce qui devrait être un véritable réseau de voies navigables en France : « Le commerce de ce canal peut joindre celui des trois plus grandes rivières du Royaume », le Rhône, la Loire et la Garonne, « et serait beaucoup augmenté par plusieurs autres petits canaux et rivières qui sont ou peuvent devenir navigables ».

Le commerce ainsi stimulé par « des communications libres et faciles » lui paraît essentiel pour la vie du pays : « Il sert encore à faciliter la circulation et le mouvement de l'argent, non moins nécessaire au corps politique que celle du sang au corps humain, à l'entretien et subsistance des peuples et empêche que l'argent ne demeure oisif ou ne sorte du royaume pour passer chez les étrangers. »

Au passage il lance l'idée d'une monnaie commune pour tous les pays de la chrétienté, en fait une monnaie européenne : « Faire une assemblée de députés de la part de toutes les principales têtes couronnées de la chrétienté, qui ont droit de battre monnaie, de convenir d'un titre et d'une monnaie universelle et décrier de concert et en même temps toutes les autres. »

Il faudra attendre près de trois siècles pour que cette conception d'une assemblée et d'une monnaie européennes, qui devait paraître parfaitement utopique aux contemporains de Vauban, ne connaisse un début de réalisation.

Après avoir longuement disserté sur toutes « les utilités » de ce projet d'aménagement du canal du Languedoc et avoir esquissé ce que pourrait être une politique agricole « d'amélioration des terres » et de développement du cheptel ainsi qu'une politique industrielle de mise en valeur des ressources minières, il conclut avec philosophie : « Voici un abrégé de ce que j'ai pensé sur le canal de la communication des mers, que j'ai mis par écrit plutôt pour en conserver l'idée à ceux qui viendront après moi que pour aucune espérance que j'aie de le voir jamais exécuter. »

Dans ce mémoire, rédigé alors qu'il se soigne dans une retraite campagnarde, Vauban non seulement propose des solutions techniques audacieuses mais il avance des conceptions prémonitoires dans le domaine de l'économie et de la finance.

Est-ce pour tromper les espions des alliés qui surveillent les allées et venues de tous les personnages importants de l'entourage du Roi et qui pourraient interpréter son long séjour à la Cour comme un indice de la préparation d'un siège ? Fin février, Vauban est en route pour la Guyenne. Il y inspecte en particulier la place de Blaye dont il a dessiné les fortifications en 1685. Il rédige, à l'intention de l'ingénieur en charge du secteur, une note détaillée sur la construction d'une tour à implanter dans une île de la Gironde en face de Blaye. Il la termine par cette aimable formule : « Je vous conseille de joindre votre industrie à mon imagination pour qu'il ne manque rien à sa construction[7]. »

Puis, en quelques jours de diligence, il traverse rapidement la France en diagonale pour se trouver à la mi-mars à pied d'œuvre devant les fortifications de Mons. Le Roi, en personne, supervise l'opération, disposant de soixante mille hommes et de trente mille chevaux, articulés en une armée de siège aux ordres du marquis de Boufflers[8] et une armée de couverture commandée par le maréchal d'Humières.

Investi par surprise dans la nuit du 16 au 17 mars, Mons est cerné par une ligne de circonvallation creusée par vingt mille pionniers. Mais la ville est protégée par des inondations et il faut en premier lieu détourner la petite rivière qui traverse la place pour en assécher les abords. Vauban peut alors commencer à faire creuser les tranchées. En huit jours celles-ci atteignent déjà les premiers ouvrages de la défense. La garnison semble opposer une résistance assez molle. Vauban, d'accord avec le maréchal de Boufflers, propose de donner l'assaut sans plus attendre. Les assiégés tentent de lancer une contre-attaque, mais l'artillerie a ruiné les remparts. Dès lors la partie est jouée : le 9 avril le gouverneur espagnol capitule.

La garnison de Mons, forte de sept mille hommes, en a perdu le tiers du fait des feux de l'artillerie et des mortiers. Les pertes françaises, par contre, sont limitées à une centaine de tués et quatre cents blessés. La disproportion entre les pertes des assiégés et celles des assiégeants, montre clairement la maîtrise de Vauban.

Louis XIV marque sa reconnaissance en donnant à Vauban une

gratification de cent mille livres[9] et surtout, suprême récompense, en « le priant à dîner ». Manger à la table du Roi, être assis à côté de Sa Majesté, alors que les Grands sont là, debout, assistant au spectacle ! C'est un moment unique dans la vie de Vauban, qu'il note soigneusement dans son *Abrégé des Services,* tant il en ressent l'insigne honneur.

En fait, la prise de Mons ne représentait rien d'important sur le plan militaire. Sans doute l'idée initiale avait-elle été de se servir de ce siège comme d'un appât pour attirer le prince d'Orange sur un terrain dûment reconnu et de l'y battre. Mais ce dernier n'a pas donné dans le piège.

Toutefois, on peut craindre que le prince d'Orange ne tente de ressaisir la ville après le départ des armées royales. Aussi Vauban doit-il rétablir rapidement les fortifications de la place, ouvrage rendu difficile par un temps devenu exécrable. Il estime qu'il lui faut au moins deux mois « pour mettre la place en état de se défendre ». Tandis qu'il se démène pour faire avancer les travaux et qu'il lutte contre « un mauvais rhume » tenace, Louvois le bombarde de lettres, réclamant à cor et à cri des plans de Mons et le projet d'amélioration de la place. Vauban, impavide, lui répond : « [...] Quand vous m'honorerez moins souvent de vos lettres et que vous me donnerez le loisir d'achever le projet de Mons, j'espère que je la retrouverai [sa santé] [...] et que vous aurez lieu d'être content[10]. »

Mais Louvois, de plus en plus nerveux, ne se maîtrise plus : Mons est tombé depuis sept semaines et il n'a toujours pas reçu le plan demandé : « [...] Je vous avoue que je ne saurais voir qu'avec beaucoup d'impatience un retardement si extraordinaire ; si le chevalier de Clerville vivait vous seriez bien plus diligent[11]. »

Critique blessante et injuste, que Vauban ne relève pas. Si Louvois se comporte d'une manière aussi désagréable, c'est qu'il est vivement irrité de n'avoir pu mener à bien la manœuvre projetée contre le prince d'Orange. Alors sa méchante humeur le porte à envisager des actions de représailles contre la population des Flandres pour qu'elle se soulève contre les armées alliées. Il écrit dans ce sens à Vauban : « Je ne vous dis rien sur la résolution que le Roi a prise de faire bombarder Bruxelles à la première occasion, parce que, tant qu'il y aura d'aussi grandes armées en Flandre, le Roi ne peut autrement faire perdre patience aux peuples qu'en les tourmentant, le plus qu'il pourra, et il n'y a point de mal que ces peuples-là appréhendent tant que celui-là[12]. »

Cette méthode a déjà été appliquée, suivant les directives de Louvois, en Palatinat avec les résultats que l'on sait. Le maréchal de Luxembourg a reçu l'ordre d'exécuter des actions de destruction systématique en Flandre. En dépit de sa réputation de guerrier impitoyable, il n'est pas pressé de l'exécuter. Ayant mis Vauban au courant, celui-ci écrit aussitôt à Louvois : « M. de Luxembourg m'a aussi parlé de bombarder Bruxelles mais comme je n'ai pas vu que les bombarderies d'Audenarde, de Luxembourg et même de Liège aient acquis un pouce de terre au Roi, et que, loin de cela, elles lui ont consommé beaucoup de munitions inutilement, extrêmement fatigué et affaibli ses troupes, je ne lui ai rien voulu dire sur cela, parce qu'il m'a semblé aussi que c'est un très mauvais moyen de se concilier le cœur des peuples dans un temps où les esprits de ce pays-ci sont mieux disposés pour le Roi qu'ils ne l'ont jamais été[13]. »

Cette lettre courageuse où Vauban, en homme de cœur et de raison, se dresse contre la politique de son ministre, avalisée par le Roi, n'atteindra pas son destinataire. Au moment où elle était écrite, Louvois venait de mourir subitement à Versailles.

Louis XIV écrira lui-même à Vauban : « Je ne doute pas que vous n'ayez été fâché de la mort du sieur marquis de Louvois [...][14]. »

Il l'informe qu'il a décidé de confier la charge des fortifications du royaume « au sieur Le Peletier[15], intendant de mes finances », et il ajoute : « J'attends du zèle que vous avez pour mon service que vous l'aiderez de vos conseils en tout ce que vous pourrez. »

Le Peletier est apprécié du Roi pour sa droiture et sa compétence en matière de finances. Il a tout à apprendre pour les fortifications : il ne peut avoir de meilleur maître que Vauban. La charge de ministre de la Guerre, indépendante de celle des fortifications, est confiée au fils aîné de Louvois, le jeune marquis de Barbezieux[16]. Il a hérité de maintes qualités de son père, mais il les gâte par de terribles défauts. Saint-Simon en a fait un portrait brillant et féroce :

« M. de Barbezieux avait tout ce qu'il fallait pour faire un grand ministre ; on ne peut plus d'esprit, ni plus de grâce dans l'esprit ; un travail net et facile ; on ne peut aussi un homme plus gâté ni plus dangereux, féroce par nature pour être né dans la puissance et y être parvenu dès son plus jeune âge, avec beaucoup d'humeur et de hauteur qui le rendaient redoutable à ses plus intimes amis, que d'ailleurs il savait merveilleusement servir ; peu scrupuleux en tout genre, très paresseux et trop confiant dans sa facilité de travail[17]. »

Vauban n'aura pas avec le fils les passes d'armes qu'il avait parfois avec le père, mais il regrettera ce dernier. En dépit de maints orages et de quelques désaccords, il travaillait en confiance avec lui et il savait pouvoir s'appuyer sur lui quand des questions essentielles étaient en jeu. Il sera sincère quand il écrira à Barbezieux : « Votre illustre père, dont la mémoire ne me sortira jamais du cœur et de l'esprit [...][18]. »

Par ailleurs Seignelay, décédé quelques mois avant Louvois, a été remplacé dans sa charge de ministre de la Marine par Pontchartrain[19], contrôleur général des Finances.

Ces changements ne facilitent pas la tâche de Vauban, mais ils lui donneront, dans une certaine mesure, un poids accru auprès de Louis XIV, qui sera enclin à faire appel de plus en plus à ses avis et à son expérience. Le Roi lui témoigne immédiatement sa confiance en lui demandant de ne pas quitter la place de Mons « tant que le prince d'Orange sera dans le voisinage », et en ajoutant : « [...] de quoi je serai d'autant plus aise que je suis persuadé que votre présence y vaut mieux que si l'on mettait dans les magasins tout ce que vous marquez qu'il manque, et que, tant que vous y serez, je n'aurai point d'inquiétude pour cette place[20]. »

Le maréchal de Luxembourg, qui commande en Flandre, avertit bientôt Vauban que la menace sur Mons est écartée, le prince d'Orange rentrant en Angleterre[21]. Sachant que le Roi a l'intention, au cours de la prochaine campagne, de s'emparer de Namur, Vauban va discrètement reconnaître cette place. Habillé « bourgeoisement », ainsi que son escorte, il part de Dinant et chevauche tranquillement le long de la Meuse. Arrivé sur une hauteur, à proximité de la ville, il met pied à terre « à une portée de mousquet » : « [...] A cette distance, je fis le tour de la place avec tant de confiance et une manière si libre, que ceux que nous rencontrions, et les sentinelles mêmes, nous prirent, je m'assure, pour des gens de la ville qui se promenaient bourgeoisement, les mains derrière le dos ; quelques fois nous faisions semblant de badiner et de courir les uns après les autres ; d'autres fois, comme si nous eussions été las, nous nous asseyions et c'était pour tirer nos plans que nous couvrions en nous couchant dessus et tournant le dos du côté de la place. »

Ayant ainsi bien observé tous les ouvrages de la défense, il complète son inspection en entrant dans la ville par l'une des portes : « [...] où, ayant été questionné qui j'étais et d'où je venais, et m'étant dit Français qui venait de Bruxelles, on me conduisit chez le gouverneur, où un officier de garde me reçut et me fit conduire au chemin de Dinant, comme je lui demandai, au travers du faubourg[22]. »

Vauban raconte cette expédition comme s'il s'agissait d'une innocente promenade. Certes, il s'est bien amusé à tromper la garnison espagnole, mais en prenant, avec beaucoup de sang-froid, des risques sérieux !

Dans la première quinzaine de septembre, Vauban vient à Versailles pour rendre compte au Roi de sa reconnaissance de Namur et des conclusions qu'il en tire dans la perspective d'un siège de cette ville.

Il s'entretient longuement avec son nouveau ministre, Le Peletier, de tous les travaux en cours dans les fortifications du royaume et aussi des ingénieurs qui relèvent de son autorité.

Ils sont à cette époque au nombre de deux cent soixante-quinze. Vauban les connaît presque tous. Il a pu les juger dans l'action au cours des sièges qu'il a dirigés ou sur le terrain en visitant les places où ils sont employés. Les places ont été groupées par région sous la responsabilité d'un ingénieur, ayant titre de « directeur des fortifications » : Ferry pour la façade atlantique jusqu'à l'embouchure de la Loire, Garangeau pour la Bretagne, Mesgrigny en Artois, Robelin en Flandres, Tarade en Alsace, Richerand pour les Alpes, Niquet pour la Provence et le Languedoc... Ces directeurs disposent eux-mêmes d'ingénieurs en chef et d'ingénieurs ordinaires. Mais Vauban ne se laisse pas arrêter par cette hiérarchie. Partout où il passe, il dialogue directement avec les ingénieurs en charge des chantiers ou de l'entretien des places. Tous ses rapports de visite comprennent des appréciations sur les hommes : ses jugements sont d'ailleurs sans complaisance.

Il se préoccupe du recrutement des ingénieurs, il estime qu'il a en la matière son mot à dire. Il souhaite que l'on fasse passer aux nouveaux candidats un examen d'aptitude, ce qui sera fait quelques années plus tard. Il attache la plus grande importance à leur formation. Celle-ci est faite essentiellement sur le terrain. De même que Vauban a appris son métier en étant le diacre de Clerville, les jeunes ingénieurs se forment en travaillant sous le contrôle des ingénieurs confirmés. Vauban lui-même ne manque pas une occasion de veiller à leur instruction. Pendant les longs séjours qu'il fait dans telle ou telle place, il s'attache à leur communiquer son savoir. Dans les correspondances qu'il entretient avec nombre d'entre eux, il ne manque pas d'entrer dans le détail de l'exécution des travaux. C'est ainsi que l'on trouve dans quelques-unes de ses lettres de véritables cours sur la manière d'exécuter un ouvrage spécifique, par exemple pour la construction de citernes, équipement essentiel pour une place quand elle est assiégée [23].

Chaque fois qu'il le peut, il s'échappe de la Cour pour visiter sa fille, Jeanne-Françoise, à Louveciennes [24]. Celle-ci passe la fin de l'été dans le domaine de Voisins d'où l'on peut aisément aller dans la capitale, en empruntant le coche d'eau à Bougival, ou bien se rendre en calèche à quelque festivité à Versailles ou à Marly. Vauban retrouve avec joie sa fille, dont le mariage n'a pas changé l'humeur enjouée et primesautière. Il aime à se promener avec elle dans les allées bien tracées du parc, puis continuer sa marche en descendant par un sentier jusqu'à la Seine pour contempler la machine de Marly en action.

Brève halte dans son existence de nomade : Vauban est bien vite reparti pour le tour des places du Nord-Est en commençant par Mézières. Il y apprend que les régiments de la Maison du Roi se sont comportés brillamment dans un engagement contre l'ennemi, mais qu'ils ont subi de lourdes pertes. Il écrit aussitôt au Roi pour lui dire que, tout en se réjouissant de cette « belle action [...] qui honore toute la nation », il ne peut s'empêcher de « regretter tant de braves gens à qui il en a coûté la vie et la santé » parce que la plupart d'entre eux étaient encore dotés d'un armement désuet, piques et fusils ! Il n'hésite pas à rappeler à Sa Majesté que, si les troupes de Sa Maison ne sont pas bien armées, Elle continuera à perdre « tout ce que vous avez de bons hommes » et lui lancer cet avertissement : « Souvenez-vous qu'il faut trente années pour en faire[25]. »

Vauban poursuit sa route par Rocroi et Philippeville. Ces villes, qu'il n'a pas visitées depuis longtemps, comportent maintes imperfections. Quand il inspecte une place, il ne laisse rien passer et il trouve « qu'il y a une infinité de choses à éplucher ». Il l'écrit à Le Peletier en tempêtant contre des travaux mal exécutés : « Les entrepreneurs de cette place sont comme ceux de Dinant et de Mézières, c'est-à-dire des vauriens parfaits, écumeurs d'ouvrages, qui ne les entendent pas [...]. Il faut une fois purger les ouvrages du Roi de ces maraudailles-là si on veut qu'Il soit servi comme il faut[26]. »

Puis il va travailler assez longuement avec l'ingénieur Cladech sur les fortifications de Dinant pour établir un projet que le Roi approuvera, en limitant toutefois le montant global du devis à trois cent mille livres, somme déjà conséquente[27].

Par Mons, Vauban regagne sa citadelle de Lille pour y passer tranquillement, pense-t-il, les mois d'hiver. Il trouve des lettres venant de Bazoches qui l'attendent. Il oublie un moment les soucis des fortifications pour se plonger avec joie dans les questions de gestion de son domaine. Il a fait établir une levée de terre dans le petit vallon du ru d'Armance pour constituer un étang. Mais la bonde fuit, et le régisseur, un certain Godignon, ne sait pas comment la réparer[28]. Il a arrêté un programme de travaux pour l'année et son secrétaire, Friand, qui est allé en vérifier l'exécution, lui adresse un compte rendu détaillé[29].

« — On a planté de nouvelles vignes avec du “ plan pinot ”.

» — On procède aux expériences de rendement qu'il a prescrites, à savoir “ labourer un arpent de méchante terre avec plein de laves et de pierres pour qu'il y ait un pied de terre pure ” et d'autre part “ mener de l'arène [du sable] dans dix toises carrées de terre grasse pour les bien mixer ensemble ”.

» — On achève le chemin de Bazoches à Vauban, en faisant “ toutes les pierries et rigoles nécessaires pour le bien dessécher en passant dans le village de Champignolles ” [...]. »

Vauban étudie et annote avec autant de soin ce courrier domestique qu'il le fait pour les relations de ses ingénieurs. Il a cette précieuse capacité de pouvoir se concentrer entièrement sur la question qu'il traite. Pour l'heure c'est son étang, où il compte bien avoir une réserve de poissons, ce sont ses vignobles, dont il veut améliorer la qualité, ce sont ses terres « pierreuses et aréneuses », qu'il cherche à amender.

Puis il clôt ce dossier et il reprend son mémoire sur le recrutement de l'armée qu'il avait ébauché pendant sa longue convalescence à Bazoches. Ce sujet lui tient à cœur. Les besoins croissants en effectifs ne sont plus couverts par le volontariat, d'autant que la solde versée à la troupe est trop maigre et ses conditions de vie de plus en plus précaires. Ainsi les officiers recruteurs emploient-ils des méthodes basées « sur la ruse et la mauvaise foi » pour attirer des recrues, si bien que « tous les enrôlements sont devenus frauduleux et forcés ». Il s'ensuit une troupe de mauvaise qualité, des désertions de plus en plus nombreuses, en dépit de sévères châtiments et, au surplus, la misère et la détresse des familles dont les hommes ont été enlevés.

Vauban propose un système novateur basé sur le tirage au sort « de ceux qui doivent marcher » pour un service de trois ans. Pour rendre ce procédé équitable, il doit être fondé sur un « dénombrement » exact de la population, et une juste répartition des enrôlés entre les paroisses, après avoir exempté certains pour raison de santé ou de situation familiale.

Il adresse son manuscrit au Roi avec cette lettre d'accompagnement : « Sire, la maladie de l'an passé m'ayant obligé de rester quelque temps chez moi, j'eus l'occasion de voir de près le désordre que les levées forcées font dans les provinces, ce qui m'ayant touché sensiblement je formai le dessein d'en avertir Votre Majesté et en même temps de lui proposer les moyens d'y remédier d'une manière qui sans lui être à charge peut être avantageuse à son service, à son peuple et à ses troupes [...][30]. »

Comme d'habitude, alors que Vauban espère rester un grand moment dans sa maison de gouverneur, il est mandé à la Cour dès la fin de l'année.

Louis XIV a besoin de consulter Vauban. Il n'a plus auprès de lui son équipe de ministres chevronnés, les Colbert, Louvois, Seignelay sur lesquels il s'appuyait pour tout ce qui relevait du domaine militaire au sens large. C'est lui qui, maintenant, donne les instructions directement aux chefs de son armée et de sa marine, qui établit les plans d'opérations, qui décide en matière de fortifications. Vauban va donc passer trois mois dans la capitale, participant à la préparation de la prochaine campagne, en particulier le siège de Namur, et travaillant avec Le Peletier sur le programme des ouvrages à réaliser pendant l'année 1692.

Ce qui l'aide à supporter ce long séjour à la Cour, c'est la présence de sa fille. Elle habite à Paris chez ses beaux-parents, qui ont un hôtel rue Saint-Honoré. Vauban, cet homme à l'aspect rude et bourru, fond de tendresse devant Jeanne-Françoise. Ce guerrier qui sait mener les soldats au combat se sent désarmé devant cette enfant, déjà femme, qui lui coupe ses discours moralisateurs d'un éclat de rire et d'une pirouette. Il surveille, avec une inquiétude toute paternelle, les premiers pas de sa fille dans la société parisienne. Il en parle à Mme Deshoulières, femme de lettres très répandue dans les salons de la capitale, qui compose à l'attention de la jeune marquise d'Ussé cette charmante mise en garde[31] :

« Elle papillonne toujours
Me disait ce grand homme, et rien ne la corrige,
En attendant qu'un jour la raison la dirige,
Elle aurait grand besoin de quelqu'autre secours,
Employez tous les traits que fournit la satire
Contre une activité, qui du matin au soir,
La fait courir, sauter et rire. [...] »

La poétesse retourne le compliment à celui qui lui a demandé de faire la leçon à sa fille :

« Il lui sied bien en vérité
De me proposer de vous faire
Des leçons de tranquillité
Lui, qui, soit en paix, soit en guerre
Goûte moins de repos que les lutins [...] »

Vauban s'en est retourné courant mars à Lille. Les conversations qu'il a pu avoir avec le Roi et ses ministres le laissent tourmenté : on s'installe dans cette guerre qui ruine le pays. Ce n'est pas une nouvelle campagne, axée sur la prise d'une place, même prestigieuse comme Namur, qui conduira sur le chemin de la paix. L'une des principales raisons de la coalition dressée contre Louis XIV réside dans sa politique religieuse, symbolisée par la révocation de l'édit de Nantes.

Vauban relit le mémoire qu'il a adressé à Louvois il y a deux ans et demi : « On n'y a rien trouvé qui dût être retranché. » Il y ajoute une « addition », qu'il date du 5 avril 1692. Il y critique à nouveau les conversions forcées, qui « ne peuvent être d'aucune utilité au Royaume, pas même à la religion catholique ». Bien au contraire, « la persévérance des conversions nourrit une infinité d'ennemis cachés, très dangereux, dans le cœur de l'État ». Il envisage avec crainte le moment où « le prince d'Orange [...] puissamment armé [...] assisté des forces et de l'argent de toutes les puissances de l'Europe [...] » arrivera à pénétrer par terre ou par mer dans le royaume, alors « les huguenots pourront lever le masque impunément et se joindre à lui ». Il peut s'ensuivre « une guerre dans toutes les parties du Royaume, capable de ruiner tout d'un coup ce que le Roi a fait depuis trente ans avec tant de peines et de dépenses ». Et Vauban conclut qu'il n'y a pas d'autre remède concernant les huguenots « que de les exterminer ou de les contenter ». Il écarte la première solution « dont la pensée seule est exécrable et fait horreur » et prône la seconde qui est « bonne, honnête et pleine de charité ».

Pendant son séjour à Versailles, Vauban a été admis à plusieurs reprise dans l'appartement de Mme de Maintenon[32] où se tenaient certains conseils du Roi. Peut-être a-t-il eu l'occasion de s'entretenir avec elle du problème des huguenots. En tout cas, c'est par elle qu'il choisit de faire acheminer son mémoire. Il lui écrit « pour une affaire qui me paraît de la dernière conséquence au Roi et à l'État » : « Vous aimez le Roi par conséquent sa gloire, son honneur et la sûreté de sa personne, vous êtes d'ailleurs pleine de charité, vous avez de la douceur et de la bonté et vous êtes toujours près de lui. »

Il lui demande d'avoir « la patience de lire le mémoire sans effroi avec un peu d'attention et de le faire voir et examiner par des gens de bien, aimant l'État [...] » afin « de conduire le Roi à se le faire lire[33] ».

Au ton chaleureux de la lettre que Mme de Maintenon enverra deux mois plus tard à Vauban, lors de la prise de Namur, on peut penser qu'elle n'a point été choquée par l'envoi de ce mémoire et qu'elle l'a fait lire à son royal époux.

Louis XIV a décidé de prendre une nouvelle fois l'initiative des opérations pour la campagne de 1692. Il veut attaquer son principal adversaire, le prince d'Orange, à la fois dans son royaume en Angleterre et dans les Provinces-Unies dont il est stathouder. L'expédition maritime, qui devait permettre à Jacques II, le roi déchu d'Angleterre, de débarquer dans les îles Britanniques à la tête d'une armée franco-irlandaise, fut étouffée dans l'œuf. L'escadre de Tourville, venant de Brest, rencontre une puissante flotte anglo-hollandaise au large du cap de Barfleur ; elle est en partie détruite les 2 et 3 juin en cherchant refuge à Cherbourg et La Hougue.

Pendant ce temps le Roi, ayant rejoint ses armées, investit par surprise le 24 mai la place de Namur. Implantée au confluent de la Sambre et de la Meuse, c'était un carrefour important d'où l'on pouvait menacer Liège et Bruxelles. Aussi la ville était-elle puissamment fortifiée, les Espagnols ayant habilement tiré parti des atouts naturels, représentés par les deux fleuves et par les hauteurs avoisinantes. La défense de la place avait été récemment complétée par un bel ouvrage, le fort Guillaume, bâti par un ingénieur réputé, Coehorn[34], surnommé « le Vauban hollandais ». La garnison, forte de neuf mille hommes, disposait de moyens de feux importants.

L'armée de siège, aux ordres du marquis de Boufflers, compte quarante mille hommes et une forte artillerie. Une armée de protection, commandée par le maréchal de Luxembourg, forte de quatre-vingt mille hommes surveille les mouvements de l'ennemi. Car le prince d'Orange ne reste pas inactif. Il rassemble les troupes espagnoles, hollandaises, anglaises et allemandes dispersées dans les Pays-Bas pour tenter de porter secours à la garnison assiégée. Mais Luxembourg sera là pour leur barrer la route.

Louis XIV, ayant installé la Cour à Dinant, supervise l'ensemble des opérations dont il avait programmé le déroulement avec soin. Van der Meulen est présent pour immortaliser sur ses toiles le Roi contemplant la ville qu'il va soumettre. Racine est là aussi, en historiographe appointé, prêt à rédiger la relation officielle du siège. Il écrit dès le 3 juin à son ami Boileau cette formule lapidaire : « M. de Vauban, avec ses canons et ses bombes, a fait lui seul toute l'expédition. »

Témoin direct, il décrit fort savamment et pertinemment l'action menée par Vauban : « Il a trouvé des hauteurs en deçà et au-delà de la Meuse, où il a placé ses batteries. Il a conduit la principale tranchée dans un terrain assez remué, entre des hauteurs et une espèce d'étang d'un côté et la Meuse de l'autre. En trois jours il a poussé son travail jusqu'à un petit ruisseau qui coule au pied de la contrescarpe, et de là, en moins de seize heures a emporté tout le chemin couvert [...] en telle sorte que cette place si terrible, en un mot Namur, a vu tous ses dehors emportés dans le peu de temps que je vous ai dit, sans qu'il ait coûté au Roi plus de trente hommes[35]. »

En effet, deux jours plus tard la ville capitule, mais la garnison se replie dans la citadelle et dans ses ouvrages avancés, adossés aux deux rivières et à leur confluent. Vauban, utilisant au mieux un terrain guère favorable, et en dépit d'un temps exécrable, pousse ses tranchées et ses positions de batteries de manière irrésistible. Il fait ainsi tomber le fort Guillaume, dernier écran avant la citadelle, qui se rend le 30 juin.

Racine, spectateur attentif de cette dernière phase du siège, rapporte cette anecdote révélatrice du caractère de Vauban : « Comme il connaît la chaleur du soldat dans ces sortes d'attaque, il leur avait dit : " Mes enfants, on ne vous défend pas de poursuivre les ennemis quand ils s'enfuiront ; mais je ne veux pas vous faire échiner mal à propos sur la contrescarpe de leurs autres ouvrages. Je retiens donc à mes côtés cinq tambours pour vous rappeler quand il sera temps. Dès que vous les entendrez, ne manquez pas de revenir à vos postes. " Cela fut fait comme il l'avait concerté[36]. »

Au beau milieu d'une action difficile, lui-même étant en première ligne pour mieux diriger l'attaque d'une position, la préoccupation de Vauban est de ménager, autant que faire se peut, la vie de ses hommes.

La capitulation obtenue, il redevient l'ingénieur curieux d'explorer l'ouvrage construit par son adversaire. Racine raconte ainsi la scène : « M. de Vauban a admiré lui-même la beauté de cet ouvrage. L'ingénieur qui l'a tracé et qui a conduit tout ce qu'on y a fait est un Hollandais nommé Coehorn [...]. Il en sortit hier avec la garnison, blessé d'un éclat de bombe. M. de Vauban eut la curiosité de le voir et, après lui avoir donné beaucoup de louanges, lui a demandé s'il jugeait qu'on eût pu l'attaquer mieux qu'on n'a fait. L'autre fit réponse que, si on l'eût attaqué dans les formes ordinaires [...] il se serait encore défendu plus de quinze jours et qu'il nous aurait coûté bien du monde ; mais de la manière dont on l'avait embrassé de toutes parts, il avait fallu se rendre[37]. »

Encore une fois la lourdeur des pertes chez les assiégés, comparée à celles dans les rangs des assaillants, prouve l'efficacité des méthodes mises au point par Vauban[38].

La prise de Namur apporte une grande satisfaction à Louis XIV qui espère, sans doute, décider les coalisés à signer la paix. On le devine à travers les lignes de la lettre que Mme de Maintenon adresse à Vauban : « C'est moins pour me réjouir avec vous du présent que le Roi vous a fait que je vous écris que pour vous faire mon compliment de la prise de Namur. Je ne puis douter de votre joie et vous croyez bien, Monsieur, que la mienne est grande. Il me semble qu'il n'y a plus rien à faire après cela qu'une bonne paix et que toute autre entreprise ne serait pas digne du Roi[39]. »

Le Roi, fatigué — il souffre d'une crise de goutte — rentre avec la Cour à Versailles. Mais, craignant un retour offensif du prince d'Orange, il charge Vauban de mettre la place en état de se défendre. Ce dernier, avant même d'avoir reçu cette instruction royale, travaille déjà à remettre en ordre les remparts de la ville. Il estime toutefois que la meilleure manière de défendre la place consiste à établir un « camp retranché » sur la hauteur située en avant de la citadelle, interdisant ainsi à un adversaire d'investir la position. Il l'écrit au maréchal de Luxembourg, qui se tient toujours dans les parages avec son armée : « Comptez, s'il vous plaît, Monseigneur, que le dessein d'assiéger Namur s'en ira en fumée quand ils apprendront qu'il y aura un camp au-dessus du château[40]. »

Puis il rend compte au Roi des mesures qu'il a prises et de celles qu'il se propose de prendre pour mettre Namur en sûreté, terminant son mémoire en ces termes : « Je conduirai cela de mon mieux, et j'espère que, mort ou vif, Sa Majesté sera contente de moi. » Louis XIV lui retourne le document, annoté point par point, inscrivant en face de la dernière phrase : « Il est assuré que je serai content de vous ; je souhaite que ce soit vif et longtemps encore ![41] »

Dans un combat de rencontre, longtemps indécis et tournant finalement à l'avantage des Français, Luxembourg a battu le prince d'Orange le 3 août à Steinkerque. Mais ce dernier continue à rôder autour de Namur. Aussi Vauban hâte-t-il les réparations « des brèches du château et de la ville » et tente-t-il à nouveau de persuader

Luxembourg d'établir un camp retranché devant Namur entre Sambre et Meuse[42]. Mais le maréchal est réfractaire à cette idée.

Cependant une autre province du royaume est agressée. Le duc Victor-Amédée de Savoie, franchissant les Alpes, pénètre en Dauphiné, fin juillet, s'empare d'Embrun, de Gap et de Guillestre.

Catinat, qui a conquis en avril 1691 le comté de Nice, ne dispose que d'une petite armée avec laquelle il ne peut à la fois tenir les places du Piémont et contrôler le Dauphiné. En fait, cette incursion n'a pas de suite : le duc de Savoie, malade, repasse les Alpes dès septembre avec ses troupes. Mais cette attaque a fait prendre conscience de la vulnérabilité de cette frontière. Toutes affaires cessantes, Vauban est prié par le Roi de se rendre en Dauphiné et en Provence. Il quitte Namur début septembre, non sans avoir adressé à Louis XIV un long compte rendu sur les travaux effectués : « Je laisse les fortifications de la ville et du fort Guillaume en meilleur état que lorsque Votre Majesté les a attaquées[43]. »

Vauban réalise qu'il part à la fin de la belle saison pour un long et difficile voyage. Il le dit à Barbezieux : « J'y prévois bien des affaires et souvent occasion de souffler dans mes doigts[44]. »

Cette mission va durer près de six mois.

15.

Par monts et par vaux
1692-1694

Inspection de la frontière des Alpes — Naissance de Mont-Dauphin — Séjour studieux à Nice — Passage à la Cour — Réflexions sur les nouveaux convertis — Équipée de Philippeville — Siège de Charleroi — Mémoire sur les places à céder.

L'incursion en Dauphiné du duc Victor-Amédée s'insère dans une longue tradition de cette Maison de Savoie qui a grandi en jouant les uns contre les autres ses puissants voisins, la France, l'Espagne et l'Empire. La Savoie acquit ainsi le Piémont et le comté de Nice. Sa capitale était transférée de Chambéry à Turin. Elle était devenue « le portier des Alpes », et monnayait habilement cette position. Le seul accès dont disposait la France vers le versant italien des Alpes se situait du côté des hautes vallées de la Doire Ripaire, contrôlée par la place d'Exilles, et de la Chisone, avec les places de Fenestrelle et de Pignerol[1].

Le duc Victor-Amédée, en dépit de ses liens avec la couronne de France[2], a adhéré en 1690 à la ligue d'Augsbourg formée contre Louis XIV. Il vient de prouver que les Alpes ne constituent pas une barrière inviolable. Sa campagne a certes été écourtée mais il risque de récidiver. Il peut aussi favoriser le passage de petites troupes venant du pays de Vaud, bastion protestant, qui s'infiltreraient vers les Cévennes où couve déjà une insurrection huguenote.

La menace est suffisamment sérieuse pour que Vauban ne traîne pas en chemin. Sa première étape est Grenoble, capitale du Dauphiné. Il fait un tour des fortifications de la place qu'il trouve en bien piteux état, « les faubourgs se sont avancés peu à peu jusque dans les fossés [...] tant on avait peu compté que cette ville pût jamais devenir une place de guerre ». Il va voir ce qu'on appelle « la Bastille », supposée jouer le rôle de citadelle : elle est « occupée par un vigneron qui en est gouverneur ; du moins il en a les clefs avec douze vaches, huit chèvres, une cavale et une bourrique pour toute garnison[3] ». Et la frontière de la Savoie est à six lieues de là par la vallée de l'Isère ! Heureusement il y a, à l'entrée de cette vallée, quand elle s'enfonce entre les massifs de la

Chartreuse et la chaîne de Belledone, un fort qui en défend l'accès : Fort-Barraux. Vauban l'inspecte. La position n'est pas idéale, mais elle peut être aménagée. La bonne solution pour verrouiller la frontière serait d'occuper Montmélian, une lieue en amont, mais cette place est en Savoie[4]. En attendant, il faut fortifier Grenoble ; il se met aussitôt au travail et dessine un projet pour la défense de cette ville[5].

Vauban passe une petite semaine à Grenoble et dans ses environs. Il s'informe, voit les ingénieurs de la région, prépare ses prochaines étapes. A cette occasion il est reçu par les autorités de la ville. Il est maintenant un personnage important, jouissant d'une brillante réputation, tant pour ses travaux en temps de paix que pour ses exploits guerriers. C'est ainsi qu'il rencontre un conseiller du parlement de Grenoble, Antoine de Guérin, seigneur de Tencin. Celui-ci a une fille de dix-huit ans, Angélique : elle est belle, douce et coquette. Vauban, qui a toujours été sensible au charme féminin, est séduit. Ce vieux militaire sait aussi se montrer aimable. Il ne manque pas d'humour. La « belle Angélique » est flattée d'être remarquée par ce glorieux soldat. Vauban, plus accoutumé aux aventures galantes et aux sièges lestement menés qu'aux jeux subtils de la carte du Tendre, est cependant ému par l'attention que lui prête cette charmante demoiselle. Ils s'écriront et ils se reverront...

La mauvaise saison étant proche, Vauban se hâte de franchir les Alpes pour visiter Pignerol. Il revoit cette place pour la troisième fois. Il se contente d'ajouter quelques additions au plan qu'il avait tracé dix années plus tôt. Il a surtout de longs entretiens avec son ami Catinat qui, avec des effectifs limités, doit s'efforcer de prévenir les entreprises du duc de Savoie. Ils étudient ensemble les cartes de cette frontière alpine et l'emplacement des verrous qu'il conviendrait d'y poser.

Pendant son séjour à Pignerol, Vauban reçoit un courrier qui le met en rage. Il apprend que Le Peletier, agissant en tant que directeur général des Fortifications, est passé à Namur où il s'est permis de suggérer des modifications au projet établi par lui, Vauban ! Alors il tance sérieusement le malheureux ingénieur qui s'est laissé influencer par Le Peletier. Oubliées les gracieusetés débitées dans les salons grenoblois, c'est le Vauban qui fulmine :

« Je vois par le petit bout de dessin que vous vous êtes donné bien de la peine pour ne rien faire qui vaille, puisque vous savez bien ce qui m'a empêché de mettre une redoute sur le bas de la hauteur de Bouge [...]. Vous savez tout cela aussi bien que moi ; car je vous ai tout dit et que vous êtes convenu de tout. L'avez-vous donc oublié ? ou si c'est par une fade et basse complaisance que vous vous laissez aller avec tant de facilité aux sentiments de M. Le Peletier que vous voyez bien qui ne l'entend pas ; et quand même il aurait quelque connaissance, comment

La Frontière des Alpes

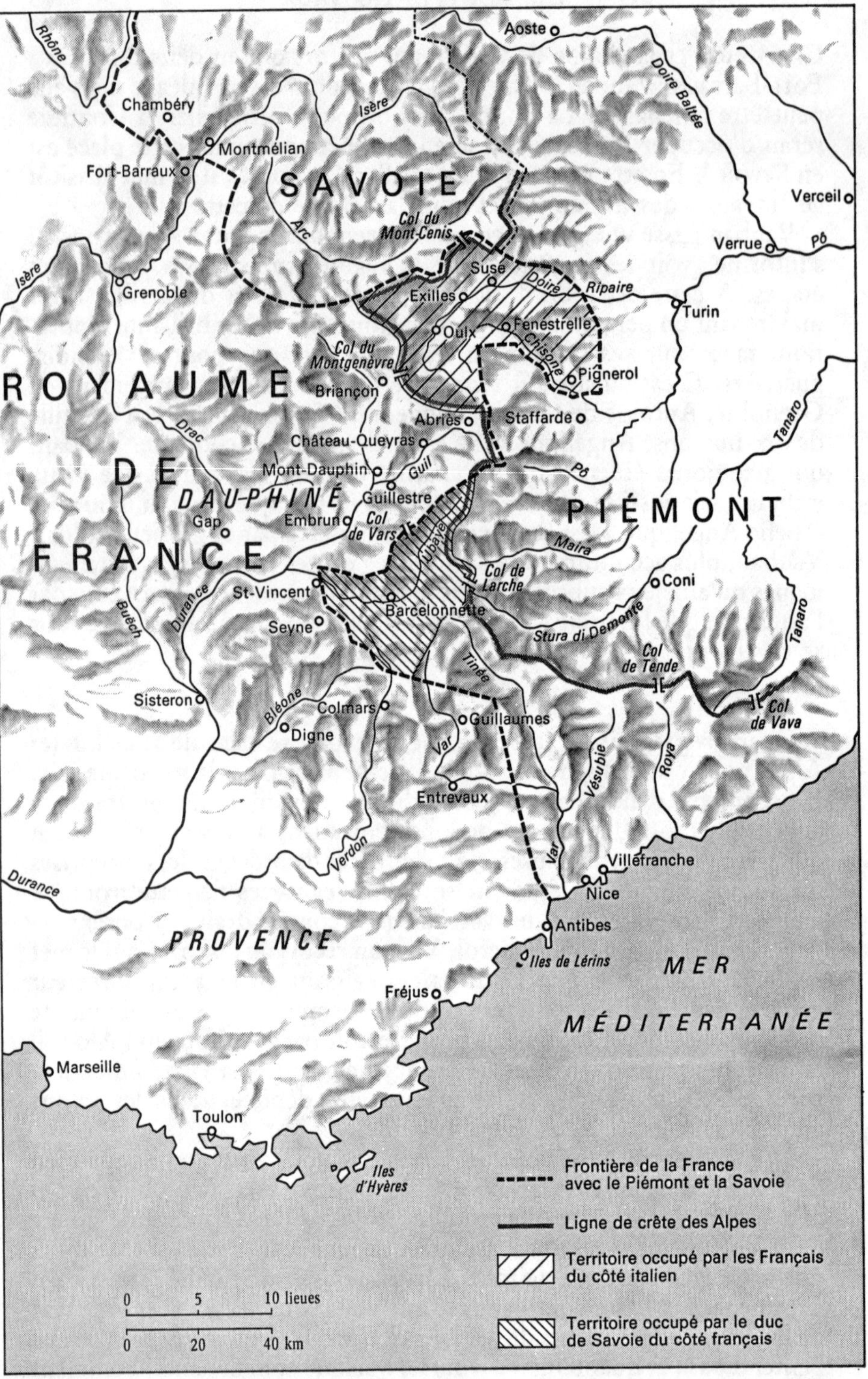

serait-il possible qu'un homme qui, dans le fond, n'est nullement de la profession, qui ne va là que pour faire des marchés, qui n'y demeure que trois jours, et qui par conséquent ne saurait voir les choses qu'en courant, comment est-il possible de dire que ses sentiments puissent prévaloir sur l'expérience de quarante ans d'un homme qui vient de conduire le siège de Namur, où il a demeuré trois mois après, à faire le projet de fortification ?[6]. »

Repassant le col du Mont-Genèvre, Vauban s'arrête à Briançon. Le site lui paraît remarquable à « la rencontre des trois principales vallées », mais la position difficile à aménager : « Ce sont des montagnes qui touchent les nues et des vallées qui descendent aux abîmes [...] par conséquent très embarrassant pour ceux qui attaqueront et qui défendront. » Il note que la vieille ville « est petite et fort resserrée » et que « son assiette est fort inégale et sur deux grandes pentes ». L'enceinte de la place a été faite « en vue de sauver des insultes des Barbets et non de soutenir un siège réglé ». Bref, tout est à faire et ce ne sera pas facile avec ces hauteurs surplombant la ville, permettant des tirs plongeants ou d'enfilade[7] !

Suivant la vallée de la Durance, Vauban descend jusqu'à Embrun. Campée sur une terrasse escarpée, qui domine le cours de la rivière, la ville a fière allure avec sa cathédrale. Mal fortifiée et mal approvisionnée, elle n'a pu qu'opposer une courte résistance aux troupes du duc de Savoie. Vauban établit aussitôt un projet qui évitera le retour de semblable avanie[8].

Toutefois il ne suffit pas de placer un verrou dans la vallée de la Durance pour barrer tous les accès du Piémont en Dauphiné. Sans doute il existe une forteresse, Château-Queyras, perchée sur un rocher qui domine la vallée du Guil. Cette petite place, à condition d'être renforcée, peut commander la combe du Queyras. Mais il y a encore une autre voie de pénétration, celle qui, justement, a été empruntée par le duc de Savoie. Débouchant du Piémont par le col de Larche, il a pénétré dans la vallée de l'Ubaye. Cette possession de la Maison de Savoie forme une enclave entre le Dauphiné et la Provence. De là, par le col de Vars, il a débouché sur Guillestre, petite cité mal défendue derrière des remparts médiévaux, et il a atteint la vallée de la Durance qu'il a ravagée.

Vauban estime que Guillestre ne peut convenir pour constituer une bonne place forte. Par contre, sur le conseil de Catinat, il explore le cours de la Durance et celui du Guil aux abords de leur confluence. Les vallées encaissées s'élargissent pour former un vaste plateau où se dresse un promontoire rocheux. Vauban trouve cet emplacement idéal pour y implanter une place forte : « Ce poste aurait une telle correspondance avec Embrun et Briançon qu'aucune troupe ennemie, quelque considérable qu'elle pût être, n'oserait plus s'engager entre deux, ainsi on n'aurait plus que faire du château de Queyras ni de

Guillestre, fort peu de la fortification d'Embrun et encore moins celle de Gap, Grenoble même serait à couvert. »

Vauban est saisi d'enthousiasme pour ce projet. Il voit déjà, en imagination, l'harmonieuse citadelle se dresser au soleil sur cet escarpement dont elle épousera la forme. Il est aussi conquis par la beauté et la richesse de la région : « C'est l'endroit des montagnes où il y a le plus de soleil et de terre cultivée, il y a même des vignes dans son territoire, du bois, de la pierre de taille, du tuf excellent pour les voûtes et de la pierre ardoisière, du bon plâtre, de la fort bonne chaux, de l'ardoise et du charbon de terre aux environs, et tout cela dans la distance d'une lieue et demie au plus [...]. Et pour conclusion, je ne sais point de forts en Dauphiné, pas même en France, qui lui puisse être comparé par l'utilité, ni qui favorise plus nos entrées dans le pays ennemi et lui défende mieux toutes les siennes dans le nôtre, et quand Dieu l'aurait fait exprès, il ne pourrait être mieux[9]. »

Il ne reste qu'à trouver un nom pour cette place. Il y a déjà un Fort Louis, un Mont-Royal... il va l'appeler « Mont-Dauphin ».

Le mois de décembre est déjà bien avancé. Toutes les montagnes sont couvertes de neige, même les routes dans les vallées deviennent difficilement praticables. Il faut que Vauban se hâte car il a encore un long chemin à parcourir. Il passe rapidement par Gap qu'il juge difficile à défendre, dans un creux dominé de toutes parts[10]. Il remonte alors le cours de l'Ubaye et arrive à la forteresse de Saint-Vincent[11], sentinelle avancée de la Provence, face à Barcelonnette, qui appartient à la Maison de Savoie. Le site est splendide : le fort est bâti sur un rocher dominant la vallée qui se resserre en gorge boisée au fond de laquelle l'Ubaye court impétueusement. La tradition locale veut qu'Annibal ait campé avec ses légionnaires et ses éléphants dans une clairière proche.

Puis Vauban gagne la petite ville de Seyne, située au milieu d'une haute et riante vallée, en bordure de la chaîne de la Blanche, formant la frontière de la Provence. Il estime que cette place est « d'autant plus importante qu'elle se trouve à portée de garder plusieurs passages par où les ennemis peuvent entrer en Provence et même en Dauphiné[12] ». Il apporte quelques retouches au projet que l'ingénieur Richerand avait tracé, pour donner plus d'ampleur à l'enceinte de la citadelle.

Il est grand temps de descendre vers la côte. Vauban renonce à aller voir les places de Colmars, de Guillaumes et d'Entrevaux. Il regagne la vallée de la Durance pour passer à Sisteron, qui peut être aménagé en place « de seconde ligne par rapport à Seyne et Colmars ». Il le dira à Le Peletier : « La situation m'en a paru très bonne tant à l'égard des rivières qui s'y joignent [...] celle de la citadelle est des meilleures que je connaisse et se peut très bien accommoder, garder et défendre avec peu de monde[13]. »

Remontant la vallée de la Bleone, il va jusqu'à Digne. Enchâssée dans son cadre montagneux, cette place est difficile à défendre. Vauban envisage d'y construire une enceinte ponctuée de tours bastionnées : « Cette espèce de fortification est la seule bien praticable dans les lieux où on est resserré et pressé de montagnes[14]. »

Enfin, après trois mois de chevauchées, pratiquement ininterrompues, depuis son départ de Grenoble, dans des lieux dont il souligne « l'extrême difficulté des accès » et dans des terrains pénibles à cause de « la dureté » et « le bossillement du pays », Vauban arrive fin décembre à Nice. Écrivant à Le Peletier, il avoue son épuisement : « Enfin me voilà à Nice, où j'arrive la veille de l'an, bien fatigué. » On le serait à moins : Vauban va avoir bientôt soixante ans !

Il est fatigué, mais il ne se reposera pas pour autant dans cette ville charmante qu'il découvre et qu'il visite pour la première fois. Il écrit à son ami Catinat, qui a conquis le comté de Nice en mars 1691 : « Vous voulez bien que je vous fasse un véritable et sincère compliment sur la conquête de ce pays-ci ; jamais chose ne m'a paru plus heureuse ni de plus convenable aux affaires du Roi que cette conquête[15]. »

En six semaines de séjour à Nice il met au point les projets de la douzaine de places et de forts inspectés pendant sa randonnée. Il les envoie avec de longues missives à l'intention de Le Peletier, martelant ses arguments pour le bien convaincre. Car, par son truchement, c'est l'adhésion du Roi qu'il cherche à obtenir. De cette longue reconnaissance dans les Alpes, il retire la conviction que l'on a négligé cette frontière et que l'on a eu bien tort : « Il est bien vrai que les Alpes ne sont pas des barrières suffisantes, mais, quand les passages en sont bien reconnus, c'est beaucoup de n'y point trouver de portes cochères, mais seulement des guichets qu'on peut aisément fermer[16]. »

Il ne s'agit pas de bâtir de nouvelles places pour le plaisir. Vauban insiste une nouvelle fois sur cette idée qu'il a eu l'occasion d'exposer à maintes reprises : « Si Dieu nous donne la paix telle que je la désire pour le bien de l'État [...] il faudra décharger le Royaume de trente-cinq ou quarante places qu'il y a de trop[17]. »

Mais il faut choisir de bons emplacements, comme Mont-Dauphin, au lieu d'aller guerroyer inutilement de l'autre côté des Alpes : « Et si au lieu de voler le papillon au-delà des Alpes, on se fût attaché à bien accommoder cette frontière, on en serait quitte présentement, et le Roi en aurait l'esprit au repos, au lieu de quoi vous en voilà encore pour deux ou trois années d'inquiétude [...][18]. »

Ces différents points étant bien affirmés, Vauban s'attache à faire l'instruction technique de son directeur général des Fortifications. Il apprécie Le Peletier en tant qu'homme, mais il estime que, sorti des finances, il n'y connaît rien. Alors il lui explique patiemment l'art de la fortification. Si ces projets alpins n'ont pas l'allure classique de places fortes, c'est parce qu'il a dû s'adapter au terrain fortement « bossillé » : « Il faut compter qu'il n'y a presque point d'autre fortification praticable en ce pays-ci que celle de tours bastionnées couvertes, murailles couvertes, embrasures rampantes aux endroits où il y a de quoi faire un terre-plein, et des créneaux où cela ne se trouve pas[19]. »

Vauban enseigne également à son directeur qu'il existe deux types différents d'ingénieurs, il ne faut pas les employer mal à propos : « Puisque j'en suis sur ce chapitre, il faut que je vous fasse voir la différence de ceux qui savent bâtir et de ceux qui ne savent qu'attaquer des places. Il n'y a point d'officier capable d'un peu de bon sens que je ne puisse rendre capable de la conduite d'une tranchée [...] en trois sièges un peu raisonnables ; mais un bon bâtisseur ne se fait qu'en quinze ou vingt ans d'application, encore faut-il qu'il soit employé à diverses choses et qu'il soit homme de grande application[20]. »

Et il conclut sur cette profession de foi : « Le Génie est un métier au-dessus de nos forces, il embrasse trop de choses pour qu'un homme le puisse posséder dans un souverain degré de perfection ; j'ai assez bonne opinion de moi pour me croire un des plus forts de la troupe et capable de faire la leçon aux plus habiles, et avec tout cela, quand je m'examine, je ne me trouve qu'un demi-ingénieur, après quarante ans de très forte application et de la plus grande expérience qui fût jamais[21]. »

Vauban dans cette lettre se dépeint avec franchise et lucidité : il est conscient de sa valeur, tout en demeurant modeste. Cela ne fait point un homme facile à manier. Et le jeune Barbezieux , ministre de la Guerre, ne sait pas s'y prendre avec lui. Vauban, en veine de confidence, s'en ouvre dans le même courrier à Le Peletier : « Je n'ai nul empressement de m'adresser à lui [Barbezieux], parce qu'il ne sait qu'éluder et contrarier ce qui vient de moi. Je sais par quel esprit il le fait ; mais je sais, en même temps, que ce n'est pas comme cela que l'on me range [...]. Feu M. Louvois m'en savait gré [de mes conseils] et les recherchait. M. son fils ne fait ni l'un ni l'autre[22]. »

Tout en rédigeant mémoires et lettres, Vauban a exploré Nice et ses environs, Villefranche et Saint-Hospice. Il renonce toutefois à s'engager à nouveau dans la montagne pour voir les trois dernières places qu'il n'a pas visitées : Colmars, Guillaumes et Entrevaux. Il s'en remet aux rapports faits par Niquet pour en régler les projets.

Les voyages peuvent exténuer Vauban, le rendre recru de fatigue, mais, dans le même temps, ils paraissent stimuler sa capacité de travail et de réflexion. Il écrit à son ami Catinat qu'il aurait bien voulu lui envoyer copie de tous les plans et mémoires rédigés pendant son séjour à Nice : « mais il y eût eu la charge d'un mulet de papiers, et loin d'avoir la quantité d'agents qu'il me faut pour pouvoir faire toutes les copies nécessaires, la plupart de ceux que j'ai menés avec moi sont tombés malades[23] ». Lui-même a attrapé froid sur les routes glacées :

« Je suis enrhumé à tousser tant que la nuit dure. » Il est temps pour lui de rentrer. Il est parti de Namur début septembre et il a encore un long chemin à faire.

Passant par Antibes, il trouve encore le moyen d'y tracer un projet de fortification, avant de rencontrer à Pont-Saint-Esprit les ingénieurs du Roussillon et de traiter avec eux des problèmes de cette province. Dans la chaise de poste qui l'emmène vers la capitale, il griffonne de nombreuses notes pour préparer les audiences que le Roi voudra bien lui accorder.

Quand il arrive, le 30 mars, à Versailles, il trouve la Cour en grand état d'excitation. Le Roi vient de nommer, trois jours plus tôt, sept maréchaux de France[24]. Vauban ne figure pas parmi les nouveaux promus : sa déception est patente. On en trouve une confirmation dans une lettre que Catinat adresse à ce propos à son frère, qui avait rencontré Vauban dans les couloirs du palais de Versailles : « La situation d'esprit, dans laquelle tu me mandes que M. de Vauban est, ne me surprend point parce que nous avons causé ensemble à Pignerol. Il m'a dit plus d'une fois : " Vous serez Maréchal de France ; je vois bien que je ne le serai point et que l'on pense autrement sur moi. " Je lui répondis que c'était l'homme le plus illustre de l'État par son mérite et les services qu'il avait rendus ; que l'on regardait cette élévation pour lui comme une chose qui pouvait et devait être[25]. »

Vauban sait bien le respect dont il est entouré et l'estime que lui porte le Roi. Il réalise cependant que la déférence qu'on lui témoigne est parfois subtilement condescendante. Ce n'est point sa modeste naissance qui est en cause. La nomination de Catinat est d'ailleurs là pour démontrer que ce n'est point une raison dirimante. En réalité, c'est son statut bâtard « d'ingénieur », moitié soldat, moitié entrepreneur, qui est considéré par certains comme étant de condition inférieure. On ne lui a jamais confié le commandement d'une armée, encore qu'il s'estime parfaitement capable d'en mener une et sans doute mieux que d'aucuns. Mais on ne lui donnera pas cette chance. Le Roi a trop besoin de lui pour diriger les sièges en temps de guerre et pour mener les travaux en temps de paix ! Derrière sa rude écorce, Vauban est un homme sensible. Il souffre de ce qu'il considère être une injustice faite à son égard.

Est-ce pour mettre quelque baume sur cette blessure intime que le Roi, ayant créé un nouvel ordre, l'ordre militaire de Saint-Louis, ne comptant que huit grand-croix, nomme Vauban parmi ceux-ci le 8 mai 1693 ? Dès son retour de mission Vauban a été reçu le 4 avril par le Roi. Il lui a fait un compte rendu détaillé sur toutes les places qu'il a inspectées depuis Grenoble jusqu'à Nice[26]. Il sera reçu à nouveau, le 21 avril, pour lui exposer les problèmes touchant aux ingénieurs et aux officiers vus dans les différentes places. Vauban prépare ces audiences en rédigeant « un agenda », une sorte d'aide-mémoire lui servant de plan pour son exposé :

« — Montrer état des ingénieurs — disparus, à remplacer, appointements.
— Marquer d'une croix ceux qui peuvent faire campagne.
— Ne pas accepter d'ingénieurs avant qu'ils n'aient passé un examen.
— Ne pas les changer d'affectation sans m'en parler — les connaissant le mieux.
— Ne pas trop les assujettir aux Intendants qui ne connaissent pas la fortification... »
« Parler au Roi de M. de Seully — Lt. du Roi à Exilles qui n'a pas été payé de sa pension — Vieil officier qui n'en peut plus et qu'il faut retirer de là [...].
— de M. de Pontys — homme de mérite, gouverneur de Seyne, n'a pas eu un sol d'appointements, son village a été brûlé, mérite au moins cent écus ou quatre cents livres par mois d'appointements [...].
— Barbé, ingénieur, épaule cassée à Montmélian — demande gratification pour payer son chirurgien, appointements très petits [...][27]. »

Louis XIV reçoit son commissaire général aux Fortifications entouré de ses ministres, Barbezieux, Le Peletier, Pontchartrain, sans oublier le précieux Chamlay. Depuis la mort de Louvois ce dernier est le conseiller militaire du souverain. Le Roi écoute attentivement, il aime le parler direct et imagé de Vauban : avec lui les paysages s'animent, les places fortes sont campées dans leur décor, les personnages dont il parle sont vivants. L'audience du 21 avril sera trop courte pour aborder tous les sujets, elle sera complétée par une autre le 27.

Mais, dans ces audiences officielles, Vauban ne peut traiter que des questions relevant de sa charge. Or bien d'autres préoccupations occupent ses pensées. Il s'agit, en premier lieu, de la sauvegarde du royaume. Pendant six longs mois de voyage, au pas lent des mules sur les sentiers de montagne, il a eu le temps de ruminer le contenu d'un mémoire qu'il intitule *Réflexions sur la guerre présente et sur les nouveaux convertis*[28]. Vauban réfléchit à cette guerre qui dure depuis quatre ans et demi : contre la menace extérieure il dresse sa barrière de fortifications et, pour peu que le Roi l'entende, le royaume disposera bientôt d'une protection efficace contre les agressions des ennemis. Mais la menace intérieure subsiste, elle s'accroît même : ce sont les nouveaux convertis, car leur conversion n'est qu'apparente. Toutes ces conversions forcées « ne peuvent[-elles] manquer d'entretenir autant d'amis fidèles au prince d'Orange » ? Elles forment l'obstacle le plus sérieux sur le chemin de la paix.

Sans craindre de provoquer l'irritation du Roi, Vauban, reprenant les arguments qu'il a utilisés dans ses textes précédents, en arrive à la même conclusion : le plus sûr moyen « de sortir de ce mauvais pas », dans lequel la France est engagée, réside dans « le rappel des Huguenots à pur et à plain, c'est-à-dire la réhabilitation de l'Édit de Nantes en son entier ».

Au passage il assène quelques vérités toujours bonnes à rappeler : « Le succès de la journée de la Saint-Barthélemy, qui fit beaucoup plus de Huguenots qu'elle n'en défit, doit nous apprendre une bonne fois pour toutes que la religion se persuade et ne se commande pas. »

Pour terminer, il attire l'attention du Roi et de ses ministres sur cette maxime : « C'est bien moins par l'étendue des États et par le revenu des Rois qu'il faut juger de leur grandeur que par le grand nombre de sujets, unis et bien affectionnés. »

Vauban avait remis son premier *Mémoire sur le rappel des Huguenots* à Louvois, puis il avait déposé une « addition » à cet écrit entre les mains de Mme de Maintenon. Ces documents étaient-ils arrivés jusqu'au Roi ? Cette fois il semble que Vauban n'use pas d'intermédiaire. Depuis la mort de Louvois il correspond directement avec le Roi, qui l'y encourage à nouveau : « J'ai reçu toutes les lettres que vous m'avez écrites ; je n'y ai pas répondu bien régulièrement et je me suis contenté de profiter de ce qu'elles contenaient de bon, selon mes desseins qui ne s'accordent pas tout à fait avec vos pensées. Continuez à m'écrire ce qui vous passe par la tête et ne vous rebutez pas, quoique je ne fasse pas toujours ce que vous proposez et que je ne réponde pas bien rapidement aux lettres que vous m'écrivez. »

Et Louis XIV termine son épître par cette phrase qui va bien au-delà des formules de politesse en usage : « Voilà tout ce que je vous dirai pour le présent, vous assurant qu'on ne peut avoir plus de considération, d'estime et d'amitié que je n'ai pour vous — Louis[29]. »

Le Roi ne fait pas allusion au dernier mémoire de Vauban, qu'il n'a sans doute pas encore lu, mais il lui donne un encouragement que celui-ci ne va pas tarder de mettre à profit.

Louis XIV avait décidé de faire campagne, cette année 1693, en Flandres où il savait que se trouvait son principal adversaire, Guillaume d'Orange. Début juin le Roi est à la tête de deux armées devant Namur, à portée de l'armée de la Ligue qui campe près de Louvain. Va-t-il se porter en avant, manœuvrer l'ennemi et tenter de le défaire en rase campagne ? Une nouvelle fois Louis XIV hésite à mettre sa réputation et son honneur en jeu dans une semblable rencontre. Il préfère les sièges où tout peut être préparé, pensé, calculé. Sans compter qu'il sait disposer d'un Vauban pour mener ces actions, mais qu'il ne peut plus s'en remettre à des guerriers de la classe de Turenne ou de Condé pour gagner des batailles. Alors, après être resté un temps avec ses armées, le Roi reprend le chemin de Versailles, laissant le commandement au maréchal de Luxembourg. Celui-ci affrontera le prince d'Orange à Neerwinden, au nord-ouest de Liège, le 29 juillet. Il le battra mais il n'exploitera pas ce succès et laissera l'ennemi se retirer sans le poursuivre. Pendant ce temps l'armée du Rhin, sous le maréchal de Lorge, se contente de piller une fois encore le Palatinat.

Vauban avait quitté Versailles début mai, pour reprendre ses inspections des places dans le Nord et se tenir prêt à rejoindre les armées, si une action avait été décidée. Mais le Roi lui-même lui avait écrit : « On ne saurait faire cette année aucune entreprise qui mérite votre présence[30]. »

Les déplacements dans les zones frontières ne sont pas de tout repos. Entre les places fortes des bandes armées circulent, qui mettent la population « à contribution ». Il n'est pas prudent de circuler sans disposer d'une bonne escorte. C'est ainsi que Vauban est bloqué, fin juin, pendant cinq ou six jours à Philippeville, dans l'attente d'une troupe devant l'accompagner jusqu'à Mons. Il raconte son odyssée à Le Peletier :

« Je partis devant hier de Philippeville avec deux cents dragons de la garnison de Namur, et prenant le grand tour par Marienbourg et Chimay, je vais coucher dans le château de Terlon. Pendant quoi la pluie pensa nous noyer, en l'air et tout à cheval, cinq heures durant, tant elle fut violente. J'en partis le lendemain à trois heures par un grand brouillard, et, après avoir bien piétonné parmi les boues et la glaise détrempée, et bien déferré les chevaux par les plus mauvais chemins du monde, mes dragons étant sur les dents et n'en pouvant plus, je pris le parti d'en renvoyer cent cinquante à Chimay et, avec cinquante des mieux montés, je continuai ma route jusqu'à Avesnes, où j'arrivai sur les huit heures du matin très fatigué. Je me rendis le même jour à Maubeuge et hier ici [à Mons], après avoir employé ma matinée à examiner les fortifications de cette place, qui me font toujours plaisir à voir [...][31]. »

Après une chevauchée de près de quarante lieues, ayant crevé chevaux et cavaliers, Vauban s'offre le plaisir de faire le tour des fortifications de Maubeuge puis, arrivé à Mons, il se met à rédiger lettres et mémoires comme s'il venait de faire une simple promenade ! Il tire cependant la leçon de son équipée ; si le pays n'est pas sûr, obligeant à faire de tels détours, c'est parce que la place de Charleroi, tenue par les coalisés, sert de base à ces bandes armées. Elles pillent impunément les convois qui vont vers Mons et Namur. Vauban prône depuis longtemps la prise de Charleroi, mais on ne l'écoute pas : « Il m'arrive ce qui arrivait à la pauvre Cassandre d'Homère. Sans être devin, je prévois les malheurs, je les vois venir, je propose des expédients pour les éviter, mais on ne me croit qu'après qu'ils sont arrivés[32]. »

Vauban s'adresse directement au Roi, qu'il assaille de lettres, pour le décider à mettre le siège devant Charleroi[33]. Par contre la petite place d'Huy, entre Namur et Liège, ayant déjà été prise par Luxembourg, il écrit au Roi : « Je crois, Sire, qu'il ne faudrait pas commander de feux de joie pour la prise d'Huy[34]. » Il estime que cette place n'a aucune valeur et qu'il vaudrait mieux la raser, ajoutant : « Il faut nous resserrer présentement plutôt que de nous élargir. » Puis, apprenant que l'on va fortifier cette place, il revient à la charge : « J'apprends, Sire, que Votre Majesté a résolu la fortification de Huy [...]. C'est ce qui me fait prendre la liberté de dire à Votre Majesté que cette place me paraît inutile à son service [...][35]. »

Quand Vauban a une idée en tête, il va jusqu'au bout. Il n'hésite pas à envoyer au Roi, huit jours plus tard, un mémorandum en dix points pour démontrer l'inutilité de Huy[36].

Cédant à ses demandes répétées, le Roi décide de mettre le siège devant Charleroi ! Vauban connaît bien cette place pour y avoir travaillé une dizaine d'années avant qu'elle ne soit rendue aux Espagnols en 1678. C'est un bel hexagone bâti sur une hauteur de la rive gauche de la Sambre, avec un ouvrage en tête de pont sur l'autre rive. Vauban la décrit à Le Peletier : « [...] elle est régulière, très bien revêtue, avec un bon et gros rempart et un parapet bien à preuve, tous ses dehors sont revêtus de même que son fossé et je crois son chemin couvert. Les glacis sont très bien faits et contre-minés, les fourneaux prêts à charger le sont aussi. Tout cela est de notre fabrique [...]. »

Il note aussi que les abords peuvent être inondés et que la garnison est bien approvisionnée en munitions. Il conclut : « Nous en avons pour un mois de temps », à condition de disposer de moyens importants en artillerie, de munitions en suffisance. Il s'inquiète de savoir s'il en disposera : « Du temps de M. de Louvois, par la diligence duquel, on ne manquait de rien dans un siège, je n'étais en peine de quoique ce fût, puisqu'il en fournissait toujours plus qu'on n'en demandait[37]. »

Il craint que Barbezieux ne soit pas aussi efficace que son père !

La place est investie le 10 septembre, par une armée aux ordres du maréchal de Villeroi, tandis que Luxembourg couvre l'opération face à une réaction possible du prince d'Orange. Vauban, appliquant son principe de s'en prendre aux secteurs apparemment les mieux défendus, choisit d'attaquer un front bastionné protégé par un étang où se dresse une redoute. Il se saisit de celle-ci grâce à des bateaux pontés, chargés de canons et de tirailleurs. Puis il soumet l'ouvrage bastionné à un feu nourri d'artillerie pour provoquer des brèches. Au bout d'une quinzaine de jours de « tranchée ouverte », les assaillants peuvent s'installer dans les premiers ouvrages de la place.

D'aucuns, à la Cour, apprenant cela s'étonnent que Vauban fasse traîner le siège en longueur et ne donne pas l'ordre de l'assaut final. Mais celui-ci, imperturbable, continue son approche et ses travaux de sape, voulant éviter les pertes entraînées par des actions prématurées. Sachant les critiques formulées à son endroit, il écrira à Le Peletier en évoquant ses censeurs : « Tous sont juges incompétents et très ignorants du fort et du faible des places, que si tous les mauvais raisonnements qui leur échappent se faisaient le froid et la pluie sur le dos, et dans les endroits où l'on tire, ces messieurs changeraient bientôt de langage. En un mot, le courage d'un homme, qui a les pieds chauds et qui raisonne en chambre à son aise, quand il n'a pas l'acte du péril, est fort différent de ce même homme-là quand il s'y trouve ; autre chose est d'être brave loin du péril, et autre chose de l'être dans le péril[38]. »

En dépit du mauvais temps — on est début octobre —, avec les pluies qui détrempent le terrain et inondent les tranchées, Vauban mène ses travaux comme il l'a prévu. Au bout d'un mois de siège, le 11 octobre, la chamade est sonnée : Charleroi se rend.

Vauban peut à juste titre être satisfait : « quoique cette place fût une des plus fortes des Pays-Bas, il n'en coûtera pas au Roi cinq cents hommes[39] ». La garnison, qui comptait trois mille cinq cents hommes n'en aura plus que le tiers de valides à la fin du siège.

Tirant les leçons de cette opération, il écrit à Le Peletier, pour que sa lettre soit lue devant le Roi, « qu'il a beaucoup souffert par l'ignorance des canonniers et des bombardiers ». Il insiste pour que la formation des artilleurs soit faite plus sérieusement. Puis il revient sur un sujet qui lui est cher, la nécessaire création d'unités spécialisées du génie : « Tant que le Roi ne fera pas la compagnie de sapeurs que je lui ai tant de fois proposée, il faut compter que nous en perdrons [des ingénieurs] toujours beaucoup [...] et qu'il lui en coûtera toujours plus de temps et d'argent pour réduire les places ; outre qu'au premier jour il m'en coûtera la vie, parce que je suis obligé d'être presque toujours dans la tranchée faute de gens intelligents, ce qui me tue de fatigue et m'expose à être tué cent fois le jour[40]. »

Louis XIV envoie à Vauban un témoignage de satisfaction : « Je suis très content de la manière dont les travaux se sont conduits au siège de Charleroi et du peu de monde que nous y avons perdu par vos soins et votre application à le conserver[41]. »

Mais le Roi ne souffle mot des questions soulevées concernant l'artillerie et le génie : *de minimis non curat praetor !*

Une nouvelle fois il faut que Vauban s'active à réparer ce qu'il a pris tant de peine à détruire. Charleroi est dans un triste état : « il n'y a pas une toise de muraille ou de couverture en entier[42] ». Comme d'habitude, Vauban doit se battre maintenant pour obtenir des fonds qu'on lui envoie au compte-gouttes et trouver de la main-d'œuvre. Il ne peut pas compter sur celle de la troupe, qui part se reposer dans ses quartiers d'hiver, elle l'a d'ailleurs bien mérité. Le ravitaillement, organisé par Barbezieux, n'a pas été à la hauteur : « C'est une pitié que de voir les soldats maigres et décharnés, et sans forces comme ils sont jusque-là qu'ils ne peuvent plus travailler deux heures sans se reposer. En un mot on ne peut presque rien faire tant ils sont affaiblis par la faim[43]. »

Alors il faut réquisitionner les paysans des alentours, mais ceux-ci sont aussi dans un état pitoyable depuis le temps que les armées des deux camps sillonnent le pays : « [...] D'ailleurs, les paysans ont tout perdu, et il n'est resté que les quatre murailles dans leur maison, encore y en a-t-il une grande partie où il n'est demeuré ni charpente, ni couverture, et pas un poil de fourrage ; il y a encore une partie en fuite, beaucoup de maladies et une très grande mortalité parmi eux[44]. »

La guerre n'est pas la seule cause de cette misère du peuple. A la suite du « dérèglement des saisons », printemps pourris et hivers glacés, les récoltes ont été perdues. La disette a sévi pendant les années 1693 et 1694 dans la plus grande partie du royaume. Les épidémies ont frappé une population sous-alimentée, provoquant de véritables hécatombes. On estime que la France a perdu au cours de ces deux années de l'ordre de un million et demi d'habitants[45].

Enfin, après avoir mis en route les chantiers de Charleroi, Vauban laisse sur place l'un de ses meilleurs ingénieurs, Filley, et il rentre dans sa citadelle de Lille. Il n'y reste pas longtemps, il reprend bientôt « ses visites ordinaires de place en place, le long des frontières », comme il le note brièvement dans son *Abrégé des Services.*

On pourrait croire qu'après les fatigues du siège et le démarrage laborieux des chantiers à Charleroi, la poursuite de ses inspections de places suffirait à occuper Vauban. Il n'en est rien. Tout en se consacrant à sa tâche guerrière et à ses travaux de bâtisseur, il continue à réfléchir aux problèmes politiques. Mieux, il trouve le temps de rédiger sur ces questions des mémoires destinés à être présentés ou adressés au Roi.

Le premier, daté d'août 1693, a été rédigé dans la citadelle de Lille, avant le siège de Charleroi. Il porte pour titre *Mémoire des dépenses de la Guerre sur lesquelles le Roi pourrait faire quelques épargnes*[46]. Partant de l'idée que la coalition formée contre la France ne restera pas unie si la guerre dure, Vauban estime qu'il faut se mettre sur la défensive et se préparer à mieux résister que l'adversaire à l'épreuve du temps, « mais pour cet effet il faut entrer dans le ménagement des hommes et des finances ». Qu'entend-il par là ?

Il explique que « le premier de tous les ménagements » concerne la santé du Roi. Celui-ci ne doit pas s'épuiser à faire un travail personnel trop lourd, « en se tenant simplement au gros des affaires et se réduisant pour tout travail à dire oui, non, faites ». Cette leçon sur l'art de gouverner est toujours valable ! Le second ménagement qu'il recommande concerne « le bien et la vie de ses sujets ». Il s'agit de bien entretenir et d'employer à bon escient les troupes levées par le Roi. Il y a beaucoup à faire pour améliorer la situation dans ce domaine, estime Vauban.

Puis il en vient à prôner des mesures d'économies, en commençant par le train de vie du souverain lui-même : « Les dépenses particulières de sa Maison et celles qui environnent sa Cour et sa personne... », « réduire les bâtiments des maisons royales aux simples entretiens... »

Allant encore plus loin dans ses propositions, Vauban en arrive à conseiller au Roi de ne plus jouer au chef de guerre, mais à se consacrer à son métier royal : « Si Sa Majesté veut bien désormais se réduire à faire le personnage d'un grand Roi qui est le seul qui convienne à son âge et à sa grandeur, au lieu de celui d'un de ses généraux... »

Tous ces ménagements et ces économies permettraient, d'après les calculs de Vauban, d'épargner soixante millions de livres par an. Mais quels conseils et quelles critiques adressés à un souverain dont le pouvoir est absolu ! Face à lui Vauban demeure un homme entièrement libre de ses jugements et de leur expression.

Le second mémoire, en date du 22 octobre 1693, c'est-à-dire au lendemain de la prise de Charleroi, concerne la politique menée en Italie : *Remarques sur les fautes faites de votre part dans la guerre présente du côté d'Italie et celles qui ont précédé la guerre*[47].

Critique en règle des actions menées au cours de ces dernières années, ce manuscrit est rédigé dans le style d'un « agenda » à lire et à commenter devant le Roi. Vauban estime que l'on a inutilement et maladroitement jeté M. de Savoie dans « le désespoir » et, de ce fait, dans les bras des ennemis, que la persécution des « barbets » a été « inepte et cruelle » créant des difficultés non encore résolues, que l'on a négligé la frontière des Alpes ce qui oblige d'y travailler à un moment où l'on est accablé d'autres dépenses...

Il propose des remèdes à tous ces maux : se réconcilier avec les « barbets », mener une guerre « avec adresse et fermeté » contre M. de Savoie, tout en tentant « de négocier indirectement avec lui ».

En filigrane de ce mémoire la pensée de Vauban est claire : le Roi a mieux à faire qu' « à voler le papillon au-delà des Alpes ».

Le troisième, daté de janvier 1694, porte un titre explicite : *Places dont le Roi pourrait se défaire en faveur d'un traité de paix sans faire*

Le maréchal de Vauban *(École d'application du Génie, Angers, Photo Giraudon.)*

Le château de Bazoches. ▲
(Photo Maison Vauban.)

◄
Le cabinet de Vauban à Bazoches (Le cadre au-dessus de la cheminée ne figurait pas alors dans ce cabinet.) *(Photo Editions nivernaises.)*

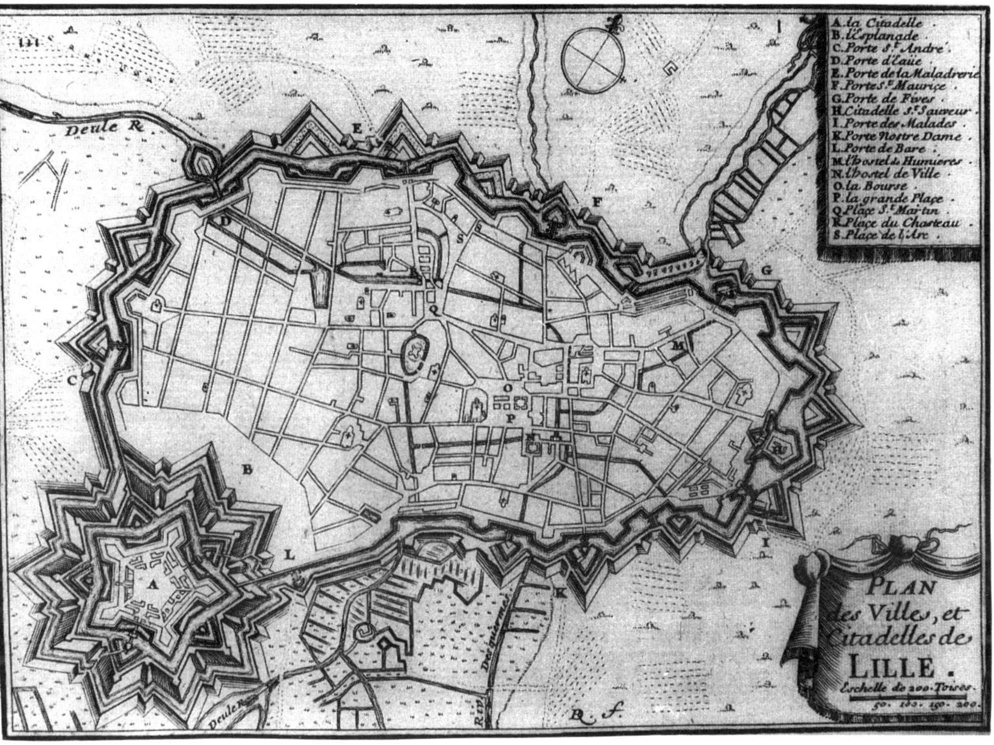

Plan de la ville et de la citadelle de Lille. *(Photo Maison Vauban.)*

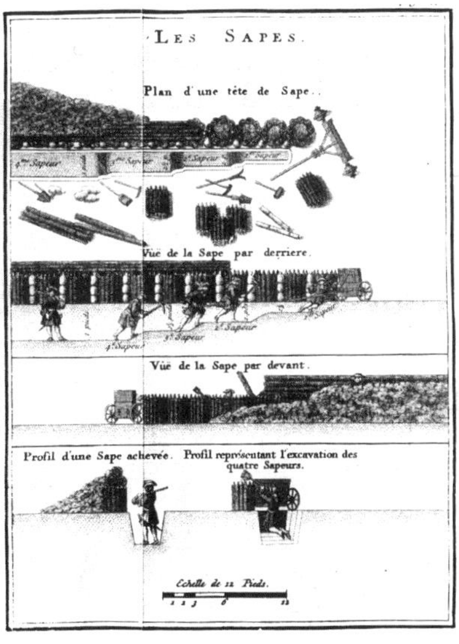

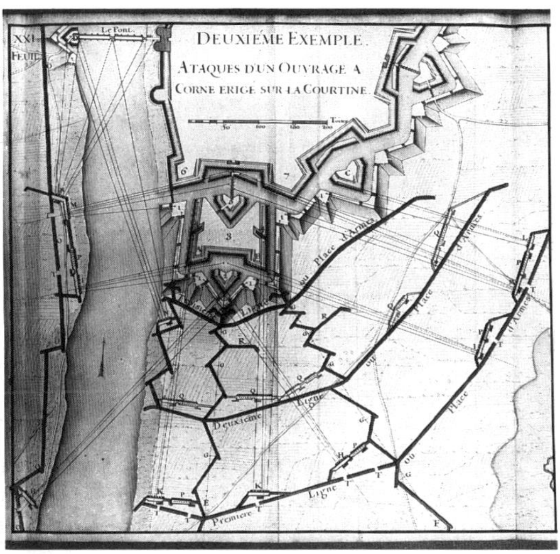

Illustrations extraites du *Traité de l'attaque des places* de Vauban.
Technique des sapes et des « parallèles ».
(Photos Maison Vauban et Giraudon.)

Litière inventée par Vauban pour travailler pendant ses voyages. *(Photo Maison Vauban.)*

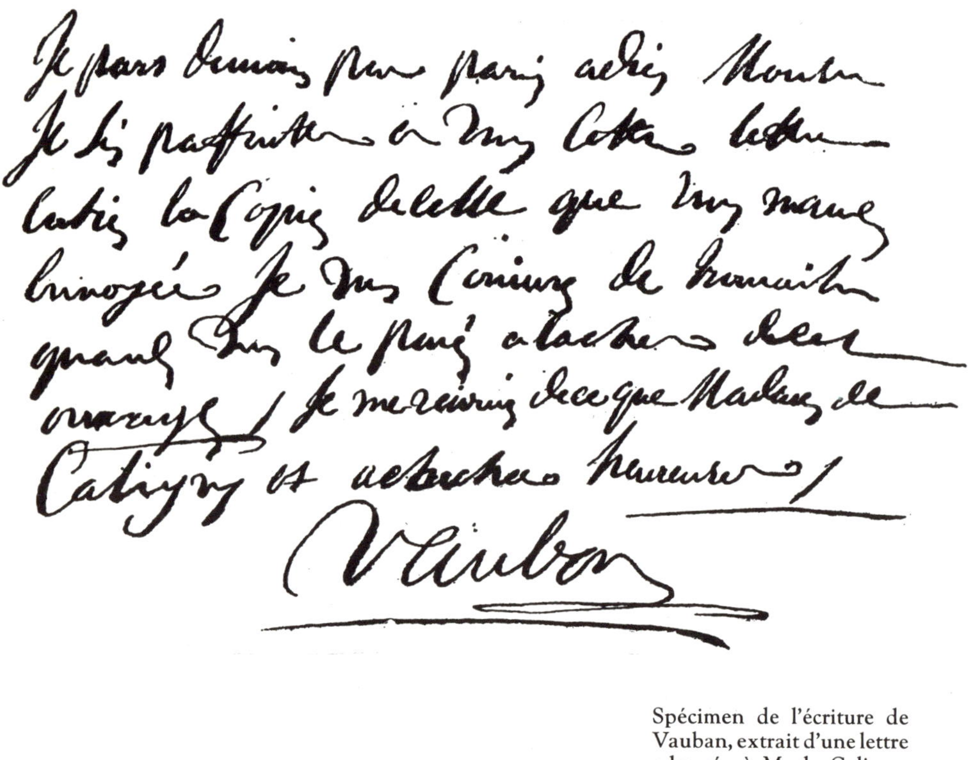
Vauban

Spécimen de l'écriture de Vauban, extrait d'une lettre adressée à M. de Caligny, le 9 mars 1698.

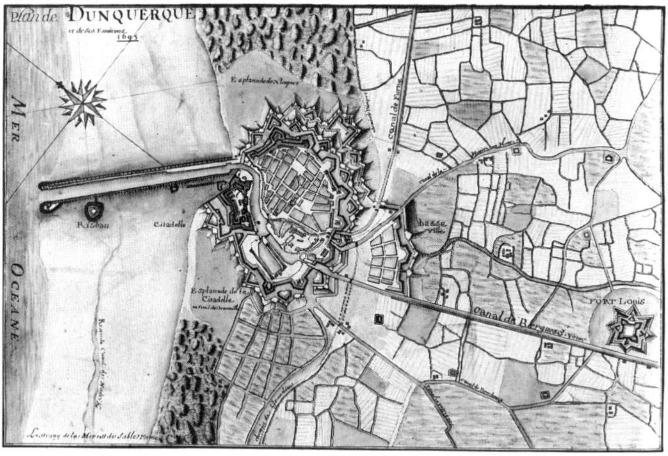

▲
Projet de bastion avec échauguette pour la place de Besançon, signé par Vauban à Bazoches, en 1687 *(SHAT, archives du Génie.)*

◄
Plan de la place de Dunkerque avec le Risban, 1695. *(SHAT, archives du Génie.)*

Plan d'une écluse pour Verdun, signé par Vauban en 1698. *(SHAT, archives du Génie.)* ▼

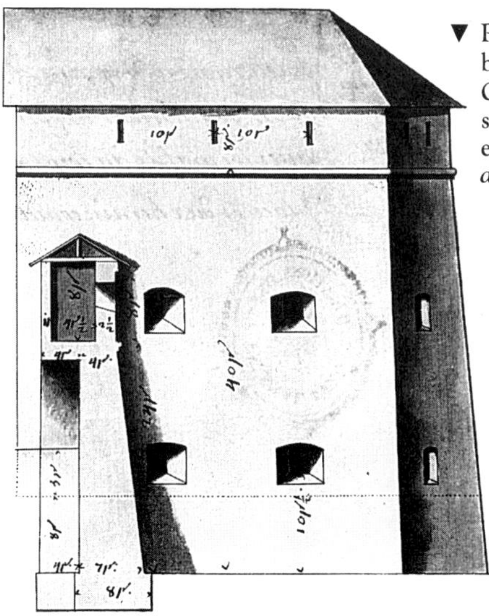

▼ Plan d'une tour bastionnée pour Colmar-les-Alpes, signé par Vauban en 1693. *(SHAT, archives du Génie.)*

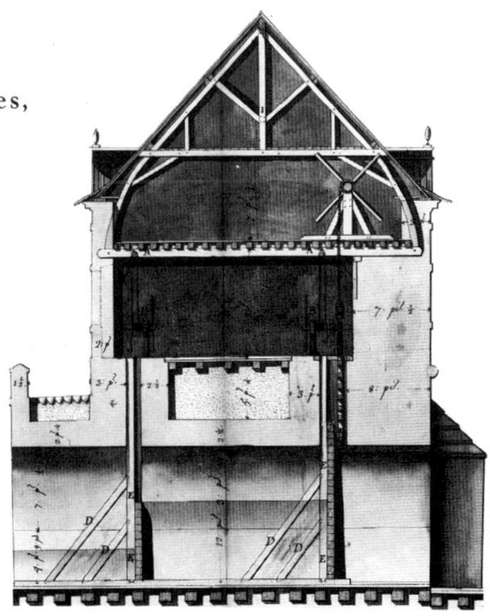

▲
Vue aérienne de Neuf-Brisach *(Photo Gerster – Rapho.)*

Plan de la place de Neuf-Brisach (deuxième projet), 1698. *(Photo SHAT – Giraudon.)* ▶

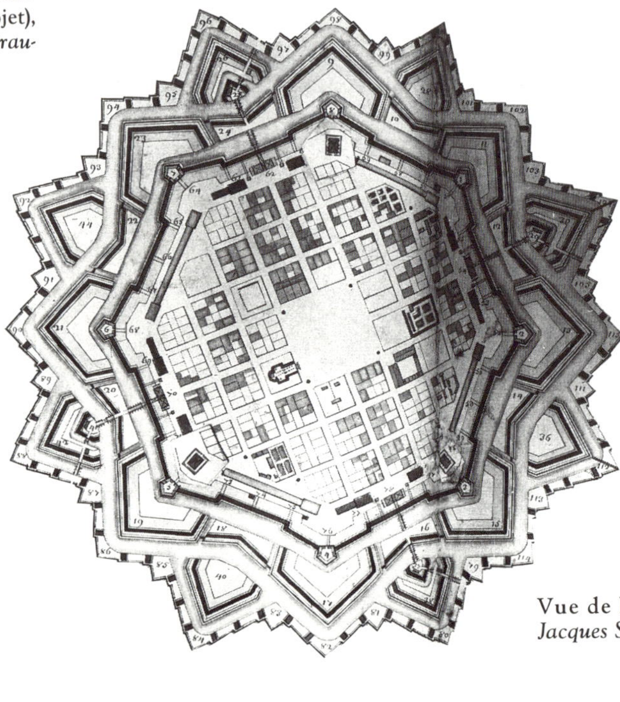

Vue de Briançon. *(Pl
Jacques Sierpinski – Sco*

Vue des remparts de Briançon. *(Photo Jean-Paul Garcin – DIAF.)*

Vue de Mont-Dauphin. *(Photo Pix.)* ▶

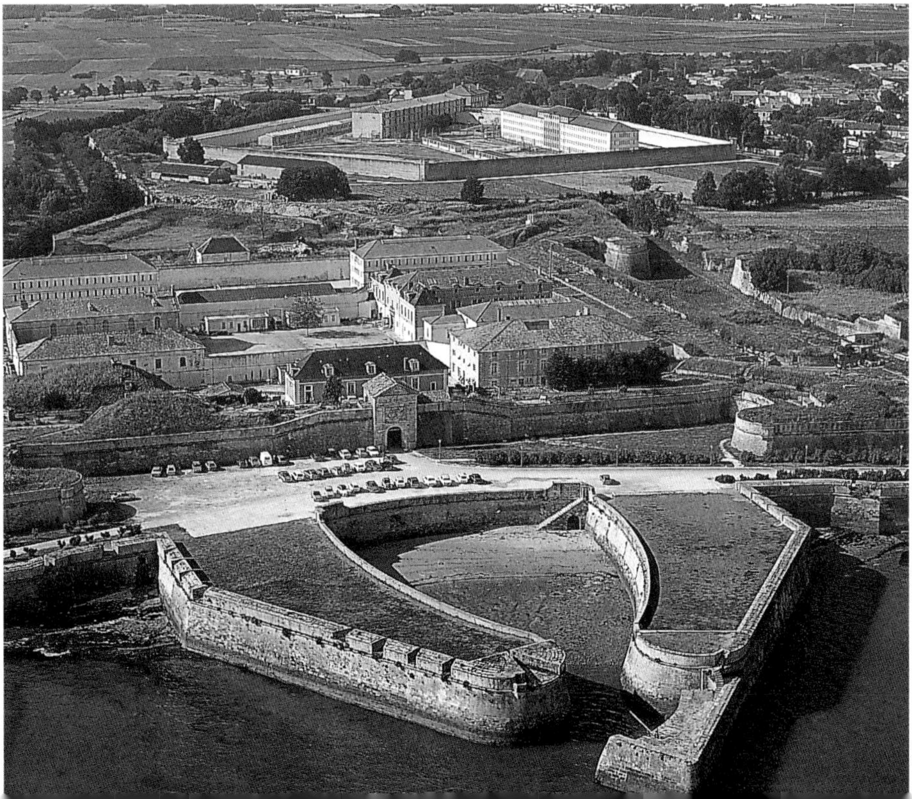

Vues de Saint-Martin-de-Ré et de la citadelle. *(Photos Bruno Barbier – DIAF et Jean-Daniel Sudres – SCOPE.)*

Bastion à échauguettes de Montlouis. *(Photo Jacques Verroust.)*

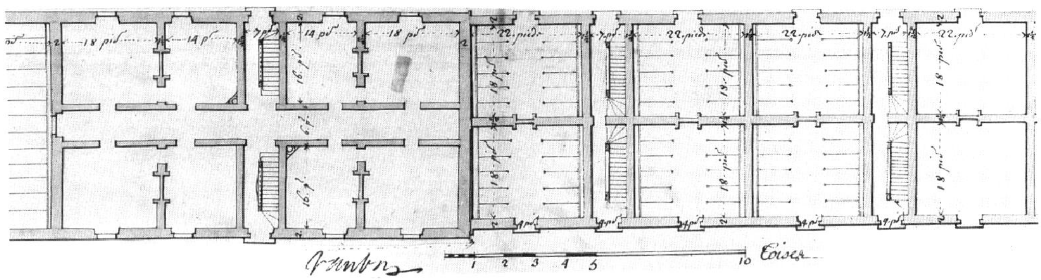

Plans pour une caserne à Verdun, signés par Vauban en 1698. *(SHAT, archives du Génie.)*

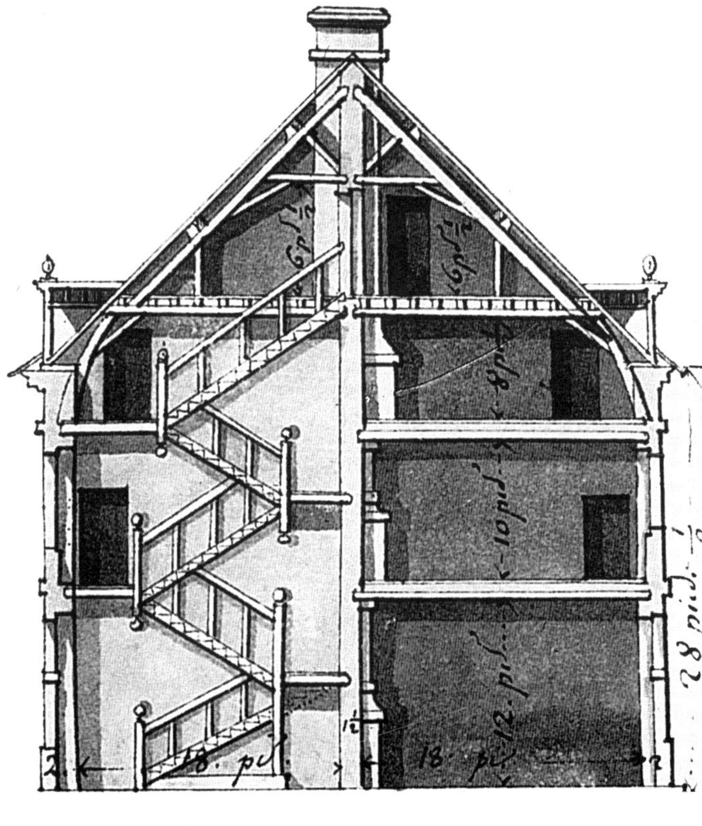

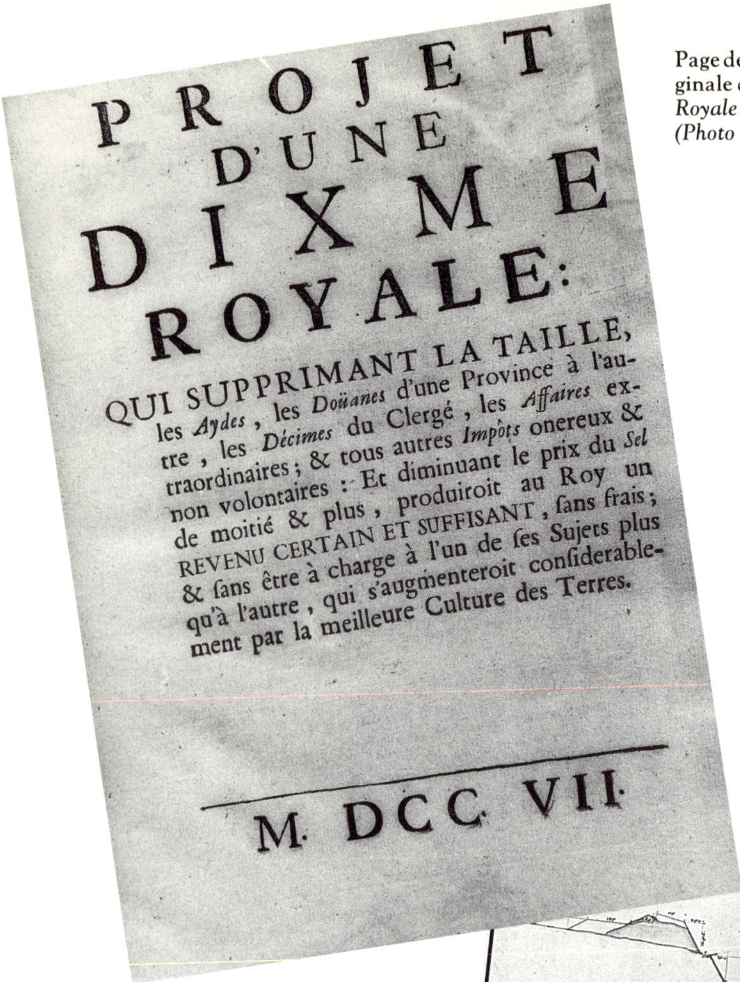

PROJET
D'UNE
DIXME
ROYALE:
QUI SUPPRIMANT LA TAILLE, les *Aydes*, les *Doüanes* d'une Province à l'autre, les *Décimes* du Clergé, les *Affaires* extraordinaires; & tous autres *Impôts* onereux & non volontaires : Et diminuant le prix du *Sel* de moitié & plus, produiroit au Roy un REVENU CERTAIN ET SUFFISANT, sans frais; & sans être à charge à l'un de ses Sujets plus qu'à l'autre, qui s'augmenteroit considerablement par la meilleure Culture des Terres.

M. DCC. VII.

Page de titre de l'édition originale du *Projet de la Dixme Royale* de Vauban, 1707. *(Photo Maison Vauban.)*

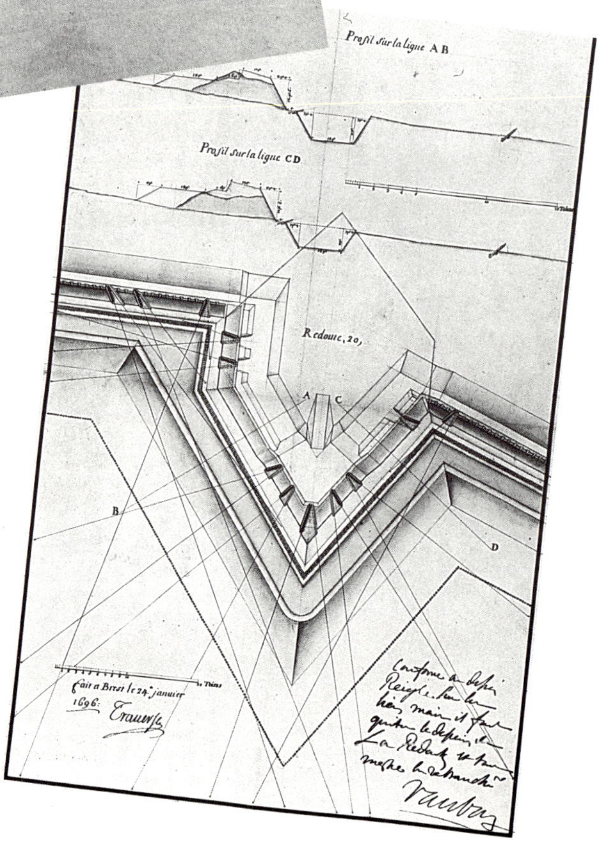

Projet d'ouvrage pour la batterie de Léon à Brest, avec une annotation de Vauban en 1696. *(SHAT, archives du Génie.)*

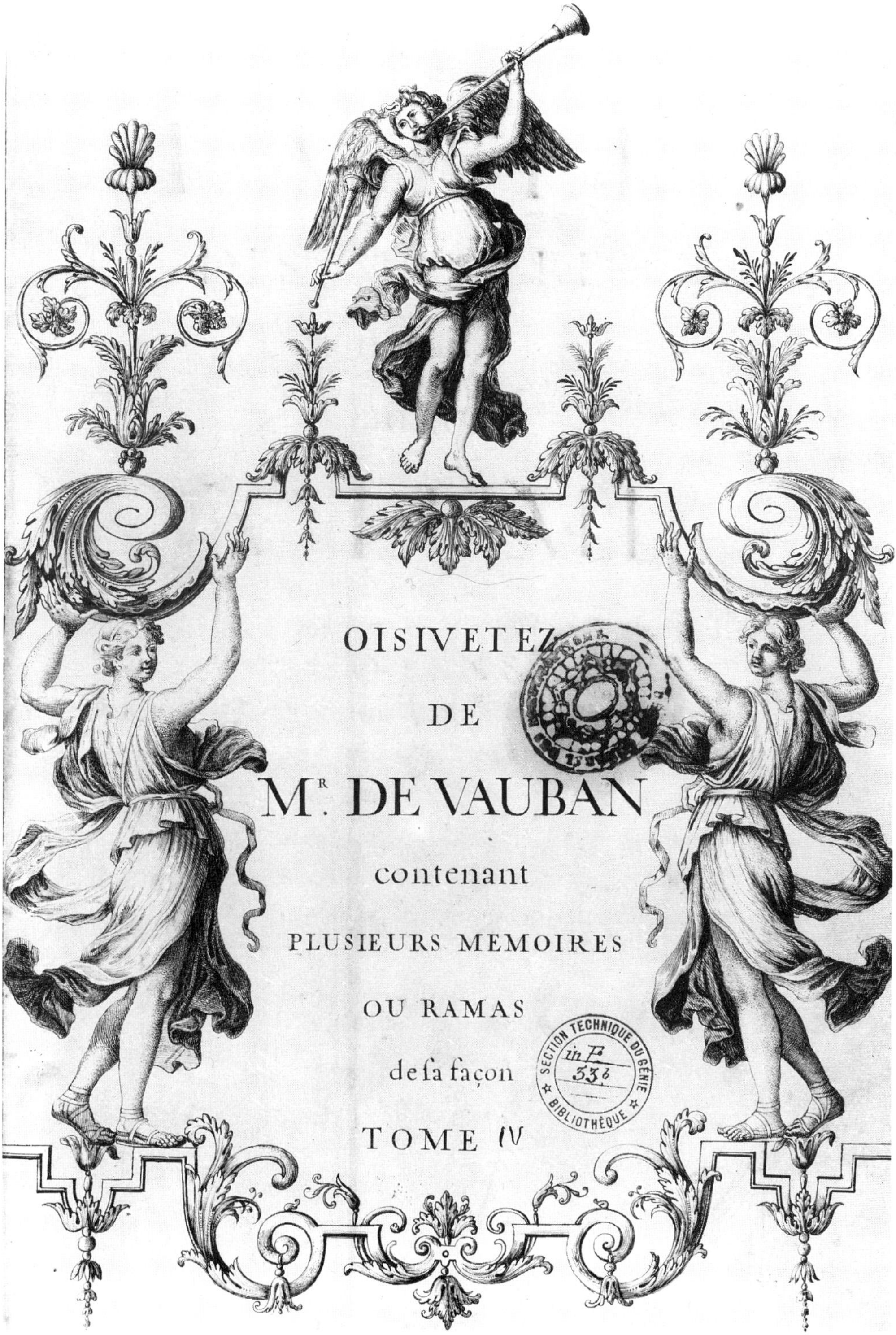

Page de couverture des *Oisivetés de M. de Vauban.*
(Photo SHAT-Giraudon.)

Monument de Vauban, réalisé par Etex en 1807, Hôtel des Invalides.
(Photo Giraudon.)

tort à l'État ni affaiblir sa frontière[48]. Vauban n'ignore pas que des conversations sont engagées par des voies diplomatiques passant par Stockholm pour sonder les intentions de l'Empereur en vue d'un traité de paix. D'autres contacts sont pris, par un intermédiaire à Bruxelles, pour définir les termes d'un arrangement acceptable avec le prince d'Orange. Dans l'un et l'autre cas, des cessions de places sont envisagées. Vauban estime, à juste titre, qu'il doit, dans ce cadre, fournir au Roi des éléments de réflexion.

Il présente, de manière très directe et concrète, les idées qu'il a déjà eu l'occasion d'exposer devant le Roi et ses ministres. La France doit renoncer à vouloir entretenir à grand-peine et grands frais des places situées hors de ses limites naturelles. En les rendant à ses maîtres, qu'ils soient espagnols, allemands ou italiens, le Roi rétablira des relations amicales avec ses voisins tout en faisant de très notables économies. A l'occasion de ces restitutions, il devra obtenir la reconnaissance de certaines annexions récentes auxquelles Vauban attache le plus grand prix : la place de Mons, point d'amarrage dans le Hainaut, la ville de Luxembourg, « l'une des plus belles et des plus fortes places du monde [...] elle ne fait frontière que contre nous », Strasbourg, qui est « une barrière impénétrable aux Allemands », enfin le comté de Nice, porte de la Provence. Moyennant quoi Vauban suggère de rendre une vingtaine de places des Pays-Bas espagnols et d'Allemagne, toutes celles du Piémont et certaines en Catalogne et en Cerdagne[49]. Il insiste sur le fait que ces restitutions doivent être négociées : « [...] je dois avertir que mon intention n'est pas de proposer un délaissement facile des places énumérées dans ce mémoire comme chose qui importe médiocrement à l'État, ni qu'on les doive légèrement sacrifier en faveur d'un traité de paix, mais bien d'en faire connaître le mérite et l'importance afin d'en procurer le ménagement et que, suivant les diverses conjonctures qui se présenteront, on puisse avec aisance prendre le parti le plus convenable au bien de l'État [...]. »

Puis il calcule l'économie réalisée en troupes tenant garnison dans ces places : quatre-vingt-deux bataillons et vingt-trois escadrons, dont le coût d'entretien annuel s'élève à six millions quatre cent mille livres ! Ainsi, conclut-il, « sans affaiblir le Royaume » le Roi peut sacrifier toutes ces places en faveur d'un traité de paix. Il n'ajoute pas que cela est rendu possible grâce à la double ligne de places qu'il a eu le soin de constituer le long des frontières naturelles du pays. Dans ce mémoire, il se dépouille complètement de son habit de « bâtisseur et de preneur de villes ». Il n'hésite pas à conseiller de sacrifier des places dont il a lui-même choisi l'implantation, tel Montlouis, tracé les plans, tel Mont-Royal, ou qu'il vient à grand-peine de conquérir, comme Charleroi.

Vauban s'élève au niveau d'un véritable homme d'État qui, au-delà des passions soulevées par les événements du moment, ne considère que les intérêts à long terme de son pays.

16.

Défense de Brest, pour l'honneur 1694-1695

Commandement en Bretagne — Défense de Brest — Inspection des côtes de la Manche — Misère du « menu peuple » et projet de capitation — Seconde campagne en Bretagne — Mémoire sur les galères — Plaidoyer en faveur de la guerre de course.

Au début de l'année 1694, Vauban interrompt son inspection des places du Nord pour se rendre à la Cour où il est convoqué. Il fait le point avec Le Peletier sur l'état des fortifications et sur les travaux à entreprendre en fonction des fonds disponibles. Ceux-ci sont limités car la situation financière du royaume n'est guère brillante. En dépit des efforts du contrôleur général, Pontchartrain, cette guerre, qui dure maintenant depuis cinq ans, a complètement asséché les finances du pays, frappé par ailleurs par les conséquences économiques et démographiques de la disette qui sévit depuis deux ans.

Vauban explique une nouvelle fois à Le Peletier qu'une méthode efficace et économique de mettre les places à l'abri d'un siège consiste à établir devant elles un camp retranché où, en cas de besoin, une armée peut venir prendre position. Mais Le Peletier n'obtient pas que des fonds soient débloqués à cette fin par le Roi. Alors Vauban plaide lui-même cette cause dans une lettre qu'il adresse au souverain : « J'oserai encore dire à Votre Majesté que, s'il y a un moyen sûr de sauver les places, c'est celui d'empêcher qu'elles ne puissent être assiégées, car il est très sûr que, supposé une place munie de ses besoins et d'une bonne garnison, si on y ajoute un camp bien retranché et suffisamment garni de troupes, l'ennemi ne l'osera entreprendre parce que pour faire le siège d'une bonne place il faut nécessairement être neuf ou dix contre un, sans quoi il est maintenant impossible de réussir [...]. Quand il plaira à Votre Majesté de s'en éclaircir, j'oserai lui avancer que je me propose de lui faire voir cela clairement comme deux et un font trois[1]. »

Vauban est persuadé qu'aucune personne de bonne foi ne peut résister à un raisonnement logique. Il continuera donc à prêcher en faveur de la cause des camps retranchés, jusqu'au moment où il obtiendra satisfaction.

Mais, pour le moment, les préoccupations du Roi le tournent vers une autre direction. Les menaces les plus précises viennent de la mer. La brillante victoire remportée par Tourville l'été dernier sur une flotte anglo-hollandaise[2] a excité la colère du prince d'Orange. Il a envoyé une expédition punitive contre Saint-Malo en novembre. Il s'agissait de faire exploser un brûlot dans le port ; toutefois l'opération échoua[3]. Des renseignements sûrs permettant de penser que d'autres opérations vont être lancées contre les côtes françaises, le Roi demande à Vauban de faire une inspection rapide des places de Bretagne et du Cotentin et de les mettre en état de s'opposer à d'éventuelles attaques.

Vauban est, courant avril, à Saint-Malo. Il aime cette place, campée fièrement face à la mer dans son cadre de rochers et d'îlots émergeant au gré des marées. Il complète les plans de ses remparts et de ses « dehors », constitués par les fortins bâtis sur les îles du Grand-Bé et du Petit-Bé et par le fort Royal. Il a quelques difficultés à installer des canons dans le fort de la Conchée, mais il estime que « ce poste est d'une conséquence infinie pour prévenir le bombardement de Saint-Malo ». Ainsi y passe-t-il plus de temps que prévu.

C'est là qu'il reçoit début mai un courrier du Roi : « J'ai eu les avis de plusieurs endroits différents [...] qui m'assurent que le dessein du prince d'Orange est d'essayer avec les flottes d'Angleterre et de Hollande jointes, de brûler les vaisseaux qui resteront à Brest et de tenter avec un corps de six à sept mille hommes de se rendre maîtres de ladite place [...]. Quoiqu'il y ait dans cette place mille trois cents hommes de la marine, je ne laisse d'y marcher six bataillons [...] un régiment de cavalerie et un de dragons. Je vous ai choisi pour commander les troupes et dans la place [...][4]. »

Vauban ne réalise pas immédiatement combien la situation est inquiétante. Il répond posément au Roi en le mettant au courant de ses travaux à Saint-Malo et en lui indiquant qu'il continuera son inspection par Carentan, Cherbourg et la pointe de La Hougue. Cela lui prendra trois semaines. Il ira ensuite à Brest[5]. Ayant terminé son projet à Saint-Malo[6], il part pour le Cotentin.

En arrivant à Carentan le 15 mai, Vauban y trouve une lettre du Roi lui donnant cet ordre : « Partez de suite sur Brest », et lui précisant qu'il doit empêcher l'ennemi « de faire aucune descente près de Brest » et qu'il faut « mettre en sûreté mes vaisseaux qui sont dans le port[7] ».

Cette fois Vauban prend conscience de l'urgence de sa mission : « Je rebrousse chemin », écrit-il aussitôt. Ce qui ne l'empêche pas de signaler au Roi l'importance et la vulnérabilité du Cotentin qui pourrait servir de base à l'ennemi : « Dix places perdues en Flandre n'égaleraient pas la perte de cette presqu'île dont l'ennemi pourrait se rendre maître en quatre jours avec un peu de bonheur[8]. »

En route pour Brest, Vauban se concentre sur la mission qui lui est confiée : il est non seulement chargé de la défense des « côtes de Brest et de Recouvrance [9] », mais il a aussi autorité sur les quatre évêchés de basse Bretagne [10], c'est-à-dire qu'il doit assurer la protection des côtes bretonnes depuis Concarneau, au sud, jusqu'à Saint-Brieuc, au nord. Il dispose pour ce faire d'un millier de marins, provisoirement à terre, de quelques unités de l'armée, dont la date d'arrivée n'est pas précisée, plus des milices locales à mettre sur pied. Enfin, pour le seconder dans son commandement, on a mis à sa disposition un maréchal de camp pour la cavalerie et deux brigadiers pour l'infanterie, mais l'on ne sait quand ils rejoindront. En somme, il doit défendre le port de Brest et ses abords sans la flotte de Tourville, qui n'a aucune chance d'être prévenue, avec une garnison inexistante et de maigres renforts dont l'acheminement est problématique. Vauban peut compter pour le moment, en tout et pour tout, sur son équipage composé de deux ingénieurs et de six ou sept hommes, dessinateurs, secrétaires et palefreniers, et sur la lettre de commandement du Roi lui donnant autorité sur les troupes de terre et de mer, tout en le mettant sous la juridiction lointaine et symbolique du maréchal de Choiseul [11] plus spécialement chargé de la défense de la Normandie…

En chevauchant à vive allure vers Brest, il se remémore les visites qu'il y a faites. Il a tout de suite été frappé par l'importance du Goulet pour la défense du port. Il a même essayé, en vain, de bâtir sur le rocher du Mingant, au milieu de ce passage, un fort en interdisant l'accès. Alors il a décidé de faire installer des positions de batteries de part et d'autre du Goulet, puis de faire fortifier les deux rives de son entrée, la rade de Bertheaume au nord, celle de Camaret au sud. Si l'ennemi tente une « descente », c'est l'un de ces deux endroits qu'il a le plus de chances de choisir.

Ce fut d'ailleurs sa première réaction quand il reçut, à Saint-Malo, son commandement. Il écrivit à Le Peletier : « Il faut achever nécessairement la Tour de Camaret, il serait même à désirer qu'on l'élevât encore d'un étage […] [12]. »

Vauban continue, sur les chemins de la lande bretonne, à combiner les moyens de repousser un débarquement. Il va falloir garder toutes les rades et les plages, tant sur la côte de Léon au nord, que sur celle de Cornouailles au sud, en élevant des retranchements garnis de fascines et de palissades, tenus par des éléments de milice locale. Ce mince rideau de protection risquant d'être vite bousculé, il sera nécessaire de disposer à proximité de réserves mobiles, constituées par les unités de troupes régulières.

Sa manœuvre s'ébauche peu à peu. Quand il arrive à Brest, le 23 mai, son plan est arrêté. Mais où sont les moyens pour le réaliser ?

Aucune troupe n'est là, « apparemment elles ne doivent pas arriver bientôt[13] », écrit-il à Barbezieux chargé de les lui fournir. Les travaux qu'il avait recommandé d'exécuter le long du Goulet et sur les entrées de la rade ne sont pas terminés. Et pour couronner le tout il reçoit un message alarmant du Roi, lui donnant des renseignements sur la menace qui devient imminente : « Ne perdez pas de temps à vous préparer car l'amiral Russel est déjà en mer avec quarante vaisseaux et l'on dit que le reste de la flotte doit bientôt rejoindre. Vous pouvez avertir nos amis que les galiotes à bombes et les douze régiments qui sont campés à Portsmouth, avec les deux régiments de marine qu'ils ont campés par Talmack, sont destinés pour s'embarquer et aller tenter de brûler le port de Brest et détruire tous les vaisseaux qui y sont[14]. »

Le Roi sait combien sont dérisoires les moyens mis à la disposition de Vauban et que seul un miracle peut sauver son bon port de Brest. Il ajoute superbement : « Par votre savoir-faire vous suppléerez à ce qui pourra manquer. »

Alors Vauban déploie de manière magistrale son « savoir-faire ». Par sa seule présence et par sa réputation, il a déjà redonné confiance à une population angoissée à l'annonce de l'arrivée des Anglais. Il reprend aussitôt en main les troupes disparates de la garnison et galvanise les énergies. Il jongle avec les éléments hétéroclites dont il dispose.

Les retranchements et les positions de batterie le long des côtes sont « relevés, élargis et approfondis par les paysans qui les doivent défendre ». En attendant l'arrivée des bataillons, il organise « le front de ville et du château ». Les bateaux désarmés sont halés dans le fond du port et les magasins sont déménagés pour être mis à l'abri. A défaut des galères, qui n'ont pas rallié Brest, il fait armer une vingtaine de chaloupes. Les pièces d'artillerie envoyées en renfort sont arrivées en mauvais état, elles sont équipées de nouveaux affûts. Des unités de milices se présentent sans équipement ni armement, on en emprunte à la marine.

Enfin les deux régiments de cavalerie se présentent. Ils sont, grâce à Dieu, en bon état. Vauban les place, l'un à Landerneau, l'autre à Quimper, prêts à intervenir respectivement au nord et au sud de Brest. Les arrière-bans de Saint-Brieuc et de Quimper sont mis à la disposition de ces unités. Des systèmes de signaux sont prévus pour donner l'alerte et transmettre les renseignements sur l'approche de l'ennemi.

Faisant feu de tout bois, utilisant au mieux ce dont il dispose, Vauban est constamment sur le terrain, passant d'un côté à l'autre du Goulet pour vérifier, conseiller, encourager les uns et les autres. Il pousse une reconnaissance sur la côte nord jusqu'à l'Aber-Wrach, embouchure de rivière qui constitue « un port de mer sauvage à cinq lieues de Brest où il pourrait entrer cent vaisseaux de quatre-vingts à cent pièces de canons ». Il colmate immédiatement cette brèche de son dispositif.

Il trouve le temps, au milieu de cette activité dévorante, d'écrire régulièrement au maréchal de Choiseul, dont il relève hiérarchiquement, au duc de Chaulnes, gouverneur de la Bretagne, au Roi, pour le tenir au courant de l'évolution de la situation, et à Barbezieux, pour réclamer des moyens et de l'argent. Il garde suffisamment de disponibilité d'esprit pour mettre dans son courrier quelques touches ironiques. Écrivant au jeune ministre de la Guerre, il lui fait remarquer : « Par la première lettre que Sa Majesté m'a fait l'honneur de m'écrire, Elle me subordonne à M. le maréchal de Choiseul ; cela est naturel et je n'y ai pas répugnance ; mais par ma lettre de service (que j'attendais de vous comme Secrétaire d'État à la Guerre et non de M. de Croissy) je me trouve subordonné à M. le duc de Chaulnes ; me voilà donc à deux maîtres, contre le précepte de l'Écriture qui nie, aussi bien que moi, que cela puisse être car si tous deux me commandent différentes choses, auquel des deux obéirai-je ? C'est à vous, Monseigneur, de démêler cela[15]. »

Le 17 juin, moins d'un mois après l'arrivée de Vauban à Brest, les premières voiles de la flotte ennemie apparaissent au large. La moitié des bataillons annoncés par le Roi n'est pas encore arrivée, les galères pour la défense de la rade ne sont pas en vue, mais le dispositif mis en place par Vauban est prêt.

La flotte vient mouiller devant l'entrée du Goulet, à portée des « descentes » de Bertheaume et de Camaret, attendant pour manœuvrer des vents favorables. Elle est composée de cent quinze bâtiments dont trente-cinq navires de guerre. Le 18 juin au matin, quand le brouillard se lève, huit navires approchent de Camaret escortant des petits bateaux chargés de troupes. Après une « grosse canonnade » les troupes débarquent. Elles sont accueillies par une intense mousqueterie provenant de tous les retranchements où Vauban avait placé les milices locales, renforcées de huit compagnies franches de la marine. Les assaillants, surpris par cette chaude réception, commencent à hésiter, puis à se débander, cherchant une protection contre ce feu meurtrier. Alors un capitaine, commandant l'une des compagnies de la marine, donne le signal de la contre-attaque et court, l'épée à la main, à la tête de ses hommes, vers les assaillants qui se replient en désordre en direction des embarcations. Pendant ce temps les unités de réserve, alertées par les signaux déclenchés suivant les prescriptions de Vauban, arrivent à la rescousse : les premiers escadrons de cavalerie apparaissent sur les hauteurs dominant la plage du débarquement, l'un d'eux charge même jusqu'à la grève. Dès lors les assaillants ne songent qu'à rembarquer dans le plus grand désordre. Les bâtiments, qui n'avaient pas encore amené leurs équipages à terre, font demi-tour. Des batteries, disposées le long de la côte, et de la tour de Camaret, on tire au canon sur les vaisseaux qui se replient à distance respectueuse. L'un deux, s'étant approché de la plage, s'échoue : il est pris d'assaut. Bientôt la flotte ennemie se retire, abandonnant « quatre cents à cinq cents hommes tant tués que blessés » et laissant « cinq cent quarante prisonniers dont quarante officiers [16] ». Le général Talmack, commandant l'opération de débarquement, est mortellement blessé. Les pertes du côté des défenseurs se limitent à une quarantaine de blessés.

Vauban, ce matin-là, était de l'autre côté du Goulet. Il n'a donc pas participé à l'action qui s'est déroulée suivant le plan qu'il avait minutieusement préparé. Dans la lettre qu'il adresse au Roi pour lui rendre compte, il se contente de mettre en avant le mérite des officiers ayant « eu part au succès de cette affaire [17] ».

Le Roi, par la plume de Barbezieux, rend hommage à celui qui a conçu et dirigé cette heureuse manœuvre : « Cette action a fait un très sensible plaisir à Sa Majesté et elle espère que les ennemis rebutés de voir les précautions que l'on a prises pour la sûreté du côté de Brest, ils ne se hasarderont plus à y aller, ce qui est dû à vos soins, votre vigilance et votre activité [18]. »

Ce cuisant échec a en effet découragé l'ennemi. Il existe d'ailleurs des dissensions à la tête de cette expédition groupant Anglais et Hollandais. La flotte s'éloigne de Brest, remontant le long des côtes françaises. Elle menace Saint-Malo, sans toutefois rien y entreprendre, bombarde en juillet Dieppe, dont un quartier de la ville est brûlé, fait de même au Havre et à Calais avant de regagner sa base en Angleterre.

Mais Vauban estime que la menace sur Brest n'est pas écartée pour autant. Il est conscient de la vulnérabilité de la pointe de la Bretagne et il l'écrit au Roi : « J'ai vingt-quatre lieues de côtes à garder [...] et vingt descentes marquées, dont quelques-unes ont près d'une demi-lieue d'étendue, la perte de la moindre desquelles causerait infailliblement celle de l'un des côtés du Goulet et nous attirerait la bombarderie [19]. »

Et, quelques jours plus tard, il envoie un long compte rendu à Pontchartrain, en charge du département de la Marine, lui expliquant que le succès de Camaret a été inespéré et qu'il ne faut pas se reposer sur ses lauriers [20]. Il a besoin de pièces d'artillerie supplémentaires avec des munitions, des hommes pour les servir, des officiers qualifiés : il ne dispose pour le moment que d'un seul officier d'artillerie ! Bien sûr, il demande des fonds pour réaliser les travaux indispensables.

Pendant quatre mois, Vauban s'acharne à rendre Brest imprenable : verrouillage du Goulet par l'installation d'une batterie de vingt grosses pièces à Portzic, croisant ses feux avec celle de la pointe des Espagnols, défense approchée de la rade par une batterie retranchée sur l'île Longue et par une autre à la pointe de la presqu'île de Plougastel, protection de la côte de Cornouailles par une grande batterie de quarante-neuf pièces, sans oublier l'élévation de la tour de Camaret, « qui devrait être la Tour dorée et qui cependant languit comme tous les autres[21] », faute de crédits suffisants.

Tout en se dépensant pour remplir sa mission, Vauban s'occupe de mille autres sujets. Pontchartrain lui a envoyé son fils[22], âgé de vingt ans, pour lui montrer comment l'on défend une place. Le jeune homme arrive trop tard à Brest pour assister à l'action contre l'ennemi, mais Vauban, prenant à cœur son rôle de précepteur, l'emmène partout avec lui. Il écrit à Pontchartrain : « Si l'ennemi nous revient voir, je le mènerai partout où j'irai et je lui donnerai souvent le plaisir d'entendre le bruit des boulets et peut-être le sifflement des balles de mousquet [...] ; quand on a des enfants, il faut faire tout ce qui peut dépendre de nous pour les rendre honnêtes gens et du moins les mettre en état de ne point parler des choses sur lesquelles ils doivent décider par de simples ouï-dire. Il faut avoir vu et même de près, autrement on est toujours écolier et jamais maître[23]. »

Il s'occupe aussi du sort de ses proches. Son neveu, l'abbé Louis Le Prestre, est abbé de Brantôme en Périgord. Or l'abbaye Saint-Léonard de Corbigny en Nivernais est devenue vacante. Vauban sollicite cette charge pour son neveu qui pourrait ainsi se rapprocher de la base familiale[24]. Il intervient aussi auprès du Roi en faveur de son voisin en Morvand, le comte de Chastellux, capitaine du régiment de Normandie, pour lui faire donner le commandement du régiment d'Auvergne, dont le colonel vient de mourir[25].

Vivant au milieu de marins, Vauban se passionne pour les choses de la mer. Il a entendu parler d'une invention du commandant des galères du Roi à Saint-Malo, consistant à faire « marcher les galères à reculons ». Il demande à ce que l'on procède à un essai devant lui dans la rade de Brest : « La galère de M. d'Herbouville vogua à reculons côte à côte de la nôtre près de deux lieues et arriva presque en même temps que nous. » Aussitôt il s'enthousiasme pour cette invention, qui consistait à placer un second gouvernail à l'avant de la galère. Il écrit longuement à l'inventeur pour lui faire part de quelques améliorations qui pourraient être apportées à ce nouveau bâtiment, tout en ajoutant modestement : « Je ne suis marin qu'en ce que je hante les marins et que j'apprends d'eux[26]. »

Et, comme partout où il passe, il se penche sur le sort des hommes qui lui ont été confiés. Après avoir demandé des récompenses pour ceux qui se sont distingués à Camaret, il signale à Pontchartrain les officiers dont le mérite lui semble sous-estimé : « Vous avez un inspecteur d'infanterie à Brest très bon officier et honnête homme que vous faites mourir de faim [...] ; mettez un peu la main à la conscience et traitez le mieux car il le mérite et gagne mieux son pain qu'un homme que je connaisse[27]. »

Il s'apitoie sur la misère des paysans qui sont venus travailler aux terrassements des défenses. Ce sont aussi leurs milices qui fournissent les gardes le long des côtes et leurs corps de garde ne valent pas « une étable à cochon ». Ces pauvres gens, mal vêtus, passent « les nuits dans de tels bâtiments où bien sûrement des cochons ne pourraient pas passer une seule nuit sans mourir[28] ».

La mauvaise saison arrivant, l'ennemi ne peut plus rien entreprendre par mer. Vauban, ayant accompli tout ce qu'il pouvait, s'apprête à quitter Brest fin octobre. Il laisse des instructions très complètes sur l'organisation des défenses de la côte[29]. Il reçoit alors de Versailles l'ordre de faire, sur le chemin du retour, une inspection de toutes les places des côtes de la Manche. Il ne peut s'empêcher de laisser échapper cette plainte dans une lettre qu'il adresse à Pontchartrain : « Je ne doute pas, Monseigneur, que vous ne sachiez qu'en partant d'ici je dois passer à Saint-Malo et de là visiter toute la côte de Normandie, Picardie et Flandre, voyage qui me va occuper jusque bien près de Noël, pendant quoi j'aurai tout le temps de souffler dans mes doigts et de faire provision de rhume pour la moitié de l'année à mon ordinaire. Il faut avouer que ceux qui conseillent au Roi de me faire faire de tels voyages dans la saison où nous allons entrer ne me veulent guère de bien, et que Sa Majesté ne songe pas qu'un homme en mouvement perpétuel et très violent depuis quarante-deux à quarante-trois ans et qui en a soixante et un bien comptés sur la tête, ne doit pas s'accommoder des voyages d'hiver[30]. »

Vauban grogne, mais c'est un vieux soldat discipliné, il exécute les ordres. « Soufflant dans ses doigts », il remonte le long des côtes balayées par les vents froids. Il déplore que les travaux du château du Taureau, dans la rade de Morlaix, ne soient pas plus avancés. Par contre, il constate avec satisfaction que, la crainte d'une nouvelle attaque aidant, on a bien progressé à Saint-Malo, le fort de la Conchée est presque terminé. Remontant le long du Cotentin, il arrive fin novembre à Cherbourg. Il reconnaît minutieusement toutes les criques où l'ennemi pourrait effectuer une « descente »[31]. Début décembre il est au Havre. Cette ville lui paraît très vulnérable car les maisons en bois y sont serrées « comme des boîtes d'allumettes ». Un feu serait bien difficile à éteindre car « autant de quartiers, autant de boîtes d'allumettes[32] ». Il passe par Dieppe, qui a beaucoup souffert du récent bombardement par la flotte anglo-hollandaise, et il y dessine un projet de reconstruction de la ville avec une enceinte défensive[33]. Enfin, début janvier, il est à Dunkerque ; après avoir vérifié l'avancement des travaux, il écrit à Le Peletier qu'il est bien décidé de rentrer à Lille et de n'en plus bouger : « [...] après quoi j'irai faire mes écritures et mes plans dans le fond de la citadelle de Lille où je compte me tenir clos et couvert jusqu'à ce que le Roi en ordonne autrement car je suis bien las et rebuté de tels voyages[34]. »

Pour un homme qui a « soixante et un ans bien comptés sur la tête », ce périple de plus de deux cent cinquante lieues, effectué pendant deux mois d'une mauvaise saison, le long de côtes soumises aux vents du large, le plus souvent à cheval pour mieux voir la configuration du terrain, représente à lui seul une singulière performance.

Les écritures évoquées par Vauban ne se limitent pas aux abondants rapports qu'il rédige sur toutes les places et les forts visités au cours de cette longue pérégrination de Brest à Dunkerque. Pendant le voyage il a continué à penser à la frontière des Alpes, qu'il avait visitée l'année précédente, et il a mis la dernière main à un important mémoire, qu'il adresse au Roi le 23 décembre[35]. Il y définit les places à tenir avec l'effectif de leurs garnisons, prône la constitution de plusieurs corps, postés sur les secteurs les plus exposés, pouvant agir indépendamment compte tenu du cloisonnement du terrain, et estime nécessaire de disposer, par ailleurs, d'une armée « prête à se porter en avant en cas d'offensive » ou « de soutenir ceux qui sont attaqués en cas de défensive ».

Ce mémoire constitue, à lui seul, une ébauche d'un traité de la guerre en montagne, avec des troupes d'infanterie et peu de cavalerie, avec l'emploi d'une artillerie légère, avec l'organisation d'un bon ravitaillement et l'utilisation de mulets...

Dans le même temps les réflexions de Vauban se portent vers un tout autre domaine, celui de la fiscalité. Au cours de ce même voyage il a rencontré à Rouen le sieur de Boisguilbert[36] avec lequel il a eu de longues conversations sur la situation économique. Ils sont tombés d'accord sur l'analyse de la crise traversée par le royaume, tout en divergeant sur les remèdes à appliquer.

Installé dans sa maison de la citadelle de Lille, Vauban s'attelle à la rédaction d'un mémoire intitulé *Projet de capitation*[37]. Depuis longtemps déjà Vauban se documente, rassemble des éléments provenant des diverses provinces du royaume, s'entretient avec les responsables des Finances au niveau des bailliages comme à celui du gouvernement. Il est de notoriété publique que le budget de l'État est en déficit : cette situation s'est installée après la mort de Colbert, il y a dix ans. Vauban est bien placé pour mesurer la crise financière. Il sait ce que coûtent ces guerres qui n'en finissent pas. Il n'ignore point la part des fortifications dans le budget du Roi. Et cependant il faut bien faire face à la menace présente. Ne vient-il pas lui-même de réclamer, en vain, des crédits pour mettre à l'abri Brest, sauvé *in extremis* cette fois, mais toujours vulnérable ?

D'un autre côté, Vauban est particulièrement averti de la misère du pauvre peuple de France. Lorsque celui-ci n'est pas pillé par les troupes amies ou ennemies, il est écrasé par des impôts répartis de manière arbitraire et inique, tout spécialement par la taille « qui est tombée dans une telle corruption que les anges du ciel ne pourraient venir à bout de la corriger, ni empêcher que les pauvres n'y soient toujours opprimés sans une assurance particulière de Dieu [...] ». La taille touche essentiellement les petites gens : le clergé, la noblesse et maints privilégiés en sont exempts. On ne peut envisager d'augmenter cet impôt qui écrase déjà le peuple. Or les besoins de l'État sont là, urgents, tant que la guerre durera.

Alors Vauban songe à l'instauration d'un impôt nouveau qui serait prélevé « à titre exceptionnel et pour la durée de la guerre seulement ». Il faudrait qu'il touche tout le monde, « tous ceux qui jouissent de revenus, y compris le clergé, les officiers civils et militaires, la Maison du Roi, les troupes, les fermiers généraux, les sous-traitants [...] à l'exclusion du menu peuple qui ne vit que du travail de ses mains ». Toutefois, pour que cet impôt soit réparti de manière équitable et efficace, il faut avoir une connaissance le plus exacte possible de la population et de ses revenus. C'est pourquoi Vauban travaille depuis des années à ces « dénombrements », auxquels il attache tant d'importance.

Il reste à déterminer le poids de cette imposition. Après avoir fait de nombreuses estimations, Vauban suggère d'adopter un taux annuel « du denier quinze », c'est-à-dire de 6,66 pour cent : il pense que 10 pour cent seraient trop lourds et que 5 pour cent seraient insuffisants. Sur cette base, « la capitation » devrait rapporter, d'après ses calculs, soixante millions de livres par an dans les caisses de l'État, soit près du double de ce que la taille a rapporté au cours des dernières années [38].

Vauban précise dans son mémoire que les autres impôts devraient être maintenus : sur le sel « la gabelle », mais à un taux réduit, sur le vin « par muid de vin au cabaret parce que c'est de l'argent comptant et que la grande oppression ne retomberait que sur ceux qui en mésusent », sur les eaux-de-vie et sur le tabac aussi « à cause du mésusé », ainsi que sur le thé, le café, le chocolat, le bois et les postes mais « modérés d'un tiers ou tout au moins d'un quart ». Il est d'avis de maintenir les « douanes extérieures » en supprimant les « douanes intérieures », ces dernières « ne sont bonnes qu'à l'empêchement du commerce ». Car Vauban est attentif à ne point entraver le commerce, source de richesse pour le pays : « Pour ce qui est des commerçants de toute espèce, il ne leur faut point donner d'inquiétude [...] parce qu'on ne saurait trop favoriser le commerce. »

En proposant d'instaurer « la capitation », Vauban n'est pas à proprement parler un novateur. Ce mode d'imposition a déjà été utilisé pour faire face à des dépenses extraordinaires des villes et des communautés. L'idée était d'ailleurs dans l'air. Pontchartrain, en tant que contrôleur général des Finances, à la recherche de recettes nouvelles, en discutait discrètement avec quelques intendants. Celui du Languedoc, de Basville, était très en faveur de cette formule. La capitation fut finalement instaurée dans le courant de l'année 1695, mais suivant des modalités différentes de celles préconisées par Vauban. Son rendement fut médiocre[39].

Vauban a présenté ce mémoire au Roi en février 1695, comme une contribution à une réflexion en cours. Il va continuer à travailler sur ce sujet. Au-delà de l'expédient provisoire de la « capitation », c'est une réforme en profondeur des impôts qu'il veut proposer, estimant qu'elle seule peut rétablir la santé du royaume et le bonheur de son peuple. Désormais il ne cessera de penser à « la Dixme Royale ». Il lui faudra encore quelques années pour lui donner une formulation qui le satisfasse.

L'épuisement des deux camps, dans cette guerre qui n'en finit pas, est de plus en plus patent. Les négociations diplomatiques vont leur train sans aboutir. Louis XIV ne prévoit d'entreprendre aucune campagne pendant cette année 1695, d'autant que le maréchal de Luxembourg vient de mourir et que Villeroi, mis à la tête de l'armée de Flandre, est de notoriété publique meilleur courtisan qu'habile général.

Toutefois le Roi est toujours préoccupé par la flotte anglo-hollandaise qui continue à rôder le long de nos côtes. Vauban a été convoqué au mois de mars à la Cour pour recevoir des ordres : il est prié d'aller reprendre en basse Bretagne son commandement élargi du territoire de l'évêché de Saint-Malo, « sous l'autorité du maréchal de Choiseul[40] ». Mais les alliés, échaudés par leur tentative malheureuse à Camaret, n'essaient plus de débarquer. Ils se contenteront de bombarder quelques ports, dont Saint-Malo en juillet, Dunkerque en août où ils seront reçus à coups de canon, puis Calais d'où la tempête les chassera.

Vauban poursuit en Bretagne son travail d'organisation de la défense des côtes. Il ne dispose, comme troupes régulières, que de six bataillons, dont deux sont immobilisés à Saint-Malo. Il faut qu'il s'accommode des milices et des arrière-bans locaux. Il en fait une description peu flatteuse, dans une lettre adressée au Roi : « Les bans des cinq évêchés dont il vous a plu de me donner le commandement sont tous faits les uns comme les autres. Ce sont autant de régiments de noblesse, composés de plusieurs compagnies, [...] les unes à pied par impuissance d'être mieux et les autres à cheval sur roussins, cavales, chevaux de charrette et bidets ; ce qui, joint au peu de subordination, fait le plus mauvais composé, et à mon avis, les plus méchantes troupes du monde [...][41]. »

Il ne pense guère mieux de la milice qui est « sur un très mauvais pied, peu obéissante et très ignorante dans toutes les fonctions militaires ». Aussi doit-il pallier la faiblesse de ses troupes par une grande activité personnelle, parcourant sans cesse les côtes des cinq évêchés dont il a la responsabilité. Le maréchal de Choiseul[42], qui n'est guère mieux loti pour la Normandie, écrit à Vauban, son contemporain : « [...] Je ne vous donnerai d'autres nouvelles que celle que je suis bien vieux pour courir sur mes fesses ! »

Vauban doit réagir de la même façon, quand il met pied à terre, après une grande journée d'inspection des retranchements établis pour barrer les « descentes » au fond des criques ou en arrière des plages. Cependant, il ne peut s'empêcher de s'inquiéter des nouvelles qu'il reçoit de Flandre. Le prince d'Orange est en train d'y manœuvrer pour investir Namur. Vauban envoie, en vain, des avertissements que l'on ne veut pas entendre. Dès le 15 mai il a écrit à Le Peletier : « Si le Roi veut sauver Namur et empêcher qu'on ne le lui prenne, comme il l'a pris, et même avec beaucoup plus de facilité, il faut une fois pour toutes faire le retranchement du " vieux mur " [...] faute de quoi, on pourra l'assiéger. Et si on l'assiège, il est sûr qu'on le prendra[43]. »

Depuis des années il recommande de préparer en avant des places fortes des camps retranchés qu'une armée viendrait occuper en cas de danger, interdisant ainsi à l'ennemi d'investir la place[44]. Il a beau le répéter, il prêche dans le désert ! Même son ami Catinat ne l'écoute pas, à qui il écrivait à ce sujet : « [...] pourvu, que vous vouliez bien vous aider un peu de retranchements, chose pour laquelle je voudrais bien vous voir un peu plus de goût [...]. Vous vous laissez aller au courant de Messieurs vos confrères, les généraux, qui n'en ont point du tout parce qu'ils ne les entendent pas et qu'ils n'en savent pas l'usage[45]. »

Ce que Vauban avait prévu arrive, le prince d'Orange investit Namur le 12 juillet. Boufflers a tout juste le temps de se jeter dans la place avec quelques unités. Après une honorable résistance la place capitule le 4 août et la citadelle un mois plus tard. L'ingénieur hollandais Coehorn, qui menait le siège, a pris sa revanche.

Vauban, bon prince, ne tire pas avantage de sa prédiction. Il se contente d'écrire à Le Peletier : « Nos gens ont bien rempli leur devoir. » Mais, dans son for intérieur, il tempête en pensant que, si on l'avait écouté, Namur n'aurait pas été pris. Surtout s'il avait pu diriger la défense de la place, il aurait bien trouvé quelque manière pour se sortir de ce mauvais pas[46], tandis qu'il est bloqué à Brest, arpentant en vain le pays dans l'attente d'une flotte qui ne viendra pas !

Pour couronner le tout, il reçoit une lettre de Pontchartrain lui mandant que la proposition faite de lui verser des appointements de lieutenant général de la Marine pour le temps passé en Bretagne, n'a pas été agréée par Sa Majesté : « [...] en cette occasion, la commission qu'Elle vous a accordée pour commander la marine à Brest n'a été que pour l'honneur[47]. »

Pour l'honneur, Vauban a sauvé Brest ! Il savoure en silence cette louange douce-amère.

L'automne approche. Vauban va bientôt quitter son commandement en Bretagne. Il veut faire le point sur tout ce qu'il a réalisé et sur ce qu'il reste à faire, tout en laissant à ceux qui viendront après lui des instructions sur la meilleure manière de se défendre contre une éventuelle attaque[48]. Il rédige un long mémoire « qui prouve la nécessité de mieux fortifier les côtés du Goulet de Brest qu'ils ne l'ont été du passé ; l'utilité et l'épargne qui en reviendraient au Roi[49]. »

Il insiste à nouveau sur son idée maîtresse : l'effort principal doit porter sur le verrouillage du Goulet avec des positions fortifiées contenant de grosses batteries. Puis il explique comment organiser de manière économique cette défense, en combinant l'action des troupes régulières et des milices, avec un travail en commun du personnel « de terre et de mer ». Après de minutieux calculs, il conclut qu'il s'en suivra une « épargne de plus de cent cinquante mille livres par an ». Il espère, sans doute, que cette perspective d'économies à terme incitera le Roi à débloquer les crédits nécessaires pour terminer les ouvrages en cours. Pontchartrain, en charge de la Marine, ne fait rien pour faciliter sa tâche ; il lui mettrait plutôt des bâtons dans les roues, et Vauban s'en plaint auprès de Le Peletier : « M. de Pontchartrain ne m'a point du tout surpris en me décriant les secours que je lui avais demandés pour la continuation des ouvrages du Goulet dont je m'en vais quitter le travail n'ayant plus d'argent, ni crédit, ni matelots. J'entre comme je dois dans la raison d'impuissance de M. de Pontchartrain, mais j'entrevois avec peine qu'il n'aime pas la fortification [...][50]. »

En écrivant cela, Vauban compte bien que cette lettre sera communiquée au Roi. Il a prévenu Le Peletier pour que celui-ci ne censure pas ses épîtres quand il en fait la lecture au monarque : « [...] Le Roi, de qui j'ai l'honneur d'être connu à fond, est accoutumé à toutes mes libertés, et dès que je cesserai d'être libre, il me prendra pour un homme qui devient courtisan, et n'aura plus de créance en moi[51]. »

Tout en réglant les problèmes relatifs à la défense de la basse Bretagne, Vauban a mis à profit ses contacts avec les officiers de marine pour étudier deux questions touchant à la guerre sur mer. Suivant son habitude, il consigne ses réflexions dans deux mémoires : l'un sur les galères et l'autre sur la guerre de course. Mais il ne se contente pas de se fier à ses premières impressions ou de répéter ce qu'on a pu lui dire. Avant de commencer la rédaction de ces mémoires, il étudie méthodiquement la construction des navires et des galères, le coût de leur équipement et de leur entretien. Il rédige, de sa propre main, des notes sur « le coût détaillé de construction de navires du premier au cinquième rang[52] », prenant en compte les « bois de chênes, bordages, planches, fers et clous, verres et serrureries, cuisines et fours, mâtures, vergues, poulies [...] », aussi bien qu'un « état de la dépense ordinaire d'une galère par mois », y compris la solde de l'aumônier et l'habillement de deux cents forçats avec « la fourniture de deux chemises, deux caleçons, une paire de bas, un bonnet, un capot d'herbage et une casaque de cordillat [...] par an ». Il égrène, avec un plaisir évident, les pièces entrant dans la structure d'un « vaisseau de cinquième rang » : « l'étrave, la contre-étrave, l'estambot, la râblure, la quille et la contre-quille, les varangues, les fourçats de l'arrière et de l'avant, la carlingue, la lisse d'hourdis [...] ».

Possédant bien son sujet, il laisse alors libre cours à son esprit inventif. Il a été impressionné par la maniabilité des galères transformées en bâtiments amphidromes, en les dotant d'un double gouvernail leur permettant d'avancer ou de reculer sans virer de bord. Il propose de leur donner une mâture plus élevée et de les armer de canons : « Les galères accommodées de la sorte vaudront incomparablement plus pour le combat que les ordinaires et entreront facilement dans toutes les rivières sans être obligées de revirer pour en sortir[53]. »

Vauban conçoit le rôle de ces galères comme des patrouilleurs ou des éclaireurs accompagnant les vaisseaux de haut bord, ou bien comme des éléments de défense mobile surveillant les côtes, enfin comme des moyens d'attaque pouvant, grâce à leur agilité, menacer les côtes et pénétrer dans les estuaires de l'ennemi.

Puis il compose un vibrant plaidoyer sur la guerre de course, qu'il intitule *Mémoire concernant la caprerie*[54]. Il articule son exposé de manière une fois de plus très cartésienne. Partant de la constatation que pratiquement toute l'Europe est liguée contre la France, celle-ci ne disposant que d' « amis tièdes, inutiles ou impuissants », la balance des forces joue en notre défaveur. Notre résistance depuis sept ou huit ans ne dure que grâce à des efforts extraordinaires et nous risquons d'être acculés à « une fâcheuse défensive par terre et par mer ». Poussant son analyse, Vauban constate que la puissance des Anglais et des Hollandais, « principaux arc-boutants de la Ligue », réside dans leur richesse financière. D'où vient leur argent ? de leur commerce maritime. C'est donc là qu'il faut les attaquer. Il ne faut pas l'entreprendre par une guerre menée avec de grandes escadres, tous les essais menés dans ce sens n'ont abouti à rien, les forces qui nous sont opposées étant égales ou supérieures aux nôtres : « Ce ne peut donc être que par la course qui est une guerre subtile et dérobée, dont les coups seront d'autant plus à craindre par eux qu'ils vont droit à leur couper le nerf de la guerre. »

Vauban cite à l'appui de sa thèse l'exemple de la guerre menée en 1684 contre les Génois, au cours de laquelle quarante vaisseaux, armés par des officiers de marine en bâtiments de course, ont brûlé et coulé trois cents bateaux en six mois, contraignant la république de Gênes à demander la paix.

Poursuivant son raisonnement, il montre combien la France est bien placée pour mener cette guerre de course, « puisque tout le commerce de ses ennemis passe et repasse à portée de nos côtes et de nos postes les plus considérables ». Il s'enthousiasme à cette idée : « A considérer Brest en particulier, on trouvera qu'il est situé comme si Dieu l'avait fait exprès pour être le destructeur du commerce de ces nations-là, puisqu'il est plus que pas un autre à portée de pouvoir incommoder de quelque côté qu'il puisse venir, soit du Sud, de l'Ouest ou du Nord [...]. » D'où la conclusion du mémoire, qui découle, logique et irréfragable : « Il faut donc se réduire à faire la Course comme un moyen le plus possible, le plus aisé, le moins cher, le moins hasardeux et le moins à la charge de l'État, d'autant même que les pertes n'en retomberont que peu ou point sur le Roi. »

Vauban est tellement convaincu de la justesse de ses vues, que lui, le terrien et le paysan prudent, a aventuré des sommes non négligeables dans l'armement de course. Il le confesse à Pontchartrain, qui lui annonçait les belles prises faites récemment par M. de Nesmond[55] : « Il est vrai que j'ai mille écus sur l'armement de M. de Nesmond. J'en ai encore sur celui de M. de Gennes et sur deux autres, mais pas si gros ; et ce n'est pas l'hiver dernier que l'envie m'a pris de faire fortune par la course[56]. »

Pour une fois Vauban ne prêche pas dans le désert. La guerre de course allait se développer avec succès.

17.

« Je suis bonhomme, mais un peu têtu... » 1696-1697

Halte à Ussé — De l'éducation des garçons — Description de l'élection de Vézelay — Passage à la Cour — Inspection des places du Nord — Lettre à Racine — Automne à Bazoches — Fâcheries avec Barbezieux — Siège d'Ath — Paix de Ryswick.

Les saisons rythment les activités guerrières et, de ce fait, la vie de Vauban. L'automne de l'an 1695 étant arrivé, toute menace de débarquement ennemi en Bretagne est écartée. Vauban peut quitter Brest. Sur sa route de retour vers la capitale, il fait une première halte chez sa fille cadette, Jeanne-Françoise, qui réside au château d'Ussé, près de Chinon. Son mari vient de céder sa propriété de Louveciennes au marquis de Cavoye[1], qui cherchait une maison à proximité de Versailles et de Marly. Louis de Valentinay s'emploie à rétablir sa terre d'Ussé en marquisat, aussi veut-il agrandir son château.

Vauban met à profit son passage pour dessiner les plans d'une aile supplémentaire, se raccordant au corps de logis de style Renaissance. Il donne à son gendre un document qu'il a composé sur « l'art de bâtir[2] ». Il le complète au fil des ans et de ses multiples expériences. C'est un traité qui aborde tous les problèmes posés par la construction d'un bâtiment, depuis les fondations jusqu'à la toiture. Il comprend plus de cent maximes, dont la première est tout empreinte de sagesse : « Quiconque voudra faire bâtir doit premièrement se proposer de faire la cage pour l'oiseau ; c'est-à-dire proportionner son bâtiment au revenu de la terre, à sa condition, à ses besoins et surtout aux moyens qu'il a d'en pouvoir sortir à son honneur. En user autrement, on tomberait dans l'excès ou la mesquinerie, l'un et l'autre desquels sont également méprisables et ridicules. »

Ce conseil est spécialement bien venu pour Louis de Valentinay, dont la réputation de dépensier n'est plus à faire. Vauban devra bientôt, contre son gré, intervenir dans les discordes familiales provoquées par les besoins financiers de son gendre.

Pour le moment, c'est un jeune ménage heureux qui attend la naissance d'un enfant[3]. Vauban décide que si c'est un garçon il s'occupera de son éducation. Aussitôt, pour meubler ses journées de repos à Ussé, il ébauche un mémoire qu'il intitule : *Idée de l'éducation que je voudrais donner à mes petits garçons*[4], auquel il joint une note sur « les désordres du jeu [d'argent] ». Après avoir énuméré une liste de connaissances fondamentales à acquérir et d'exercices physiques à pratiquer, Vauban note au fil de la plume quelques maximes à enseigner à ses petits-fils :

« — Fuyez l'oisiveté comme la mère de tous les vices [...].

» — Si vous embrassez la profession des armes, comme je vous le conseille, n'attendez jamais que le devoir vous vienne chercher, allez toujours au-devant, offrez-vous pour tout ce que vous entendrez de bon à faire [...].

» — Parlez peu et dites toujours vrai.

» — Si vous êtes assez heureux pour faire une bonne action n'en dites mot, la modestie ne sera pas longtemps sans vous rendre la justice que vous méritez d'une manière qui sera plus d'honneur que si vous vous étiez vanté.

» — Soyez extrêmement retenu à donner votre parole, mais quand vous l'aurez une fois donnée, souvenez-vous de la garder au péril de votre vie.

» — Aimez l'agriculture, apprenez-en tous les secrets, c'est le plus innocent de tous les plaisirs. »

A travers les conseils formulés à l'attention de « ses chers enfants », l'homme se révèle : les valeurs mises en avant sont celles qui ont guidé toute sa vie.

Vauban goûte la douceur du Val de Loire ; il comprend que cette contrée, bénie des dieux, ait inspiré à Ronsard ce poème empreint de nostalgie :

« Quand je suis vingt ou trente mois
Sans retourner en Vendômois,
Plein de pensées vagabondes,
Plein d'un remords et d'un souci,
Aux rochers je me plains ainsi,
Aux bois, aux antres et aux ondes. »

Comme le poète, il est impatient de revoir son Morvand, ses rochers, ses bois et ses rivières. Comme le poète, il observe la course implacable du temps :

« Et moi sans faire long séjour
Je m'en vais, de nuit et de jour,
Au lieu d'où plus on ne retourne[5]. »

Il décide de faire un rapide crochet par Bazoches avant de regagner la capitale. Il a une bonne raison d'y faire une étape puisqu'il doit achever un document qu'il remettra au Roi en arrivant à Versailles.

Ce document s'intitule : *Description géographique de l'Élection de Vézelay*[6]. Vauban accumule depuis des années des renseignements sur toutes les paroisses de France, ses « dénombrements ». Ils servent de base à ses réflexions et à ses travaux sur les richesses en hommes et sur les ressources diverses du pays. Ils lui ont servi pour effectuer une première approche du problème des impôts, ce qui l'a amené à son « projet de capitation ».

Cette fois ses recherches personnelles se trouvent en correspondance avec les bureaux de Versailles, qui souhaitent posséder une sorte d' « état de la France », tant pour mieux cerner les questions financières, que pour gérer les ressources du pays en temps de guerre. Dans le même temps les intendants des provinces ont été priés de répondre à des questionnaires, établis par le duc de Beauvilliers[7], pour l'instruction du jeune duc de Bourgogne. Aussi a-t-il voulu mettre en forme tous les éléments qu'il a pris soin de faire rassembler sur son coin de Morvand, en particulier par son parent Millereau[8] qui vit à Bazoches. Vauban connaît cette élection de Vézelay[9] depuis son enfance. Il la décrit avec une minutie et un réalisme exemplaires : « Voilà une véritable et sincère description de ce petit et mauvais pays, faite après une très exacte recherche, fondée non sur de simples estimations presque toujours fautives, mais sur un bon dénombrement en forme et bien rectifié. »

Après avoir analysé ce terroir, en décomptant les personnes et les bêtes, en arpentant les terres, les prés, les vignes et les bois, en énumérant les moulins, huileries et tavernes, Vauban met en lumière ses atouts, ses faiblesses et ses misères. Puis, toujours soucieux de proposer des mesures concrètes, il en avance quatorze. Elles n'intéressent pas seulement l'élection de Vézelay, elles sont valables pour le royaume tout entier.

C'est un véritable programme de gouvernement qui est développé par Vauban avec ses volets financier, économique, juridique. La première mesure à prendre, d'après lui, c'est d'établir un système d'imposition plus juste, mieux réparti, calculé sur le revenu de chacun : « Si Sa Majesté, pénétrée enfin de la souffrance de ses sujets, prenait une bonne fois la résolution d'y mettre fin et d'améliorer leur condition, en rendant l'imposition de ses revenus égale et proportionnée aux forces de chacun [...]. »

Ce sont ensuite des actions à mener pour la mise en valeur des terres et des bois, pour la protection et le développement du commerce et de l'industrie. Ce sont enfin des décisions à prendre pour les échanges à l'intérieur du royaume, en commençant par l'adoption de « mesures » et de « coutumes » unifiées [10].

Vauban sait bien que tout procède du Roi, aussi l'interpelle-t-il avec un franc-parler surprenant : quand allez-vous « enfin » vous pencher sur la misère de votre peuple, quand vous déciderez-vous « une bonne fois » à agir ? Il termine par une note optimiste : « Si toutes ces pensées pouvaient exciter la curiosité de Sa Majesté à en faire l'expérience [...] sa domination deviendrait douce et désirable pour tous les peuples voisins, et les siens, sortant de l'état pauvre et souffreteux où ils sont, pour entrer dans un plein de bonheur et de félicité, accroîtraient à vue d'œil et augmenteraient à même temps sa puissance par le nombre prodigieux d'hommes propres à la guerre, aux arts, aux sciences, à la marchandise et à la culture des terres, que la France produirait. »

Vauban aime les calculs précis et les raisonnements logiques. Il a tendance à considérer que des théories raisonnables doivent forcément conduire à des résultats admirables : « Un plein de bonheur et de fidélité. »

Il ne manquera pas à la Cour d'esprits critiques pour souligner que certaines propositions contenues dans ce mémoire sont quelque peu utopiques. D'autant que Vauban ne manque pas d'attaquer au passage ceux « qui se remplissent de biens à regorger, tandis que le pauvre peuple périt sous l'accablement du faix », de quoi se mettre à dos tous les financiers, fermiers généraux, traitants et sous-traitants du royaume !

Vauban arrive à Versailles au début de l'année 1696. Il mesure à nouveau l'énorme décalage qui existe entre le petit monde clos de la Cour et cette « France profonde » qu'il connaît si bien. Les préoccupations de tous ceux qu'il croise dans les couloirs du palais tournent autour de questions de préséances, de faveur ou de défaveur des uns ou des autres, de l'invitation à accompagner le Roi à Marly pour la prochaine chasse. Les ministres lui paraissent plus soucieux de satisfaire les volontés du Roi que de lui présenter un tableau sincère des problèmes graves qui sont en train de miner le pays.

Vauban est loin d'avoir avec Barbezieux les relations confiantes qu'il entretenait avec son père, Louvois, et il ne passe pas par lui quand il écrit au Roi. Il est vrai que Barbezieux, n'ayant plus la charge des fortifications, n'a pas, en principe, à en être informé, encore que son domaine de responsabilité, le ministère de la Guerre, soit concerné par l'état des places fortes. Mais quand Vauban assume un commandement de troupe comme celui de Brest, il ne rend pas compte à son ministre... Aussi Barbezieux proteste et lui écrit : « Vous voulez bien que je vous dise que, commandant des troupes dans un pays, il n'y a que vous qui ne mettiez point le secrétaire d'État à la Guerre en état de rendre compte à Sa Majesté de ce qui se passe [...]. »

Qui pis est, Vauban fait présenter ses lettres au Roi par son gendre ! Alors Barbezieux est scandalisé : « Vous êtes bien aise de faire faire votre cour par M. votre gendre en le chargeant de rendre au Roi les lettres que vous lui écrivez [...][11]. »

Les relations ne s'améliorent pas quand Vauban, de retour de Bretagne, bénéficie de plusieurs audiences particulières du Roi. Barbezieux devient alors si désagréable que Vauban se voit obligé de s'en plaindre auprès du souverain : « J'ai pris la liberté de dire à Votre Majesté de quelle manière M. de Barbezieux me traitait [...]. Le commerce direct dont il a plu à Votre Majesté de m'honorer, qui cependant ne fait tort à lui ni à personne [...]. Il suffit qu'un officier soit de mes parents ou de mes amis pour qu'il soit exclu de toutes les grâces à quoi il pouvait prétendre [...]. Il a donné des ordres pour que l'on ne me donne rien dans ses bureaux [...][12]. »

Et Vauban termine son épître par cette déclaration, qui n'est point inspirée par un esprit courtisan, mais par un réel sentiment d'attachement et de total dévouement à son Roi : « Souvenez-vous bien que je ne suis qu'à vous et que je n'ai d'autre protection que celle dont vous m'honorez, et que si j'étais enfin assez malheureux pour qu'elle me manquât, il n'y aurait d'autre parti à prendre que celui d'une sombre et triste retraite après quarante-cinq ans de bons et fidèles services[13]. »

Quels sont les sujets qui ont été abordés au cours de ces audiences, de ce « commerce direct », qui a tant fâché le jeune Barbezieux ? Vauban n'a pas eu le temps de traiter de toutes les questions qui lui tenaient à cœur et pour lesquelles il avait préparé des notes ou des mémoires. Il a essentiellement lu et commenté devant le Roi deux mémoires sur les projets de la future campagne. Le premier, daté de janvier 1696, a pour titre : *Mémoire sur les sièges que l'ennemi peut entreprendre la campagne prochaine*[14]. Il y développe la thèse que l'ennemi a intérêt à abréger la guerre en prenant l'offensive avec « toute la violence et la rapidité possible ». Il faut donc se préparer à une guerre défensive, en tenant en état et en munissant les places de première ligne, sans pour autant négliger celles de deuxième ligne[15]. Mais l'on doit éviter que l'ennemi ne mette le siège devant l'une de ces places et « gagne pied sur nous ». Pour cela Vauban soutient avec force qu'il convient de « faire des camps retranchés partout où le terrain est favorable ». Il développe devant le Roi son argumentation sur ces camps, leur position, leur taille, leur aménagement et les emplacements à envisager devant les principales places.

Pour être bien sûr d'être compris et d'être entendu, il présente à deux reprises ce mémoire, dont il laisse un exemplaire au Roi. Quand Vauban défend une idée, il ne craint pas de lasser son interlocuteur !

Le second mémoire, daté de février 1696, est intitulé : *Mémoire sur le projet de campagne au Piémont*[16]. Vauban n'hésite pas à prendre le contre-pied de la politique arrêtée par le Roi. Alors que le bruit court d'une offensive prochaine de l'armée française en Piémont, il affirme que « les forces du royaume devraient se resserrer en dedans de l'état et non en sortir ». Il ose même prédire que « tôt ou tard Pignerol sera enlevée au Roi » et que, dans ces conditions, « autant faire comme un bon chirurgien l'ablation de ce corps inutile et coûteux, avant qu'il ne soit cause de maladie ». Il ajoute, au risque de choquer : « L'histoire de nos Rois et notre propre expérience nous apprennent que jamais les guerres d'Italie nous ont été avantageuses. » Il propose de rechercher un accommodement avec le duc de Savoie en lui rendant Pignerol et Suse et en conservant Montmélian et Nice. Cela permettrait de récupérer quarante à cinquante bataillons de l'armée d'Italie pour renforcer celle de Flandre.

Par contre, il recommande « d'entreprendre la guerre de course sur la mer », ce qui obligera les Anglais et les Hollandais à mettre une partie de leurs troupes à garder leurs côtes.

Le Roi écoute avec bienveillance son « preneur de villes » lui exposer son point de vue. Dans quelle mesure est-il influencé par ses thèses, il ne le dévoile pas. En fait il est en train, en ce début d'année 1696, de mener de grandes manœuvres diplomatiques en vue d'aboutir à la paix honorable que Vauban souhaite aussi ardemment que lui. Louis XIV tente de disloquer l'Alliance formée contre lui, en attirant en particulier dans son camp le duc de Savoie. Il est prêt à faire des concessions vis-à-vis de l'Empereur et du prince d'Orange, mais pour le moment tout achoppe sur son refus de reconnaître Guillaume d'Orange en tant que roi d'Angleterre.

Vauban n'est pas admis dans le secret de ces négociations. Prié d'aller inspecter les places du Nord, qui sont les plus exposées, il reprend, à partir du mois d'avril, sa vie itinérante : Rocroi, Charlemont, Dinant, Philippeville, Charleroi... Il est, au début de mai, à Mons, d'où il rend compte à Le Peletier de l'état des places visitées ; des mémoires et des devis suivront avec des propositions pour compléter, améliorer, corriger. Ce n'est pas un voyage de plaisance... Il le fait remarquer à son correspondant : « Mes visites sont longues à la vérité, mais il n'est pas de mon inspection comme de celle des troupes qui se rendent, à point nommé, aux ordres de l'inspecteur où il lui plaît d'en faire la revue. Il n'y a pas une guérite dans toutes les places du roi, qui voulût faire un pas à mes ordres ; et si je veux les voir, il faut les aller chercher où elles sont, sans que pas une ne bouge de sa place. Jugez de la quantité de tours et de retours que je suis obligé de faire pour bien faire la revue de toutes ces horribles masses qui sont le corps d'une fortification. D'ailleurs, les écritures et les devis qu'il faut faire, pour rendre compte de ce que l'on fait, demandent un temps qui ne finit point. En un mot, c'est un pénible métier que celui de visiter des places à qui veut bien faire son devoir[17]. »

Le Peletier, à qui cette lettre est adressée, connaît suffisamment son auteur pour être persuadé qu'en l'occurrence il fait plus que consciencieusement son devoir.

Vauban poursuivit sa route par Condé, Tournai, Courtrai, Menin, Wervik et rentre dans sa citadelle de Lille. Il a constaté que dans ces régions frontalières, il existe des bandes armées, « les partis bleus », qui pillent et rançonnent : « Tout le pays s'en plaint et on n'y apporte aucun remède. » Immédiatement il rédige un mémoire sur cette question et il compose un projet d'ordonnance à faire signer par le Roi, pour mettre au plus vite un terme à cette situation intolérable[18]. Cette fois il est entendu et le Roi lui-même lui répond par retour du courrier : « J'ai donné les ordres nécessaires pour empêcher le mal que les ennemis font dans les derrières de mon pays, continuez à me mander ce que vous trouvez bon pour le bien de mon Service, pour que je puisse profiter à temps de tout ce qu'il y aura à faire[19]. »

Vauban, qui avait quitté Versailles chagriné par ses démêlés avec Barbezieux et tourmenté par l'idée que le Roi l'écoutait mais ne l'entendait point, est rasséréné par ce message. Il part terminer son inspection en se rendant à Dunkerque, visite les petits ouvrages bâtis entre Ypres et Furnes, formant une espèce de ligne fortifiée pour barrer le couloir entre ces deux places. C'est l'occasion pour lui de répéter à Le Peletier que ce ne sont pas de semblables fortins qui empêcheront l'ennemi de mettre s'il le veut le siège devant telle ou telle place : « Je ne connais d'autres moyens pour cela que celui des camps retranchés ; je le dis encore et le dirai toujours jusqu'à ce qu'on m'ait bien prouvé le contraire[20]. »

Quand Vauban a une idée en tête, il s'y tient avec la persévérance et l'obstination d'un Morvandiau ! Il martèle ses arguments comme le maréchal-ferrant de son village frappait ses pièces de fer pour les plier à son idée.

Vauban est de retour dans la capitale dans le courant du mois de juillet. Il y apprend d'abord de bonnes nouvelles : Jean Bart a attaqué et détruit un convoi de cinquante-cinq vaisseaux hollandais ; quant à la flotte anglaise, elle a bombardé sans résultat l'île de Ré et Belle-Ile, puis elle est repartie sans tenter de descente. Les mesures prescrites par Vauban ont joué efficacement.

Il prépare l'audience que le Roi va lui accorder en notant sur un « agenda », en date du 24 juillet :

« — Instructions à donner pour travaux car la saison presse.

» — Saint-Malo travaux pour la Conchée (deux demi-nobles offrent dix mille livres pour y travailler contre lettres de noblesse).

» — Urgence travaux pour nettoyer port de Dunkerque.

» — [...] »

Cela correspond à sa charge de commissaire général des Fortifications, mais il ne s'arrête pas là. Il veut aussi aborder les questions touchant aux négociations de paix qu'il sait être en cours :

« — Sur les ouvrages et places à rendre ou à restituer (en particulier rive droite du Rhin).

» — Il faut finir les affaires présentes par une paix honorable bien conditionnée, encore mieux observée. »

Dans un mémoire qu'il compte remettre au Roi, il précise ces derniers points en énumérant toutes les places qui peuvent être rendues sans inconvénient pour la sûreté du pays. Il y insiste : « Quant à Luxembourg il faut le disputer jusqu'à l'extrémité[21]. »

A Versailles, comme à Paris, les bruits les plus divers courent à propos des négociations qui se poursuivent dans les chancelleries. On apprend d'abord que le duc de Savoie a signé, le 29 août à Turin, un traité avec Louis XIV et qu'il se range du côté de la France[22]. Vauban s'en réjouit : cela va dans le sens de ce qu'il avait préconisé six mois plus tôt dans son mémoire sur la guerre au Piémont.

Mais bientôt d'autres rumeurs se propagent sur les conditions qui seraient offertes par Louis XIV pour obtenir un traité de paix avec les alliés, en particulier la restitution de Strasbourg et de Luxembourg. Vauban est alarmé et scandalisé. En d'autres temps, il eût dit son indignation à Louvois et lui aurait demandé d'alerter le Roi sur la gravité de tels projets. Il ouvre son cœur à Racine, bien introduit à la Cour et qui a l'oreille des familiers du souverain. Il lui écrit le 13 septembre : « Ce qu'il y a de certain, c'est que ceux qui ont donné de pareils conseils au Roi ne servent pas mal nos ennemis ; ces deux dernières places sont les meilleures de l'Europe [...]. Nous perdons avec elles pour jamais l'occasion de nous borner par le Rhin [...]. La France après s'être ruinée et avoir consommé un million d'hommes pour s'élargir et se faire une frontière [...] tombe, tout d'un coup, sans aucune nécessité [...]. »

C'est bien l'œuvre de sa vie — « se faire une frontière » — que Vauban craint de voir détruite « tout d'un coup ». Alors le souffle de la colère anime sa plume et lui inspire cette noble tirade : « Que dira-t-on de nous présentement ? Quelle réputation aurons-nous dans les pays étrangers, et à quel mépris n'allons-nous pas être exposés. Est-on assez peu instruit dans le Conseil du roi pour ne pas savoir que les États se maintiennent plus par la réputation que par la force ? Si nous la perdons une fois, nous allons devenir l'objet du mépris de nos voisins, comme nous sommes celui de leur aversion. On nous va marcher sur le ventre et nous n'oserons souffler. Voyez où nous en sommes ! [...][23]. »

Vauban demande à Racine de brûler la lettre après lecture. Mais ce dernier, ébranlé par la véhémence de cet écrit, le prie au contraire de développer ses arguments en faveur de la conservation de Strasbourg et de Luxembourg dans une note qu'il puisse utiliser ouvertement. Vauban lui adresse donc, quatre jours plus tard, une longue épître qu'il conclut en ces termes : « Voilà, Monsieur, ce que j'avais à vous dire, faites-en l'usage que vous voudrez, mais si vous m'en croyez, parlez-en à M. de Pomponne, si cela pouvait aller jusqu'à dissuader le Roi d'un marché qui fera un tort irréparable à sa réputation [...][24]. »

Des apaisements sont bientôt fournis à Vauban, car il part tranquillisé prendre trois mois de congé à Bazoches.

Quand il retrouve sa terre de Morvand, il se sent rajeunir. En ce début d'octobre, la température est douce, la campagne se prépare à son long sommeil hivernal. Les bois sont revêtus de leurs somptueux feuillages, que les premiers froids n'ont pas encore roussis ni fait tomber. Il écrit sur un ton détendu à Le Peletier : « Je m'applique présentement à la visite de mes bois et à faire vendange qui sera petite, mais les vins bons et excellents cette année, parce que nous avons un temps fait exprès [...][25]. »

Il n'a pas encore eu le loisir de visiter sa dernière acquisition, la châtellenie de Neuffontaines. Elle jouxte son domaine à l'ouest, au-delà de la ligne des collines qui barre l'horizon de Bazoches. Ce vieux fief appartenait au duc de Nevers, qui l'a cédé à Vauban en 1693 pour un montant de six mille livres et la charge pour l'acquéreur de solder chaque année « cinquante livres pour marier une fille pauvre » du village et de verser une rente de vingt-sept livres à l'abbaye de Vézelay[26]. Le hameau de Neuffontaines est bâti derrière le mont Lancioux. Au pied de cette colline boisée, dans un riant vallon, se niche la belle ferme d'Armance dont les prés sont arrosés par un ru qui coule vers la vallée de l'Yonne. Vauban apprécie, en connaisseur, la qualité de ces terres qui doivent donner du bon fourrage.

Au-delà de Neuffontaines, en suivant le cours de l'Armance, il inspecte les restes du château du Bouchet. Campé sur une plate-forme dominant la petite vallée, ce château, construit au Moyen Âge dans le même temps et sur un plan semblable à celui de Bazoches, n'est plus qu'un majestueux décor. Abandonné au siècle précédent, les toitures sont effondrées et les abords dévorés par les broussailles. Vauban constate à nouveau avec quelle rapidité la nature, dans ce pays, efface le travail des hommes.

A Bazoches toute la famille est rassemblée pour profiter de la présence, trop rare, du maître des lieux. Charlotte, avec son mari Jacques de Mesgrigny, est venue du château d'Aunay tout proche, accompagnée de ses nombreux enfants[27]. Déjà l'aîné, Jean-Charles, sert comme aide de camp de son grand-père et l'accompagne dans ses inspections. Jeanne-Françoise est là aussi, ayant abandonné pour un temps les salons parisiens et ses admirateurs. Louis Le Prestre, neveu de Vauban et, grâce à lui, seigneur abbé de Belleville et de Brantôme, ne manque pas d'être présent à ces réunions familiales.

Le 15 novembre, dans le grand salon au premier étage du château, il y a également René et Françoise Le Prestre, les enfants d'un cousin germain de Vauban, Pierre Le Prestre, seigneur d'Estevaux et de Montarmin. Ce dernier est mort en 1693. Son fils prétend être seul héritier de ces deux seigneuries. La sœur demande sa part d'héritage et fait appel au jugement de Vauban. Celui-ci tranche : René conservera Estevaux et Françoise aura Montarmin[28]. Le conflit étant arbitré, un document est signé par tous les membres présents de la famille[29]. Pour sceller l'accord, on boit un verre de ratafia[30], préparé dans le petit salon attenant. On peut de là contempler le paysage s'étendant jusqu'aux lointains brumeux d'où émerge la silhouette de la colline éternelle, Vézelay, gardienne et protectrice de la région.

Un autre cousin de Vauban, Philibert Millereau, est un habitué du château. Il a succédé à son père dans la charge de notaire et bailli royal de Lormes. Pendant les longues absences du seigneur de Bazoches, il administre le domaine qui s'étend maintenant sur mille deux cents hectares[31]. Ce ne sont pas, en général, des terres bien riches : elles sont très « bossillées », une partie d'entre elles n'est que friches tout juste bonnes à pacager « la brebiale ». Le revenu annuel des terres s'élève, bon an mal an, à cinq mille livres[32].

Le tiers de la superficie totale est occupé par les bois. Vauban s'intéresse particulièrement à leur exploitation. Une partie du produit des coupes est flottée sur la Cure, il faudrait développer cette pratique sur d'autres cours d'eau de la région. Vauban a déjà reconnu les cours de l'Yonne et de la Cure. Il estime qu'on pourrait les rendre navigables ; la première jusqu'à Corbigny, la seconde jusqu'à Vézelay. Un affluent de la Cure, le Cousin, permettrait même de remonter en bateau jusqu'à Avallon. Ce serait très profitable pour sortir de son isolement cette partie nord du Morvand. Vauban pense étudier cette question quand il aura quelques loisirs.

Ragaillardi par cette cure morvandelle, Vauban arrive à Paris en janvier 1697. Il a préparé avant de partir de Bazoches « un agenda » pour sa première audience auprès du Roi[33]. On y trouve, entre autres sujets à traiter, des requêtes familiales et locales :

« — Savoir ce que le Roi veut faire de son petit-fils d'Aunay[34] qui vient de servir trois ans dans les cadets de Tournai (l'autoriser à l'emmener avec lui dans les visites de places).

» — Sieur de Percy — major de Sarre, mon parent — vingt et un ans de service militaire. Sollicite pension dans l'ordre de Saint-Louis. (Bras cassé au siège de Bonn, une jambe à Staffarde, la mâchoire à Montmélian et à Nerinde deux chevaux tués sous lui !)

» — Abbé Gallois — petite abbaye en Morvand qui peut valoir mille deux cents à mille cinq cents livres de rente, veut la céder au sieur de Barraux[35]. »

Il a préparé un autre mémoire sur les opérations qui pourraient être entreprises en mer pendant l'année 1697[36] car il s'est tenu au courant du mouvement des flottes anglaise et hollandaise. Tout en arpentant ses terres du Morvand, il combine les manœuvres des escadres françaises : celle de Dunkerque, confiée à Jean Bart, « qui fait ce manège à perfection », serait chargée de créer « la plus grande diversion » face à la principale flotte ennemie, tandis qu'une quinzaine de vaisseaux iraient s'embusquer vers la côte de Biscaye, où doit passer une flotte anglo-hollandaise revenant de faire commerce avec l'Espagne, et qu'une autre escadre attendrait au large des Açores le retour de la flotte des galions revenant du Mexique. Vauban calcule les routes, « tient compte des vents et des données de la navigation », comme s'il était un vieux loup de mer !

Cela ne l'empêche pas, dès son retour, de se plonger dans les dossiers des places fortes avec Le Peletier. Il s'agit d'établir le programme des travaux à réaliser au cours de cette année. Les ingénieurs en charge des différentes régions ont envoyé des mémoires et des devis. Vauban les étudie avec le ministre, puis présente des propositions au Roi. Celui-ci décide de l'enveloppe générale qu'il compte consacrer aux fortifications, approuve ou modifie les priorités fixées.

A l'occasion de ces séances de travail, le Roi donne à Vauban quelques lumières sur le développement des affaires en cours. Des négociations complexes sont menées avec les différents membres de la ligue pour tenter de la dissocier, sous la direction du jeune Torcy[37] qui vient de succéder à son père, Croissy, à la charge des Affaires étrangères ; le beau-père du jeune ministre, le marquis de Pomponne, dirige le ministère en sous-main.

Tout en négociant, le Roi veut faire pression sur les alliés. C'est ainsi qu'il a décidé de lancer deux expéditions contre les établissements anglais en Amérique, en baie d'Hudson et dans la région de New York, tout en menaçant l'Espagne avec une armée qui marchera sur Barcelone. Il veut aussi conduire une action dans les Pays-Bas espagnols, disposant maintenant d'effectifs supplémentaires grâce à l'arrêt des opérations en Piémont. Le Roi consulte Vauban sur les sièges qui pourraient être menés : Ath ou Audenarde. Dans un premier temps ce sera Ath, le siège pouvant commencer en mai, dès que l'état du terrain et les conditions climatiques le permettront.

Avant de quitter la Cour pour rejoindre la Flandre, Vauban présente une dernière requête au Roi en faveur de son neveu Dupuy-Vauban. Ce dernier a la direction des fortifications en Artois. Vauban sollicite pour lui le poste de gouverneur de la citadelle d'Arras [38]. Cette demande passe par les mains de Barbezieux, qui sans doute tente de l'arrêter, ce qui provoque un nouvel incident. Si bien que le Roi confie à son fidèle aide de camp, « le brave Cavoye », la mission de raccommoder Vauban et Barbezieux.

Vauban, dans une longue lettre, explique à Cavoye les raisons de ses « fâcheries » avec le jeune ministre :

« [...] Puisque vous m'avez témoigné désirer un mémoire des sujets de fâcheries que M. de Barbezieux pouvait avoir contre moi je vais vous les dire comme je pourrais le dire à mon confesseur. »

L'une des raisons tiendrait au fait que le ministre croyait que Vauban avait dit au Roi du mal de son père, après sa mort...

« [...] ce qui est faux. Nous nous connaissions à fond l'un et l'autre, il y avait beaucoup d'amitié de part et d'autre. Monseigneur Louvois était un grand homme qui avait d'excellentes qualités et en avait aussi de mauvaises. Il nous est arrivé d'avoir souvent maille à partir et que j'en ai reçu bien des lettres conformes à la bonne ou mauvaise humeur où il se trouvait, quelquefois j'y répondais approchant du même ton, mais c'était autant de feux de paille [...]. Sitôt que je venais à le revoir la réconciliation était faite et nous n'en étions que meilleurs amis. »

Vauban en arrive à faire de lui-même un portrait dont la sincérité ne peut être mise en doute :

« [...] Il m'arrive que trop souvent d'appeler les choses par leur nom, je suis bonhomme incapable de faire tort à personne, à son honneur ni à ses biens, mais un peu têtu et opiniâtre quand je crois avoir raison. J'aime réellement et de fait la personne du Roi, parce que le devoir m'y oblige, mais incomparablement plus parce que c'est mon bienfaiteur qui a toujours eu de la bonté pour moi, aussi en ai-je une reconnaissance parfaite, à qui, ne plaise à Dieu, il ne manquera jamais rien. J'aime ma Patrie à la folie étant persuadé que tout bon citoyen doit l'aimer et faire tout pour elle, ces deux raisons qui reviennent à la même [...]

» J'ai plus de quarante-cinq ans de service sur la tête et presque autant de sièges où j'ai eu une grande part, je ne m'en honore ni baisse davantage, la gloire en soit à Celui qui m'a protégé et donné l'espoir de m'en tirer. Il s'en faut plus de quarante-cinq mille écus de dettes que je n'ai vingt-cinq mille livres de rentes vaillant de tous mes services. J'aurais eu autant de raison et plus de mérite au Cordon bleu et le bâton de maréchal de France qu'aucun autre, si cela avait toujours été le poids des mérites et de la vertu. Je n'ai eu ni l'un ni l'autre, je ne les ai jamais demandés et ne les demanderai jamais, content de l'état où je me trouve[39]. »

La mission de bons offices de Cavoye ne tardera pas à porter ses fruits.

En attendant Vauban quitte la capitale, fin avril, pour inspecter les places maritimes d'Artois et de Flandre. Par Abbeville, Montreuil, Boulogne, Ambleteuse, Gravelines, Furnes et Ypres, il arrive, début mai, dans sa citadelle de Lille. Il y est à pied d'œuvre pour se porter vers Ath au premier appel.

Le siège de cette ville fut un modèle du genre. Vauban connaissait à fond la place qu'il avait construite, sur ses plans, il y a plus de vingt ans. L'armée, chargée de mener les opérations de siège, était commandée par Catinat, avec lequel Vauban s'entendait parfaitement, aussi agirent-ils en parfaite harmonie. Deux autres armées, aux ordres de Boufflers et de Villeroi, étaient postées en protection de l'opération. Enfin la garnison dans la place était peu importante, de l'ordre de trois mille cinq cents hommes ; elle était commandée par un gouverneur de réputation médiocre.

Vauban signe l'instruction pour le siège d'Ath le 14 mai[40]. La tranchée est ouverte dans la nuit du 22 au 23. Dix jours plus tard il peut écrire à Le Peletier : « Nos affaires vont à merveille. Il est vrai aussi, et je m'en puis vanter sans faire le Gascon, que jamais place n'a été attaquée avec tant d'art et de vitesse tout à la fois ; la bonne chose que c'est de bien connaître l'ennemi à qui on a affaire[41]. »

Vauban utilise de nouveau la méthode de tir « de ricochet » pour l'artillerie, qu'il avait expérimentée au siège de Philippsbourg. Il dispose les batteries de manière à prendre en enfilade les ouvrages ennemis et fait tirer « à petites charges » pour obtenir cet effet de ricochet : « Embrassant tout le front des attaques [les batteries] croisaient et enfilaient par plongées tellement les bastions, demi-lunes et chemins couverts de la place que, quand elles furent une fois bien en train, les ennemis ne purent plus tenir à leur défense, ce qui éteignit si bien le feu qu'on allait et venait en sûreté du camp à la tranchée à découvert. »

Cette méthode de tir, qui incommode l'adversaire sans faire le grand bruit classique de la canonnade, est difficilement acceptée : « A la vérité, cette nouvelle manière de tirer, qui faisait si peu de bruit, choquait les officiers généraux, ce qui inquiétait même beaucoup les officiers d'artillerie [...][42]. »

Mais les résultats sont là, l'artillerie adverse est neutralisée. On peut creuser les tranchées rapidement et en sûreté. Dès le 6 juin, quatorze jours après le début du siège, le gouverneur d'Ath fait battre la chamade, demandant à capituler. Vauban ne craint pas d'affirmer : « Je ne crois pas que ne soit jamais fait de siège dans toutes les règles comme celui-ci où on ait pu réduire en si peu de temps et à si bon marché une aussi excellente place que l'est celle que nous venons de prendre[43]. »

Il annonce que les pertes parmi les assiégeants se limitent à cent quatre-vingts tués ou blessés[44]. Parmi ceux-ci les ingénieurs sont à nouveau les plus touchés. Vauban lui-même a été atteint par un coup de mousquet qui, ayant ricoché avant de le frapper, n'a provoqué qu'une forte contusion « entre l'épaule et la mamelle gauche ».

En dépit de cette blessure, qu'il a négligée dans le feu de l'action, mais dont il ressent les effets après coup, Vauban est d'humeur radieuse. Répondant au Roi qui lui a adressé une lettre pour lui dire sa satisfaction, il écrit : « Je suis trop heureux, Sire, si je puis faire quelque chose qui puisse être agréable à Sa Majesté ; je n'ai jamais eu que cela en tête[45]. »

Ce succès est l'occasion de faire la paix avec Barbezieux, auquel Vauban écrit : « J'ai reçu, Monseigneur, la très gracieuse vôtre du 6 de ce mois, qui [...] me marque un retour sincère et véritable qui me ravit et me rattachera, d'ici en avant, autant à vous que je m'en suis vu, malgré moi, éloigné. »

Et d'ajouter, avec cette bonhomie inimitable : « Vous verrez, par expérience, que j'ai le cœur et le fond d'un honnête homme[46]. »

Avec ses soixante-quatre ans « sur la tête », suivant son expression favorite, ses fatigues du siège, sa blessure, Vauban n'est en rien éprouvé. Ses pensées s'évadent loin des tranchées, des morts, de la mitraille et de la canonnade. Le siège à peine terminé, il écrit à celle qu'il appelle « ma belle Angélique ». C'est la charmante demoiselle de Tencin, qu'il a rencontrée à Grenoble il y a cinq ans. Elle est mariée maintenant avec un conseiller du parlement de Metz, Augustin de Ferriol, dont elle attend un enfant. Vauban lui adresse une lettre « pleine de gaieté et d'entrain » qui laisse à penser que leurs relations, depuis Grenoble, ne se sont peut-être pas limitées à des échanges épistolaires[47].

Mais bien vite le voici replongé dans les cartes et les dossiers : le Roi lui confirme qu'il veut assiéger Audenarde sans plus attendre. Vauban estime que ce siège n'est pas envisageable avant trois mois, compte tenu du niveau des eaux à cette saison : la place est traversée par l'Escaut, l'ennemi, à la première alerte, déclencherait des inondations en amont et en aval. Le Roi se range sans discussion à son avis, ce dont Vauban prend acte avec satisfaction : « Votre Majesté ne veut pas quitter le certain pour courir après l'incertain. Elle fait très sagement [...][48]. »

Ce que le Roi interprète de son point de vue, lui écrivant qu'il est heureux « qu'ils se sont rencontrés tous deux du même avis pour le parti que j'ai pris de différer l'entreprise d'Audenarde[49]. »

Après avoir donné ses instructions pour une remise en état sommaire des défenses d'Ath[50], ne sachant pas si cette place serait conservée, Vauban regagne sa citadelle de Lille. Il y arrive avec un gros rhume « sur la poitrine et dans le cerveau » qui le « persécute ». Il souffre de plus d'une « fluxion de dents ». Il se met entre les mains d'un médecin de la ville qui « lui a interdit aussitôt l'usage du vin, de la viande salée et de toutes sortes de ragoûts d'épiceries et de fruits », il l'a « réduit à la tisane et au sirop ». Moyennant quoi le rhume a considérablement diminué mais il n'est point guéri. Alors Vauban prend un remède morvandiau souverain, « du lait d'ânesse[51] ».

Les nouvelles des campagnes en cours lui parviennent : les Espagnols ont subi plusieurs revers. En avril Cartagène, principal entrepôt espagnol en Amérique du Sud, a été pris et pillé par l'escadre du baron de Pointis. En août Barcelone tombe entre les mains du duc de Vendôme, commandant l'armée française en Catalogne. Ces deux coups, venant s'ajouter à la chute d'Ath, incitent les Espagnols à traiter. Vauban s'inquiète au sujet de la négociation en cours. Il s'en ouvre cette fois directement au Roi qui lui répond le 22 août : « [...] Dans la lettre que vous m'avez écrite, je pense tout comme vous et je ferai ce que je croirai convenable pour mon avantage, celui de mon Royaume et de mes sujets. On s'en peut rapporter à moi qui sais et connaîs le véritable état où nous sommes. Si la paix se fait elle sera honorable pour la nation, si la guerre continue nous sommes en état de la bien soutenir de tous côtés. »

Le Roi termine par un nouveau témoignage de son affection pour Vauban : « [...] quoi qu'il arrive j'aurai la même considération pour vous et vous verrez dans la suite que mon estime et mon amitié sont toujours telles que vous les connaissez depuis si longtemps[52]. »

Moins d'un mois plus tard, le 21 septembre, la paix est signée à Ryswick avec l'Espagne, les Provinces-Unies et l'Angleterre. Elle le sera, le 20 octobre, avec l'Empereur. Après dix ans d'une guerre cruelle, c'est le triomphe du « raisonnable »[53].

Ces traités disloquent la coalition formée contre la France. Ils ouvrent une nouvelle période qui sera dominée par le problème de la succession au trône d'Espagne.

18.

« Voilà les chimères dont je m'entretiens le long des chemins... » 1697-1699

Inspection de la frontière de l'Est — Mémoire sur l'infanterie — Création de Neuf-Brisach — Canal de jonction Meuse-Moselle — Du rôle de l'État dans l'aménagement du territoire — Fin de l'inspection de l'Est — Faire une « nouvelle France » au Canada — Tournée de Dunkerque à Saint-Malo.

Les clauses des traités de Ryswick peuvent à première vue paraître surprenantes. Alors que Louis XIV vient de remporter des succès notables contre l'Espagne et l'Angleterre, tout en maintenant ses forces sur les terres d'Empire, il accepte de restituer une grande partie de ses conquêtes sans contre-partie marquée, à l'exception de Strasbourg qui reste à la France. Il rend à l'Espagne Barcelone, les places saisies en Flandre[1] ainsi que Luxembourg. Il restitue à l'Angleterre les établissements de la baie d'Hudson et surtout il reconnaît que le prince d'Orange est le légitime roi d'Angleterre, sous le nom de Guillaume III. Mais s'il rend à l'Empire les territoires et places conquis et annexés sur la rive droite du Rhin et en Palatinat, il conserve la basse Alsace et des positions en Sarre comme Longwy et Sarrelouis. Louis XIV peut ainsi rétablir dans son duché le duc de Lorraine. Celui-ci est complètement neutralisé, d'autant qu'il doit concéder un droit de passage sur ses terres pour les armées du Roi[2]. Il accorde enfin aux Hollandais les avantages commerciaux qu'ils souhaitaient obtenir.

En fait, les négociations précédant Ryswick ont été dominées par la question de la succession au trône d'Espagne, dont le roi, Charles II, était donné pour mourant. Pour se gagner les bonnes grâces de la cour de Madrid et une attitude favorable de l'Angleterre, quand la succession sera ouverte, Louis XIV a accepté de signer des conditions de paix particulièrement accommodantes.

Vauban est trop averti des questions de politique pour ignorer cet aspect des choses. Bien qu'il fût, plus que quiconque, en faveur de l'arrêt de cette guerre, dont il voyait les effets funestes sur le pauvre peuple[3], il semble cependant avoir réagi défavorablement aux conditions acceptées à Ryswick. Il espérait sans doute que le Roi obtiendrait de conserver Luxembourg et peut-être certaines des places qui furent cédées en Flandre. Il écrira plus tard à son ami Puyzieulx. « La malheureuse paix de Ryswick nous a extrêmement fait tomber de considération chez nos voisins[4]. » Réaliste, il ne s'attarde pas à des regrets stériles : les frontières étant déplacées, il faut revoir l'organisation de la ceinture des places fortes. Vauban reprend son travail de Pénélope. En priorité il convient d'apprécier les conséquences de la cession du Luxembourg et de la restitution de la Lorraine à son duc.

Dès le début d'octobre, il écrit à Le Peletier : « La ligne composée des places de Stenay, Montmédy, Longwy, Thionville et Sarrelouis, sépare assez bien la Lorraine du Luxembourg pour qu'il ne soit pas besoin d'y faire autre chose. D'ailleurs la ville de Metz, dont les fortifications sont très avancées, est en assez bon état, tient là lieu d'une grosse réserve dans le centre des états du duc de Lorraine[5]. »

Encore faut-il que le duc de Lorraine reste fidèle au Roi de France, aussi Vauban ajoute-t-il cette réflexion, pour qu'elle soit lue à Louis XIV : « Il y a encore une voie plus certaine pour s'assurer sa fidélité [du duc de Lorraine] c'est que le Roi n'a qu'à le traiter comme il voudrait l'être s'il était à sa place[6]. »

Reprenant son bâton de pèlerin, Vauban, en dépit de son rhume persistant et de la mauvaise saison qui arrive, part vérifier l'état des places de l'Est et leur « donner la perfection requise ». Il commence sa tournée par Givet sur la Meuse. Il connaît bien cette place pour laquelle il a déjà fait un projet après une première visite en 1680. Mais cet ensemble disparate, avec une vieille ville asphyxiée dans ses remparts et dominée par la forteresse de Charlemont, ne le satisfait guère. Cette fois il envisage de créer un quartier neuf au pied de la forteresse pour donner de l'air à la cité, en entourant l'ensemble d'une enceinte bastionnée, renforcée d'un ouvrage à corne. Il projette de relier les deux rives de la Meuse par un pont pour favoriser le développement d'un autre quartier sur la rive droite. Enfin il trace l'emplacement d'un camp retranché au mont d'Haurs sur cette même rive. La conception de cet ensemble lui « a donné bien de la peine », avoue-t-il à Le Peletier, en lui adressant le dossier complet[7].

Suivant le cours de la Meuse, il passe par Fumay et Revin, mais il estime que ces emplacements « ne valent rien ». Il inspecte Rocroi, puis Mézières dont les fortifications ne demandent que de l'entretien. Par contre, il trouve qu'il y a beaucoup à faire à Sedan. Il n'y était pas passé depuis six ans et il trouve la ville « très sale » et en mauvais état[8]. Enfin il arrive à Stenay où il conçoit un important projet, avec une citadelle pentagonale et une fortification entourant la ville, flanquée de cinq bastions et d'autant de demi-lunes. Cet ensemble étant un peu en

La Frontière Nord à travers les traités

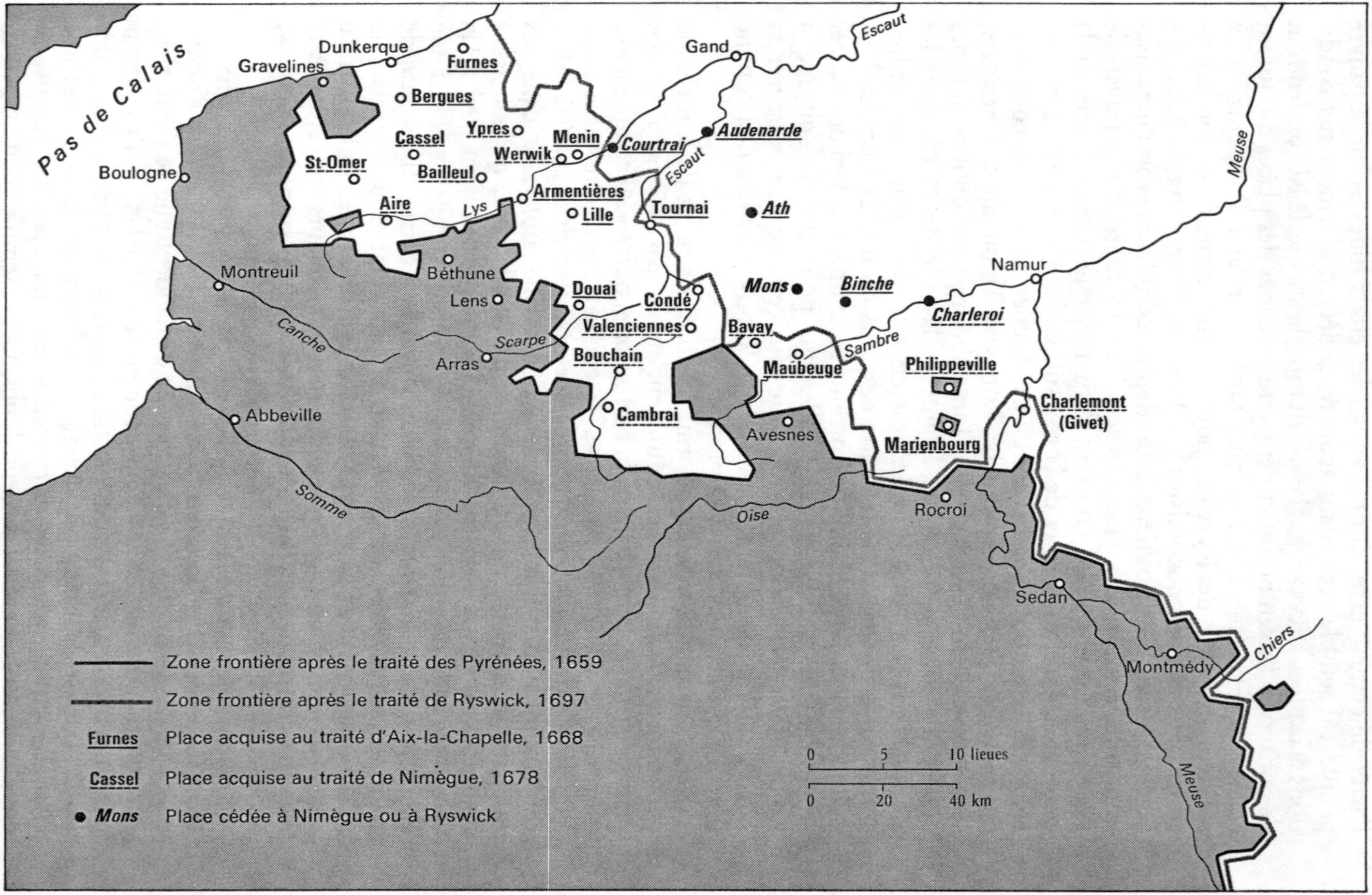

retrait du cours de la Meuse, il prévoit le creusement d'un canal dérivé d'un bras de la rivière pour remplir les fossés de la place[9].

Vauban avait prévu de remonter la Meuse jusqu'à Verdun « pour en revoir les fortifications et les écluses qu'il y a plus de douze ans qu'il n'a vues ». Mais ce début d'hiver est rude dans les provinces de l'Est et, pour une fois, il abandonne la partie, écrivant à Le Peletier : « Il n'y a plus moyen de tenir la campagne par le temps qu'il fait, et, aussitôt que j'aurai achevé mes remarques [...] je m'en retournerai, Dieu aidant, par le chemin le plus court[10]. » Toutefois, avant de s'en retourner, il prend le temps d'écrire directement au Roi. Il a constaté sur le terrain que, si le traité de paix a bien précisé que Longwy et Sarrelouis demeuraient à la France, leurs dépendances avaient été amputées et il ne leur restait « qu'une demi-lieue de pays à la ronde ». Vauban estime que « cela va entraîner des discussions et brouilleries sans fin avec les Lorrains », et qu'il vaudrait mieux proposer au duc de Lorraine « de ne pas raser Nancy, avant de le lui rendre, mais d'avoir en échange des villages autour de Longwy et Sarrelouis[11] ».

A demi gelé, « toussaillant », mais rassuré quant à l'état de la frontière de l'Est, Vauban s'en retourne dans sa maison bien chauffée de la citadelle de Lille.

Il aime cette demeure qu'il a fait construire sur ses propres plans, il y a maintenant près de vingt ans. Dans sa vie d'errant, elle est pour lui le port d'attache. Elle est située au centre de la citadelle, sur la place d'armes. De facture classique, sa façade est en harmonie avec les autres bâtiments et en particulier la chapelle qui la jouxte[12]. Il a même fait pratiquer une ouverture qui lui permet, de sa chambre au premier étage, de suivre les offices religieux.

Cette maison ne comporte aucun luxe superflu, mais elle est bien équipée en larges cheminées au coin desquelles Vauban peut lire et travailler. Les pièces sont de proportions suffisantes pour recevoir commodément quelques visiteurs[13]. En sortant par la cour intérieure de sa demeure, Vauban peut aller directement sur le bastion de Turenne qui est le jardin officiel du gouverneur. Ses allées sont tracées au cordeau, en forme de croix de Lorraine. Mais il préfère se promener dans son jardin personnel, qu'il a fait aménager à l'extérieur de la citadelle et qu'il a planté, à son idée, avec des arbres d'essences variées. Ou bien il va faire le tour des arbres fruitiers que, sur son ordre, on a disposés sur tous les espaces libres de la citadelle : pommiers, poiriers, pruniers, cerisiers et noyers[14]. Si bien qu'au printemps cet ouvrage sévère est cerné par les arbres en fleurs.

Bien sûr, cette demeure ne peut se comparer à Bazoches : c'est là que sont ses racines. Il ne cesse d'y penser. Il rédige le 28 février, à l'attention de son secrétaire, Friand, une note lui enjoignant de « faire l'état historique de mes terres et des biens à moi appartenant[15] ». Avec sa précision coutumière, il demande que, pour chacun de ses domaines, on recherche les origines en se basant sur les vieux « terriers », on note les changements survenus, on chiffre les revenus, on étudie les améliorations à apporter, on prospecte les acquisitions possibles. C'est ainsi que, pour Bazoches, il demande d'« examiner les autres acquisitions des environs qui peuvent lui convenir comme Domecy, ce morceau de la justice de Cure, Fontenay avec un petit morceau de Foissy [...] ».

Pendant ces mois d'hiver, tout en soignant son rhume, il reprend un travail qu'il a entrepris depuis bien longtemps. Fidèle à sa méthode, il accumule une quantité de notes tout au long de ses voyages, à l'occasion de ses conversations avec les uns ou les autres, et en entretenant une correspondance abondante. Le jour venu, il les ordonne pour en faire un mémoire. Celui auquel il a décidé de s'atteler, s'intitule : *Moyens d'améliorer nos troupes et de faire une infanterie perpétuelle et très excellente*[16].

Ce mémoire regroupe des sujets qu'il a déjà traités dans des lettres adressées au Roi ou à ses ministres, comme l'armement à donner à l'infanterie ou l'instauration d'un nouveau système de recrutement, mais qu'il va développer et compléter.

A son habitude, avant d'entrer dans le vif du sujet, Vauban dresse un tableau d'ensemble. Puisqu'il aborde la question de l'organisation de l'armée, il veut d'abord réaffirmer sa nécessité et son utilité. Reprenant à sa manière l'axiome de Platon « πόλεμοσ παύτων πατηρ[17] », il déclare : « La guerre a pour père l'intérêt, pour mère l'ambition et pour proches parents toutes les passions qui nous induisent au mal. Elle a paru en ce monde aussitôt que les premiers hommes. Elle y prit naissance avec eux et comme eux, elle s'empara de toutes les parties habitables de cet univers dont elle fit son héritage et dans la jouissance duquel elle s'est maintenue et se maintiendra tant qu'il y aura des hommes sur la terre avec un pouvoir despotique sur les biens et la vie d'un chacun dont personne n'est exempt. »

Cette guerre, qui n'avait pour règle au commencement que « l'emportement et la brutalité », est devenue progressivement « une science où les plus grands hommes mirent toute leur application ». Une grande nation comme la France, objet de l'envie de ses voisins, se doit « d'être toujours armée, en paix et en guerre, et d'avoir nombre de bonnes troupes sur pied, aguerries et bien disciplinées, par la raison que les mauvaises coûtent autant à entretenir que les bonnes, ne rendent pas à beaucoup près les mêmes services et commettent souvent l'honneur et la fortune de leur maître ». Puis, redescendant de ses considérations générales, Vauban traite des questions de solde, d'habillement, d'armement, avec la compétence d'un homme qui a passé toute son existence au contact de la troupe. Il n'hésite pas à entrer dans les détails, si importants pour la vie quotidienne du soldat, allant jusqu'à proposer une recette de « soupe au blé » qui le maintiendra « sain et gaillard ».

A l'approche du printemps, Vauban quitte sa citadelle de Lille pour se rendre à Versailles. Il a préparé des « agendas » pour récapituler les questions à présenter au Roi. Elles comprennent, comme toujours, des requêtes personnelles :

« — Accorder à son parent, major de la citadelle de Lille (vieil, usé et incommodé de la goutte), de se séparer de sa majorité à condition de lui laisser la moitié de ses appointements la vie durant.

» — Exercer sa charité en faveur de la veuve Dubosc, qui n'a pas de quoi se retirer dans un couvent (son mari est mort après dix blessures en service).

» — Autoriser d'Ussé [son gendre] de traiter pour la charge de maître d'hôtel ordinaire [de la Maison du roi].

» — Parler de chevalier de Saint-Louis pour Ferry et Robert [ingénieurs]. »

Ces questions ont également trait à ses travaux en cours, non point le mémoire sur l'infanterie qui n'est pas encore assez avancé, mais : « — Lui parler de ce que je travaille sur l'établissement de la taille réelle[18]. »

Il s'agit d'une première ébauche de la « Dixme Royale », qui occupe déjà une grande partie de ses pensées. Il veut aborder enfin avec le Roi son programme de visites pour l'année 1698.

Ayant paré au plus pressé en visitant les frontières face à Luxembourg, il faut maintenant que Vauban s'assure de la sécurité de la basse et haute Alsace, après la restitution des places tenues sur la rive droite du Rhin et en Palatinat. Plus particulièrement le Roi le charge de trouver un emplacement pour bâtir une place forte en vue de remplacer le verrou de Brisach. Il part début avril et ne reviendra que neuf mois plus tard, ayant inspecté en cours de route plus de vingt-cinq places ou forteresses pour lesquelles il aura rédigé de copieux mémoires et aura dessiné les plans d'une nouvelle ville fortifiée, Neuf-Brisach, qu'il aura fait aussitôt sortir de terre.

Quand il voyage, Vauban ne flâne pas. Il est toujours l'œil aux aguets, examinant les contrées traversées avec une inlassable curiosité. Le soir à l'étape, malgré la fatigue d'une longue route, il consigne consciencieusement ses impressions et ses observations. Tout est enregistré : la configuration du terrain, la nature des sols, les cultures, les travaux des champs, l'activité dans les bourgs. Écrivant régulièrement à Le Peletier, il ne se contente pas de lui rendre compte de l'état des fortifications, il lui envoie une relation détaillée de son voyage[19]. Ses lettres comportent souvent une note d'humour. C'est ainsi que, passant par Troyes, il note : « Cette ville était autrefois marchande et l'est encore, mais non pas tant. Son grand commerce sont les toiles, les draps et les almanachs, parmi lesquels ceux de M. Lavinet, excellent en mauvaises prédictions sur la pluie et le beau temps[20]. »

Il s'intéresse à la mise en valeur des provinces et il s'indigne quand le nécessaire n'est pas fait. L'aménagement du cours de la Seine entre Troyes et Bar-sur-Seine est négligé, aussitôt il tempête : « C'est une grande honte pour l'État qu'une telle rivière ne porte bateau que jusqu'à Nogent ; on pourrait aisément la faire porter jusqu'à Châtillon-sur-Seine qui est vingt lieues plus haut. »

Passant par Langres, il souligne que, si d'aucuns sont riches dans cette ville, le peuple, lui, ne l'est guère : « Il y a trois paroisses dans lesquelles il y a soixante prébendes qu'on dit valoir huit à neuf cent mille livres chacune [...], cinq à six mille âmes dont deux cent trente exempts qui ont tout le bien. Les trois quarts du reste sont misérables et il y a trois cents mendiants[21]. »

Rien n'échappe à son regard scrutateur. Le pont de pierre, « très utile à la province », à Pont-sur-Saône, est en mauvais état, il n'est pas utilisable quand la rivière est grosse : « On le raccommoderait pour peu de chose car les fondements paraissent encore solides. » Il s'arrête à Belfort, dont il inspecte les fortifications ; il rédige derechef un mémoire *Sur de nombreux ouvrages à faire*. Il passe une fort mauvaise nuit à Landscron, près de Huningue, par un froid glacial qui a failli « ramener tout son rhume ». Il note plaisamment : « Le château a une merveilleuse propriété, celle qu'on n'y voit jamais de mouches ; vraisemblablement parce qu'il n'y fait jamais assez chaud pour qu'elles puissent y vivre[22]. » Enfin le voici à pied d'œuvre pour étudier la défense de la haute Alsace.

La forteresse de Brisach, sur la rive droite du Rhin, dominant le fleuve, était une bonne tête de pont pour pénétrer en Allemagne. Maintenant elle est devenue une menace pour la France. Vauban envisage d'abord la possibilité de renforcer les fortifications de Colmar qui deviendrait le verrou de la haute Alsace. Mais cette place est trop éloignée du Rhin pour pouvoir agir efficacement contre un passage en force du fleuve. Il doit renoncer à ce projet. Après avoir exploré toute la région, il en arrive à la conclusion que la seule solution consiste à bâtir une nouvelle place dans la plaine face à Brisach.

Il choisit un emplacement situé à environ mille toises en arrière du fleuve, pour être hors de la portée des canons ennemis. Il dessine avec un vif plaisir cette place, qu'il va d'un coup de baguette magique faire surgir du sol. Il a déjà créé maintes villes nouvelles : Mont-Dauphin, Montlouis, Mont-Royal, mais, jusqu'à maintenant, il avait utilisé un site qui imposait la configuration de la place forte. Dans ce terrain, parfaitement plat et dégagé, Vauban peut tracer une figure géométrique parfaite : un vaste octogone flanqué de tours et de courtines bastionnées. Pour pallier l'absence de relief, il dessine des « dehors » très étendus et des fossés importants dans lesquels il fera couler une dérivation de l'Ill. Il envisage de conserver et d'aménager le fort Mortier, ouvrage situé sur la rive française du Rhin défendant l'accès du pont allant à Brisach. Le pont a été détruit après Ryswick, le fort constituera une défense avancée de la nouvelle place forte.

Il écrit dès le 28 juin à Barbezieux : « On propose de faire une place à huit bastions, en distance de mille toises de la pointe de Mortier et vis-à-vis dans une campagne sèche et rase [...]. Elle remplacera très bien Brisach et se trouvera très bien située à mi-chemin entre Huningue et Strasbourg [...] les environs sont plats et nus comme une feuille de papier à quatre lieues à la ronde[23]. »

Le Roi accepte aussitôt le projet et approuve le devis que Vauban a estimé à quatre millions de livres. Louis XIV souhaite que cette nouvelle place soit à la fois un élément de sécurité mais aussi, face à l'Allemagne, un symbole de la puissance du roi de France. Aussi Vauban va-t-il, pour son plus grand plaisir, soigner la décoration. Quatre portes monumentales, dessinées par Jules Hardouin-Mansart, compléteront un ensemble majestueux dont l'unité sera soulignée par le seul matériau utilisé, un grès rose des Vosges. Les courtines seront décorées avec des échauguettes reposant sur des culs-de-lampe sculptés, marqués aux armes royales. À l'intérieur des fortifications les casernes de la garnison seront placées derrière les courtines, la cité proprement dite étant tracée de manière géométrique autour d'une vaste place d'armes centrale.

Le Roi a pris sa décision en juillet, des troupes sont envoyées dès le début de septembre « pour travailler à Brisach[24] ». Il se sera écoulé moins de cinq mois entre la première reconnaissance de Vauban sur le terrain et les premiers coups de pioche ! Pendant ce temps il a fallu, non seulement concevoir et dessiner le projet, mais prévoir l'organisation et l'approvisionnement de cet énorme chantier où vont œuvrer plusieurs milliers de travailleurs. Les pierres sont extraites de carrières au pied des Vosges, dans la région de Rouffach. Pour les acheminer, Vauban décide de creuser un canal : « Il était praticable de les tirer par un canal depuis le pied des montagnes d'Alsace, passant par-dessus les rivières de la Lauch, de la Thur et de l'Ill, au moyen de certains aqueducs de bois, portés sur chevalets[25]. » Les difficultés techniques semblent le stimuler encore plus. Il y a un an, Vauban faisait la démonstration, avec le siège d'Ath, de sa maîtrise de « preneur de villes ». Il démontre, cette fois, une même maîtrise en tant que « bâtisseur de villes ».

Ayant tout prévu et organisé, Vauban laisse le chantier aux soins des ingénieurs et entrepreneurs locaux, commençant sans plus tarder sa tournée d'inspection des places de l'Est. Par Strasbourg, il monte jusqu'à Landau[26], puis passe à Phalsbourg, Marsal et s'arrête à Toul. Le passage dans cette dernière ville est, à double titre, important aux yeux de Vauban. Il estime d'abord que cette place, en bordure des terres de Lorraine, a un rôle considérable à jouer du fait que le duc a retrouvé son autonomie. Aussi Vauban prévoit-il un agrandissement de son enceinte fortifiée pour améliorer sa capacité de défense. Il envisage également un développement possible de la cité, grâce à la Moselle qui pourrait être, à son avis, rendue navigable. Il a toujours ce double souci de la sûreté des places et, dans le même temps, de l'amélioration de leurs ressources.

Mais en faisant étape à Toul, Vauban a une autre idée en tête. Il se souvient que, quarante ans plus tôt, étant jeune capitaine dans le régiment de La Ferté, il avait été cantonné dans la prévôté de Foug à l'ouest de Toul. Son attention avait été attirée par le cours de la Moselle, effectuant dans ces parages un brusque changement de direction pour aller rejoindre la vallée de la Meurthe, son tracé normal devant, au contraire, la conduire vers la vallée de la Meuse. Il avait même trouvé, aux environs de Foug, un curieux petit vallon, où l'avait mené une partie de chasse : « Comme ce pays-là était lors peu fréquenté, il y avait beaucoup de gibier, ce qui m'attirait souvent. » En explorant ce mystérieux vallon, il en était arrivé à la conclusion qu'il y avait eu autrefois une communication entre la Moselle et la Meuse. Quinze ans plus tard il avait envoyé un de ses ingénieurs, employé alors à Verdun, pour effectuer un relevé des pentes en ce lieu. Mais, du fait de la guerre qui avait alors commencé, ce travail n'avait pas été achevé. Vauban retourne donc à cet endroit et vérifie que son intuition première avait été bonne. Il songe à tout ce que l'on pourrait obtenir en réalisant la communication de ces deux rivières, tout en améliorant leur navigabilité. Aussitôt il écrit, plein d'enthousiasme, à Le Peletier : « Vous verrez, par une carte faite exprès, la possibilité qu'il y a de joindre la Meuse à la Moselle et de rendre en même temps ces deux rivières beaucoup plus commerçables qu'elles ne sont. »

Il estime que le coût des travaux serait relativement peu élevé, de l'ordre de trois cent mille livres, et que cette dépense serait fort rentable : « Je compte pour rien celle qui ne fait que répandre de l'argent parmi les peuples et qui n'en sort pas du royaume ; c'est d'ailleurs faire emploi d'un argent que l'on est bien sûr qui portera un gros intérêt en faveur de ceux qui le payent, qui sont les peuples, pour la grande facilité qu'il apportera à l'évacuation de leurs denrées. »

Déjà Vauban voit plus loin et il envisage l'exploitation de cette nouvelle voie fluviale. Il met en garde Le Peletier contre tous les intérêts privés, « les traitants », qui se proposent de réaliser ce canal, en y dépensant le moins qu'ils pourront, ce qui fera « un mauvais ouvrage » et aussi « un très faible commerce » car ils voudront en tirer profit. Ce canal sera alors « tellement chargé de droits et de péages que cette navigation n'avantagera que peu ou point le commerce ». C'est ce qui se passe pour la Meuse et le Rhin où l'activité commerciale est « presque anéantie par les péages qu'on y a mis, tous plus injustes les uns que les autres ». Tout de suite Vauban affirme qu'une œuvre de cette envergure doit être réalisée par le Roi, c'est-à-dire par l'État : « [...] le Roi ne saurait faire de dépense mieux employée que celle qui peut procurer le bien-être de ses provinces ; mais il faut que ce soit lui qui le fasse, et qui le fasse royalement, c'est-à-dire par des ouvrages solides et non affermés, et qu'il n'y mette après que les droits strictement nécessaires à l'entretien des canaux, des sas et des éclusiers[27]. »

Vauban reprendra et développera toutes ces idées dans un *Mémoire concernant la jonction de la Meuse à la Moselle.* Il situe ce canal dans un cadre plus vaste des communications fluviales en France : de la Meuse à l'Aisne, puis à l'Oise et à la Seine jusqu'à la Manche d'une part, de la Moselle et de la Meurthe au Rhin jusqu'à la mer du Nord de l'autre. Il montre l'intérêt économique de telles liaisons permettant de transporter le sapin des Vosges pour les constructions de la marine et pour les habitations, la grosse ardoise « appelée écaille », le fer, les bestiaux, les fromages des Vosges, le charbon, le blé, l'avoine et le foin « qui sont en abondance le long de ces rivières ».

C'est ainsi qu'une partie de chasse, vieille de quarante ans, débouche sur la conception d'un réseau de communications fluviales, sur la théorie d'ouvrages d'intérêt public face aux intérêts privés : partant d'une observation fortuite, pour élargir progressivement le cercle de ses réflexions, Vauban aboutit à des propositions concrètes qui surprennent par leur hardiesse et leur aspect novateur.

Pendant les mois d'octobre et de novembre, Vauban va circuler dans les places de l'Est, veillant à leur amélioration. Il attache une importance particulière à celle de Metz. A son sujet, il a dit que « les autres places du Royaume couvraient des provinces et que Metz couvrait l'État », ajoutant que, pour hâter l'achèvement de ses fortifications « il faudrait que tout bon Français apporte une hottée de pierres et de terre ». Il rédige une instruction « sur l'état des ouvrages qui restent à faire à la ville et à la citadelle de Metz[28] ». Puis il s'arrête à Verdun dont le site, dominant la vallée de la Meuse, excite son imagination. Il s'applique à tracer un nouveau projet pour cette place dont il apprécie particulièrement la position. Il envoie à Le Peletier un épais dossier, comprenant de nombreux plans de la citadelle, des casernes, des écluses..., en ajoutant : « Voici, Monsieur, le projet de

Verdun que je fais sauter par-dessus quatre autres, parce qu'il est frais émoulu et que j'en ai encore la tête tout échauffée[29]. »

Quand Vauban s'attelle à un ouvrage, il s'y plonge entièrement et à chaque fois il se passionne pour ce qu'il entreprend. Il va travailler, avec non moins d'ardeur, sur les plans de Longwy. Il en avait tracé, dès 1678, l'enceinte hexagonale avec ses bastions à orillons, sur la rive droite de la Chiers. Mais en revoyant cette place, il éprouve le besoin de rajouter un grand ouvrage à corne pour compléter sa défense. Il constitue un dossier qu'il envoie, avec une satisfaction non dissimulée, à Le Peletier : « Voici, Monsieur, le projet de Longwy, gros et gras, qui ne le cède pas à un autre par la taille ni par le discours, car je me suis appliqué à le faire du mieux que j'ai pu [...][30]. »

Par petites étapes, il rentre maintenant vers le nord. Il s'arrête en passant à Montmédy, dont le siège lui a laissé un pénible et cuisant souvenir. Il se revoit, jeune ingénieur, « diacre » de Clerville, peinant sous la mitraille pour approcher de cette citadelle qui défiait les assaillants. Il y a plus de quarante ans déjà !

Par Sedan, Mézières, Charlemont, il arrive vers la mi-décembre à Maubeuge. En envoyant ses observations et ses propositions pour ces places, il en profite pour faire, une nouvelle fois, la leçon à son « directeur général des Fortifications » : « [...] défaites-vous, au nom de Dieu, des marchés à l'année. C'est la plus mauvaise méthode pour deux raisons sans réplique, dont la première est que tout entrepreneur qui entreprend de l'ouvrage que pour une année doit compter de racheter tout l'équipage dont il a besoin sur le travail de la même année [...]. Il est de cela, en un mot, comme des changements si fréquents d'ingénieurs qui dérangent tout et qui font qu'on ne sait encore à qui s'en prendre des malfaçons qu'on trouve dans les places[31]. »

Vauban s'arrête ensuite à Condé. Sur ses plans, la place a été dotée d'une redoutable enceinte, comprenant onze bastions flanqués de cinq demi-lunes. Les travaux entrepris en 1680 ont duré quinze ans. La ceinture fortifiée a été complétée par un système très complexe de canaux et de fossés permettant de jouer avec les eaux de l'Escaut et de la Hayne. La circulation des eaux était réglée par vingt-sept écluses et huit batardeaux : en trois semaines on pouvait provoquer une inondation qui couvrait plus de deux mille hectares autour de la ville. Vauban assiste à des essais du système d'écluses, l'eau court dans les fossés, les inondations se forment à volonté. C'est un spectacle qui le comble d'aise : « Cela est très beau et fait plaisir à voir », écrit-il à Le Peletier[32]. Puis il termine sa randonnée à Tournai, pour discuter avec Mesgrigny des derniers aménagements à apporter aux fortifications de cette place et aux écluses réglant le cours de l'Escaut qui traverse la ville.

Après neuf mois de pérégrinations, de séjours dans de pauvres auberges, de mauvais temps affronté sur les routes et sur les chantiers,

Vauban, qui approche de soixante-six ans, n'est pas fâché de retrouver, début février 1699, sa bonne maison dans la citadelle de Lille.

Vauban au repos ne reste pas pour autant inactif. Puisque la mauvaise saison le tient arrêté dans sa citadelle, il en profite pour mettre noir sur blanc certaines idées qu'il a mûries pendant ses derniers voyages.

Il complète d'abord son étude sur le canal de la Meuse à la Moselle par un mémoire sur la *Navigation des rivières*[33] en France. Il procède à un relevé complet de tous les fleuves, de leurs affluents et des canaux de communication. Il expose quelles sont les rivières qui pourraient être rendues navigables et comment y parvenir. Ce plan général touche cent quatre-vingt-dix cours d'eau. Il reconnaît qu'il devrait être exécuté par étapes « en s'y prenant peu à peu et avec ordre pour peu que le Roi s'y affectionnât et y mit du sien ».

Cela le conduit tout naturellement à s'intéresser aux problèmes de l'irrigation des terres, auxquels il consacre un chapitre : « Des arrosements des rivières[34] ». Il y expose les méthodes à utiliser pour creuser des canaux ou rigoles d'irrigation et pour aménager des étangs. Il a observé ce qui se faisait en Dauphiné, Provence, Roussillon et dans le comtat d'Avignon : « Ce sont de ma connaissance les provinces de ce Royaume qui les emploient le mieux et qui s'en trouvent bien. » Il en a tiré la leçon qu' « il n'y a rien de plus utile que de pouvoir convertir les terres labourables en prés, et les prés en terres ». C'est le paysan morvandiau qui parle avec toute sa connaissance de l'agriculture et tout son attachement à la terre.

Vauban porte aussi son regard au-delà des limites du royaume. Il a lu, avec un vif intérêt, les rapports des explorateurs revenant des Amériques. Il s'est entretenu avec les marins qui ont bourlingué le long de leurs côtes ou qui se sont aventurés à remonter quelques fleuves du nouveau continent. Il constate que les Anglais et les Hollandais ont tiré de multiples richesses de leurs établissements américains. Il sait bien que Colbert s'est intéressé au développement de nos implantations au Canada, la Nouvelle-France, et dans les Antilles. Mais après la mort de ce grand ministre, les guerres et les suites de la grande crise des années 1693-1694 ont épuisé les ressources du Roi et ont empêché de financer d'autres implantations en Amérique. Le premier élan donné à la colonisation s'est vite essoufflé. N'est-ce point le moment, maintenant que la paix est revenue, de se tourner vers ces terres lointaines ? Vauban se le demande. Il rassemble les notes qu'il a rédigées sur cette question et il s'attelle à un nouveau mémoire, qu'il intitule : *Moyen de rétablir nos colonies de l'Amérique et de les accroître en peu de temps*[35].

Après avoir brossé un vaste tableau de la colonisation à travers les âges, il en arrive aux moyens concrets pour « remettre sur un meilleur pied » nos colonies « du Canada et des îles de l'Amérique ».

Sans crainte de choquer ni de se mettre à dos bien des privilégiés, Vauban prône de prendre deux mesures préalables. La première est d' « [...] en retirer totalement les moines rentés [...] qui réussissent incomparablement mieux à s'enrichir qu'à faire des conversions ». Ce n'est point une attaque contre l'Église, car il recommande de remplacer ces moines « par de bons ecclésiastiques séculiers [...] pour en faire de bons curés et vicaires de paroisses ». Mais il est farouchement hostile, en France comme aux colonies, à ces riches abbayes qui accumulent des biens profitant uniquement à leurs commendataires. La deuxième mesure est non moins drastique : « Bannir toutes ces sociétés de marchands à titre de compagnies privilégiées. » Elles aussi ne songent qu'à leurs profits ; elles entravent l'essor des colonies. Vauban se prononce fermement en faveur de « laisser le commerce libre ».

Ayant ainsi fait place nette, il recommande de procéder à des reconnaissances approfondies pour déterminer les endroits favorables à de nouvelles implantations, en particulier, suggère-t-il, le long du fleuve Saint-Laurent. Il décrit en détail des colonies militaires qui feraient souche sur place, suivant un schéma emprunté aux Romains.

Alors, se lançant avec hardiesse dans un calcul prévisionnel, partant des treize mille ou quatorze mille colons actuels, il en arrive, si l'on veut bien appliquer sa recommandation, à une population qui atteindrait quatre cent mille personnes à la fin du XVIIIe siècle et vingt-cinq millions en 1970 ! Ce qui lui permet d'affirmer qu'en deux cent cinquante ans on pourrait remplir cette « nouvelle France » « d'un plus grand nombre de peuples qu'il n'y en a dans la vieille France ». Cette dernière en comptait de l'ordre de vingt millions à la fin du XVIIe siècle. (L'accroissement de la population du Canada a suivi, *grosso modo,* la courbe dessinée par Vauban pour atteindre vingt-trois millions et demi en 1978, un peu en dessous de son étonnante prévision.)

Ses travaux éclectiques ne l'empêchent pas de continuer à exercer activement ses prérogatives de commissaire général aux Fortifications. Des courriers lui apportent à Lille les dossiers en provenance des différentes provinces et des lettres de ses ingénieurs lui rendant compte de l'avancement des chantiers. C'est ainsi que le malheureux ingénieur Fiers s'attire les foudres de Vauban à propos du creusement du canal de Neuf-Brisach : « Il est ridicule que je me donne toute la peine que je prends pour redresser des entêtés qui, au lieu de profiter des bons avis que je leur donne, tâchent de les combattre de toutes leurs forces [...]. Je veux bien expliquer encore une fois, après je ne donnerai que des ordres[36]. »

Sa compétence et ses écrits dans des domaines aussi variés que l'architecture, l'hydraulique, la balistique ou la statistique, sans oublier la poliorcétique, valent à Vauban d'être nommé, en ce début d'année 1699, membre honoraire de l'Académie royale des sciences[37]. Venant à Paris au mois d'avril, il peut prendre contact avec ses honorables collègues. Il ne peut s'empêcher de leur rappeler qu'il a été en conflit avec eux, il y a une quinzaine d'années, lors de la construction de l'aqueduc de Maintenon. Si l'on avait, alors, suivi son avis et adopté la formule d'un « aqueduc rampant », l'eau de l'Eure coulerait maintenant à Versailles, tandis que les arches inachevées de l'aqueduc aérien se dressent en témoins muets de leur stupide entêtement !

Après avoir fait acte de présence à la Cour et avoir reçu ses instructions pour les inspections à effectuer cette année — les côtes de la Manche de Dunkerque à Saint-Malo —, Vauban regagne Lille au mois de mai.

Il commence sa tournée en début d'été par Dunkerque, d'où il va étudier un projet de citadelle pour Ypres et aménager le revêtement des murailles de Furnes[38]. Au mois d'août, il est à Dieppe. La ville s'est reconstruite depuis l'attaque par la flotte anglaise en 1694, mais elle n'a pas de fortifications et le port est dans un triste état. Vauban règle ces deux questions[39] : « On songe aujourd'hui à lui faire une nouvelle robe et raccommoder le port qui est ruiné. » Il s'intéresse en même temps à l'activité de cette petite cité. Il la décrit avec sa précision coutumière : « Dieppe est une ville très marchande où il se fait plus de quatre millions de commerce en pêche de harengs, de maquereaux, de morue, etc., en dentelle, en chapeaux, en cuir, écaille, en filets à pêcher, en toile, en chanvre et en je ne sais combien d'autres choses en quoi ces gens-ci sont fort habiles[40]. »

Descendant le long de la côte, il s'arrête au Havre. Il connaît bien ce port, où il est passé à diverses reprises, et dont il a signalé à chaque fois l'importance. Mais il n'a jamais réussi à capter l'attention de la Cour sur cette question. Quand la ville a été bombardée par les Anglais, il a établi, pour sa défense, un plan qui est resté lettre morte. Il ne se décourage pas et rédige à nouveau un projet de fortification[41]. Écrivant au duc de Beauvilliers, il parle de « cette place que nous méprisons et que les Anglais considèrent comme la principale clef du Royaume avec plus de raison que nous[42] ».

Traversant l'estuaire de la Seine, il visite le petit port d'Honfleur. Est-ce le charme de la place, la douceur d'une belle journée d'automne, qui lui donne tout à coup envie de se livrer un peu ? Il entretient avec le maréchal de Villeroi, homme de commerce agréable à défaut d'être un grand guerrier, une correspondance intermittente. Il lui envoie d'Honfleur une lettre relatant son voyage en Normandie. Au détour d'une page, il l'entretient de ce qu'il nomme « ses chimères » : « [...] Quoique ma folie dominante soit de fortifier en esprit tout ce qui paraît une bonne situation, je n'ai pas moins celle de dessécher tous les marais que je rencontre et de faire porter bateaux à toutes les rivières qui ont assez d'eau pour faire tourner un moulin, comme aussi de procurer des arrosements dans tous les pays où il y a possibilité d'en faire et de planter des forêts où il en est besoin, comptant et calculant que par ces moyens on parviendra facilement à bien [grossir] et même doubler les revenus du Royaume. Voilà les chimères dont je m'entretiens le long du chemin au moyen desquelles je ne suis jamais seul[43]. »

Poursuivant son inspection, il est en octobre à Cherbourg. Les fortifications de la ville ont été rasées sous le mauvais prétexte de ne pas permettre à un ennemi, qui débarquerait dans le pays, de se retrancher dans cette place. Vauban retourne l'argument en écrivant à Le Peletier : « Cherbourg [...] située à la tête d'un bon pays qui se présente trop à l'ennemi pour ne pas lui donner l'envie de s'en accommoder et d'entreprendre par là quelque chose de grand contre le Royaume. C'est pourquoi je suis d'avis de la rebâtir tout comme elle était et de la revêtir très solidement [...]. »

Il conseille, de plus, d'exécuter le projet du port qu'il avait dessiné en 1686 avec son bassin et ses écluses : « Ce port ne peut être que de marée, mais il serait aisé d'y ajouter un bassin où des vaisseaux de quarante canons pourraient demeurer à flot[44]. »

Il donne le même avis pour Granville, qui jouit d'une situation remarquable pour se défendre. Il regrette que la place ait été démantelée et il recommande de la reconstruire.

Puis il visite le Mont-Saint-Michel. Il en fait une description très évocatrice : « Le Mont-Saint-Michel est une montagne ou plutôt un grand rocher qui s'élève en pain de sucre, sur le sommet duquel est une abbaye de Bénédictins très célèbre, qui a sa clôture particulière assez bonne mais brouillée et confondue avec les autres bâtiments de l'abbaye et de la ville qui est attachée au pied ; laquelle consiste en une grande rue en pente et cinq ou six autres petites ruelles ou échappées et quelques cinquante ou soixante maisons, tous cabarets, merceries, ou petits marchands faisant ou vendant des chapelets, bourdons, collets et écharpes de pèlerins garnis de coquillages [...][45]. »

Si l'ennemi s'en saisissait, il pourrait tenir en échec Pontorson, Avranches et Saint-Malo. C'est pourquoi, conclut Vauban, il faut réparer les remparts aux frais des moines... « qui se vantent d'en être le gouverneur ! »

Début novembre, Vauban termine son périple à Saint-Malo. Il revoit toujours avec plaisir cette place enchâssée dans ses murailles de granit, avec ses sentinelles dressées au milieu de la mer : la Conchée, Harbour, le fort Royal, Cézembre, le Petit et le Grand-Bé. Que ce soit par gros temps, quand les vagues déferlent furieusement sur les rochers, ou à marée basse, quand les plages de sable forment un écrin doré autour des sombres remparts, il ne se lasse pas de contempler ce spectacle sans cesse changeant.

Par la digue de Paramé, Vauban marche jusqu'au fort de la Verde, construit à une lieue de là : il protège la côte et l'anse de Rothéneuf. Il respire alors à pleins poumons l'air salé qui le fouette au visage ; il en oublie son rhume et ses toussaillements. Puis il va inspecter l'autre face de Saint-Malo, l'entrée de la Rance, gardée par le château de Solidor. C'est une ancienne construction, composée de trois tours accolées en forme de trèfle ; elle a fière allure mais elle a besoin de réparations, elle est à ciel ouvert, sans portes ni fenêtres. Vauban calcule, comme par jeu, les trajectoires des batteries de la place et des forts bâtis sur les rochers : elles s'entrecroisent à merveille, interdisant toutes les passes aux alentours de Saint-Malo. Il veut fortifier Saint-Servan, en face de Saint-Malo, et bâtir entre ces deux villes une digue, derrière laquelle on pourra aménager un superbe bassin. Il l'explique à l'intendant de Bretagne, Nointel : « [...] la fortification de Saint-Servan, jointe à une bonne grosse digue que je voudrais faire au nez de Saint-Malo, avec une écluse pour retenir les marées et passer les navires, mettrait cette ville à couvert de toutes les entreprises. Si cette digue pouvait avoir lieu on se pourrait vanter d'avoir le plus beau bassin de l'Europe, capable de contenir toujours à flot tous les vaisseaux du Roi et du commerce sans s'embarrasser les uns des autres[46]. »

Vauban ne se fait pas d'illusions. Tous ces projets qu'il conçoit et qu'il dessine — un excellent port de commerce à Dieppe, un autre au Havre, un « très beau » à La Hougue, l'aménagement de la rade de Cherbourg, la fortification de Granville, le grand bassin de Saint-Malo... — ne se feront pas tout de suite. Se feront-ils même un jour ? Il écrit au jeune ministre de la Marine, Jérôme de Ponchartrain, en l'entretenant de Saint-Malo : « Tout cela ne se fera qu'en papiers ; mais peut-être un jour le Roi sera bien aise d'en trouver les dessins tout faits ; du moins il en connaîtra l'importance[47]. »

Vauban, avec un superbe optimisme et un sens étonnant de l'avenir, ne travaille pas pour le présent. Il travaille pour la France de demain où certaines de ses « chimères » deviendront réalité.

19.

Projet de la dîme royale 1700-1701

La succession d'Espagne — Réforme de la fiscalité : projet de « Dixme Royale » — Inspection de la frontière des Alpes — Contre l'inégalité sociale en France — Longue attente à Marseille — Donner au royaume des « bornes » naturelles — Diatribe contre l'Église, puissance temporelle — Vauban à la Cour — Congé automnal à Bazoches.

Depuis les traités de Ryswick l'Europe est en paix. Cependant les Cours et les Chancelleries sont préoccupées par une question dont l'issue risque d'ébranler l'équilibre européen et de déclencher une nouvelle guerre, la succession au trône d'Espagne. Certes, elle n'est point encore ouverte en ce début d'année 1700, mais Charles II est mourant depuis de longs mois : d'hérédité syphilitique et épileptique, à trente-huit ans c'est un vieillard. Il n'a pas d'enfants.

Toute l'Europe est aux aguets, attendant des nouvelles de la cour de Madrid. Deux candidats à la succession de Charles II sont en lice : son neveu, l'archiduc Charles, deuxième fils de l'empereur Léopold, et son petit-neveu, Philippe d'Anjou, second fils du Dauphin de France. L'héritage en jeu est immense : en plus du royaume d'Espagne, il comprend les Pays-Bas, une grande partie de l'Italie (Milanais, Toscane, Naples et Sicile), la Sardaigne, toute l'Amérique latine, hormis le Brésil, et les Philippines.

L'empereur Léopold est dans une situation meilleure : il vient de triompher des Turcs et de signer la paix de Karlowitz (janvier 1699) qui lui donne la Hongrie et la Transylvanie. Tranquillisé du côté de sa frontière orientale, il peut s'occuper plus activement des affaires européennes. Par ailleurs Louis XIV semble converti à une politique moins ambitieuse et agressive. Est-ce l'influence du vieux marquis de Pomponne aux Affaires étrangères, ou celle de Mme de Maintenon ? En tout état de cause il engage des pourparlers secrets avec Guillaume III d'Angleterre et avec les Hollandais, en vue de préparer une formule acceptable par tous le jour où s'ouvrira la succession d'Espagne.

Vauban, qui rentre de sa longue inspection sur les côtes de la Manche, s'est tenu au courant de cette affaire dont tout le monde parle. Il avait déjà clairement donné son point de vue sur la question dans une lettre adressée à son ami Puyzieulx, nommé ambassadeur à Berne : « Il me paraît : 1°) que, eu égard au respect inviolable naturellement dû aux traités authentiques et volontaires qui se font entre les souverains, que nous n'avons aucun droit d'y rien prétendre, puisque le feu Roi et le Roi d'à présent y ont tous deux renoncé dans toutes les formes requises en cas pareil ; 2°) qu'il ne convient pas à la France que l'Espagne élise un de ses enfants pour Roi, parce que cela nous attirera l'Empereur, la Hollande et l'Angleterre sur les bras dans le temps que nous sommes épuisés et désarmés de nos meilleurs places ; 3°) nous serions chargés de toutes les misères d'Espagne et des nôtres, qui ne sont déjà que trop grandes. En un mot il me paraît que cette succession ne ferait qu'accroître nos mauvaises affaires et ne nous en procurerait point de bonnes ; 4°) un fils de l'Empereur ralliera et remettra la Maison d'Autriche un peu plus en vigueur qu'elle n'est, mais guère[1]. »

Vauban ne se prive sûrement pas de donner son opinion. Elle ne doit, d'ailleurs, pas être mal reçue, car les négociations en cours avec l'Angleterre et les Provinces-Unies tournent autour de l'idée d'un partage de l'héritage espagnol. Elle vient même d'aboutir, au mois de mars 1700, à un traité prévoyant l'attribution de la couronne d'Espagne à l'archiduc Charles qui conserverait les Pays-Bas ; le Milanais serait donné au duc de Lorraine, Naples et la Sicile ainsi que les présides de Toscane iraient au Grand Dauphin de France qui recevrait aussi le duché de Lorraine. Curieux partage, en vérité, qui est effectué sans même consulter les principaux intéressés, le roi d'Espagne et l'Empereur !

Vauban, qui connaîtra les termes de cet accord un peu plus tard, ne cachera pas qu'il ne l'apprécie guère : « J'ai bien de la peine à augurer quelque chose de bon de notre traité avec l'Angleterre et la Hollande touchant la succession d'Espagne. Ces deux puissances, qui ne nous aiment point, veulent nous attirer l'Empereur, l'Italie et l'Espagne en nous donnant le royaume de Naples et la Sicile, qui ne nous convient que pour achever de mettre tout le reste de l'Europe en jalousie contre nous et nous occuper par des guerres, tandis qu'elles s'empareront de telle partie de l'Amérique qu'ils voudront, sans que nous puissions y remédier ni prendre notre part. »

Vauban aurait préféré que l'on donnât Naples et la Sicile au duc de Savoie et que la France récupérât la Savoie et le Luxembourg : « Ajoutons à cela que la Lorraine, le Barrois, le Luxembourg, la Savoie et le comté de Nice sont des pièces qui conviendraient parfaitement à notre manteau, si elles y étaient bien cousues, et ne nous attireraient personne[2]. »

C'est toujours la même carte de la France que Vauban tente de dessiner : une France bien drapée et à l'abri dans le manteau de ses frontières naturelles.

En ces premiers jours de l'an de grâce 1700, Vauban n'était pas à Versailles pour donner son avis sur la succession d'Espagne. Il arrivait de Saint-Malo et il venait rendre compte au Roi de sa grande inspection des places de la côte. Il était également là pour mettre au point, avec Le Peletier, le programme des travaux et « le classement d'urgence des places à terminer[3] ». Le budget à répartir pour les fortifications s'élève à trois millions de livres pour l'année. Vauban propose de les attribuer à dix-sept places, qu'il classe comme prioritaires, dont Neuf-Brisach (six cent mille livres) et Stenay (cinq cent mille livres).

Vauban ne s'attarde pas à la Cour, il va s'installer « au chaud » dans sa maison de gouverneur à Lille, en attendant de repartir au printemps pour faire cette fois la tournée de la frontière des Alpes et de la Provence. Il possède cette capacité insigne de pouvoir se concentrer successivement sur des sujets de natures différentes. Il met de côté les problèmes de fortifications et les questions touchant à la réorganisation de l'armée, il se penche à nouveau sur le sujet brûlant des impôts.

Cinq ans plus tôt, devant l'urgente nécessité de trouver des fonds pour faire face aux besoins pressants du pays en guerre, il avait proposé d'appliquer un système de « capitation », étant bien entendu que cet expédient n'était concevable qu'à titre exceptionnel et pour la durée du conflit seulement. La paix étant rétablie, Dieu merçi, il faut maintenant traiter le problème au fond. Les besoins de l'État sont toujours là, Vauban le sait bien qui réclame des crédits supplémentaires pour ses places fortes et ses camps retranchés. Mais d'un autre côté la misère du peuple est de plus en plus alarmante. Nul n'est mieux placé que lui pour en mesurer l'amplitude, lui qui ne cesse de visiter ou de traverser toutes les provinces du royaume.

Sans doute la guerre elle-même, avec ses exigences et ses destructions, est une des causes de cette misère, mais elle n'est pas la seule, pense Vauban : la mauvaise exploitation des terres, les entraves mises au développement du commerce, les déficiences des moyens de communication, sont aussi à la base de la déplorable situation présente. Pour y porter remède il faut de longs efforts ; il convient de s'attaquer d'abord à l'une des raisons les plus évidentes et des plus scandaleuses de la misère du peuple : le système actuel de l'imposition, et particulièrement de la taille. Cette taille, du fait des exemptions concédées à la noblesse, au clergé, à de multiples privilégiés, ne reposait plus que sur les petites gens. Circonstance aggravante, son produit était en grande partie détourné par des financiers, des « traitants », qui s'enrichissaient sans vergogne sur le dos du peuple.

Vauban s'en est encore longuement entretenu avec Boisguilbert, qu'il a vu à Rouen, lors de son dernier voyage. Il ne croit pas que la solution envisagée par l'auteur du *Détail de la France* apporte le remède nécessaire, en voulant seulement réformer le système de la taille[4]. Vauban veut substituer à cette taille un impôt frappant tous les biens et proportionné à ces derniers, dont personne ne serait exempté et qui serait perçu sans intermédiaires. C'est la « Dixme Royale », dont il expose les principes à son ami Puyzieulx. Il envisage une imposition « sur tous les revenus du Royaume, de quelque nature qu'ils puissent être, sans autre exception que la volaille domestique et les bestiaux, sur lesquels je ne voudrai rien imposer, afin de laisser cela libre au petit commerce de la campagne ». Cette dîme serait prélevée directement et en nature pour ce qui touche aux ressources de la terre : « Cette levée se ferait toujours en espèces et dans le temps que les biens sont sur la terre, il n'y aurait jamais pour un sol de non valeur et les levées en seraient très commodes pour le paysan et le pays. » Quant aux taux de la dîme, il pourrait varier suivant les circonstances : « Cette dixme est supposée mobile du vingtième au dixième [...] suivant les deux extrémités que je me suis proposées dans ce système, pour ne pouvoir être haussées ni baissées davantage, parce que le plus mettra toutes choses dans un excès insoutenable et inutile, et ce moyen pourrait les mettre dans le défaut[5]. »

Vauban est conscient du caractère novateur et dérangeant de ses propositions. Aussi s'entoure-t-il du maximum d'avis ; en particulier il montre son premier « Projet de la Dixme Royale » à son ami, le maréchal de Catinat, et au président Harlay[6]. Ayant tenu compte de leurs remarques et fort de leur approbation, il soumet ce document au Roi, en lui précisant qu'il va continuer à travailler sur ce mémoire pour le rendre aussi « démonstratif qu'une proposition de géométrie ». Il le fait directement, usant de la permission que le souverain lui a donnée de lui écrire personnellement « pour le bien du service » : « La Dixme Royale est la règle très juste et si bien proportionnée que, quelque autre manière qu'on puisse s'y prendre, il n'est pas possible d'approcher de sa justesse[7]. »

Il suggère que l'on en fasse un essai « dans trois ou quatre petites élections choisies dans des Généralités éloignées les unes des autres ». Désormais ce projet de la Dîme royale occupe une place importante dans ses réflexions, tant il est persuadé qu'elle peut avoir une action bénéfique pour le pays. Mais il est conscient qu'il touche un domaine très sensible et que tous les privilégiés menacés risquent de se lever contre lui. Ceux-ci auront beau jeu de souligner le caractère « utopique » du projet en se référant à la proposition de Vauban de prélever « en nature » cet impôt, ce qui aurait posé des problèmes difficiles à résoudre. Concentrant leurs critiques sur cet aspect, ils occultaient l'essentiel : établir l'égalité devant l'impôt et éliminer les détournements des intermédiaires.

Au début de la belle saison, Vauban se met en route pour aller inspecter une nouvelle fois les frontières du Sud-Est. Il fait une première halte, le 26 mai, chez le marquis de Chamlay[8] qui a un château près de Joigny. A sa demande, il lui prépare tout un projet d'aménagement de sa demeure, de son jardin, d'un étang à faire communiquer avec l'Yonne toute proche et il lui donne des conseils pour les plantations de son parc : « [...] Je le voudrais planter de tous les bons arbres fruitiers qui se pourraient trouver, c'est-à-dire une infinité de fruits à noyaux de toutes les meilleures espèces [...] par alignement, ce qui n'empêcherait pas la culture des terres entre deux et ce serait ainsi de faire de ce parc une petite Lombardie qui aurait son utilité et sa beauté [...]. Je vous conseille d'envoyer au diable tous les épicéas, les ormes et marronniers d'Inde qui coûtent beaucoup et ne produisent rien, en un mot tous ces colifichets de jardiniers de Cour, qui tous n'ont de rapport qu'au goût gâté des courtisans. Allons au solide. Je ne suis pas ennemi de la belle décoration et croyez-moi c'est la plus naturelle [...][9]. »

Puis il s'arrête à Bazoches. Il se sent trop fatigué pour entamer un voyage, dont il sait qu'il sera long et éprouvant. Il lui faut d'abord « réparer sa santé un peu détraquée » et il commence une cure d'un mois de lait d'ânesse. Tout en mettant à profit ce séjour pour s'occuper de ses domaines, il continue à travailler sur son projet de la Dîme, voulant en laisser un exemplaire à son secrétaire pour le faire relier et le déposer chez le président Harlay[10].

Requinqué par cette cure morvandelle, Vauban entreprend une tournée, qui durera quatre mois, à travers le Dauphiné et la haute Provence. Par Lyon et Grenoble, il pénètre dans les Alpes et franchit le col de Montgenèvre. Les places de Suse et de Pignerol ayant été rendues au duc de Savoie, peut-on bloquer les hautes vallées de la Doire Ripaire et de la Chisone en y posant des verrous ? En particulier, pour la première de ces vallées, peut-on aménager une place à hauteur du bourg d'Oulx, qui servirait de base et d'entrepôt dans le cas d'une nouvelle campagne en Piémont ? Pendant plus d'un mois, Vauban va sillonner ces hautes vallées, suivant des chemins escarpés où l'on ne peut avancer qu'à pied en tirant son cheval derrière soi. Finalement il arrive à la conclusion que le projet d'Oulx est à rejeter. Il se contente d'améliorer les défenses de deux petites places existantes : Exilles et Fenestrelle[11]. Exilles, de l'avis de Vauban, a été fortifié en dépit du bon sens : « Tous les défauts des places du Roi joints ensemble n'ont rien d'approchant de ceux qui se trouvent en celle-ci. » Il insiste à nouveau sur le seul impératif de la fortification, l'adaptation au terrain : « [...] Si j'avais été obligé de travailler aux dessins de ce fort, j'aurais été contraint de renoncer aux règles de la fortification et d'inventer un nouveau système, exprès pour ce lieu qui, sans doute, se serait réduit à le fortifier à l'antique et à le partager en plusieurs étages casematés [12]. »

Il proposera, un peu plus tard, de construire des tours à la place du bastion classique : « Il ne faut pas regarder ces tours avec mépris, ni comme une nouvelle fantaisie ; étant élevées de trois étages et fort solides, elles fourniront plus de flancs que les bastions dont ce lieu peut être capable et on n'y sera pas vu par-dedans ; à l'égard de la rondeur elle résistera mieux au canon que quand elles n'opposent que des corps plats [13]. »

Puis il revient sur le versant français de la montagne et s'arrête longuement à Briançon. Il insiste sur l'importance de cette position qu'il étudie à fond, rédigeant un volumineux dossier sur les travaux à réaliser dont, en particulier, une redoute sur les Salettes pour flanc-garder la place [14]. Il repasse à Château-Queyras, où il précise son projet d'extension de l'enceinte fortifiée [15]. De là, il remonte la vallée du Guil, jusqu'au bourg d'Abriès. Les habitants de cette région isolée lui ont paru « fort affectionnés » au Roi, ils mériteraient qu'on les aide à se protéger contre les incursions des « barbets ». Il les cite en exemple : « J'ai été à la messe chez eux ; l'église était pleine de monde. Ils font encore mieux ; car comme la paroisse est composée de quantités de hameaux écartés, après avoir ouï la messe, ils ne s'en retournent pas chez eux ; ils attendent à la porte de l'église qu'on dise les vêpres auxquelles ils assistent avant de s'en aller [16]. »

Il descend ensuite par la vallée de la Durance jusqu'à Mont-Dauphin. De nouveau il tempête contre la manière dont ses plans ont été exécutés. On a voulu aller trop vite, sans bien étudier la consistance du terrain, une roche qui ne tient pas. Aussi a-t-il fallu reprendre beaucoup de maçonnerie et « revêtir » les fossés qui s'effondraient. Vauban relève les défauts principaux de la construction qu'il assène dans une longue lettre au malheureux Le Peletier. Il reconnaît cependant que, si l'on tient compte de ses remarques, « Montdauphin deviendra dans peu de temps une belle et bonne place [17]. »

Vauban s'arrête, fin septembre, une semaine à Embrun pour souffler un peu et mettre la dernière main aux projets sur les places du Dauphiné avant de les envoyer à Le Peletier. Il prend le temps d'aller admirer la cathédrale, témoin d'une époque de transition entre le roman et le gothique, bâtie avec des matériaux alternés de schiste noir et de calcaire blanc, ce qui lui donne une physionomie très originale. Mais si le temps est encore « le plus beau du monde », il ne faut pas qu'il s'attarde. Déjà les sommets se couvrent de neige et il a été prévenu que les chemins de montagne de la haute Provence sont « horribles ».

Il a constaté, lors de son premier voyage dans cette province, qu'elle pouvait être menacée sur deux directions : vers Barcelonnette, par la vallée de l'Ubaye, par un ennemi arrivant de la vallée italienne de Stura di Demonte et franchissant le col de Larche, ou, dans le sud, vers Nice et la Provence maritime, par le col de Tende. Pour barrer la première direction, il existe le petit fort de Saint-Vincent, au débouché de la vallée de Barcelonnette. Vauban constate que ses instructions ont été mal suivies : l'ouvrage réalisé ne peut contenir qu'une garnison de cinquante hommes. Aussitôt, il trace une plus grande enceinte pouvant abriter cinq ou six compagnies et il prévoit la construction d'une tour supplémentaire.

En arrière de Saint-Vincent, se dresse la place de Seyne, qui garde aussi bien l'entrée du Dauphiné que celle de la Provence. Encore une fois, il trouve que l'on a vu trop exigu. Il conçoit un nouveau projet pour ceinturer la petite cité avec des remparts flanqués de tours, dont il dessine un modèle [18]. Puis, s'enfonçant dans le massif montagneux, il passe par Colmars, qu'il n'avait pas eu le temps de visiter lors de sa première inspection alpine. Cette cité très ancienne, nichée dans la vallée du Verdon, n'était défendue que par une faible enceinte. Celle-ci avait été renforcée de quelques petites tours, et complétée par la construction de deux forts à l'extérieur de la ville, reliés à celle-ci par des caponnières. Vauban estime que cet ensemble est insuffisant, compte tenu de ce que l'ennemi peut amener des canons à portée de la place. Il prévoit le renforcement et la surélévation des tours d'enceinte et le réaménagement des deux forts [19].

Il remonte ensuite la vallée du Var, à travers les gorges de Daluis, jusqu'au bourg de Guillaumes planté à leur débouché. Le bourg est dominé par un château ancien. Il envisage de clore l'ensemble dans une enceinte [20]. Ensuite il atteint Entrevaux, bâti sur la rive gauche du Var. La petite ville est serrée au pied d'une échine rocheuse au sommet de laquelle se dresse la citadelle. Il juge que cette position est importante, tant par sa situation dans un coude de la vallée, que par son rôle historique : siège de l'évêché et cité jouissant de privilèges anciens. Comment réaliser une défense cohérente avec ce château juché à soixante-dix toises au-dessus de la cité ? Il imagine une rampe fortifiée, comportant des postes bastionnés, pour monter à l'abri jusqu'à la citadelle, tandis que la ville serait protégée par de solides remparts flanqués de tours bastionnées [21].

Le gouverneur d'Entrevaux conduit Vauban jusqu'à Nice en le faisant passer par deux petits postes, Québris et Broc, « par des chemins que le diable a faits ». Ils arrivent ainsi à Saint-Paul, site escarpé, dominant la vallée du Var, qui a été fortifié au XVIe siècle.

C'est maintenant un poste frontière qui mérite d'être mieux défendu. Vauban en dressera un projet dès qu'il sera arrivé au bout de son équipée. A la mi-novembre, il arrive à Antibes.

Il est parti il y a quatre mois de Bazoches et il ne s'est guère reposé en chemin : à cheval sur des pistes montagneuses, à pied dans des sentiers escarpés, gravissant des sommets et dévalant au fond des vallées pour mieux étudier le terrain. Le soir il travaillait sur ses plans et dessinait des ouvrages. Il est bien soulagé d'être au soleil d'Antibes ! Il y écrit longuement à Le Peletier pour lui commenter tous les mémoires qu'il lui adresse sur les places de haute Provence : « L'extrême différence qu'il y a entre voir les choses avec attention sur les lieux et en entendre seulement parler a attiré toute mon application à l'examen de ces places. » Et il ajoute, avec une pointe de nostalgie : « Je considère encore ces lieux comme un pays que je ne verrai plus. »

Pour les cinq places de haute Provence, Vauban calcule un coût total de deux millions sept cent quarante-trois mille six cent vingt-huit livres, ce qui est inférieur, souligne-t-il, « à la seule dépense pour la ville de Huningue ». Il sait bien toutefois que tout ne pourra être exécuté immédiatement, aussi coche-t-il les travaux les plus urgents.

Il termine son épître en parlant de ses ingénieurs, dont il brosse des portraits vivants et caustiques :

« Beauregard a de l'esprit, beaucoup de vivacité et d'intelligence ; il est au poil et à la plume, c'est-à-dire propre à la guerre et aux ouvrages [...]. »

« Beauvoisin est un garçon doux, à ce qu'il m'a paru, sans bruit, d'un génie médiocre [...]. C'est une mauvaise preuve de capacité que celle de n'avoir rien que son emploi, et de faire un mariage qui, pour tout bien, lui donne une femme[22]. »

Charles II s'éteignait à Madrid au moment où Vauban achevait sa chevauchée alpine. Autour du mourant toute une *camarilla* s'agitait, les uns en faveur de l'archiduc, les autres pour le duc d'Anjou. Le Roi se raccrochait à une seule idée : que son héritage ne soit pas dépecé. En grand secret il avait fait consulter le pape qui lui avait conseillé de tester en faveur de la carte française.

Charles II meurt le jour de la Toussaint : quand on ouvre son testament, c'est le coup de théâtre, le duc d'Anjou est placé sur le trône d'Espagne. Louis XIV, apprenant la nouvelle, balance un moment : faut-il s'en tenir au traité de partage, signé tout récemment avec l'Angleterre et la Hollande et refuser le testament, ou bien faut-il l'accepter avec les risques de réaction de l'Empereur ? De toute façon, cela risque de déboucher sur une nouvelle guerre. Finalement, le duc d'Anjou devient Philippe V d'Espagne.

Vauban, qui avait déjà pris parti contre cette solution, tout en critiquant les termes du traité de partage, commente longuement l'événement dans une lettre à son ami Puyzieulx. Sans doute, si une alliance défensive très étroite lie la France et l'Espagne, « qui pourra ébranler deux Puissances formidables qui se touchent, qui ont tant d'intérêt à être parfaitement unies et tant de facilité à s'entre-secourir ? » Mais Vauban aborde l'analyse de la situation sous un angle différent et nouveau pour son époque. S'élevant au-dessus des péripéties de l'actualité, il observe les données démographiques fondamentales : « Ce qu'il y a de mauvais à tout cela est que l'Espagne est toute dépeuplée et que la France de son côté a perdu le tiers de ses peuples [...] et que tout au contraire l'Angleterre et la Hollande augmentant les leurs, cela pourrait bien devenir dangereux. »

Il en revient à ce qui lui paraît essentiel, thème de ses réflexions constantes : « Il est certain que la France a perdu un grand tiers des siens et que les deux tiers qui restent ne valent pas le tiers perdu. La partie supérieure, quoique peu nombreuse, écrase l'inférieure en France et l'écrasera toujours puisque je ne vois pas d'apparence que cela puisse être autrement. Cependant il y a une différence infinie de l'utilité de l'une à l'autre : l'une qui est la grande cultive la terre et n'en profite pas et l'autre s'en approprie les fruits et ne s'applique qu'à trouver moyen de les avoir ; l'une possède tous les biens, les mange et dissipe en superfluités et l'autre meurt de faim et de misère[23]. »

Vauban noircit le tableau en ce qui concerne la diminution de la population en France, on sait maintenant qu'elle fut de l'ordre du dixième et non du tiers.

Mais rarement Vauban s'est exprimé aussi vigoureusement en stigmatisant la structure sociale de son pays. C'est pour tenter de remédier à cette situation qu'il veut couper une des racines du mal : l'inégalité devant l'impôt. Ces pensées sont dans le droit fil de son ébauche de la Dîme royale.

Tout en réfléchissant sur le devenir de la France et de l'Europe, il poursuit sa mission le long de la côte provençale. Il a établi des projets pour Saint-Paul, pour Antibes, le golfe Juan, et pour les îles Sainte-Marguerite, au large de Cannes. Le climat de Saint-Paul (de Vence) a conquis le Morvandiau qui ne peut s'empêcher de faire des comparaisons entre son terroir et ce pays béni des dieux. Il écrit à Le Peletier : « Le soleil de Saint-Paul est le plus beau de la Provence et le pays où croissent les plus belles oranges de toutes espèces, qui sont là en plein vent en hiver et en été [...]. Ce territoire est couvert de vignes, d'oliviers et de figuiers, et dans la même terre on y voit communément de ces trois sortes de plantes, disposées par alignement, avec des blés entre les deux, de sorte que le même héritage porte du blé, du vin, des olives et des figues[24]. »

Emporté par son enthousiasme, il souhaiterait que l'on débloque dix à douze mille écus pour améliorer l'irrigation, « ce qui doublerait le revenu de ce petit pays ». Mais Le Peletier lui répond sèchement « que cela ne regarde pas nos fortifications[25] ».

Vauban s'arrête à Toulon où il dresse avec Niquet, l'ingénieur en charge de la province, un nouveau projet pour l'ensemble du site : le retranchement de la ville, l'aménagement du port et de la darse, les forts et les tours qui défendent la rade. Le copieux mémoire est accompagné d'un devis de plus de trois millions de livres ![26]. Vauban sait bien qu'il défriche le terrain pour ses successeurs et que la réalisation de ses plans devra s'étaler sur des décennies. Il se plaint cependant, auprès de Le Peletier, que les crédits alloués pour les fortifications soient en diminution. Ce dernier rétorque qu'il ne doit s'en prendre qu'à lui-même. N'a-t-il pas dépensé huit cent mille livres à Neuf-Brisach cette année, la construction de cette place devant être menée avec diligence ? Le Peletier y a investi toutes ses réserves, ne disposant au total que de trois millions de livres pour l'année à venir, tant pour l'entretien des places que pour les appointements des ingénieurs ![27].

Dans les derniers jours de cette année 1700, Vauban arrive à Marseille, terme de sa tournée. Il met aussitôt la dernière main à la rédaction des dossiers des places de la côte, puis il travaille sur la fortification de Marseille. Il avait déjà eu l'occasion de donner son avis sur cette place, dont il n'avait pas apprécié l'arrangement. On s'était occupé de sa défense face à la mer « contre la bombarderie », mais personne n'avait pensé à la défendre du côté de la terre : « Le grand défaut de Marseille est cependant là ; car elle est ouverte comme un village si l'ennemi y mettait à terre [...]. » Vauban étudie donc un « projet de fortification et d'agrandissement de la ville », dont le mémoire, daté du 11 avril, ne compte pas moins de trois cent quatre-vingts pages[28] !

Ce copieux ouvrage ne l'a cependant pas occupé pendant trois mois. S'il est resté si longtemps dans la cité phocéenne, c'est parce qu'il y attendait des ordres de Versailles. Accompagnera-t-il en Provence et en Dauphiné « Messeigneurs les Princes[29] », quand ceux-ci reviendront après avoir escorté leur frère dans son royaume ? Ou bien poursuivra-t-il son inspection par les places du Roussillon et des Pyrénées avant de remonter le long de la côte atlantique ? Ou sera-t-il appelé à se diriger en toute hâte vers la frontière du Nord ou de l'Est ? Car la situation est instable en ce début de l'année 1701. Le choix du duc d'Anjou a été bien accueilli en Espagne, il a par contre irrité les Anglais et les Hollandais, quant à l'Empereur il est en rage. Louis XIV ne tente pas d'apaiser les esprits. Bien au contraire, il fait enregistrer le 1er février par le parlement de Paris des lettres patentes, conservant à Philippe V sa qualité de « prince successible » au trône de France, agitant gratuitement l'idée d'une réunion possible des deux couronnes. Quelques jours plus tard, il fait entrer des troupes françaises dans les places des Pays-Bas espagnols, en chassant les garnisons hollandaises : il exerce un gouvernement de fait sur cette région [30].

Dès lors les anciens alliés de la ligue d'Augsbourg se regroupent et prennent des dispositions en vue d'une reprise des hostilités. L'empereur Léopold s'assure d'une alliance avec l'Électeur de Brandebourg et envoie des troupes envahir le Milanais espagnol.

C'est dans cette ambiance que Louis XIV décide de prendre des mesures pour faire face à une nouvelle coalition : il augmente son infanterie de cinquante mille hommes, forme soixante-dix bataillons de milice, et lève de nouvelles unités de cavalerie. Il signe un traité d'alliance avec le Portugal et avec le duc de Mantoue, ce dernier ouvrant ses places aux troupes du roi de France. Il renoue ses liens avec l'Électeur de Bavière, à qui il promet secrètement les Pays-Bas.

Début avril, Vauban est rappelé à la Cour. Il quitte Marseille emportant avec lui un mémoire sur lequel il a travaillé pendant son long séjour dans cette ville.

Le mémoire s'intitule : *Intérêt présent des États de la Chrétienté* [31]. Contrairement à son habitude, Vauban entre directement dans le vif du sujet, dans un style dépouillé se rapprochant de celui d'un rapport militaire. Il se place de son propre chef en conseiller des souverains d'Espagne et de France.

Au premier il déclare : « L'intérêt de l'Espagne n'est plus de prétendre à la monarchie universelle ; c'est ce qui l'a ruinée. » L'Espagne doit, au contraire, se détacher d'une « quantité d'États » qui ne font pas partie de sa monarchie, causant sa ruine et lui attirant des ennemis : ce sont, en particulier, les Pays-Bas, le Milanais, Naples et la Sicile, la Sardaigne. Vauban conseille toutefois de conserver les Indes occidentales et orientales « comme la prunelle de l'œil ». L'Espagne doit ensuite se débarrasser de l'Inquisition « qui effarouche et détruit ses sujets », ainsi que « de cette quantité prodigieuse d'ecclésiastiques et de moines, dont les richesses immenses ne servent qu'à entretenir leur débauche, le luxe et l'oisiveté ». Enfin les Espagnols doivent se défaire « de cette humeur rageuse et fière qui les rend sauvages et insupportables aux autres nations ».

Après ces remèdes drastiques pour rétablir la santé du royaume d'Espagne, Vauban donne quelques conseils plus constructifs à son nouveau roi : « De repeupler son pays et de mettre toute chose en usage pour cela, attendu que la grandeur des Rois et des États se mesure par le nombre des sujets et non par l'étendue des pays. » Enfin l'Espagne doit « faire alliance perpétuelle avec la France, très étroite pour leur conservation, parce que, jointe avec elle, elle pourrait contre-balancer et repousser les entreprises des Anglais et Hollandais qui sont les puissances dont elle a le plus à craindre ».

Au second, le roi de France, il définit en ces termes l' « intérêt » de son pays : « Toutes les ambitions de la France doivent se renfermer entre le sommet des Alpes et des Pyrénées, des Suisses et deux mers, c'est là où elle doit se proposer d'établir ses bornes par les voies légitimes selon le temps et les occasions. »

Il précise ce qu'il entend par « ses bornes ». Il les place le long du Rhin jusqu'aux Provinces-Unies : « La Lorraine, le duché des Deux-Ponts, la principauté de Montbéliard, le Palatinat, l'archevêché de Trèves, celui de Mayence et de Cologne, en deçà du Rhin, les duchés de Clèves et de Juliers, le pays de Liège et le reste du Pays-Bas catholique, y compris la Flandre et le Brabant hollandais. » Ayant ainsi donné au royaume la limite naturelle du Rhin et un bon glacis de protection du côté où sa frontière est ouverte, Vauban estime qu'en aucun cas la France ne doit posséder « un pouce de terre » en Italie, ni au-delà du Rhin ou des Pyrénées. Il ne fait d'exception, outre-mer, que pour l'île de Saint-Domingue et le Canada, afin d'assurer la sûreté de son commerce.

Vauban brosse alors à grands traits quels devraient être les principes d'une politique française vis-à-vis des pays européens : sceller une alliance étroite avec l'Espagne, maintenir l'équilibre au sein de l'Empire sous la tutelle de la Maison d'Autriche, tenter de réunir le Portugal à l'Espagne en donnant en échange à la famille de Bragance Naples et la Sicile, ne pas tolérer qu'une puissance extérieure domine l'Italie, agir de manière indirecte contre le roi d'Angleterre pour miner son autorité, développer un commerce libre avec la Hollande...

Au milieu de ce mémoire, consacré à la politique étrangère, Vauban introduit un long développement sur la conduite à tenir vis-à-vis de l'Église. C'est une sévère diatribe contre l'Église, considérée comme puissance temporelle : « A l'égard de l'Église conserver tout le respect dû au Saint-Siège quant au spirituel; mais quant au temporel, supprimer tous les revenus ecclésiastiques qu'on peut et doit considérer comme un pieux brigandage exercé sur tous les sujets de l'État [...]. »

Il argumente son exposé dans un style qui ne serait pas renié par les huguenots, affirmant que les ecclésiastiques « ont abusé de leur crédulité [des sujets] en leur faisant accroire que le don de leur bien à l'Église à titre de charité, d'offrande, de dixme d'oblation [...] était un moyen sûr d'acheter leurs péchés et de leur procurer le paradis [...] ». Il s'en prend ensuite aux moines : « Tous les biens qui composent ceux de ces abbayes, prieurés, prébendes [...] ont été la plupart filoutés adroitement sous prétexte d'œuvres pieuses par des misérables, qui, n'ayant la plupart de religieux que l'habit et l'apparence, n'ont pas fait de conscience de réduire la veuve et l'orphelin à l'aumône [...]. »

Vauban ne semble pas prendre en compte le rôle joué au XVIIe siècle par l'Église de France qui a encore en charge de nombreuses écoles, organisations hospitalières et institutions caritatives. Malheureusement, une large part de l'impôt levé à cet effet, la « dixme ecclésiastique », comme les autres ressources de l'Église, est détournée à leur profit par certains membres du haut clergé, quelques abbés, ou même des financiers traitants, alors que le plus souvent le bas clergé est réduit à la portion congrue.

Ce n'est pas la première fois que Vauban s'élève contre un certain clergé qui vit grassement, alors que le peuple s'enfonce dans la misère. Mais il n'avait jamais encore employé un ton aussi violent. Sont-ce les témoignages qu'il a recueillis dans ce Midi très marqué par l'influence protestante ? Peut-être faut-il simplement voir, dans cette diatribe, la réaction de Vauban contre toute injustice d'où qu'elle vienne ? Disserter sur les intérêts supérieurs des royaumes de France et d'Espagne, critiquer âprement le rôle de l'Église dans ces deux États... Vauban fait preuve dans ce mémoire d'une remarquable liberté d'esprit et d'expression. A cette époque, cela n'est concevable que dans la mesure où l'on sait que le Roi vous y autorise, mieux, vous y encourage.

Vauban a été absent de la capitale pendant près d'une année. Il a toujours quelque peine à se réadapter à l'atmosphère de Versailles après avoir passé un si long temps dans un autre monde, ces provinces lointaines dont les préoccupations et le rythme de vie sont tellement différents. Il se sent de plus en plus étranger à cette Cour futile, versatile, agitée, qui vibrionne autour du Roi. Quant au personnel gouvernemental, il se renouvelle. Vauban, de moins en moins souple en vieillissant, a quelque difficulté à s'adapter à ces changements. En ce qui concerne les fortifications, il a toujours affaire à Le Peletier. C'est un honnête homme, il gère son département sans apporter à son travail cet enthousiasme et cette ferveur que Vauban met dans tout ce qu'il entreprend. Le Peletier considère Vauban comme un « inspecteur général » à qui l'on confie des missions successives et dont on apprécie le coup d'œil et le savoir-faire. Mais, pendant les longues absences du commissaire général, la machine administrative continue à fonctionner. Le Peletier correspond naturellement avec les ingénieurs en charge des directions régionales. Ceux-ci ne manquent pas de prendre des initiatives qui ne sont pas toujours approuvées par Vauban. Ils se permettent même parfois de critiquer « le maître[32] ». Le Peletier, lui-même, fait des tournées pour vérifier l'usage des fonds employés dans les fortifications. A cette occasion il présente au Roi des mémoires dans lesquels il prend parti sur l'utilité ou sur l'urgence de certains travaux. Ses avis ne concordent pas forcément avec ceux du commissaire général, d'où des « fâcheries ».

Au ministère de la Guerre, les rapports avaient été tendus du fait de l'attitude de Barbezieux à l'égard de Vauban. Puis les choses s'étaient récemment arrangées. Mais Barbezieux vient de mourir, à trente-trois ans, victime de ses excès[33]. Il est remplacé par Chamillart qui va cumuler la charge des Finances avec celle de la Guerre[34]. Il doit sa fortune, dit-on, à son adresse au billard, jeu que le Roi affectionne. Il n'est nullement préparé, ni intéressé d'ailleurs, par cette charge supplémentaire dont il eût préféré n'être point accablé. C'est un homme intègre, au caractère amène ; il manœuvre adroitement à la Cour où il gagne la faveur de Mme de Maintenon. Il a une certaine compétence pour les finances, aucune pour les affaires militaires. Le Roi, qui avait été excédé par les incessantes querelles entre son ministre des Finances, Colbert, et son ministre des Armées, Louvois, s'était bien promis de mettre, quand il le pourrait, ces deux portefeuilles dans la même main afin de n'avoir plus à arbitrer d'éternels conflits. Si l'on en croit Saint-Simon, l'incompétence même de Chamillart, en matière militaire, permettait au Roi d'intervenir plus directement dans ce domaine pour lequel il manifestait une spéciale inclination[35].

Quant au ministère de la Marine, il avait été confié, il y a peu de temps, au jeune Jérôme de Pontchartrain qui avait succédé à son père dans cette charge. Bien que Vauban l'ait eu comme élève à Brest, il ne semble pas avoir une estime particulière pour lui, encore que ce dernier ne manque pas de témoigner à son ancien maître des marques de respect et de reconnaissance.

Cependant le Roi accueille toujours Vauban avec chaleur. Il le met au courant des dispositions prises pour se mettre en garde face à la coalition qui se reconstitue contre la France. Les armées en Flandre, placées sous le commandement du maréchal de Boufflers, ont reçu l'ordre de préparer une ligne défensive « fraisée et palissadée », allant de la côte jusqu'à la Meuse en amont de la place d'Huy. Cette ligne est organisée en avant des places occupées désormais par des garnisons françaises et espagnoles, à savoir Nieuport, Audenarde, Ath, Mons, Charleroi, Namur et Luxembourg. Vauban, tout en approuvant, recommande d'aménager un camp retranché entre Huy et Maëstricht. Ainsi installé en posture défensive, Boufflers doit attendre les initiatives de Marlborough[36], qui est à la tête des troupes anglo-hollandaises. L'armée d'Allemagne, campée sur la rive gauche du Rhin, a été confiée au maréchal de Villeroi. Elle doit se joindre, le moment venu, aux forces de l'Électeur de Bavière pour marcher sur Vienne[37]. Enfin en Italie, le maréchal de Catinat, unissant ses forces à celles du duc de Savoie[38], doit faire face à la menace représentée par les troupes impériales qui, sous le prince Eugène[39], envahissent le Milanais. Les préparatifs militaires dans les deux camps vont de pair avec une intense activité diplomatique. Chaque parti interprète les mesures prises par l'autre comme le signe d'une volonté agressive. Guillaume III verse de l'huile sur le feu, tandis que Louis XIV, en reconnaissant à la mort de Jacques II son fils comme « roi de droit » d'Angleterre, attise l'incendie naissant.

Tout cela aboutit à un traité d'alliance, signé en septembre 1701 à La Haye, entre l'Empereur, l'Angleterre et la Hollande, visant à chasser les Français des Pays-Bas et, en fait, à réaliser un nouveau partage de l'héritage espagnol.

Pendant ces manœuvres militaires ou diplomatiques, Vauban est obligé de rester dans la capitale, prêt à répondre aux appels du Roi qui le convoque à Versailles ou à Marly. Il travaille avec Le Peletier sur les dossiers des places fortes, mais il trouve le temps long, d'autant que ses finances sont basses et que la vie à Paris coûte cher. Il est contraint d'écrire le 30 août au Roi pour lui demander s'il pourrait bénéficier d'une charge devenue vacante en Bretagne, « pour remettre en état mes finances [...] un peu affaiblies », et lui donner la possibilité « d'avoir une maison à Paris dont j'ai envie, sans jamais en venir à bout[40] ».

Heureusement que, pour se distraire un peu, il va rendre visite à sa « belle Angélique ». Dans le commerce qu'il entretient avec cette jeune femme, charmante et spirituelle, il trouve son bain de jouvence. Elle ne semble pas décourager ses avances de sexagénaire toujours fringant et impétueux. Il lui écrit en octobre : « Adieu, ma belle Reine, je vous aime vous honore de tout mon cœur et tout ce qui peut s'imaginer au delà[41]. »

Mais cela ne suffit pas à occuper l'esprit de Vauban. Alors il songe à son Morvand et à ses bois. Depuis longtemps il veut traiter une question qui lui tient à cœur : la culture des forêts. Ce sont ses souvenirs d'enfance qui lui reviennent en mémoire, les promenades avec son père qui lui a enseigné le respect et l'amour des arbres. Ce sont ensuite ses voyages à travers la France, « pendant tant d'allées et venues que j'ai faites dans la plupart des provinces depuis trente-cinq à quarante ans ». Il a noté, avec chagrin, le mauvais état des forêts qu'il a traversées, « tant du Roi que des particuliers ». Et pourtant le royaume est si riche en ce domaine et « l'on manque presque partout de bois à bâtir ! »

Il rédige donc, pendant ces quelques mois où il est retenu dans la capitale, un mémoire qu'il intitule : *Traité de la culture des forêts*[42]. C'est un véritable cours magistral sur la culture des forêts, leur plantation, leur entretien et leur exploitation. Il ne se contente pas d'écrire un essai sur la sylviculture ; s'adressant au Roi, il réfléchit au rôle de l'État dans ce domaine. Ayant exposé qu'il faut compter de l'ordre de cent quarante ans pour amener une forêt à son âge d'exploitation, il conclut logiquement que la création des forêts est une responsabilité de l'État : « Le temps qu'il faudrait attendre ces coupes serait trop long pour que les particuliers s'en puissent accommoder, leurs vues ne s'étendent pas à quatre ou cinq générations au-delà de la leur [...]. Je conclus de là que les plantis de ces nouvelles forêts sont l'ouvrage de rois, de princes aisés, et des grandes communautés monacales et bien rentées. »

Toutefois, pour inciter quelques particuliers à acquérir « de mauvaises terres de peu de rapport », et les convertir en bois, Vauban imagine une forme d'incitation fiscale : « Ce moyen donnerait lieu à des pères, un peu bien dans leurs affaires, d'acquérir de grands biens à leurs aînés, à bon marché, en rendant un bon service à l'État. »

Quel que soit le sujet traité, Vauban y apporte des vues nouvelles qui sont en avance sur son temps !

L'automne est arrivé sans que des hostilités se soient ouvertes. Vauban, qui est allé saluer le Roi à Fontainebleau et lui remettre son traité sur les forêts, demande l'autorisation de partir en congé dans le Morvand[43].

Il décrit sa vie à Bazoches dans une lettre qu'il adresse, peu de jours après son arrivée, à son ami Puyzieulx : « [...] occupé à visiter mon petit patrimoine provincial consistant en quelque quantité de bois et buissons assez raisonnable et de bonne affaire ; le surplus consiste en beaucoup d'espace et peu de revenus, qui ne laisse pas de coûter beaucoup d'entretien. Je suis occupé de plus à recevoir la visite de gens du pays : grands et petits me viennent voir ; les petits m'apportent des poules et des chapons, les grands m'envoient de leur chasse ; si bien que je puis faire chair à bon marché. Comme il n'y a quatre ou cinq jours que je suis arrivé, je me trouve tout rempli de tout cela ; car il ne faut pas faire le réservé : on dirait que je suis devenu glorieux (qualité que j'abhorre sur toutes choses). Ces belles cérémonies remplissent tellement mon temps qu'à peine ai-je le loisir de vous faire celle-ci. »

Mais la situation politique occupe à nouveau son esprit. Il s'en ouvre dans la même lettre à son ami : « Le présent ne me satisfait pas, l'avenir encore moins. Si Dieu ne nous regarde pas avec cet œil de miséricorde qui nous a tant de fois tirés d'affaire, je ne sais ce que nous deviendrons[44]. »

Quel est l'objet de son inquiétude ? C'est Guillaume III, le prince d'Orange, « ce perturbateur universel du repos public de la Chrétienté ». Et puis il y a l'Italie, où la campagne a bien mal commencé. Vauban ne présage rien de bon de cette affaire dans laquelle il préférerait ne pas nous voir engagés.

Le ton est plus enjoué quand il écrit dès le lendemain à sa « belle

Angélique ». Il aspire, lui dit-il, au moment où il pourra, à son bras, faire un tour aux Tuileries[45].

Cependant le rythme de la vie campagnarde estompe bientôt ses soucis politiques et ses élans badins. Les jours sont courts en ce début d'hiver. Il part de bonne heure inspecter ses terres et ses bois. Des coupes sont en cours dans le bois d'Épenay entre Domecy et Pierre-Perthuis, sur un versant de la vallée de la Cure, il va surveiller leur exécution. La fumée, qui monte du feu des branchages que l'on brûle, le guide dans la forêt. Il aime voir travailler les bûcherons. Ils calculent, d'un coup d'œil exercé, la taille de l'arbre, son angle de chute. Avec des gestes précis et cadencés, ils attaquent à plusieurs le tronc d'un gros chêne, ahanant en mesure. L'arbre s'effondre dans un fracas de ramures brisées. Le tronc est prestement débarrassé de ses branches et déjà la bille glisse vers le bord de la Cure, où elle est rangée en attendant d'être flottée vers la capitale. Vauban admire ces pièces de bois bien droites dont on tirera une poutre pour une charpente ou pour un navire. Son atavisme, hérité de générations de marchands de bois en Auvergne ou en Nivernais, se réveille devant ces belles grumes qui s'entassent devant lui.

En rentrant vers Bazoches, il rend visite aux fermes qu'il a acquises sur la paroisse de Domecy. Dans l'une d'elles la fermière est en train de donner à manger à une truie, qui allaite une portée de six petits cochons roses. Il contemple ce spectacle qui le ravit. Déjà une idée lui vient à l'esprit, il faudra qu'il la note...

Le soir venu, dans son cabinet, il repense... à la truie. Comme par jeu, il commence à décompter les générations successives qui pourraient être issues de cet animal. Vauban aime les chiffres. Le voici lancé dans le calcul d'une progression géométrique. A la dixième génération, c'est-à-dire au bout de onze ans, sa truie devrait avoir le chiffre fabuleux de six millions de descendants, tout en tenant compte « des accidents, des maladies et de la part des loups ». Il refait ses calculs, ils sont bien exacts !

Ravi de ce résultat, il rédige un mémoire qu'il intitule *De la cochonnerie, ou calcul estimatif pour connaître jusqu'où peut aller la production d'une truie pendant dix années de temps*[46]. Et le plus sérieusement du monde, il écrit : « On suppose qu'une truie, la seconde année de son âge, porte une ventrée de six cochons mâles et femelles, dont nous ne comptons que les femelles, attendu que pour parvenir à la connaissance que nous cherchons, nous n'avons pas besoin de mâles [...]. »

Il conclut son étude en rendant grâce à « la providence divine » qui pour la nourriture des hommes a rendu cette « espèce si féconde ».

TROISIÈME PARTIE

DE L'HOMME D'ACTION A L'HOMME DE PENSÉE

20.

Le bâton de maréchal 1702-1704

Posséder une maison à Paris — Testament et examen de conscience — « Agenda » pour le Roi — Assiéger Hulst ? — Maréchal de France — Traité sur les places fortes et sur les troupes — Le « terrible Brisach » réduit — Un chagrin dont le Roi ne pourrait le guérir — Traité sur l'attaque des places — « Des vertus d'une bonne épouse » — Pour une médiation suisse — Repos à Bazoches.

Après deux mois de congé Vauban revient à Paris. Dans les salons de la capitale, comme dans ceux de Versailles, on parle beaucoup d'une prochaine promotion de maréchaux de France que le Roi aurait décidé de faire. Des noms sont même cités : Rosen, Huxelles, Tallard, Harcourt... [1]. Aussitôt Vauban, avec sa franchise habituelle, écrit directement au Roi : « Le bruit qui court à Paris, à Versailles et dans toutes vos troupes, d'une prochaine promotion de maréchaux de France m'autorise à représenter à Votre Majesté que ma qualité de lieutenant général plus ancien que la plupart de ceux qui sont le plus à portée d'y prétendre, et mes services mieux marqués que les leurs, dont je ne veux pour témoin que Votre Majesté, me donnent lieu d'espérer qu'Elle ne me jugera pas indigne de cette élévation. »

Vauban espère et attend depuis de longues années cette promotion, qu'il estime mériter. Il sait toutefois que son rôle d'ingénieur peut être un empêchement à cette nomination : « [...] Il semble qu'une telle élévation doit être embarrassante pour un emploi ambulant comme le mien, qui a tant de places à voir et à visiter et qui se trouve dans une obligation continuelle d'être si souvent mêlé parmi les ouvriers. »

Si tel est le cas, il demande au Roi « qu'il ait la bonté de m'en rendre un témoignage public qui me disculpe envers ceux qui ne me croient pas indigne de la qualité de maréchal de France ». Il formule alors une requête, au premier abord un peu surprenante dans le contexte de cette lettre, mais qui est en parfaite harmonie avec le fond de son caractère de paysan et de Morvandiau. S'il n'est pas promu, alors il espère bien recevoir une compensation dont il précise la nature : « [...] Je lui demande de vouloir bien m'en consoler par me donner une maison dans Paris. Elle le peut sans qu'il lui en coûte rien. Il y en a deux qu'Elle fait vendre présentement dont Elle ne tirera pas grand-chose, ne s'y étant encore présenté personne pour les acheter [...]. Si elle a la bonté de m'en accorder une, je lui demande la plus grande avec les jardins et héritages qui en dépendent, la maison pour me loger et les héritages pour avoir de quoi la meubler[2]. »

Il est vrai qu'il aspire depuis un certain temps à posséder une maison à Paris. Il est appelé à y séjourner de plus en plus souvent pour être à la disposition du Roi et de ses ministres. Sans doute a-t-il des amis qui le reçoivent, il descend en particulier dans l'hôtel des Valentinay, rue Saint-Honoré, chez les beaux-parents de sa seconde fille, mais cela n'est pas facile, d'autant que cette famille lui cause bien des soucis.

M. de Valentinay, qui avait une charge dans la Maison du Roi, s'était attiré des inimitiés en tentant de s'opposer à certains abus. Cela l'avait entraîné devant les tribunaux. Vauban avait dû intervenir, jusqu'auprès du Roi, pour que l'on cesse de tracasser M. de Valentinay après un jugement qui lui avait pourtant été favorable. Là-dessus une brouille avait surgi entre les parents Valentinay et leur fils, ce qui avait à nouveau contraint Vauban à s'interposer. Ce dernier doit reconnaître que son gendre est « peu intelligent dans les affaires ». M. de Valentinay, quant à lui, reproche à son fils de dilapider leur patrimoine. Alors Vauban, dans « l'intérêt d'une fille qui lui est infiniment chère », tente à nouveau d'apaiser la « brouillerie » familiale[3].

Finalement Vauban louera une maison, au bout de la rue Saint-Vincent[4]. C'est un petit hôtel particulier, avec un jardin qui jouxte celui des Tuileries. Il sera ainsi plus libre de ses mouvements et d'y recevoir à sa guise. Par une porte il peut accéder directement au jardin des Tuileries, où il se voit se promenant au bras de « sa belle Angélique » !

Vauban a encore une grâce à demander au Roi, mais cette fois il passe par un intermédiaire, le propre confesseur de Sa Majesté, le père de La Chaise. Il sollicite l'attribution de l'abbaye de Vézelay pour son petit-fils, d'Aunay Villebertain, qu'il « destine à l'Église ». Toujours concret, Vauban avance ses arguments en faveur de cette candidature : « Cette abbaye a valu autrefois jusqu'à vingt-cinq mille livres de rente. Présentement elle n'en vaut entre huit et dix mille livres et rien plus, parce que les deux derniers abbés y ont fort négligé toutes choses. Il y a même beaucoup de réparations à faire, comme elle est à deux lieues de chez moi, si elle est donnée à mon petit-fils je me ferai une application particulière d'en faire les réparations[5]. »

Vauban s'est élevé avec fougue contre le principe des prébendes ecclésiastiques mais, en attendant qu'elles soient supprimées, il n'hésite pas à tenter d'en faire profiter les membres de sa propre famille. Il est aussi homme de son siècle : chef de famille, il se doit de défendre les intérêts des siens dans le cadre des institutions existantes. Son honnêteté foncière ne va pas jusqu'au désintéressement total.

Tout en se préoccupant de sa situation et de celle de sa famille, Vauban songe aussi à mettre ses affaires en ordre : il approche des soixante-neuf ans, sa santé est ébranlée par la bronchite chronique dont il subit des atteintes de plus en plus sérieuses. Il rédige son testament, daté du 23 mars 1702, qu'il remet sous forme d'un paquet cacheté à son secrétaire Friand.

Après avoir affirmé sa foi catholique : « J'ai fait mon présent testament comme il s'en suit, après avoir recommandé mon âme à Dieu et l'avoir prié de me pardonner mes fautes et offenses », il demande à être inhumé dans l'église de Bazoches. Puis il fait un certain nombre de legs — aux paroisses des terres qu'il possède, une somme de six mille livres, pour être distribuée « à ceux de mes parents les plus proches et les plus nécessiteux —, et des dons à ses secrétaires et domestiques. Ce document olographe comprend quatre feuillets auxquels il joint un « dispositif secret », de trois feuillets, à l'attention personnelle de Friand, en précisant de brûler ce mémoire après en avoir exécuté le contenu.

Il veut d'abord se « décharger d'un scrupule[6] » qu'il conserve du temps où, après la paix des Pyrénées en 1659, il avait pris ses quartiers d'hiver près de Toul dans la prévôté de Foug. Il avait, sur simple ordre verbal du maréchal de La Ferté, taxé à son profit les habitants de cette circonscription d'une somme de mille cinq cents livres. Depuis plus de quarante ans qu'il traîne ce souvenir déplaisant, il veut l'effacer, en faisant verser trois mille livres, compte tenu des intérêts, aux officiers de ladite prévôté, « en décharge des dettes les plus criantes de la communauté ».

L'autre « scrupule » dont il veut se libérer, c'est à l'égard de cinq dames qui « prétendent avoir eu un enfant de lui, le hasard ayant voulu » qu'il ait eu « quelque commerce » avec elles. Vauban les énumère, en précisant à chaque fois ses doutes quant à la paternité qui lui est attribuée : « [...] Il y a de plus une pauvre dame irlandaise, nommée Districh, qui prétend avoir eu un enfant de moi, ce qu'elle affirme par toute sorte de serment ; bien que j'aie lieu d'en douter, aussi bien que des autres, je ne veux pas hasarder le salut de mon âme pour cela ; c'est pourquoi je prie Friand de lui donner encore deux mille livres. »

Mais Vauban, tout en étant scrupuleux, ne veut pas se faire gruger au nom de ses bons sentiments. Aussi précise-t-il à son secrétaire : « Il aura soin de se faire représenter ces enfants, et en cas qu'il en trouve de morts, il emploiera la somme que je leur avais destinée, à augmenter celle de cette pauvre femme irlandaise, qui, étant femme de qualité, hors de son pays et comme abandonnée de son mari, est plus digne de compassion que les autres[7]. »

Il y a toujours chez Vauban un mélange de générosité et de prudence paysanne.

Tandis que Vauban se met en règle avec ses affaires et sa conscience, en ce début d'année 1702, les bals se succèdent à Versailles, où « il y en eut quantités en masque », et à Marly, « la plupart de ceux-là sans mascarade ». Chez Mme de Maintenon l'on joue « des pièces saintes » comme *Absalon, Athalie...*[8] ». Le Roi y fait des apparitions, puis il se retire dans son cabinet avec des ministres ou des membres de son Conseil.

La guerre n'est pas encore déclarée, elle ne le sera officiellement que le 15 mai, mais les hostilités ont déjà commencé au cours de l'été précédent, les impériaux ayant attaqué en Italie. Les deux camps sont maintenant constitués. D'un côté, les deux monarchies bourboniennes, la France et l'Espagne, qui ont fait alliance avec le roi du Portugal et, en Allemagne, avec l'Électeur de Bavière et l'archevêque de Cologne. D'autre part, les deux États protestants, l'Angleterre et les Provinces-Unies, qui ont signé un traité avec l'Empereur et avec la majorité des princes allemands. Le Danemark vient de se joindre à cette coalition. Les forces armées, de terre et de mer, alignées par les deux camps sont à peu près égales en nombre[9].

Vauban, en attendant une audience royale dans les premiers jours du mois de mars, prépare dans un « agenda » les différents sujets à traiter ou requêtes à présenter. Il note les différents secteurs où peuvent se manifester les menaces de l'ennemi ; celui-ci peut tirer parti de ce que l'essentiel des armées françaises est stationné hors du royaume, en Flandre, en Allemagne, en Italie..., pour opérer un débarquement sur les côtes de Normandie, de basse Picardie ou de Bretagne, ou bien pour attaquer en basse Alsace, et de là pénétrer en Lorraine. Face à ces risques, Vauban conclut que « la guerre la plus convenable » dans la conjoncture présente devrait être « une défensive bien ménagée ». Il ajoute : « [...] Ce qui n'empêchera pas qu'on puisse prendre l'occasion aux cheveux quand elle se présentera pour entreprendre aussi quelque chose de vigoureux. »

Par contre, il souhaiterait que l'on porte les efforts sur la marine, « exciter la course et la soutenir », avec de bonnes escadres patrouillant le long des côtes. Vauban a rédigé un mémoire sur la question, il faudra que l'amiral le consulte et qu'il soit lu devant le Roi. L'objectif demeure de « faire souffrir » les Anglais et les Hollandais dans leur commerce d'où ils tirent leur puissance, car à la fin « ils se rebuteront ».

Vauban résume sa pensée dans une formule : « Défensive sur terre, offensive sur mer. » Pendant ce temps il faut continuer à négocier : avec les princes allemands qui n'ont pas intérêt à voir croître la puissance de l'Empire, avec la Suède « pour qu'elle fasse diversion [...] [10] ». A travers les notes de cet « agenda », on l'imagine s'adressant au Roi avec son accent rocailleux du Morvand, son parler imagé, son ton persuasif. Louis XIV l'écoute avec attention, le remercie de son avis et se réserve d'en tirer les conclusions qu'il jugera les meilleures pour le bien du royaume. Puis il lui demande d'aller, en premier lieu, contrôler l'état des places en Alsace.

Avant de quitter la capitale, Vauban est mis au courant des dernières nouvelles. En Italie, son ami Catinat avait été remplacé, à la suite de sombres intrigues, par le maréchal de Villeroi. Cela n'avait pas porté chance à ce dernier, fait prisonnier le 1er février 1702 à Crémone par le prince Eugène, au cours d'un coup de main audacieux. Le duc de Vendôme [11] est envoyé pour reprendre en main l'armée d'Italie. Catinat ne reste toutefois pas en disgrâce, il reçoit le commandement de l'armée du Rhin. Le duc de Bourgogne se voit confier l'armée des Flandres, assisté par le maréchal de Boufflers.

Le 19 mars, Guillaume III, le prince d'Orange, l'ennemi personnel de Louis XIV, meurt, mais sa mort n'ébranle pas la volonté des coalisés d'abattre à tout prix l'orgueil de la Maison de France. Un triumvirat, formé par Heinsius, Grand Pensionnaire de Hollande, le prince Eugène et le duc de Marlborough, va conduire cette guerre voulue et préparée par le défunt roi d'Angleterre.

Vauban est arrivé depuis peu de temps en Alsace quand il reçoit l'ordre de remonter « en diligence » vers la Flandre se mettre à la disposition du maréchal de Boufflers. Les hostilités ont débuté par une action d'un corps allemand contre la place de Kaiserswerth [12]. L'armée des Flandres manœuvre pour tenter de faire lever ce siège. En toute hâte il se dirige vers le nord, il est le 3 mai à Liège, « bien fatigué et mes chevaux encore plus, étant venu d'Huningue où je ne faisais qu'arriver ». Boufflers lui demande de mettre la ville de Liège en meilleur état de se défendre, mais, faute de crédits, les travaux avancent lentement.

Vauban, qui doit envoyer un compte rendu quotidien de son activité, propose à Boufflers, son cadet de plus de dix ans, de simplifier les formules épistolaires : « Ayez la bonté de me faire savoir si pour abréger davantage, vous auriez pour agréable que je commence et finisse ma lettre comme ci-dessus : R.15, veut dire j'ai reçu, Monseigneur, celle dont il vous a plu de m'honorer le 15 de ce mois, et : " Je suis " à la fin, avec " un et cætera ", veut dire, je suis avec tout le respect et la soumission possible, Monseigneur, votre très humble et très obéissant serviteur. De cette manière [...] on épargne cinq lignes d'écriture pour chaque lettre [13]. »

Vauban est aussi un précurseur dans le style télégraphique !

Le siège important, pour lequel il avait été mandé de toute urgence, n'a finalement pas lieu [14]. La place de Kaiserswerth, après deux mois de courageuse défense, a dû se rendre n'ayant point été secourue. Vauban ronge son frein dans Liège, jusqu'au jour où Chamillart lui écrit, à la mi-juillet, qu'il peut rentrer à Lille, en inspectant au passage Lierre et Anvers ainsi que les autres places espagnoles, « si vous croyez que cela puisse être de quelque utilité [15] ». Tout se passe comme si, à Versailles, on ne savait vraiment pas à quoi l'occuper !

Pendant ce temps l'armée de Boufflers, qui était montée jusqu'à Nimègue, sans trouver d'occasion d'attaquer Marlborough, se repliait, laissant les alliés réoccuper la Gueldre et l'électorat de Cologne. Le duc de Bourgogne, et son mentor, ne veulent cependant pas terminer la campagne sans faire quelque action d'éclat. Ils envisagent de mettre le siège devant Hulst [16]. Cette ville fait partie de la ligne de places fortes, formant une ceinture de protection hollandaise face aux Pays-Bas espagnols.

Vauban est convoqué pour étudier l'opération. Très vite il conclut, après s'être porté sur le terrain, que cette action est irréalisable. Les accès de la place sont impraticables du fait des inondations, seule une digue de huit pieds de large et mille deux cents toises de long permet d'y accéder par voie de terre. Attaquer la place par la mer supposerait d'avoir le contrôle de celle-ci, ce qui n'est pas le cas. Il n'est pas question, surtout à cette saison, début septembre, d'entreprendre un tel siège. Il l'écrit sans ambages au maréchal de Boufflers : « Souvenez-vous que les plus courtes folies sont toujours les meilleures et ne vous opiniâtrez point contre l'impossible [17]. » Pour être certain d'être bien compris, il lui répète le lendemain : « En un mot, Monseigneur, ce n'est pas une affaire qui puisse être poussée plus loin sans se procurer un affront de propos délibéré. Révoquez donc, s'il vous plaît, tous les ordres que vous avez donnés pour le siège d'Hulst [18]. »

Vauban, lieutenant général, s'adresse à un maréchal de France, sans ménagements, avec toute l'autorité que lui confère son prestige personnel. De la même plume, il écrit en même temps au duc de Bourgogne : « Il est temps de finir cette comédie où il n'y a que honte et dommage à acquérir en la continuant davantage. J'ose encore prendre la liberté de vous le dire avec la fermeté que ce grand Roi, votre très digne aïeul, m'a permis depuis si longtemps [19]. »

Mais Boufflers espère encore trouver une action à mener avant de prendre ses quartiers d'hiver. Il demande à Vauban si, à défaut de la place d'Hulst, on ne pourrait saisir le fort de Liefkenshoek qui se trouve à l'embouchure de l'Escaut, en aval d'Anvers, croisant ses feux avec le port de Lillo, situé sur la rive droite du fleuve.

A la pointe du jour, avec quatre ingénieurs, Vauban s'approche du fort, tâtonnant dans la demi-obscurité et pataugeant dans les polders.

Il passe ainsi toute la journée à observer, à quelque deux cents toises de la place, les allées et venues, ainsi que les bâtiments mouillés à proximité. Il observe aussi la montée des eaux, car les Hollandais ont laissé pénétrer les marées dans la région. Trempé et transi, cet homme, qui aura bientôt soixante-dix ans, prend la peine de dicter à huit heures du soir un long rapport, précis et détaillé, pour conclure : « [...] Je ne puis vous conseiller de l'entreprendre. L'arrière-saison et tant de difficultés m'épouvantent, notamment quand je songe qu'on hasarderait là un affront pour un trou qui, considéré par lui-même, n'en vaut pas la peine[20]. »

Vauban prend congé de Boufflers pour mener, en rentrant sur Lille, l'inspection des places que le Roi lui a demandé d'entreprendre : Anvers, Gand, Bruges et les forts attenants. Puis il passe par Ostende, Nieuport, Dunkerque, Calais, Furnes et Ypres. C'est un lourd programme effectué au début de la mauvaise saison ! Et il écrit à Chamillart qu'il lui faut « pourvoir à ma santé que je sens qui se brouille[21] ». Le ministre, lui répond aimablement en s'inquiétant de son état et en lui recommandant de se ménager. Il aurait bien besoin de recevoir ses conseils et « d'apprendre les termes d'un métier qui commence à devenir bien sérieux pour moi[22]. »

Quand Vauban arrive à Lille fin octobre, il apprend une bonne nouvelle dans un lot de mauvaises. Le duc de Villars[23], franchissant le Rhin du côté d'Huningue pour faire sa jonction avec les forces de l'Électeur de Bavière, a défait les impériaux à Friedlingen le 15 octobre. Mais la place de Landau est tombée en septembre. Et sur mer les alliés infligent de lourdes pertes aux flottes commerciales de l'Espagne. Un important convoi de galions espagnols, transportant une riche cargaison, est arrivé fin septembre dans le port de Vigo, en Galice. Il était escorté par une escadre française, commandée par Château-Renault. Tandis que la cargaison est débarquée et mise en sécurité, une flotte anglo-hollandaise force l'entrée du port le 23 octobre : les galions sont coulés et la plupart des vaisseaux de guerre incendiés.

Vauban ne peut que s'attrister de ces nouvelles, elles ne présagent rien de bon pour la suite : cette guerre paraît plus subie que menée du côté français.

Son ami Catinat lui annonce, fin décembre, qu'il a demandé au Roi l'autorisation de prendre sa retraite pour se retirer dans sa maison de province[24]. Vauban lui écrit qu'il le comprend, il va lui-même sur ses soixante-dix ans et il se sent « tous les jours plus affaibli ». Il ajoute ce mot, digne d'un philosophe : « Bienheureux celui qui peut mettre un intervalle entre la vie et la mort[25]. »

Dans la même lettre, Catinat avertit Vauban que la discorde régnant entre les Valentinay et leur fils, d'Ussé, est de notoriété publique : « M. d'Ussé devrait se montrer plus assidu à la Cour à faire sa charge et qu'il se rende plus raisonnable dans les dépenses qu'il se croit obligé d'y faire [...]. Votre présence serait bien nécessaire à Paris pour raccommoder tout ce dérangement domestique. »

Vauban lui répond que cette dispute lui cause « un extrême déplaisir ». Décidément, cette année se termine bien péniblement à tous égards.

Vauban est dans sa maison de la citadelle de Lille, remâchant de tristes pensées, quand arrive un courrier du Roi : le dimanche 14 janvier 1703 Sa Majesté a décidé de faire une promotion de dix maréchaux de France, et le quatrième dans l'ordre d'ancienneté des lieutenants généraux est Sébastien Le Prestre[26]. Ce dernier est prié de venir à Versailles se présenter au Roi. A cette occasion le mémorialiste de la Cour, Saint-Simon, fait du nouveau promu un portrait pris sur le vif : « Vauban s'appelait Le Prestre, petit gentilhomme de Bourgogne, tout au plus, mais peut-être le plus honnête homme et le plus vertueux de ce siècle, et avec la plus grande réputation du plus savant homme dans l'art du siège et de la fortification, le plus simple, le plus vrai et le plus modeste. C'était un homme de médiocre taille, assez trapu, qui avait fort l'air de guerre, mais en même temps un extérieur rustre et grossier pour ne pas dire brutal et féroce. Il n'était rien moins : jamais homme plus doux, plus compatissant, plus obligeant, mais respectueux sans nulle politesse, et le plus avare ménager de la vie des hommes, avec une valeur qui prenait tout sur soi, et donnait tout aux autres. »

Saint-Simon ne peut s'empêcher de décocher quelques flèches ; elles ne sont toutefois pas dirigées contre Vauban : « Il est inconcevable qu'avec tant de droiture et de franchise, incapable de se prêter à rien de faux ni de mauvais, il ait pu gagner au point qu'il fit l'amitié et la confiance de Louvois et du Roi. »

Puis il ajoute cette remarque ironique à l'égard de Louis XIV : « Vauban avait fait cinquante-trois sièges en chef, dont une vingtaine en présence du Roi, qui crut se faire maréchal de France soi-même et honorer ses propres lauriers en donnant le bâton à Vauban. »

Vauban souhaitait ardemment cette promotion qui venait couronner sa carrière militaire et qui honorait, en sa personne, le corps des ingénieurs, étant le premier de cette origine à recevoir cette distinction. S'il laisse courir le bruit, dont Saint-Simon se fait l'écho, qu'il aurait prié le Roi de ne pas lui faire cet honneur, c'est une simple formule dans le style de l'époque. En réalité il aurait souhaité bénéficier de cette nomination beaucoup plus tôt. Il le dit, en toute franchise, à son ami Puyzieulx qui vient de le féliciter : « Je vous avoue de bonne foi que j'ai servi toute ma vie en vue de tâcher à mériter cette dignité, mais non de la posséder dans un âge avancé comme celui où je me trouve ; car, soit dit sans vous déplaire, j'ai tout près de soixante-dix ans sur la tête, cela joint aux fatigues de corps et d'esprit, me font présentement un fardeau qui me pèse beaucoup sur les épaules et de là je conclus que je ne ferai pas grand usage de la grâce que le Roi m'a faite [...][27]. »

Vauban est conscient que cette nomination est purement honorifique et non point opérationnelle. Le Roi ne lui donnera jamais à commander une de ses armées. Bien plus, ce titre ne risque-t-il pas de lui ôter ses dernières chances de servir sous les armes, c'est-à-dire de diriger des opérations de siège ?

Ce qu'il craint ne tarde pas à arriver. La scène se passe le 28 janvier à Versailles, et elle est rapportée dans le *Journal* de Dangeau. Le Roi a décidé de reprendre la place de Kehl, tête de pont sur la rive droite du Rhin, face à Strasbourg, en vue de mener ensuite une action offensive en Allemagne. Vauban connaît parfaitement cette forteresse, qu'il a lui-même construite, et il demande à en diriger le siège. Louis XIV « après son dîner », s'entretient avec Vauban qui lui exprime son souhait : « " Mais songez-vous, monsieur le Maréchal, que cet emploi est en dessous de votre dignité ? " lui fait remarquer le Roi. " Sire, rétorque Vauban, il s'agit de vous servir, ce que je crois faire utilement en cette occasion ici. Je laisserai le bâton de Maréchal de France à la porte et j'aiderai peut-être à la prise de la place. Plus vous nous élevez et plus nous devons avoir envie de vous servir "[28]. »

Mais le Roi ne se laisse pas fléchir. Vauban doit se contenter d'aller inspecter les fortifications de la place de Namur, qu'il trouve en mauvais état. Il établit un dossier avec les plans de la ville et de son château, campé sur l'éperon rocheux qui domine le confluent de la Sambre et de la Meuse[29]. Début mars il est de retour dans la capitale.

A défaut de lui confier une mission dans les opérations qui vont commencer sur les différents fronts, le Roi prie Vauban de lui rédiger un traité sur l'équipement des places fortes et un autre sur « la réhabilitation de nos troupes ». Il lui demande dans le même temps de se tenir à sa disposition pour tous les conseils dont il pourrait avoir besoin : « Le Roi a donné au maréchal de Vauban les entrées chez lui comme les a M. de Chamlay[30] », note Dangeau dans son *Journal* (1er mars). Cela veut dire que, bon gré mal gré, Vauban est introduit dans le système versaillais avec la présence obligatoire à de multiples cérémonies. Il est par exemple invité « à trois Marly consécutifs », ce qui marque la faveur du prince, mais dévore son temps !

Il se met cependant au travail sur les traités qui lui ont été commandés, avec son ardeur coutumière. L'équipement des places fortes a été son souci constant : chaque fois qu'il en inspectait une, il y laissait une instruction pour déterminer ce qu'elle devait contenir pour être en mesure de soutenir un siège, tant en armement qu'en munitions, en outillage, en ravitaillement pour la garnison et pour la population. Il reprend tous ces dossiers qu'il résume dans un long mémoire[31], où il dégage des règles générales en fonction de la nature et de l'importance de la fortification, de l'importance des troupes et du nombre d'habitants. Il aime concrétiser ses idées par des calculs. Quel que soit le sujet traité, il en arrive toujours à aligner des chiffres, il manie ceux-ci avec un plaisir évident. Son travail sur les places fortes, il va le bourrer de tableaux chiffrés : « Ce traité est tout plein de tables calculées [...] », annonce-t-il à son ami Puysieulx, en lui précisant qu'il l'a « enfin lu et donné au Roi ». Il ajoute qu'il se lance aussitôt dans la rédaction d'un second traité : « sur la réhabilitation de nos troupes, qui sont fort débiffées, dans lequel je fais entrer plusieurs choses qui ne sont pas directement du sujet mais qui y ont rapport[32] ». Il reprend en fait le travail qu'il avait entrepris pendant l'hiver 1698-1699 à Lille, en y ajoutant de nombreux chapitres. L'ouvrage complet compte cinq cents pages manuscrites sous le titre : *Moyens d'améliorer nos troupes et de faire une infanterie perpétuelle et très excellente*[33].

A côté des exposés purement techniques sur l'organisation et la levée des troupes, sur leur armement et leur entraînement, Vauban aborde de manière plus large tous les problèmes de la vie militaire. Il émaille son texte de réflexions qu'il veut faire entendre au Roi. Dans une société où « la naissance » compte avant tout, Vauban oppose la notion de valeur personnelle : « Il faut pour pouvoir faire d'excellentes troupes, tendre non seulement les mains au mérite, mais aller au-devant de lui [...]. Dieu, qui est le Père et le créateur de tous les hommes, se moque de nos distinctions et loge le bon esprit où il lui plaît. Tous les hommes sont les mêmes devant lui. Le bon esprit et le courage sont de tous les pays et de toutes conditions, il faut les prendre où on les trouve, c'est une marchandise rare et précieuse. Heureux les Princes qui savent les choisir et les employer à propos. »

Il devance décidément son siècle dans beaucoup de ses propos et de ses conceptions : « La guerre ne doit point exclure ceux qui font profession des Armes de la connaissance des Belles-Lettres [...]. L'homme de guerre qui ne connaît que son épée n'est pas capable de grand-chose [...]. Il ne tiendrait cependant qu'à eux d'étudier et de se rendre habiles dans les sciences qui peuvent convenir à leur profession [...]. Car il serait très à souhaiter qu'il se trouvât des savants de toutes professions dans les Armées. »

Ce qui ne l'empêche pas de se pencher sur les détails de l'habillement et de pester contre les habitudes de luxe introduites dans le corps des officiers : « Le luxe ne s'en est pas borné à la dorure des habits. Il n'y a pas de si petit officier qui ne soit aujourd'hui endentellé. Pas un qui ne soit coiffé d'une perruque à longs cheveux, poudrée et frisée avec grand soin. Les cheveux naturels ne sont plus à la mode et la corruption en est allée si loin qu'on montre du doigt présentement ceux qui ont des cheveux. »

Il reprend aussi des idées qui lui tiennent à cœur comme celles ayant trait à la taille des soldats : « Il faut se défaire de la prévention que l'on a pour les grands hommes et de s'accommoder de toutes sortes de tailles pourvu que ce soit des gens sains et de force à pouvoir soutenir le service, et de surplus se mettre dans l'esprit une fois pour toutes que la grande mine des hommes n'est pas ce qui fait le bon soldat, les mieux faits sont rarement ceux qui ont le plus de valeur : de toutes tailles bons hommes, comme de tous poils bons chevaux[34]. »

Si « ces diables de manuscrits » l'occupent beaucoup, Vauban garde cependant un œil sur ce qu'il appelle « les affaires générales ». En ce début de campagne il ne se passe, à vrai dire, pas grand-chose. Dans le nord, les Anglais et les Hollandais ne se mettent pas d'accord sur la conduite des opérations, aussi Marlborough, qui est à la tête de près de cent mille hommes, piaffe-t-il d'impatience sans rien entreprendre d'important. Dans le sud, en Italie, le duc de Vendôme, qui dispose d'une forte supériorité numérique sur l'adversaire, tergiverse lui aussi sans profiter de ce que le prince Eugène ait quitté le Milanais. Les opérations actives se déroulent en Allemagne où Villars, après avoir pris Kehl, campe sur les bords du Danube. Mais il n'arrive pas à coordonner ses actions avec l'Électeur de Bavière qui veut occuper le Tyrol, alors que Villars souhaite marcher sur Vienne.

Au cours « d'un Marly », au début du mois de juin, Vauban a exposé au Roi son idée de manœuvre : « Le temps s'avance, et il y a lieu de craindre que Votre Majesté ne tire pas assez avantage d'une armée aussi puissante que celle que vous avez en Italie[35]. » Cette armée est forte de soixante mille hommes, face à vingt mille hommes, bien retranchés dans un terrain qui leur est favorable. Vauban estime qu'il faut laisser trente mille hommes à Vendôme et faire repasser le surplus en Alsace. Deux solutions sont envisageables : ou bien s'emparer de Vérone, foncer vers le Tyrol, Innsbruck « où les chemins sont larges et beaux » jusqu'en Bavière, ou bien faire « le grand tour » en repassant les Alpes du Dauphiné. Il expose les conditions à remplir pour la première solution : s'entendre avec les Vénitiens et l'Électeur de Bavière, organiser le ravitaillement sur cet itinéraire. Vauban conseille la seconde solution, puis d'employer cette armée au siège de Brisach, remonter avec elle vers Neustadt et Spire pour obliger les impériaux à repasser le Rhin.

Vauban remet au Roi un mémoire « dans la crainte où je suis de ne m'être bien expliqué », reprenant les termes de sa conversation de Marly. A lire ce document on sent Vauban impatient d'agir, tout prêt à prendre le commandement de cette armée qui franchirait les Alpes, donnerait la main à Villars pour marcher de concert sur Vienne, ou bien, après avoir pris Brisach, effectuerait une manœuvre sur les arrières des impériaux et les obligerait à quitter le Palatinat.

Finalement le Roi décide de se ménager une solide tête de pont sur la rive droite du Rhin en prenant Brisach. L'opération doit être supervisée par le jeune duc de Bourgogne, assisté de deux maréchaux : Tallard, commandant une armée sur le Rhin, et Vauban pour mener le siège.

Louis XIV convoque ce dernier à Marly pour lui exposer son plan et lui fixer sa mission. Dans son style royal, il informe son ministre de la Guerre, Chamillart, de cet entretien : « Le maréchal de Vauban m'a dit qu'il ne prétendait pas rien faire de plus à l'armée du duc de Bourgogne que ce qu'il a fait avec moi à toutes les places que j'ai prises ; il ne se mêlait que de la tranchée et de l'attaque des places ; il me disait ses pensées et m'expliquait ce qu'il croyait qu'on devait entreprendre, et quand je l'avais approuvé, il me donnait un projet de ce qu'on devait faire et me demandait par écrit ce qui était nécessaire à chaque garde de tranchée ; je lui faisais fournir et il ne faisait que crier quand il n'avait pas tout à propos, ce qui n'arrivait guère [36]. »

Admirable description des sièges conduits par Sa Majesté : Vauban suggérait et parfois tempêtait, le Roi approuvait et ordonnait, les places tombaient !

Dans la voiture cahotante qui roule vers l'Alsace, Vauban songe à tous ces sièges qu'il a dirigés. Celui qu'il va entreprendre doit être le cinquantième, à peu de chose près. Le premier siège dont il a mené les attaques est celui de Sainte-Menehould, en 1653, il y a cinquante ans ! Il revoit le jeune Roi, âgé de quatorze ans seulement, fièrement campé à cheval, entouré de sa brillante escorte, observant de loin les travaux de sape. Depuis, pendant ce demi-siècle, Vauban s'est retrouvé si souvent dans les tranchées sous l'œil vigilant du Roi, qui attendait, impatient mais impassible, que batte la chamade...

Aujourd'hui c'est le petit-fils du Roi qui va tenir le rôle de spectateur attentif, observant avec une fébrilité contenue le dénouement de la pièce se jouant devant lui. Vauban a souvent rencontré à la Cour ce jeune homme à la mine sérieuse, trop grave pour son âge. Son caractère violent et orgueilleux a été dompté par ses mentors, le duc de Beauvilliers et l'abbé Fénelon [37]. Toutes ses ardeurs se sont tournées vers les études et la religion. Vauban eût préféré plus de spontanéité et de vigueur physique, pour un garçon destiné à être un jour en charge du royaume.

L'an dernier, Vauban a pris une position tranchée contre le projet du siège d'Hulst, élaboré par Boufflers et le duc de Bourgogne. Dans quelle mesure celui-ci lui en tient-il rigueur ? Le prince l'aurait accueilli amicalement, devant Brisach, avec ce propos :

« Monsieur le Maréchal, il faut que vous perdiez nécessairement votre honneur devant cette place : ou nous la prendrons et l'on dira que vous l'avez mal fortifiée, ou nous échouerons et l'on dira que vous m'avez mal secondé. »

» " On sait assez, Monseigneur ", aurait répondu Vauban, " que j'avais mis Brisach en état de bonne défense et mon honneur est à couvert de ce côté-là, mais on ignore si vous savez prendre les villes que j'ai fortifiées et c'est à quoi, j'espère, vous convaincrez bientôt le public "[38] »

Comme tous les mots historiques, on n'est pas certain de leur exactitude, mais ils traduisent bien l'atmosphère d'une époque.

La ville de Brisach, sur la rive droite du Rhin, est investie dès le 15 avril par une armée menée par le comte de Marsin. La place est adossée au fleuve, parsemé d'îles à cette hauteur. Vauban veut s'en servir pour établir des barrages qui détourneront les eaux, afin d'assécher les fossés protégeant les remparts. Mais le fleuve se met justement à grossir, son niveau monte tous les jours. Un pont de bateaux, qui doit servir à faire passer du matériel de siège sur la rive droite, est bloqué à cinq lieues en aval et n'arrive pas à remonter le courant. En attendant Vauban trace la ligne de circonvallation et met les travailleurs, recrutés sur place, à l'ouvrage. Ceux-ci rechignent à la tâche ; « ce sont de vrais lendores[39], à comparaison de ceux des Flandres », se plaint Vauban.

Pendant la nuit du 21 août, accompagné de quelques ingénieurs, il reconnaît les bras du Rhin en amont de la place. Il rend compte de son expédition à Chamillart : « Je suis assez content de ma dernière nuit que j'ai passée en partie à fouiller les plis du Haut-Rhin [...] j'y ai trouvé des assiettes très avantageuses pour les batteries de revers et à ricochet dont je profiterai, s'il plaît à Dieu, pendant le siège ; je n'en suis sorti qu'au grand jour et bien mouillé à la faveur d'un petit brouillard[40]. »

A peine rentré, il retraverse le Rhin pour aller montrer les cheminements qu'il a reconnus à l'ingénieur en charge de ce secteur. Puis il se rend à un conseil au camp, où se trouvent le duc de Bourgogne et le maréchal de Tallard, pour délibérer avec eux sur le choix des emplacements d'attaques. Rentrant à son propre cantonnement, il dicte un long compte rendu à son ministre avant de songer à prendre quelque repos. Le lendemain, il surveille l'installation du pont en aval de Brisach. Il craint qu'il ne soit pas assez solide pour « le passage du gros canon ». Il s'emploie à le faire remplacer. Il se démène, harcèle les uns, encourage les autres. Le 23 août, la tranchée est ouverte avec mille deux cents travailleurs, encadrés par cinq bataillons et un escadron. Une batterie est installée et commence à tirer, ce qui déclenche la réaction de l'artillerie adverse. Tout cela se passe dans « une certaine confusion ». Et le Rhin continue toujours à monter !

Vauban imagine de nouveaux barrages pour pallier cette crue malencontreuse. En dépit des difficultés, le travail de siège s'organise, les ponts sont installés, les batteries mises en place, les tranchées se creusent sur deux fronts d'attaque. Dans la nuit du 26 au 27, « les ennemis ont fait grand feu de canon et de mousqueterie » ainsi que deux sorties « qui n'ont pas abouti à grand-chose ». Les assiégés ont été promptement repoussés, mais « l'alarme s'est portée jusqu'au camp où il s'est fait un trémoussement qui sent un peu les nouvelles troupes », note Vauban point ému pour si peu.

Le duc de Bourgogne demande à être conduit jusqu'aux tranchées : « J'ai mené hier Monseigneur à la tranchée presque malgré moi, parce qu'on tirait beaucoup de canon, que j'aurais bien voulu faire taire avant que de l'exposer, mais il m'en a tant pressé que je m'y suis laissé aller, n'étant pas fâché dans le fond de lui voir cet empressement. Il en a eu contentement, car je lui ai fait voir depuis la queue jusqu'à la tête et tous les postes avancés et non avancés. Il s'en est retourné si las qu'à peine pouvait-il mettre un pied devant l'autre, il m'a paru très content[41]. »

Vauban, qui a déjà fait une fois cette inspection complète dans la même journée, reconnaît que le soir il est, lui aussi, assez las, mais Monseigneur a tout juste vingt-trois ans, son guide en a soixante-dix ! Le surlendemain, le duc de Bourgogne, remis de sa fatigue, est volontaire pour une nouvelle visite aux tranchées. On lui montre encore l'ensemble du dispositif, si bien que « Monseigneur était las à n'en pouvoir plus, aussi bien que tous ceux de sa suite ». Vauban note avec un brin d'ironie : « J'espère qu'il sera en état, à son retour, de soutenir de belles théories sur la tranchée[42]. »

Cependant le creusement des tranchées progresse méthodiquement. Dans la nuit du 1er au 2 septembre, on travaille « aux passages des fossés », pleins d'eau. Il faut y jeter des quantités de fascines pour constituer un cheminement sur lequel on peut progresser pour atteindre les glacis, où l'on va continuer le travail de sape. Dans le même temps les batteries sont avancées pour pouvoir battre « tant les bastions que les demi-lunes qui les couvrent et les chemins couverts ». Mais les artilleurs ne sont guère expérimentés, non plus que les officiers qui les commandent. Vauban doit veiller lui-même à rectifier les positions des pièces.

Depuis quelques jours le Rhin a enfin commencé à baisser, ce qui facilite l'ouvrage des assaillants, encore que le temps « se brouille ». Vauban qui scrute le ciel avec inquiétude fait hâter l'aménagement des nouvelles batteries sur les bords des fossés, d'où l'on peut tirer pour ménager des brèches dans les remparts, prélude à l'attaque générale.

Dans la nuit du 4 au 5 septembre, alors que Vauban, de retour d'une dernière inspection, allait se « changer de chemise » et prendre quelques heures de repos, un messager vint lui apprendre que la ville demandait à capituler. Il écrit, avec quelque satisfaction, à Chamillart : « Voilà cependant ce terrible Brisach, cette place incomparable réduite en quatorze jours d'attaque, chose inouïe d'une telle place. Il faut avouer que le Seigneur s'est là favorablement mêlé des affaires du Roi et que cette réduction a quelque chose de surprenant qui tient un peu du miracle[43]. »

Le miracle, en l'occurrence, c'est la maîtrise de Vauban : il vient de faire une nouvelle fois l'éclatante démonstration de son art, comme s'il avait la prémonition que ce serait son dernier siège[44].

Après cette période éprouvante, il serait bien normal qu'il songe à prendre un peu de repos, mais le lendemain même de la capitulation de Brisach, il écrit à sa jeune amie, Mme de Ferriol : « Tâchez de me faire savoir précisément le temps que vous partirez de Grenoble pour Paris, afin que je vous dresse embuscade sur le chemin de Paris et que je vous mène chez moi vous reposer une huitaine de jours, après quoi nous achèverons le voyage de Paris ensemble. Adieu, ma belle et très chère Angélique, je vous aime, honore et estime, plus que toutes les femmes du monde ensemble [...][45]. »

Ce pétulant septuagénaire n'est pas près de prendre sa retraite, dans aucun domaine !

On aurait aimé à Versailles que dans la foulée de Brisach le siège soit mis devant Fribourg. Vauban avait estimé que les moyens disponibles étaient insuffisants pour une opération de cette envergure. Ce projet avait été abandonné mais le Roi avait décidé que l'on mettrait le siège devant Landau. Vauban, terminant de remettre en état la place de Brisach, apprend la nouvelle. Il n'a pas été informé, on le tient à l'écart de cette affaire ! Aussitôt, il s'insurge, prend sa plume et interpelle Chamillart : « Par tous les mouvements que je vois faire, Monsieur, il me paraît que le Roi a pris de nouvelles résolutions et qu'on va faire un siège considérable [...]. Tout le monde se remue, il n'y a que moi à qui on ne dit mot, est-ce donc que je ne suis plus propre à rien ? »

Alors, il plaide sa cause avec chaleur : son âge et sa santé ne doivent pas entrer en ligne de compte. Il est encore capable de servir. Sa dignité ne doit pas être un empêchement, il est prêt à servir en l'oubliant. Relisant son épître et dans l'élan de son émotion, il ajoute ce post-scriptum de sa main : « Au nom de Dieu, que le Roi ne se fasse aucune peine sur ma manière de servir, je ne veux me mêler que de ce qui regardera la conduite des lignes et des attaques. Cela ne doit point donner de jalousie à son général auquel je serai aussi soumis que le pourrait être l'un de ses lieutenants-généraux, pourvu qu'il me laisse exercer mon petit ministère dont j'estime assez le personnage pour ne le pas croire indigne de l'application, je ne dis pas d'un maréchal de France, je dis même d'un prince tout des plus considérables. Qu'on ne me l'empêche donc point, s'il vous plaît. Le Roi me donnerait un chagrin dont il ne me pourrait point guérir[46]. »

Cet homme est profondément sincère, ses réactions sont spontanées. Il a estimé que la dignité de maréchal de France n'était pas au-dessus de ses mérites et, en son temps, il l'a sollicitée. Maintenant qu'il en est revêtu, il ne veut point qu'elle serve de prétexte à le mettre dans une retraite dorée. Quant à son âge, il vient de prouver qu'il n'était point pour lui un handicap. Lorsqu'il supplie le Roi d'utiliser son « savoir-faire » pourvu qu'il « puisse venir à bout de le contenter », ce n'est pas une parole de courtisan. C'est parce que le Roi s'identifie pour lui à la France et qu'il est corps et âme voué au service de son pays. Ce guerrier, blanchi sous le harnais, cache sous un « extérieur rustre et grossier », pour reprendre les termes de Saint-Simon, une profonde sensibilité. Son vibrant appel au Roi n'est pas feint.

L'amitié que le Roi porte à Vauban n'est pas feinte non plus. Chamillart est chargé par le souverain de répondre à l'appel de son vieux serviteur en des termes propres à l'apaiser : « Vous ne trouverez, lorsque vous serez ici, que des marques d'amitié et de satisfaction de la part du Roi, et quoique Sa Majesté m'ordonne de vous mander de vous rendre auprès d'Elle, Elle me commande en même temps de vous dire qu'Elle veut vous conserver pour agir encore utilement pour son service dans la suite de cette guerre et contribuer à la gloire de Monseigneur le duc de Bourgogne[47]. »

Vauban, déçu mais soumis, s'incline devant la volonté royale. Il se contente de rédiger un mémoire pour expliquer, dans le détail, comment attaquer cette place de Landau dont il a lui-même tracé les fortifications[48]. Le maréchal de Tallard, chargé de l'opération, ne tiendra d'ailleurs pas compte de ces conseils, ce qui allongera la durée du siège et son coût[49]. Par contre, il manœuvrera habilement contre l'armée du prince de Hesse, qui tentait de débloquer la ville, et bousculera les troupes palatines, les chargeant à la baïonnette à Spire, le 15 novembre. Vauban apprit tout cela sur la route de retour vers la capitale. Passant par Strasbourg et Belfort, il arrive à Paris début décembre.

Il souffre d'être tenu à l'écart des opérations et s'en est ouvert à son ami Puyzieulx, à qui il a écrit de Strasbourg une lettre sur un ton nostalgique, inhabituel chez lui[50]. Il croit que l'on veut l'amener à prendre sa retraite, mais il est décidé à ne pas se laisser faire. Il est toujours commissaire général des Fortifications, à ce titre il reçoit les comptes rendus des directeurs régionaux. Il dépouille avec soin leurs rapports, relève les inexactitudes, remarque les différences avec les projets initiaux et ne se prive pas de critiquer ou de sermonner. Il n'hésite pas à entrer dans les détails d'exécution des ouvrages en cours, prouvant sa parfaite connaissance des dossiers. Il regrette de ne pouvoir aller sur place redresser les erreurs commises. Retenu par sa nouvelle dignité loin du terrain, il a l'impression que les responsables locaux en prennent à leur aise, changeant ou dénaturant ses projets. Alors il se met en colère et envoie de sévères épîtres aux fautifs. Ainsi, pour la place de Briançon, il écrit au directeur des fortifications du Dauphiné : « Je vois avec surprise que le Sieur Guyllin s'en est donné à cœur joie en ajoutant, retranchant ou réformant ce qu'il lui a plu [...]. Je vois fort bien qu'ils estropieront ce projet-là, s'il ne l'est déjà [51]. »

Il sermonne Robelin, l'ingénieur en charge de Brest : « Je m'étonne qu'ayant de l'esprit et du bon sens, vous l'ayez si fort oublié en ce rencontre [...]. Prenez garde s'il vous plaît, au contenu de cette lettre, et songez à vous y conformer et rien de plus, car je sais mon Brest et j'ai plus d'expérience de l'attaque des places que vous [52]. »

Mais ce rôle de contrôle ne peut suffire à occuper l'esprit de Vauban. Heureusement le Roi lui demande de rédiger, pour l'instruction du duc de Bourgogne, un *Traité de l'attaque des places* [53].

Alors, comme à l'accoutumée, il se lance à corps perdu dans son travail. Ce « diable d'ouvrage » l'occupe tellement qu'il ne va plus à Versailles et qu'il ne voit plus personne, écrit-il à Puyzieulx au mois de mars. Il reprend le mémoire qu'il a rédigé sur ce sujet à la demande de Louvois, il y a déjà trente-cinq ans. Il le modifie et le complète en se référant aux nombreux sièges qu'il a menés depuis lors. Sa préoccupation constante, qui transparaît clairement à travers son traité, est de ménager au maximum les troupes engagées dans ces actions :

« La précipitation dans les sièges ne hâte point la prise des places, la recule souvent et ensanglante toujours la scène [...].

» On doit employer la sape dès que la tranchée deviendra dangereuse et ne faire à découvert ni par force ce que l'on peut par industrie, attendu que l'industrie agit toujours sûrement et que la force ne réussit pas toujours [...].

» La saison la moins propre à l'attaque des places est l'hiver, parce que c'est celle du mauvais temps et des grands froids qui font beaucoup souffrir les troupes [...]. »

Il règle ses comptes avec les « officiers généraux » qui « par caprice » n'hésitent pas à « exposer les soldats mal à propos » : « [...] ce que je trouve de plus surprenant c'est qu'on verra ces messieurs, lorsqu'ils auront été relevés des tranchées, raconter et se vanter, avec un air suffisant et content, qu'ils auront perdu cent ou cent cinquante hommes pendant leur garde [...]. Y a-t-il de quoi se réjouir ? »

Pour rendre son ouvrage plus attrayant, il l'illustre avec de nombreuses « figures », non seulement des plans mais des croquis, coloriés au lavis, représentant de manière très vivante les différents stades des travaux de tranchée et de sape, de pose et d'explosion de mines...

Sur sa lancée, il commence à rédiger un *Traité sur la défense des places*[54]. Mais en dépit de la fougue avec laquelle Vauban se lance dans toutes les entreprises qui lui sont confiées, fussent-elles simplement d'écriture, il sent le poids des ans tomber inexorablement sur ses épaules. Au mois de mai 1704, il vient d'avoir soixante et onze ans. Il se confie à son ami Puyzieulx : « Il y a un certain temps dans la vie où il faut se décharger des affaires tant que l'on peut, quand on a aussi longtemps sué sous le harnais que vous et moi ont fait. Pour moi, je vous avoue que j'attends ce bienheureux moment avec plus d'ardeur que les Juifs ne font le Messie[55]. »

A la fatigue s'ajoute l'inquiétude. L'année 1704 n'a guère apporté de bonnes nouvelles des différents fronts où sont engagées les armées du Roi : que ce soit aux Pays-Bas, face aux forces anglo-hollandaises, en Italie, pour défendre le Milanais espagnol face aux impériaux et au duc de Savoie[56], en Castille, contre les forces anglo-portugaises[57], ou enfin sur le Danube pour protéger notre seul allié, l'Électeur de Bavière.

C'est de ce dernier secteur qu'arrivent les mauvaises nouvelles. Le 13 août, à Hochstädt[58], le duc de Marlborough et le prince Eugène ont défait les forces de l'Électeur de Bavière et les armées françaises aux ordres des maréchaux de Marsin et Tallard. Ce désastre militaire fait basculer le rapport des forces. L'Empereur, qui était en difficulté du côté de la Hongrie et menacé dans la vallée du Danube, reprend l'avantage. Bientôt les armées alliées bordent à nouveau le Rhin, le franchissent début septembre à Philippsbourg et mettent le siège devant Landau.

Vauban a immédiatement mesuré les conséquences de cette sévère défaite : « Je vous avoue que je n'entrevois point où nous pourrons nous relever d'une pareille perte », écrit-il, le 19 août, à Puyzieulx. De plus, la situation à l'intérieur même du royaume le préoccupe et les campagnes menées contre les protestants des Cévennes le navrent : « Je ne suis guère plus satisfait de ce qui se passe au-dedans du Royaume. Tout y est ruiné ; plusieurs provinces mêmes ont un penchant à la révolte : l'Auvergne et le Dauphiné sont remplis de mécontents, ceux des Cévennes nous occupent inutilement un bon corps de troupe. Je suis un aussi bon catholique qu'un autre, mais je vous avoue que, dans une conjoncture comme celle-ci, je n'hésiterais pas à laisser aux malheureux des Cévennes le libre exercice de leur religion[59]. »

Dans cette même lettre il révèle à son ami la démarche qu'il avait faite auprès du Roi, « il y a plusieurs mois », pour l'inciter à demander à la Suisse de se placer en médiateur entre « toutes les Puissances qui sont en guerre » pour trouver un accommodement. Il n'a pas été écouté, « Sa Majesté n'a pas jugé à propos d'accepter ma proposition ». Maintenant il n'est plus temps d'avoir recours à une telle médiation.

Vauban se sent inutile et las. L'automne ramène les crises de son « mauvais rhume ». Il décide d'aller se retremper dans l'air vivifiant du Morvand. Sur la route il s'arrête à Fontainebleau où le Roi séjourne depuis le mois de septembre. Il veut le remercier de lui avoir fait la grâce de donner à son neveu, Dupuy-Vauban, le gouvernement de Béthune.

Cet ingénieur a participé à la plupart des sièges menés par son oncle. Il s'y est maintes fois distingué. Il est maintenant directeur des fortifications de l'Artois. Cette nouvelle charge est une récompense méritée. Vauban tient cependant à adresser à son neveu des directives sur la manière dont il doit s'acquitter de sa mission. Après lui avoir précisé comment il doit gouverner la place et se comporter avec les uns et les autres, il en vient à des conseils plus personnels :

« Vous avez une jolie femme qui a beaucoup plus de raison que je ne lui en croyais : elle me paraît fort honnête et bien dans ses devoirs. En un mot je suis fort content d'elle. Vous ne devez jamais rien faire dans tout ce qui regarde votre domestique sans la consulter ; mais dans les affaires qui regardent le service du Roi ou votre gouvernement, il ne faut pas qu'elle s'en mêle en aucune façon du monde. Rien ne fait tant de tort à un homme que de se régler par les sentiments de sa femme dans les fonctions de sa charge. J'ai vu mille sottises là-dessus qui ont perdu ceux qui ont eu la faiblesse de laisser prendre certains airs à leurs femmes, qui ne sont pas de leur fait. Qu'elle se contente de régir et de gouverner son ménage sans se mêler de ce qui regarde le service du Roi. Qu'elle soit douce, honnête et civile aux gens qui la viendront voir ; point d'orgueil ni de suffisance ; beaucoup d'affabilité surtout envers les gens de qualité, qui ont quelque caractère, spécialement aux femmes qui sont des animaux difficiles à contenter et qui ne pardonnent point. »

Continuant sur un ton très libre, Vauban poursuit sur ce thème :

« Je la crois fort sage et très vertueuse ; ce que je craindrais d'elle ne serait pas un manquement à son devoir, mais un peu d'avarice et de hauteur ; en quoi je pourrais bien me tromper ne lui ayant rien reconnu de semblable, mais c'est que les petites femmes qui se sentent jolies et qui ont de la naissance sont volontiers guindées sur des échasses et pas toujours faciles à vivre[60]. »

En écrivant sur les vertus ménagères d'une bonne épouse, il songe sans doute à sa femme qu'il retrouve à Bazoches, fidèle gardienne de son foyer et de son domaine. Elle n'a jamais voulu quitter sa maison pour venir à Paris ou à Lille. Lui-même l'y a-t-il vraiment incitée ? Récemment elle a été souffrante, et sa fille, Mme d'Ussé, était venue à Bazoches pour tenter de la persuader de se faire soigner par les médecins de la capitale. Elle n'avait pas cédé et elle s'était soignée chez elle[61].

Vauban profite des belles journées de ce début d'automne pour faire le tour de ses terres. Il ne se lasse pas d'admirer l'harmonie des paysages de sa petite patrie, ces collines boisées aux formes arrondies, ces fonds de vallée verdoyants, ces échappées vers des horizons lointains, ces forêts aux teintes flamboyantes. Il ne peut rester inactif. Il va reconnaître le cours de la petite rivière du Cousin qui coule au pied d'Avallon dans une vallée aux bords abrupts, creusant son chemin dans le granit du Morvand puis, à partir de Pontaubert, débouche dans un pays plus ouvert, courant au milieu de prairies et de terres de labour, jusqu'à son confluent avec la Cure, près du bourg de Blanay. Il relève soigneusement les pentes des différents tronçons de la rivière, espérant un jour la rendre navigable[62]. Le grand calme de la campagne agit de manière apaisante. Les journées sont rythmées par la cloche de la petite église, en contrebas du château, qui sonne l'angélus trois fois par jour. La tentation est grande d'oublier les menaces qui pèsent aux frontières, les misères qui rongent le royaume, et de mener à Bazoches une existence paisible.

Mais les nouvelles qui parviennent à Vauban l'empêchent de poursuivre plus loin ses rêveries. Landau, assiégé depuis plus de deux mois, tombe le 22 novembre[63]. Vauban écrit à plusieurs reprises à Le Peletier pour que l'on active les travaux de défense de Thionville et que l'on prépare en avant de la place un camp retranché : « Je sais que cela n'est point du goût du Roi, non plus de ses généraux qui lui ont fait une désagréable peinture des camps retranchés ; mais c'est qu'ils ne les entendent pas. Je ne sais comment ils persistent si longtemps dans cette erreur-là, vu les belles leçons que les Allemands leur donnent [...][64]. »

Décidément Vauban ne peut plus jouir du calme de Bazoches, il faut qu'il rentre à Paris où il arrive fin décembre.

21.

Dernière campagne
1705-1706

Pour une vraie noblesse — Début de la campagne de 1705 — Mort de Mme de Vauban — Disputes au sujet de Turin — Intrigue matrimoniale — Chagrin d'être inactif — Mémoire sur un « Projet de paix » — Commandement en Flandre maritime — Pour le camp retranché de Dunkerque — Jusqu'au bout de ses forces...

C'est à juste titre que Vauban s'inquiète. En ce début de l'année 1705, la situation de la France devient de plus en plus préoccupante. Depuis que son petit-fils a été installé sur le trône de Madrid, Louis XIV a dû, non seulement s'occuper des affaires de son royaume, mais aussi de celles de l'Espagne qui ne sont guère plus brillantes. Or le Roi vieillit et il est mal secondé : ses ministres sont médiocres, ses généraux, à quelques exceptions près, insuffisants. La Cour, après avoir été un moyen de gouvernement pour le Roi, en soumettant les Grands, est devenue par un effet pervers un écran qui isole le souverain des réalités de son pays. Vauban estime que la France doit mener une guerre défensive. Plus que jamais il faut tenir en état et même améliorer la ceinture des places fortes qu'il a construites pour protéger les frontières les plus menacées. Il convient de compléter ce système par des camps retranchés, dans lesquels les armées pourront se replier en cas de besoin et d'où elles pourront sortir pour exploiter telle occasion qui se présenterait. Cela, il le clame en vain. Les généraux ne veulent pas l'entendre, le Roi lui-même ne s'y intéresse guère.

Vauban ne se décourage pas pour autant. Dès son retour dans la capitale, il demande une audience au Roi pour lui exposer son projet de camp retranché devant Thionville. Cartes à l'appui, il lit devant le souverain et son ministre, Le Peletier, le mémoire qu'il a préparé sur ce sujet. Le Roi l'écoute avec bienveillance, comme toujours, mais son esprit est ailleurs. Vauban, écrivant quelques jours plus tard à Le Peletier, évoque cette audience dont il est sorti fort déçu : « Dieu veuille que j'aie tort ! » ajoute-t-il. Cependant il adjure le ministre d'étudier la possibilité d'établir de tels camps devant Metz et Sarrelouis, cette dernière place lui paraissant « fort aventurée [1] ».

Le 2 février, jour de la Chandeleur, Vauban est convoqué pour une cérémonie à Versailles. Le Roi a décidé de recevoir dans l'ordre du Saint-Esprit[2] les maréchaux de France qui n'en étaient pas encore dignitaires. Après avoir entendu la messe, chantée par l'abbé d'Estrées, prélat de l'Ordre, les nouveaux promus sont présentés au Roi par deux parrains : « MM. d'Étampes et de Puyzieulx présentèrent les maréchaux de Vauban, Rosen et Montrevel, qui s'assirent après avoir reçu l'Ordre[3]. » Puis, suivant un protocole minutieusement préparé, les nouveaux dignitaires marchent vers les appartements du Roi.

L'ordre du Saint-Esprit était strictement réservé aux gentilshommes pouvant faire preuve de l'ancienneté de leur noblesse. C'est ainsi que le maréchal Catinat était venu dire au Roi « qu'il ne pouvait faire de preuve » et qu'il ne pouvait accepter cette distinction. Vauban a fourni, pour sa part, des titres remontant jusqu'à la quatrième génération, son bisaïeul Émery Le Prestre, seigneur de Vauban et de Champignolles, dont les armes étaient « de gueule à pointe d'or, à trois lions, les deux de chef affrontés d'or et celui de la pointe de gueule[4] ». Toutefois Saint-Simon, expert en noblesse, commente dans ses *Mémoires* la nomination de Vauban en ces termes : « S'il était gentilhomme, c'était bien tout au plus [...]. Rien donc de si court, de si nouveau, de si plat, de si mince », tout en reconnaissant qu' « il était digne du bâton et de toutes les grâces que le seul mérite doit et peut acquérir ».

Cependant Vauban est très attaché à sa « noblesse d'épée », il en tire une légitime fierté. Parmi ses nombreux écrits, figure un mémoire intitulé *Idée d'une excellente noblesse et les moyens de la distinguer par les générations*[5]. Avec son penchant pour la classification, il dénombre trente degrés dans la noblesse, allant du « simple anobli » à la noblesse de race « dont l'ancienneté remonte à plus de six cents ans ». Il plaide en faveur d'une vraie noblesse — « C'est avec beaucoup de raison que les rois l'ont établie, qu'ils l'ont considérée comme leur bras droit, qu'ils en ont fait leurs amis et compagnons » —, mais il faut revenir à la tradition ancienne et ne conférer la noblesse que « pour des services considérables rendus à l'État », services pouvant être aussi bien d'ordre civil que militaire. Et il regrette que la noblesse n'ait pas gardé sa pureté originelle. Maintenant tout le monde, ayant amassé des biens par n'importe quel moyen, peut acquérir une charge qui lui donne des lettres de noblesse. Il conclut : « [...] surtout ne pas introduire dans ce corps tant de gens si peu dignes d'y entrer, tant de gens qui, pour tout mérite, ont bien pillé le public et le particulier, sans jamais avoir hasardé un rhume pour le service de l'État, loin de s'être porté à aucune action de guerre, ni à rien d'important qui ait pu mettre leur vie en danger ou les exposer à quelques périls. »

Vauban s'est installé dans son hôtel particulier de la rue Saint-Vincent. Il y travaille sur plusieurs manuscrits. Il veut avancer son *Traité de la défense des places,* tout en continuant à mettre au point son projet sur « la Dixme Royale ». Pour défendre ses idées sur les camps retranchés, il rédige un *Traité de la fortification de campagne*[6], copieux document dans lequel il regroupe ses recherches historiques sur la question, comme le fruit de ses expériences et de ses réflexions. Il aime concrétiser ses idées par des chiffres ; c'est ainsi qu'il consacre un chapitre à « la démonstration physique du mérite des retranchements, qui prouve qu'un homme retranché en vaut six qui ne le sont pas ».

Les travaux d'écriture ne l'empêchent pas de se tenir au courant de ce qui se passe à l'intérieur, comme à l'extérieur du royaume. Il attire l'attention de Chamillart, en charge du ministère de la Guerre, sur la vulnérabilité de certains secteurs de nos frontières. Craignant que « nos affaires viennent à tourner de travers en Italie », il recommande de verrouiller les Alpes en s'assurant de Montmélian et de Nice : « Par Montmélian [M. de Savoie] pourrait vous donner de grandes inquiétudes pour la Bresse et le Dauphiné [...], par Nice, que je crains beaucoup plus que l'autre, il pourrait vous en donner de bien plus grandes par Antibes, Toulon [...] et par Marseille[7]. »

Il insiste également sur la faiblesse du Cotentin dont les défenses sont inexistantes. Cette péninsule pourrait fournir à l'ennemi une base commode pour faire des incursions redoutables vers l'intérieur du pays. Il a proposé, en vain, de faire une place à Cherbourg, une autre à Quineville, face à La Hougue, ainsi qu'une à Granville. Rien n'a été exécuté.

Cependant ses conseils vont être, en partie, suivis. Chamillart l'informe, début mars, que le Roi a décidé de se saisir du comté de Nice. Par contre aucun travail ne sera entrepris en Normandie : « [...] pour ce qui regarde les côtes, les troupes du Roi sont trop fatiguées pour pouvoir pourvoir à tout et les fonds trop épuisés aussi bien que le royaume pour entreprendre aucune autre dépense. »

Et le ministre termine son épître sur une note amicale : « Je recevrai toujours comme une marque de votre amitié tous les avis que vous voudrez bien me donner[8]. »

Chamillart est d'autant plus aimable qu'il se sent un peu gêné à l'endroit de Vauban ; un Conseil vient de se tenir avec le Roi et trois maréchaux, chez Mme de Maintenon, auquel Vauban n'était pas convié. Des décisions ont été prises concernant la campagne en préparation : Villeroi commanderait en Flandre, Villars en pays de Moselle, Marsin en Alsace, le duc de Vendôme a été maintenu en Italie et Berwick[9] en Espagne.

N'étant pas consulté, Vauban en est réduit à dispenser ses avis par lettres. Il écrit à nouveau à Le Peletier au sujet du camp qu'il voudrait faire établir devant Thionville. Il en profite pour donner indirectement un conseil au bouillant Villars. Il estime que celui-ci devrait trouver d'excellentes positions défensives entre Moselle et Sarre, à condition de bien vouloir « camper et se retrancher ». Il ajoute ce souhait « qu'il veuille bien joindre la peau du lion à celle du renard, car c'est ainsi qu'il faut user à la guerre ou ne pas s'en mêler [10] ».

Au printemps de l'année 1705, le début de la campagne est plutôt favorable à la France, grâce à la mésentente qui règne dans le camp des alliés entre Marlborough, voulant prendre l'offensive, les généraux impériaux, jaloux de leurs prérogatives, et les Hollandais, soucieux de ne pas dégarnir leur frontière. Ainsi les armées alliées piétinent tant au nord qu'à l'est. Par contre les choses vont mal en Espagne. Gibraltar est tombé entre les mains des Anglais, qui se promènent à leur aise en Méditerranée. Vauban, tenu au courant de ces événements par ses nombreux correspondants, écrit début avril à Chamillart : « L'ennemi risque de faire le siège de Cadix, si cette ville se perd et que les ennemis entrent en force en Méditerranée, je ne doute pas d'une révolte en Espagne [...] jusqu'à déposer le roi d'Espagne [11]. »

Il n'a que quelques mois d'avance sur l'Histoire : une flotte anglaise débarque un corps en Catalogne, Barcelone capitulera le 9 octobre et l'archiduc Charles sera proclamé Charles III dans les royaumes de Valence et de Murcie.

Restent les opérations dans le Sud. Une action est menée sur le comté de Nice par un corps français, confié au duc de La Feuillade, gendre du ministre Chamillart. Villefranche est rapidement occupé et la ville de Nice se rend dès le 10 avril. Mais la garnison se replie sur la citadelle. Plutôt que de l'attaquer, La Feuillade signe une trêve afin d'être libre de marcher avec ses troupes sur Turin dont le siège a été décidé.

Vauban, qui a eu vent de ce projet, lance immédiatement un avertissement à Chamillart : Turin est une place importante, qu'il connaît bien pour y avoir séjourné lors d'une de ses missions en Piémont. Il ne faut entreprendre son siège qu'avec de gros moyens, or ceux-ci ne sont pas disponibles. L'armée d'Italie est épuisée par le long siège qu'elle a mené contre la place de Verrue et l'on sait que le prince Eugène arrive au Piémont avec des troupes fraîches pour renforcer l'armée de M. de Savoie. Il serait donc beaucoup plus raisonnable de s'assurer de la citadelle de Nice et de prendre Montmélian. Ces deux verrous étant posés à notre frontière, le Milanais et le Mantouan étant bien gardés en Italie, il suffirait, pour cette campagne, de nourrir les troupes sur le Piémont sans rien tenter d'important [12].

Toutefois le Roi est bien décidé à faire le siège de Turin et il n'écoute pas les avis de Vauban.

Entre-temps, Vauban a dû quitter précipitamment la capitale. Un courrier lui est parvenu de Bazoches lui annonçant que son épouse est très malade. Il prend aussitôt la chaise de poste pour Auxerre et, de là, une voiture qui l'amène, bride abattue, chez lui. C'est la mi-juin, la campagne est dans toute sa gloire ; la nature rayonne d'allégresse. Dans la voiture cahotante, Vauban est partagé entre le plaisir de retrouver son cher Morvand et la tristesse de ce qui l'attend.

Le 19 juin « la haute et puissante dame Jeanne d'Osnay » est portée en grande pompe à l'église de Bazoches. Dans la chapelle dédiée à Saint-Sébastien, le caveau que Vauban a fait aménager pour sa famille est ouvert. Déjà y repose ce fils unique, trop vite décédé. La cérémonie est présidée par Jean de Barrault, abbé commendataire de l'abbaye de Cure[13] ; les curés de toutes les paroisses voisines sont là, ainsi que les familles des seigneurs des environs. La foule des paysans, « plus de deux mille personnes », se tient à l'extérieur de l'église trop petite pour la contenir[14].

Vauban est entouré de ses filles et de ses gendres, de ses petits-enfants et de toute la parenté accourue à Bazoches. Quelles pensées assaillent alors son esprit ? Songe-t-il à la cérémonie de leur mariage, il y a quarante-cinq ans, dans l'église d'Épiry ? Combien de temps a-t-il passé avec son épouse ? En mettant bout à bout les mois et les semaines, arrachés par-ci, par-là au service du Roi, on arriverait peut-être à deux ans, sûrement pas à trois. Fallait-il l'amener avec lui dans sa maison de la citadelle de Lille, où elle aurait été encore plus isolée et déracinée ? Aurait-il dû la contraindre à venir dans la capitale, la présenter à la Cour ? Elle n'en avait nulle envie et elle y aurait été mal à l'aise et malheureuse. Sa vocation était d'être la gardienne du foyer. Sa vie a été circonscrite dans les cinq lieues qui séparaient Épiry de Bazoches. Son destin était d'être la noble dame de Bazoches, veillant sur les domaines de son époux et tenant la maison ouverte et accueillante pour tous. Elle a rempli ce rôle avec dignité et fidélité. Grâce à elle, il a pu mener sa vie de vagabond et de guerrier au service du Roi ; Bazoches était en de bonnes mains.

Vauban ne s'attarde pas dans la maison en deuil. Son parent, Millereau, et son secrétaire, Friand, sont là pour régler les affaires. Il est pressé de rentrer à Paris, prêt à répondre à un appel du Roi. Il apprend l'habile manœuvre de Villars, qui a su trouver une bonne position sur la Moselle, à Sierck[15], d'où il a pu bloquer la puissante armée de Marlborough tentant de pénétrer, vers la mi-juin, en Sarre et de prendre l'Alsace à revers. C'est exactement ce que Vauban avait suggéré de faire dans sa lettre du 16 mars à Le Peletier. Il n'en tire pas vanité, mais il s'en réjouit, écrivant à son ami Puyzieulx :« La magnifique cacade que les ennemis viennent de faire entre Sarrelouis et Thionville me paraît un coup visible de la main de Dieu[16]. »

Vauban a rejoint la citadelle de Lille, en mesure d'intervenir en cas de besoin, l'armée de Marlborough, après un essai malheureux sur la Sarre, étant remontée vers la Flandre. Mais il ne peut rester inactif. Il reprend alors l'étude d'un projet, ébauché il y a longtemps déjà, qui consiste à relier Lille à la mer à hauteur de Gravelines. Un canal serait creusé depuis Arleux, sur la Sensée, au nord de Douai, avec une dérivation sur Lille en utilisant le cours de la Deule. Il reconnaît le parcours, accompagné par deux ingénieurs et des députés des régions concernées. Toutefois cette reconnaissance alarme les représentants des populations qui risquent d'être mises à contribution pour réaliser cet ouvrage. Chamillart est alerté. Il écrit à Vauban pour lui demander de surseoir à tout nouveau projet : « [...] Vous connaissez mieux que personne les embarras présents de ce pays-là et l'impossibilité qu'il y a de lui imposer de nouvelles charges[17]. »

Vauban en est réduit à rédiger un mémoire exposant son projet et justifiant de son utilité : « Les conquêtes du Roi dans les Pays-Bas lui ayant acquis l'un des plus beaux domaines du monde, le plus commerçable et le plus fertile, il me paraît qu'il est nécessaire d'achever de le séparer totalement des liaisons et intérêts qui pourraient donner lieu à ses habitants de se conserver quelque désir pour le retour envers leurs anciens maîtres [...]. »

En effet les Espagnols et les Hollandais contrôlent « tous les débouchements de nos rivières à la mer[18]. »

Sans illusion, il rentre à Paris, d'où il écrit à Puyzieulx : « Je fus faire un tour en Flandre où je me suis occupé deux mois à faire des projets qui ne s'exécuteront jamais[19]. »

Dans le même temps l'orgueilleux et impétueux La Feuillade arrive, le 6 septembre, devant la place de Turin. Il est bien décidé à ne tenir aucun compte du mémoire que Vauban, à la demande du Roi, a rédigé pour le conseiller sur la manière d'assiéger cette ville. Il se vante d'enlever Turin « à la Coehorn », par une attaque brusquée.

Cependant son beau-père, Chamillart, inquiété par ses rodomontades[20], prie Vauban d'envoyer à nouveau des conseils à son gendre. Tout en maugréant, Vauban s'exécute, écrivant à La Feuillade sans mâcher ses mots : « Je vais vous dire ce que j'en pense en homme qui ne sait ce que c'est que de biaiser. »

Il estime que La Feuillade ne dispose pas d'effectifs suffisants pour mener une telle action : « Prenez donc le parti de suppléer aux défauts de vos forces par beaucoup d'industrie. » Il faut commencer par prendre la ville, avant de s'attaquer à la citadelle, comme le voudrait faire ce général inexpérimenté. Attaquer « à la Coehorn » n'est pas une méthode, « elle n'est bonne que contre des bicoques ». Il faut procéder méthodiquement, « donnez-vous tout le temps dont vous avez besoin et ne précipitez rien[21]. »

Nullement convaincu, La Feuillade envoie son beau-frère, le marquis de Dreux, pour présenter son plan d'attaque de Turin. Le Roi est à Fontainebleau, il y réunit un Conseil le 24 septembre chez Mme de Maintenon. Pendant une heure Vauban développe ses arguments devant le Roi et Chamillart. Il s'agit d'une place étendue et solidement fortifiée, dotée d'une bonne citadelle : les fossés sont profonds et revêtus, les demi-lunes redoublées, les chemins couverts bien tenus, l'ensemble est truffé de contre-mines. De plus le duc de Savoie dispose de troupes nombreuses, il saura organiser habilement la défense de cette ville qui est la capitale de ses États. Il ne faut pas se lancer dans cette affaire avant d'avoir assemblé des forces suffisantes et en bonne condition, ce qui n'est pas le cas de l'armée d'Italie. Finalement, Vauban propose à nouveau d'aller sur place, sans se mêler de la direction effective du siège : il se tiendrait à l'écart. Saint-Simon rapporte cet entretien dans ses *Mémoires :* « Il ajouta qu'il mettrait son bâton derrière la porte, qu'il n'était pas juste que l'honneur auquel le Roi l'avait élevé le rendît inutile à son service. » Louis XIV, ébranlé, décide de surseoir à donner l'ordre du siège.

Mais La Feuillade ne lâche pas prise, il écrit à nouveau, début novembre, à Chamillart qu'il peut fort bien attaquer la citadelle avec quatre-vingts pièces de gros canons « à la façon de M. Coehorn », tandis qu'il bombarderait la ville « pour faire crier les bourgeois[22] ». Début janvier 1706, il envoie à la Cour un autre messager, le baron Pallavicini[23], avec un mémoire opposé au projet de siège défini par Vauban. Chamillart s'empresse de le montrer à ce dernier. Vauban, craignant que l'on pense qu'il critique systématiquement La Feuillade pour obtenir la responsabilité de ce siège, écrit à ce ministre une lettre émouvante. Il lui confie, et cet aveu doit lui coûter, que sa santé s'est détériorée au cours de ces derniers mois et qu'il commence à ressentir, après cinquante-deux années de durs services, les effets de son âge : « Il est impossible que la vie d'un homme qui a soutenu tout cela ne soit fort usée et c'est ce que je ne sens que trop ; notamment depuis que le mauvais rhume, qui me tourmente depuis quarante ans, s'est accru et devient de jour en jour plus fâcheux par sa continuité. D'ailleurs la vue me baisse et l'oreille me devient dure, bien que j'aie encore la tête aussi bonne que jamais. Je me sens tomber et fort affaibli par rapport à ce que je me suis vu autrefois. »

Dans ces conditions, lui, qui n'a jamais commandé d'armée en chef, ne va pas le demander maintenant ! : « Il faudrait que je fusse insensé si, aussi voisin de l'âge décrépit que je le suis, j'allais encore voler le papillon et rechercher à commander des armées dans des entreprises difficiles et très épineuses, moi qui n'en ai point d'expérience et qui me sens défaillir au point que je ne pourrais point souffrir le cheval quatre heures de suite, ni faire une lieue à pied sans me reposer. »

Cela dit, en cas de besoin, il marcherait. Il conclut son épître par cette déclaration dont la sincérité est éclatante : « Le Roi me tenant lieu de toutes choses après Dieu, j'exécuterais toujours avec joie tout ce qu'il lui plaira m'ordonner, quand je saurais même y devoir perdre la vie [...] la seule grâce que j'aie à lui demander est de ménager un peu mon honneur[24]. »

Louis XIV, à qui cette lettre a été lue, lui fait répondre par Chamillart. La lucidité du monarque donne un ton cruel à cette lettre qui se veut amicale : « Il serait à désirer, pour toutes sortes de raisons pour le bien du service du Roi, que vous eussiez vingt ans de moins et que Sa Majesté eût quinze mille hommes de plus à vous donner pour l'entreprise de Turin[25]. »

Pendant l'automne et le début d'hiver qu'il passe dans la capitale, Vauban est obligé de tenir le rang attaché à sa dignité. Cela implique de nombreuses apparitions à la Cour, des visites protocolaires aux uns et aux autres. Comme s'il voulait exorciser les menaces qui pèsent sur son royaume, Louis XIV donne alors force bals et fêtes à Versailles. Bon gré mal gré, Vauban assiste, résigné, aux danses et aux mascarades. Il écoute par contre avec plaisir les concerts et les opéras, ayant un penchant marqué pour ces derniers.

Dans les salons parisiens ou versaillais, où l'on cancane et l'on potine, d'aucuns se sont mis en tête de trouver une jeune épouse au Maréchal, dont le veuvage est tout récent, mais que l'on sait encore très sensible aux charmes féminins. Son amitié pour la belle Angélique n'est pas passée inaperçue, encore qu'elle semble être maintenant quelque peu refroidie. Ainsi naît une petite conspiration dans laquelle, semble-t-il, trempe la duchesse de Saint-Pierre, sœur de Torcy, ministre des Affaires étrangères. Dans les salons de la duchesse qu'il fréquente régulièrement, Vauban rencontre la jeune et gracieuse demoiselle de Villefranche[26], qui est désargentée, et que l'on cherche à marier.

L'intrigue est suivie par les services du lieutenant général de police, d'Argenson, qui en rend compte en ces termes au chancelier Pontchartrain : « M. le maréchal de Vauban n'a point encore rendu visite en forme à Mlle de Villefranche, qui en est assez fâchée ; mais il la voit presque tous les jours chez la duchesse de Saint-Pierre et l'on prend grand soin de lui plaire [...][27]. »

Vauban résistera victorieusement à ces aimables assauts et ne se laissera pas prendre dans les rets de cette intrigue. Il a d'autres préoccupations en tête. Toutes ses pensées sont orientées vers les frontières. Il en connaît les faiblesses, n'ayant pas eu le temps, ni les moyens, d'y poser partout de solides verrous. Tandis qu' « on vole le papillon » au-delà des Alpes vers Turin, les entrées de la France du côté de la Provence et du Dauphiné ne sont toujours pas bouclées. Il revient sur ce point, qui l'inquiète au premier chef, dans une lettre adressée à Chamillart, au début de l'année 1706 : « Je pourrai me dispenser, Monsieur, de vous donner des avis que vous ne me demandez pas et qui, peut-être, ne valent pas grand-chose ; mais quand on est autant prévenu d'affection que je le suis, on a peine à se contenir, quand on a pensé quelque chose qui, selon nous, peut être utile au service du Roi[28]. »

Vauban ne dissimule pas son chagrin de n'être point consulté sur les affaires du royaume, mais cela ne le décourage pas. Il continue à exprimer son point de vue, sachant d'expérience qu'à la longue il sera entendu. Ainsi insiste-t-il à nouveau dans cette lettre sur l'importance de Nice et sur la nécessité de fortifier cette place, une fois qu'elle aura été prise[29]. Puis il souligne la situation privilégiée de Montmélian, porte du Dauphiné. Or le Roi a décidé de raser cette place qui vient d'être conquise. Vauban estime cette décision prématurée. Tant que l'on n'aura pas mis en état Fort-Barraux, en amont sur l'Isère, Montmélian doit être conservé.

Dans le même temps, Vauban s'intéresse aux problèmes de l'artillerie. Cette arme a toujours été le complément naturel du génie dans les sièges, aussi a-t-il naturellement étudié son emploi. C'est ainsi qu'il avait mis au point les méthodes de tir pour pratiquer des brèches dans les remparts[30]. Mais il était peu satisfait de la qualité des pièces, les canons de bronze s'usant rapidement. Quand on les employait pour des tirs intensifs pendant les sièges, ils finissaient par « crever comme des poteries de terres ! » Il lui vient alors l'idée de faire fabriquer des canons en fer, qui devraient être plus résistants.

En liaison avec le duc du Maine[31], grand maître de l'artillerie, il fait couler des canons « en fer forgé » et il procède à des essais de tir à Port-Marly, au début de l'année 1706. Comme pour tout ce qu'il entreprend, Vauban s'enthousiasme. Il se heurte toutefois à un certain scepticisme de la part du duc du Maine. Aussi lui envoie-t-il lettre sur lettre pour le convaincre de l'intérêt de ces expérimentations et du profit qu'en tirera le roi en ayant de meilleurs canons à meilleur marché. À bout d'arguments, il ajoute un jour ce post-scriptum, qu'il pense de nature à frapper le duc : « Si le cuivre ou la matière dont on fait les canons était plus liant et solide que le bon fer, il n'y aurait pas de chasseur tant soit peu aisé qui ne voulût avoir un fusil à canon de cuivre ; la chose est assez importante pour que tous les gens de qualité, chasseurs, en fissent la dépense. Or elle ne se fait point, marque évidente que le composé de cette matière est plus faible que le fer[32]. »

Vauban n'obtiendra pas dans l'immédiat gain de cause mais, dans ce domaine aussi, il aura été un précurseur[33].

Ces essais techniques ne sont pour Vauban qu'un dérivatif aux graves pensées qui le hantent. Il est au plus haut point préoccupé par l'aggravation de la situation générale. Il réfléchit à la possibilité de mettre un terme à cette guerre dont la France ne peut plus supporter le poids et dont il redoute une issue catastrophique. Il rédige, dans le courant du mois de février 1706, un mémoire intitulé : *Projet de paix assez raisonnable pour que tous les intéressés à la guerre présente en dussent être contents, s'il avait lieu et s'il plût à Dieu d'y donner sa bénédiction*[34]. Il ne propose rien moins que de rendre la couronne d'Espagne à la Maison d'Autriche, moyennant quoi la France recevrait ce qui « est nécessaire à l'arrangement de ses frontières » (essentiellement le Luxembourg, une partie du Hainaut et des Ardennes, le duché de Lorraine et de Bar, la basse Alsace jusqu'à Landau et Philippsbourg). Il se doute bien que « la plupart de ceux qui liront cet écrit ne le trouveront pas de leur goût », mais il estime que « les affaires de l'Europe » se présentent de manière très confuse et l'on peut craindre que la guerre n'aboutisse à un « bouleversement général ». Vauban est certainement conscient du fait que ce mémoire, dans le contexte de la situation en 1706, ne peut être appliqué à la lettre. Mais il y formule pour la France des objectifs lointains qui méritent d'être pris en considération.

Il dépeint en couleurs sombres l'état présent de la France, « la misère extrême dont les peuples sont accablés, la levée des soldats presque réduite à l'impossible, les troupes sans discipline, les bons officiers extrêmement rares, le commerce ruiné, l'argent si rare qu'on est obligé de se servir de monnaie de papier et enfin tous les moyens d'en avoir épuisés [...]. » Il voit se lever « une révolte considérable en Espagne ». Il constate que « l'Empereur n'est pas mieux dans les affaires, que la révolte des Hongrois et des Bavarois qui déchirent et saccagent une grande partie de son pays et chez qui l'argent n'est pas moins rare que chez nous », bien qu'il soit puissamment secouru par les Anglais et les Hollandais.

Dans ces conditions, affirme Vauban, il faut savoir s'arrêter à temps : « La France a des bornes naturelles au-delà desquelles il semble que le bon sens ne permette pas de porter ses pensées. Tout ce qu'elle a entrepris au-delà des deux mers, du Rhin, des Alpes et des Pyrénées lui a toujours mal réussi. »

Estimant que les intérêts de la France sont naturellement opposés à ceux de l'Espagne, il ne craint pas d'affirmer que « c'est directement travailler contre nous que de soutenir cette dernière dans l'étendue de sa puissance ». Sans doute Philippe V est le petit-fils de Louis XIV, mais les parentés entre souverains sont de faibles liens quand il y va de leurs intérêts.

Dans ce long mémoire, une cinquantaine de pages manuscrites, Vauban fait un tour d'horizon complet, soulignant les forces et les faiblesses des différents pays, leurs intérêts réciproques ou opposés, car il connaît parfaitement les données politiques et économiques de l'Europe en ce début du XVIIIe siècle. Il conclut en incitant « ceux qui tiennent le timon du gouvernement » à convaincre Sa Majesté de la gravité de la situation et de l'urgence de prendre « quelque résolution capable de La sortir du mauvais pas où Elle est engagée. »

Vauban n'a pas varié dans ses idées : il a toujours été opposé à ce qu'un prince français monte sur le trône d'Espagne, persuadé que cela déboucherait sur une guerre générale. Il a aussi constamment plaidé pour que la France se « drape » dans ses frontières naturelles et ne s'aventure pas dans des affaires au-delà de ces bornes. Il a l'indépendance d'esprit et le courage de le réaffirmer, sachant qu'il va à contre-courant de la politique actuelle du Roi.

Ce mémoire a-t-il été présenté à Louis XIV ou à ses ministres ? Il est probable que Vauban l'a fait lire à ses amis qui en ont parlé jusque dans l'entourage du Roi [35]. Celui-ci était d'ailleurs engagé, à cette époque, dans des négociations secrètes avec la Hollande, mais sur d'autres bases, le maintien de Philippe V sur son trône étant une condition *sine qua non* pour Louis XIV. Ces contacts seront d'ailleurs interrompus dès le mois d'avril.

Le Roi, renonçant à négocier et ayant levé de nouvelles troupes, décide au printemps de prendre partout l'offensive. Mais cette campagne commence mal. En Espagne, Philippe V tente vainement de reprendre Barcelone, tandis qu'au Portugal Berwick ne peut barrer la route de Madrid aux troupes anglaises. En Italie, le duc de Vendôme en Milanais et La Feuillade devant Turin piétinent, laissant le prince Eugène s'avancer dangereusement. Aux Pays-Bas, les affaires tournent au désastre : le maréchal de Villeroi est battu le 23 mai à Ramillies [36] par Marlborough. Celui-ci s'empare en quelques jours de Louvain, Bruxelles, Anvers, Gand, Bruges, Audenarde. D'un seul coup tous les Pays-Bas secouent la domination franco-espagnole. Marlborough est en mesure de marcher vers la côte, de s'emparer d'Ostende et de Dunkerque...

Au milieu de cette débâcle, Louis XIV fait appel à Vauban qu'il convoque le 17 juin, à Versailles, pour lui confier le commandement de la frontière maritime, comprenant Dunkerque, Gravelines, Bergues et Furnes. Alors Vauban oublie sa fatigue et son âge. En vingt-quatre heures il a réglé toutes ses affaires, bouclé ses bagages et pris la route de Dunkerque. Il a juste pris le temps d'envoyer un mot à Chamillart pour lui demander de lui faire verser un arriéré de deux mille livres, qui lui est dû sur son traitement, en s'excusant : « Il n'y a guère de maréchal de France chez qui les eaux soient si basses que chez moi. » Il en profite pour lui rappeler qu'il doit aussi lui envoyer des fonds pour remplir sa mission : « Je vous prie de trouver bon encore que je vous dise que l'argent n'est pas moins nécessaire dans une place qui court le risque d'être assiégée que la poudre et le plomb[37]. »

Vauban sait que la meilleure manière de défendre les places de Flandre maritime consiste à provoquer des inondations pour bloquer l'avance de l'ennemi. Mais « lever les écluses d'eau salée », cela veut dire condamner la production agricole de la région pour plusieurs années. C'est une grave décision qu'il ne prendra qu'en dernière extrémité. Il sollicite une instruction particulière du Roi à ce sujet. Celui-ci juge la situation suffisamment alarmante pour lui adresser aussitôt cette épître : « Mon cousin, la conjoncture des affaires de Flandre pouvant exiger que vous soyez obligé dans la suite de former les inondations de Calais, Dunkerque, Bergues, Gravelines et Furnes, tant par les eaux de la mer que celles des rivières et canaux, j'ai été bien aise, pour que vous ne soyez pas retenu par aucune considération quand cela vous paraîtra nécessaire, de vous dire que je vous donne le pouvoir et que j'approuverai tout ce que vous jugerez à propos d'ordonner pour la sûreté de ces places et pour leur défense si elles sont attaquées[38]. »

En trois jours Vauban est à Dunkerque. Il fait immédiatement le tour des défenses de la ville et du port, puis il va reconnaître l'emplacement d'un camp retranché qu'il veut installer en avant de la place. Il en rend compte à Chamillart : « J'ai employé ma journée à quantités de petites minuties qui nous sont nécessaires et entre autres à faire tracer le retranchement d'entre la ville et le fort Louis [...] et à y faire travailler les paysans qui se sont présentés[39]. »

Ce sont les « petites minuties » de Vauban qui font toute la différence ! Il a inspecté les troupes mises à sa disposition, vingt-quatre bataillons au total, dont deux des Gardes à effectif approchant de cinq cents hommes, les autres ne sont que de quatre cents hommes au plus : « Cela est fort faible pour les places que j'ai à défendre », remarque-t-il en passant.

Ayant assuré la défense de Dunkerque, il galope vers Furnes qu'il trouve en bon état, puis il pousse jusqu'à Nieuport. Avec un peu de travail, cette dernière place pourrait être bien défendue. Il envisage d'organiser un camp retranché sous Nieuport avec huit bataillons et douze escadrons. Ce retranchement interdira à l'ennemi de mettre le siège devant les places de Furnes, Bergues et Dunkerque : il lui faut pour cela des effectifs supplémentaires avec des canons et des munitions. Il en fait la demande à Chamillart ainsi qu'au maréchal de Villeroi, commandant l'armée des Flandres. Ce dernier l'avertit qu'il ne peut lui fournir aucun renfort d'infanterie : il a placé six bataillons dans Lille, qui est menacée, il ne lui reste aucune réserve. Il met à sa disposition trois régiments de cavalerie, stationnés à Saint-Omer. Cependant Marlborough approche. Il peut maintenant, en une journée de temps, investir soit Ypres, soit Menin, soit Tournai.

La présence de Vauban, l'élan qu'il donne aux troupes placées sous ses ordres et la confiance qu'il inspire aux populations de la région, neutralisent la panique qui menaçait de se répandre après l'avance irrésistible de l'armée de Marlborough. De Marly, Chamillart, qui a été tenu au courant de la situation, écrit à Vauban : « [...] j'ose vous dire avec une grande confiance que les précautions que vous avez prises, jointes au nombre de troupes que vous pouvez employer à la défense de ce pays-là, pourront bien faire prendre aux ennemis le parti de s'en aller du côté de la Meuse. Je ne saurais me persuader qu'ils aiment à avoir affaire à vous[40]. »

Et Vauban de lui répondre : « Je suis fort éloigné d'avoir une grande opinion de mon nom et je suis autant persuadé que je dois l'être de son peu d'effet chez nos ennemis, si les œuvres n'y sont jointes [...][41]. »

A ces « œuvres », il s'emploie avec une juvénile ardeur. Il place lui-même les unités sur le terrain, détermine les emplacements des batteries. Il trouve à Furnes « vingt pièces de petits canons de campagne de trois livres de balles ». Il s'en sert aussitôt pour renforcer le camp retranché sous Nieuport. Il faut faire vite car l'ennemi vient de mettre le siège devant Ostende, à quatre lieues seulement de Nieuport. Vauban a même observé de loin les troupes ennemies qui investissaient la place. Il espère qu'elle tiendra assez longtemps pour qu'il ait le loisir de finir de s'organiser.

Marlborough est maintenant campé avec le gros de son armée entre Bruges et Courtrai, attendant la chute d'Ostende. Va-t-il ensuite se porter vers Dunkerque ou vers Lille ?

Vauban se tient prêt à faire jouer les inondations de Furnes. Le 5 juillet il a ordonné aux habitants « de retirer tous leurs bestiaux et effets en lieu de sûreté ». Les travailleurs sont en place pour opérer les coupures dans la digue principale, ce qui remplirait les « *watergans* » et mettrait « deux à trois pieds d'eau partout ». Un renseignement de dernière heure lui apprend qu'un corps de dix mille hommes, qui marchait vers Dixmude, paraît changer de direction. Vauban sursoit aux ordres d'exécution qu'il était prêt à lancer.

Le lendemain il peut écrire à Chamillart : « Il faut, Monsieur, vous dire que si les ennemis s'éloignent de ce pays-ci, la pauvre châtellenie de Furnes aura bien des grâces à rendre à Dieu de leur en avoir inspiré le dessein, les grains et les autres fruits de la terre qui auraient été perdus étant les plus beaux du monde, à joindre qu'après les inondations d'eau salée, il faut plusieurs années de repos aux terres pour se dessécher et reprendre leur fertilité[42]. »

L'alerte a été chaude ! Vauban, homme de la terre, était déchiré à l'idée d'être contraint de donner cet ordre d'inondation, qui eût été la pire des catastrophes pour les paysans de la région. Ostende tombe trois jours plus tard, le 9 juillet. Marlborough paraît s'éloigner de la côte et campe avec son armée sur la Lys. L'attente dure encore une dizaine de jours. Le corps qui assiégeait Ostende rejoint le gros de l'armée. L'ensemble se porte entre Lys et Escaut, s'écartant encore plus de la mer.

Après un mois de tension et d'alertes successives, Vauban peut souffler un peu : la menace s'éloigne pour le moment.

Il ne demeure pas pour autant inactif... Reportant tous ses efforts sur l'aménagement d'un camp retranché entre Dunkerque et Bergues, il manque de moyens pour mener l'entreprise à son terme et s'en plaint auprès de Villeroi qui lui conseille de s'adresser directement au Roi : « Vous êtes le seul à pouvoir obtenir de la Cour l'argent et les moyens nécessaires pour terminer les travaux des camps retranchés qui sont bien utiles[43]. »

Vauban envoie à Chamillart un plan de ce camp, avec toutes les explications nécessaires, qu'il lui demande instamment de porter à la connaissance du Roi. Il y joint l'estimation du coût total, « qui est la pièce douloureuse qui sans doute vous fera mal au cœur. Cependant il faut bien la digérer [...][44] ». Il applique son attention à tous les détails, ce qu'il nomme « ses petites minuties ». Il a observé que les soldats chargeaient souvent leurs armes avec un excès de poudre, à pleines poignées, d'où une perte de poudre et de nombreux accidents : « Il nous crève une infinité d'armes. » Il faut donc confectionner « des mesures en fer-blanc pour distribuer la poudre aux soldats, en sorte qu'ils ne la touchent pas de la main et n'en fassent pas des traînées [...][45] ».

Mais Marlborough ne perd pas de temps. Dès le 22 juillet, il met le siège devant Menin, à cinq lieues au nord de Lille. La menace sur Lille même est suffisamment grave pour que le Roi adresse lui-même une lettre à Vauban pour lui demander de prélever sur ses troupes « cinq ou six bataillons des meilleurs qui sont sous vos ordres » pour renforcer la garnison. Cette place étant dans la zone d'action du maréchal de Villeroi, le Roi recommande à Vauban d'apporter toute son aide à ce dernier : « Mon cousin, quoique je sois persuadé que vous avez, de concert avec le maréchal de Villeroi, toute l'attention nécessaire pour secourir réciproquement les places dont vous êtes chargés l'un et l'autre et distribuer l'infanterie qui est à vos ordres de manière à faire une longue défense si elles étaient attaquées [...]. »

Après d'être assuré que tout est en ordre du côté du camp retranché de Dunkerque et de Bergues, Vauban se rend en personne à Lille, le

1er août, pour vérifier l'état des défenses de la ville et y faire travailler diligemment. Sitôt arrivé, il étudie en priorité la possibilité de déclencher les inondations aux abords de la cité grâce aux eaux de la Deule, puis il détermine l'implantation d'un camp retranché en avant de la place. En une semaine, il a tout réglé et rédigé une longue instruction sur la manière d'actionner les inondations et d'organiser le camp. Il la remet au duc de Guiche, en charge de la place, avec un double pour Chamillart à qui il écrit : « Voir beaucoup et écrire de même, en peu de temps, ne peuvent guère s'accorder, j'ai pourtant fait l'un et l'autre comme vous l'allez voir, mais Dieu sait avec quelle peine [...]. »

Dans la même lettre, estimant que tout danger n'est pas écarté pour Dunkerque, il se plaint amèrement que ni lui, Chamillart, ni Le Peletier, ne lui donnent le moindre subside pour faire avancer les travaux de la côte, « car enfin je ne puis rien de moi, si on ne m'assiste[46] ».

Là-dessus il part pour Douai pour régler les problèmes d'alimentation en eau pour Lille et pour Menin. Un réseau délicat de canaux fait communiquer la Scarpe de Douai à la haute Deule en amont de Lille. Il faut tenir compte de ce que la Deule, se jetant dans la Lys, alimente Menin, et par ailleurs ne pas interrompre la navigation sur la Scarpe. Il règle en expert ces questions d'hydraulique, avant de regagner rapidement Dunkerque. Il inspecte au passage Ypres, Furnes et Nieuport ; il est de retour à son poste le 17 août.

La place de Menin tombe le 22 août, quelques jours plus tard. A nouveau l'on s'interroge : Marlborough va-t-il attaquer Lille ou marcher sur Dunkerque ? Est-ce la présence de Vauban qui dissuade l'ennemi de se frotter à ces places ? Marlborough, tournant le dos à ces directions, investit et prend la petite place de Teremonde, à quatre lieues à l'est de Gand, puis redescend vers Ath qu'il assiège et fait tomber le 1er octobre. Cette opération marque pratiquement la fin d'une campagne au cours de laquelle les alliés se sont assuré le contrôle de la plus grande partie des Pays-Bas espagnols.

A partir du moment où, après la prise de Menin, Marlborough s'est éloigné de la côte, Vauban a bien compris que son rôle actif était terminé.

Dès le 30 août il écrit au jeune ministre de la Marine Jérôme de Pontchartrain : « Je vais entrer dans une inaction très mélancolique parce qu'il semble que les ennemis ont envie de s'éloigner de moi et de s'en aller du côté d'Ath ou de Namur. En ce cas je ne demeurerai pas longtemps dans ce pays-ci, qui à vous parler franchement est fort mauvais pour moi[47]. »

Mais comme il n'aime pas laisser un travail inachevé, il va continuer à se battre pour obtenir les moyens de finir de mettre en bon état de défense le secteur de la côte dont il est chargé. Depuis un moment déjà, il se bat avec Le Peletier qui fait la sourde oreille à ses demandes réitérées de fonds. Il s'en est plaint auprès de Chamillart : « Si M. Le Peletier s'obstine davantage sur ce que je lui demande [...] je serai obligé d'en écrire directement au Roi et de le prier de me retirer d'ici[48]. »

Il fait intervenir le maréchal de Villeroi, qui a quitté son commandement en Flandre, remplacé par le duc de Vendôme, et est maintenant à la Cour. Villeroi est tout heureux de pouvoir annoncer à Vauban que le Roi a débloqué un fonds de l'ordre de vingt-cinq mille livres pour terminer le camp de Dunkerque. Vauban voudrait compléter le système défensif, en mettant une garnison à Dixmude, mais il se heurte sur ce point au duc de Vendôme, avec lequel il ne paraît pas être en termes de sympathie. Le duc voudrait, au contraire, faire occuper la petite place de Warneton. Chamillart, appelé à arbitrer ce différend, se retranche derrière le jugement du Roi. Celui-ci autorise Vauban à occuper Dixmude, à condition que cela n'entraîne aucune dépense. Finalement cette position ne sera pas occupée.

L'état de la garnison de Nieuport est déplorable. Vauban se démène auprès de l'intendant de la province et auprès du ministre pour essayer d'améliorer cette situation. Revenant d'une de ses inspections, il fait une description cauchemardesque des conditions d'hébergement des bataillons de Nieuport, dans une lettre à Chamillart : « Tous couchent sur la terre ou sur trois ou quatre doigts de paille, la plupart menue et brisée de la longueur du doigt, par le long temps qu'elle sert, sans matelas, draps ni couvertures. Comme le fond de la chambre est bas et humide, tout y tombe malade et ce qui est sur pied ressemble à des déterrés [...]. Les casernes sont basses, étouffées et environnées d'ordures qui causent une puanteur épouvantable, laquelle se fait sentir de bien loin et infecte l'air, ce qui ne contribue pas peu à y entretenir les maladies [...][49]. »

L'une de ses dernières interventions dans son commandement aura été pour tenter d'améliorer le sort de ses soldats. Depuis quatre mois il sillonne sans relâche la Flandre maritime. Il a déployé une activité et un dynamisme qui ont fait, pour un temps, oublier son âge, mais celui-ci est là... Le climat de la région lui est de plus très contraire, son « rhume » revient le tourmenter. Fin octobre, il demande à partir en congé. Il écrit à Maurepas : « J'ai, hier, demandé mon congé, car je ne fais plus rien ici et le rhume commence à m'attaquer vivement. D'ailleurs, j'y suis sur mes crochets, c'est-à-dire sans appointements [...]. Ce n'est pourtant point moi qui ai cherché cet emploi-ci dont je me serais bien passé, vieux et incommodé comme je suis. J'ai cependant rempli mes petits devoirs du mieux que j'ai pu [...][50]. »

Dans la précipitation de son départ pour Dunkerque, Vauban

n'avait pas eu l'occasion d'aborder la question de ses appointements. Chamillart, le ministre de la Guerre, avait eu depuis d'autres préoccupations. Ainsi Vauban, depuis quatre mois, assumait les devoirs de sa charge, « mettant la nappe soir et matin », c'est-à-dire recevant à sa table journellement officiers et autorités de passage, en puisant dans sa propre bourse déjà bien plate au départ. Il avait été nommé, dès juillet, « commandant de la marine et des galères de Dunkerque[51] », mais c'était là aussi, comme à Brest en 1694, « pour l'honneur ». Tout cela sera régularisé plus tard, mais en attendant, il vit d'emprunts faits « à droite et à gauche avec assez de peine ». Quand il arrive fin novembre à Paris, il annonce son arrivée à Chamillart en ces termes : « Je vais me faire faire un habit car je suis un peu déguenillé [...] après quoi je m'en irai à Versailles[52]. » C'est ainsi « déguenillé » et « la bourse plate », que Vauban, maréchal de France, termine sa dernière campagne !

22.

Ultimes combats 1707

Dernière audience du Roi — Les Oisivetés *et autres écrits — Impression de la Dîme royale — Cabale autour de la Dîme — Mort de Vauban.*

Dans le carrosse aux portes marquées à ses armes, Vauban, vêtu de son habit neuf, fait route vers Versailles. Il fait froid en ce début de décembre et sa méchante toux le secoue autant que les pavés. Il n'a pas revu le Roi depuis le mois de juin, quand celui-ci lui avait demandé de partir immédiatement pour tenter de sauver son beau port de Dunkerque menacé par Marlborough. Il avait rempli sa mission, il pouvait se présenter la tête haute devant son Souverain.

Mais il sait que le bilan de cette dernière campagne est désolant. Les Pays-Bas espagnols sont presque totalement perdus. En Italie, l'entêtement et la présomption de La Feuillade ont abouti à une catastrophe. Le prince Eugène a sévèrement défait l'armée française, immobilisée devant Turin. « J'appréhende que vous n'ayez été prophète sur Turin », écrivait Chamillart à Vauban dès le 7 septembre ! L'irréparable était commis, le Piémont abandonné par une troupe débandée. Quant à l'Espagne, la situation y était très fluctuante et incertaine.

Que dire au Roi qui a subi, en deux ans, trois graves défaites : Hochstädt en Allemagne, Ramillies aux Pays-Bas, Turin en Italie... Ah, si le Roi l'avait écouté et s'il avait renoncé à toutes ces aventures hors de ses frontières !

Au moins la France est-elle maintenant à l'abri derrière sa ceinture de fortifications : le « pré carré » dans le Nord, les places de l'Est et de l'Alsace, les verrous posés aux portes du Dauphiné et de la Provence. Bien sûr, il reste encore beaucoup à faire, tant sur les frontières terrestres que sur les frontières maritimes ; il faudrait plusieurs années de paix pour terminer de mettre le royaume en sûreté. Mais quand obtiendra-t-on cette paix si souhaitable ?

Le Roi est-il conscient de la grande pauvreté qui règne dans ses villes et dans ses provinces ? Va-t-il enfin prendre les mesures qui s'imposent ? Vauban lui a remis, il y a six ans déjà, son *Projet d'une Dixme Royale.* Le souverain a paru intéressé, peut-être convaincu.

Toutefois l'on continue à vivre d'expédients et à pressurer le pauvre peuple !

Louis XIV reçoit « son cousin » avec toutes les marques d'estime et d'amitié habituelles. Il écoute attentivement son compte rendu sur son commandement à Dunkerque. Il approuve les mesures prises pour l'organisation de la défense de la Flandre maritime et, sur sa recommandation, décide d'envoyer deux bataillons en renfort à Nieuport. Il ne veut cependant point revenir sur la décision prise par M. de Vendôme de ne pas occuper Dixmude. Enfin, le Souverain lui annonce qu' « une gratification de douze mille livres » lui sera versée « en lieu et place d'appointements [1] ».

Mais le Roi ne dit rien de précis sur les négociations qu'il a menées tout au long de cette année pour tenter de disjoindre la coalition dressée contre lui. Il n'a pas voulu, non plus, engager la discussion sur la Dîme royale, c'est pourtant ce sujet qui paraît essentiel à Vauban.

Vauban, en retournant vers Paris, est déçu et las. Le royaume s'enlise dans la guerre et dans la misère. Quant à lui, il approche de ses soixante-quatorze ans. Le poids de son âge pèse de plus en plus lourd sur ses épaules. Et cependant il lui reste encore tellement de choses à faire !

Il lui faut, d'abord, mettre de l'ordre dans ses papiers. Il parcourt les douze volumes de ses *Oisivetés* [2] qui rassemblent un ensemble de mémoires et de traités, rédigés en grande partie au cours de ces quinze dernières années. Ils traitent aussi bien de sujets militaires et techniques, que de questions politiques ou économiques. Certains de ces écrits ne sont d'ailleurs pas encore achevés, comme ces *Traités sur l'attaque et la défense des Places* qu'il rédige à l'attention du duc de Bourgogne. Il doit absolument les terminer pendant cet hiver.

Puis il ouvre un gros dossier sur lequel est inscrit *Pensées diverses d'un homme qui n'avait pas grand-chose à faire* [3] et où figurent des textes déjà élaborés. Ce sont des réflexions sur l'art de gouverner [4], le choix d'un bon conseil pour le Roi, la place à donner aux princes de sang et aux enfants naturels des rois, les femmes, la gloire et la guerre..

« Les princes de sang des trois races qui ont régné dans ce royaume n'y ont guère moins causé de mal que les ennemis déclarés de l'État. »

« C'est à proprement parler couronner le vice et en faire parade que de donner tant d'éclat à des naissances que la religion et la bienséance voudraient que l'on tînt cachées [enfants naturels des Rois]. »

« Les emplois des ministres sont très sujets. Ce sont d'illustres esclaves qui ne jouissent d'aucune liberté, mais ils sont en récompense très heureux quant à la fortune [...]. »

« Il n'y a personne dans le monde qui ait plus besoin d'étude ou du moins d'une excellente lecture que les Rois, car par là ils pourront apprendre tout ce qu'ils doivent savoir et qu'on n'ose leur dire. »

« Il n'y a rien de plus importun ni de plus dangereux que les femmes. Elles cabalent incessamment ou elles demandent [...], elles emploient toutes sortes de moyens pour parvenir à leurs fins, et leurs charmes ne sont pas ce qu'elles épargnent le plus auprès de ceux qu'elles veulent gagner [...]. »

Mais d'autres textes sont encore à l'état brut. Ce sont des maximes, collectées au fil des ans, ou des pensées personnelles notées à la hâte. Elles ont été recopiées par un secrétaire, Vauban les relit et ajoute de sa main quelques réflexions :

« Qui attend que son devoir le vienne chercher, arrive toujours tard (celui-ci parle à ceux qui ne s'empressent en rien et qui ont toujours besoin d'être pressés. Chevaux qui ont toujours besoin d'éperon et jamais de bride). »

« Un des moyens les plus sûrs de vaincre est de se battre sans colère (parce que l'on prend mieux garde à ce qu'on fait). »

« On tient facilement pour honnête ce qui est utile quand on est le plus fort (ça été la mode de tous les siècles et le pourra bien être jusqu'à la fin du monde). »

« Le premier de tous les biens est la santé, le deuxième le pain cuit, le troisième la liberté, le quatrième de bons amis, le cinquième femme à son gré, tous les autres sont chimériques [...][5]. »

Vauban, en s'adonnant à ce genre littéraire, se montre homme de son siècle. Au cours de ses innombrables voyages, n'a-t-il pas emporté dans sa chaise à porteurs les ouvrages récemment parus, lu les *Maximes* de La Rochefoucauld et les *Caractères* de La Bruyère ?[6] Ces lectures ont eu sans doute une influence sur ses écrits.

Puis il range d'autres textes qu'il n'a pas pris le soin de dater. Ce sont des études faites au cours des hivers passés dans sa maison de Lille :

— *Traité de l'indéfectibilité des substances.*
— *De l'immortalité de l'âme.*
— *De l'harmonie des Sciences...*[7]

Moraliste, philosophe, Vauban aurait pu consacrer son temps à l'étude et à l'écriture, mais il n'en a guère eu le loisir !

Tout en rangeant et en classant ses papiers, Vauban repense à sa conversation avec le Roi. Pour la première fois il a eu l'impression que le souverain ne dominait pas la situation. Il a évoqué à maintes reprises l'état catastrophique de ses finances qui l'empêchent d'agir à sa guise.

Et quand Vauban a voulu aborder le problème de la réforme du système fiscal, il a éludé la question. Et pourtant c'est bien là que tout se noue.

Alors, poussé par une subite impulsion, Vauban prend la décision de faire imprimer, sous forme d'un petit livre, son manuscrit *Projet d'une Dixme Royale*. Il le distribuera à un certain nombre de personnes de sa connaissance, dont il estime la compétence et la probité. C'est en faisant connaître son projet dans ce cercle plus large, qu'il arrivera à faire pénétrer ses idées et qu'il obtiendra qu'elles soient appliquées. Il ne s'agit pas de lancer ce livre dans les librairies, mais seulement de toucher ceux qui ont une influence à la Cour et dans la capitale. Il est d'ailleurs prêt à entendre toutes les critiques et à recevoir les suggestions pour améliorer son projet.

Son raisonnement procède d'une logique toute simple : d'une part, la France a besoin, pour faire face à la coalition qui la menace, de fonds importants pour entretenir de bonnes troupes et pour se protéger par de solides fortifications, d'autre part les finances de l'État sont exsangues et le peuple, sur lequel repose l'essentiel des impositions, est dans un état de misère alarmant qui peut le conduire même à la révolte. Donc il faut amender le système des impôts, d'où la « Dixme Royale ».

Bien sûr Vauban sait que pour imprimer un texte il faut une autorisation royale, mais il n'a pas l'intention de mettre le livre dans le commerce. Il en fera une diffusion restreinte, comme ces mémoires sur tel ou tel sujet, dont il a déjà, à l'occasion, distribué des copies à des amis ou à des relations. Il est de plus poussé par ce sentiment d'urgence qui l'oppresse : il faut agir vite, le royaume est en grave danger, il doit lui-même se décider rapidement car, il en a l'intuition, ses jours sont maintenant comptés.

Dès lors c'est l'homme d'action qui entre en jeu : le manuscrit est envoyé en province à un imprimeur de sa connaissance, le nombre d'exemplaires fixé, de l'ordre de deux à trois cents. Fin décembre, le carrosse du maréchal va chercher, à la porte de Flandres, les colis de feuilles imprimées. Par paquets de vingt-quatre exemplaires, elles sont confiées à un relieur parisien[8].

Aux premiers jours de l'année 1707, dans sa maison de la rue Saint-Vincent, Vauban, assis au coin de la cheminée, vérifie les volumes qui viennent de lui être livrés. Il relit la préface, écrite il y a près de dix ans déjà[9], et toujours d'actualité. Il y affirme tout d'abord sa loyauté absolue envers son Pays et son Roi : « Je suis Français et très affectionné à ma Patrie et très reconnaissant des grâces et des bontés avec lesquelles il a plu au Roi de me distinguer si longtemps. »

Il confesse qu'il n'est « ni lettré, ni homme des Finances », mais il est « persuadé qu'il n'y a rien dont une vive et longue application ne puisse venir à bout ». Cela, c'est du pur Vauban : tout problème est soluble à partir du moment où on l'aborde de manière rationnelle et avec opiniâtreté. Il fait alors une description sans concession de l'état misérable dans lequel se trouvent le royaume et son peuple, « dont la pauvreté a souvent excité sa compassion ». Étant un homme précis, il chiffre ses observations : « J'ai fort bien remarqué que dans ces derniers temps, près de la dixième partie du Peuple est réduite à la mendicité et mendie effectivement ; que des neuf autres parties, il y en a cinq qui ne sont pas en état de faire l'aumône à celle-là, parce qu'elles-mêmes sont réduites, à très peu de choses près, à cette malheureuse condition ; que des quatre autres parties qui restent les trois sont fort mal aisées et embarrassées de dettes et de procès ; et que dans la dixième où je mets tous les gens d'Épée, et Robe, Ecclésiastiques et Laïques, toute la Noblesse haute, la Noblesse distinguée, et les Gens en charge militaire et civile, les bons Marchands, les Bourgeois rentés et les plus accommodés, on ne peut pas compter sur cent mille familles, et je ne croirais pas mentir, quand je dirai qu'il n'y en a pas dix mille petites ou grandes, qu'on puisse dire être fort à l'aise. »

Vauban a recherché les causes de cette déplorable situation. Il les a trouvées essentiellement dans « les abus et malfaçons qui se pratiquent dans l'Imposition et la levée des Tailles, des Aides et des Douanes Provinciales ». Le remède qu'il propose, c'est un impôt unique la « Dixme Royale », qui doit être prélevé « proportionnellement à tout ce qui porte revenu ». Ce n'est pas un système nouveau. Il y a plus de trois mille ans que l'Écriture sainte en a parlé. Il a été appliqué par les Grecs et les Romains et « jusqu'au Grand Mongol et le Roi de la Chine qui s'en servent aussi dans l'étendue de leurs Empires[10] ». C'est d'ailleurs le principe de la dîme ecclésiastique, appliquée en France sans problème ni récrimination depuis son établissement.

Cet impôt est le plus simple et le plus facile à lever et le Roi n'aurait qu'à « en hausser ou baisser le tarif suivant les besoins de l'État », ainsi ne dépendrait-il plus des « traitants ».

Vauban plaide avec enthousiasme pour son idée : « Plus on examine ce système, plus on le trouvera excellent », à condition « de le prendre tout entier ou de le rejeter tout à fait ». Il lance alors cet appel pathétique : « Je me sens obligé d'honneur et de conscience, de représenter à Sa Majesté, qu'il m'a paru que de tout temps, on n'avait pas eu assez d'égard en France pour le menu Peuple et qu'on en avait fait trop peu de cas ; aussi c'est la partie la plus ruinée et la plus misérable du Royaume ; c'est elle cependant qui est la plus considérable par son nombre et pour les services réels et effectifs qu'elle lui rend. Car c'est elle qui porte toutes les charges, qui a toujours le plus souffert et qui souffre encore le plus. »

Vauban affirme que, si la France était bien exploitée, elle pourrait nourrir de vingt et un à vingt-quatre millions d'habitants, alors que, d'après ses calculs, elle n'en compte que dix-neuf millions. Grâce à l'application de la Dîme royale, le royaume pourrait être rétabli dans « une abondance parfaite des hommes et des biens en une quinzaine d'années ». Il termine sa préface par cette vibrante profession de foi dans la primauté de l'homme et par cette leçon qu'il donne à tous les gouvernements présents et futurs : « Il est constant que la grandeur des Rois se mesure par le nombre de leurs sujets ; c'est en quoi consiste leur bien, leur bonheur, leurs richesses, leurs forces, leur fortune et toute la considération qu'ils ont dans le monde. On ne saurait donc rien faire de mieux pour leur service et pour leur gloire, que de leur remettre souvent cette Maxime devant les yeux : car puisque c'est en cela que consiste tout leur bonheur, ils ne sauraient trop se donner de soin pour la conservation et augmentation de ce Peuple qui leur doit être si cher. »

Vauban n'a guère modifié le document depuis qu'il en a présenté une première version au Roi en mai 1700. C'est un petit livre qui compte cinquante pages environ. Il en a affiné la rédaction, il a complété les tableaux après avoir révisé ses calculs. Mais l'essentiel demeure : l'impôt, tel que le conçoit Vauban, est basé sur quatre « fonds ».

— Le premier fonds est la dîme sur « tous les fruits de la terre, de quelque nature qu'ils puissent être, c'est-à-dire des blés, des vins, des bois, prés, pâturages, etc. ». Il en prévoit la perception en nature pour en simplifier la collecte.

— Le deuxième fonds « comprend la dixme des revenus des maisons, des villes et gros bourgs ; des moulins de toutes espèces ; celles de l'industrie ; des rentes sur le Roi ; des gages, pensions, appointements, et de toute sorte de revenus non compris dans le premier fonds ». Tout le monde, y compris le Roi lui-même, doit payer sur ses revenus.

— Le troisième fonds est l'impôt sur le sel. Le taux actuel de la gabelle est trop élevé, il ne permet pas au « menu peuple » d'utiliser le sel en quantité suffisante. Aussi Vauban prône-t-il la nationalisation des salines et la vente du sel par le Roi à un prix raisonnable.

— Le quatrième fonds, moins clairement défini, comprend des droits régaliens qui seraient maintenus, comme certains droits féodaux et les douanes.

Vauban a calculé ce que rapporterait l'application d'un tel système en fixant un taux minimum de la dîme au « vingtième », c'est-à-dire à 5 pour cent, et un taux maximum du « dixième », c'est-à-dire à 10 pour cent. Dans la première hypothèse on collecterait cent seize millions de livres, dans la seconde deux cent quinze milions de livres ; il remarque qu'en temps de guerre l'ensemble des anciennes impositions a rapporté cent soixante millions de livres au Trésor royal. Sa proposition est donc réaliste.

Mais il sait bien que ce n'est point sous cet angle qu'il sera attaqué.

Aussi consacre-t-il un chapitre entier aux « oppositions et objections » qui vont être soulevées et tente-t-il de réfuter par avance « la critique la plus mordicante ». Cette dernière viendra de ceux « qui jouissent d'une exemption totale » alors que son système n'en souffre aucune, de ceux à qui l'on « ôterait les moyens de s'enrichir aux dépens du Public, comme ils l'ont fait jusqu'à présent », et ceux dont on « réduirait ou supprimerait les emplois, en les réduisant à très peu de choses ». Il énumère tous les privilégiés de la situation actuelle : Messieurs des finances, « dont le grand nombre ne sera plus nécessaire », les fermiers généraux, car « l'on y verrait bien plus clair que par le passé », les traitants et gens d'affaires, « parce qu'ils n'en auront plus du tout », messieurs du clergé, « le haut Clergé ne se déchargera plus aux dépens du bas », la noblesse, « qui ne sait pas toujours ce qui lui convient le mieux, s'en plaindra aussi », les exempts par charges, vieux et nouveaux, le corps des gens de robe, les élus et receveurs des tailles... Sans illusions, il ajoute même : « Peut-être que le Peuple criera d'abord, parce que toute nouveauté l'épouvante. »

Devant cette levée générale de boucliers, qui ne manquera pas de se produire, Vauban conjure le Roi de tenir ferme : « C'est pourquoi le Roi doit d'autant plus se méfier de ceux qui lui feront des objections contre ce système, que le pauvre Peuple en faveur duquel il est proposé, n'ayant aucun accès près de Sa Majesté pour lui représenter ses misères, il est toujours exposé à l'avarice et à la cupidité des autres au bout de ces affaires, jusqu'à être le plus souvent privé des aliments nécessaires au soutien de la vie, toujours exposé à la faim, à la soif, à la nudité ; et pour conclusion réduit à une misérable et malheureuse pauvreté dont il ne se relève jamais [...]. »

Obnubilé par son sujet et persuadé de la justesse de ses idées, Vauban en arrive à oublier combien la situation est critique : les frontières partout menacées, les caisses de l'État vidées. Vouloir à ce moment-là procéder à une réforme fiscale de cette ampleur n'est guère concevable.

Pendant tout le mois de janvier, au fur et à mesure des livraisons de son relieur, Vauban distribue ses livres à ses correspondants. Il le fait avec d'autant plus de tranquillité d'esprit qu'il a déjà soumis son manuscrit au Roi et qu'il en a longuement discuté avec lui au cours de ces dernières années. Il en a parlé aussi devant le duc de Bourgogne, qui a noté dans ses écrits : « J'aime à entendre raisonner Vauban sur l'agriculture. Ses vues sur les impositions publiques me paraissent également offrir un nombre d'avantages réels [...]. Il est certain que l'unité d'impôts a un point de vue flatteur [11]. »

Bientôt une rumeur se répand au sujet de ce livre qui est diffusé secrètement et anonymement. Vauban n'a pas, en effet, inscrit son nom sur la couverture de l'ouvrage, encore que tout le monde puisse voir aisément qu'il en est l'auteur [12]. Tous ceux qui se sentent visés par cet écrit, et ils sont nombreux, commencent à s'agiter et à protester. Ils font courir le bruit que ce livre est dangereux et qu'il risque de provoquer une crise de confiance dans les milieux de la finance, au moment où le Roi a tellement besoin de fonds. Or cette affaire arrive à un mauvais moment. Une reprise en main du monde de l'édition vient d'être décidée. Le chancelier de Pontchartrain a sommé les libraires, en décembre 1706, de ne plus vendre des livres n'ayant pas reçu le « privilège royal ». Ils devaient même remettre la liste des livres en infraction qu'ils détenaient. Devant leur peu d'empressement, le chancelier leur adresse, début février, une nouvelle semonce et décide de sévir. Pour Pontchartrain l'occasion se présente de faire un exemple tout en satisfaisant les financiers. Bien que la *Dixme Royale* ne soit point vendue en librairie, cet ouvrage est condamné au cours d'une séance d'un Conseil privé, le 14 février. Le livre, « dans lequel il se trouve plusieurs choses contraires à l'ordre et à l'usage du Royaume », affirme cet arrêt, a été imprimé sans privilège du Roi, il doit être saisi et mis au pilon.

Toutefois cette décision ne paraît pas avoir eu une large diffusion, car un mois plus tard, le 14 mars, le Conseil privé, présidé par le chancelier, revient sur cette affaire. Il traite dans le même temps le cas d'un libelle, imprimé clandestinement à Rouen, le *Factum de France* de Boisguilbert [13]. Il est décidé de donner l'ordre au lieutenant général de police de Paris, d'Argenson, d'ouvrir une enquête et de saisir les deux ouvrages.

Tout cela se passe sans que Vauban soit alerté ni directement, ni indirectement. Il continue à travailler chez lui, où il soigne tant bien que mal son rhume persistant. Début février, il écrit au ministre Chamillart pour avoir l'autorisation de faire venir de la bibliothèque de sa maison de Lille un lot de deux cent cinquante volumes dont il a besoin pour poursuivre ses travaux. Chamillart lui fournit le laissez-passer nécessaire, en même temps qu'il lui donne son accord pour mener une expérimentation sur un « canon forgé » [14].

Quelques jours plus tard, il prend froid en faisant une paisible promenade aux Tuileries avec Le Peletier. Il écrit à celui-ci : « La promenade que j'ai faite l'autre jour avec vous dans les Tuileries m'a produit une recrue de rhume qui m'incommode encore si fort que je doute que j'aille à Versailles avant le voyage de Marly [15]. »

Il est suffisamment malade pour ne pas aller à Versailles, mais il envisage d'être d'aplomb pour un prochain déplacement à Marly, témoignage de la faveur du Roi. Il continue cependant à travailler sur les dossiers que les ingénieurs lui font parvenir. Le 14 mars il écrit à Garangeau, en charge de Saint-Malo, pour régler une question de fortification [16]. Le 16 mars il envoie à Jérôme de Pontchartrain, ministre de la Marine, un exemplaire de la *Dixme.* Le ministre en accuse réception le 20, en des termes chaleureux : « Je vous remercie de tout mon cœur du livre que vous m'avez fait l'amitié de m'envoyer. Je l'examinerai avec grand plaisir, jusqu'à ce que j'ai celui d'en raisonner moi-même avec vous[17]. »

Six jours après l'ouverture de l'enquête sur la diffusion de *La Dixme,* le propre fils du Chancelier, membre du gouvernement n'est au courant de rien ! Cette condamnation paraît bien être le résultat d'une cabale, conduite dans un cercle restreint, plutôt qu'une décision du gouvernement.

Vauban n'apprend que le 24 mars la condamnation de son livre et l'ordre de saisie. Surpris par une telle décision, son premier réflexe est d'envoyer son valet de chambre chercher les exemplaires, qui étaient chez le relieur, pour les placer dans son cabinet[18]. Il est déjà malade depuis de longues semaines. Cette contrariété provoque-t-elle une aggravation de son état ? Il est obligé de s'aliter. Il demande toutefois que l'on porte à son confesseur, et à un autre prêtre du même couvent des Jacobins, deux exemplaires de son livre pour qu'ils lui disent « s'il n'avait rien fait contre sa conscience ». Réaction d'un honnête homme, il veut avant tout être en règle avec sa conscience. Puis tout va très vite. Son état empire. Le Roi est prévenu pendant son dîner le 28. Il fait envoyer aussitôt le médecin du Dauphin au chevet du malade[19]. Mais la « médecine » ne peut plus rien. Vauban, « muni des sacrements de l'Église », expire « dans les bras de son gendre Mesgrigny », le 30 mars à 10 heures du matin.

Des obsèques sont organisées dès le surlendemain, à 7 heures du soir, dans l'église Saint-Roch, proche du domicile du maréchal. Peu de monde assiste à la cérémonie, Vauban ne faisant pas partie du monde de la Cour, ni de la haute noblesse. Seuls quelques amis proches sont là, ainsi que ses deux gendres.

Le corps est ensuite placé dans un carrosse de deuil qui va cheminer lentement vers Bazoches. Le 16 avril 1707, le glas sonne longuement au clocher de l'église paroissiale. Toute la région est là pour saluer la dépouille du maréchal de Vauban, « haut et puissant seigneur de Bazoches et de maints autres lieux ». Le lourd cercueil est descendu dans le caveau familial, aménagé dans la chapelle dédiée à Saint-Sébastien.

Après une longue vie trépidante et tumultueuse, Vauban, qui est allé à l'extrême limite de ses forces au service de sa patrie, peut enfin dormir en paix. Il repose, suivant ses dernières volontés, auprès des siens, marquant une ultime fois son attachement indéfectible à sa terre du Morvand.

Épilogue

Trois siècles ont passé avec leur cortège de tempêtes et de tumultes, de guerres et de révolutions, de régimes royaux, impériaux et républicains.

Trois cents ans au cours desquels l'histoire de Vauban s'est peu à peu transformée en légende, où son visage a été figé dans des portraits officiels, où l'homme a été enfermé dans le bronze de ses statues [1].

Et pourtant son souvenir est encore vivant, Vauban est toujours présent. Pour le retrouver, il faut aller dans ce Morvand immuable qui lui a donné le jour et qui l'a façonné.

La voie romaine, sur la rive gauche de la Cure, mène, comme il y a trois cents ans, les cavaliers qui chevauchent de Pierre-Perthuis vers Bazoches. Rien n'est changé : au petit matin, en automne, les rochers et les bois surgissent des brumes légères, un rayon de soleil vient frapper une cime. Le château apparaît à contre-jour dressant son harmonieuse silhouette sur un fond de verdure.

Par le porche monumental le visiteur pénètre dans la charmante cour intérieure où règne une atmosphère de calme et d'équilibre. Dans le bureau du maréchal la bergeronnette vous observe toujours de son œil ironique. Par la fenêtre le regard s'échappe vers une campagne tranquille. A l'horizon la basilique de Vézelay couronne la colline sacrée ; c'est la paix du ciel veillant sur la paix des champs.

Du balcon de la grande tour ouest on surplombe le village et son église ainsi que les fermes de l'ancien domaine seigneurial : le paysage enrobé dans l'écharpe du brouillard matinal est lui aussi inchangé.

Il suffit de fermer les yeux pour qu'apparaisse la silhouette trapue du maréchal, pour être interpellé par sa voix aux accents rocailleux, tellement on le sent présent dans ce cadre miraculeusement préservé [2].

Trois siècles ont passé mais la marque de Vauban demeure sur cette terre de France qu'il a voulu mettre à l'abri des « insultes » de l'ennemi. Il veille toujours à ses frontières, des plaines du Nord à la plaine d'Alsace, des hautes vallées du Dauphiné à celles de Provence, des côtes de la Méditerranée à celles de l'Atlantique en passant par les portes du Roussillon.

Car les cités qu'il a ceinturées de murailles, ces forteresses qu'il a postées en sentinelles pour garder son « pré carré », elles ont été si solidement bâties que plusieurs d'entre elles sont encore intactes. Celles qui ont été détruites le furent par la main de l'homme et non par l'usure du temps.

Ainsi les citadelles de Lille et d'Arras servent encore de garnisons ; les villes de Neuf-Brisach, de Briançon, de Montlouis, de Saint-Martin-de-Ré conservent inchangées leurs enceintes fortifiées. Des fronts fortifiés protègent encore Besançon, Belfort, Blaye, Sedan et combien d'autres cités. Des forts se dressent le long des rivages, la tour de Camaret, le fort Médoc et le fort Paté... ou sur des rochers qui pointent au large de Saint-Malo et à Carantec, sur les îlots d'Houat et d'Hoëdic. Comme les enrochements granitiques qui émergent de son Morvand natal, les murailles des places fortes de Vauban s'intègrent dans un paysage sans jamais en rompre le rythme.

Trois siècles ont passé, mais les grands principes qui ont inspiré l'action de Vauban demeurent d'une brûlante actualité. Pour un Roi, c'est-à-dire pour l'État « il n'est richesse que d'hommes » : « La grandeur des Rois se mesure par le nombre de leurs sujets [...]. Ils ne sauraient trop se donner de soin pour la conservation et augmentation de ce Peuple qui leur doit être si cher. »

Tous les hommes méritent considération, même si la naissance les place à des niveaux différents : « Dans toute sorte d'emplois on peut être homme de bien. »

« Les Rois peuvent bien privilégier des familles, mais la vraie noblesse dépend de nous et de nos actions. »

Par-dessus tout l'homme doit être libre de ses croyances et de ses opinions. Un pouvoir, même absolu, ne peut avoir prise sur les convictions intimes : « Les Rois sont bien maîtres des vies et des biens de leurs sujets, mais jamais de leurs opinions [...] parce que les sentiments intérieurs sont hors de leur puissance. »

Trois siècles ont passé, mais lorsque l'on se penche sur les traces laissées par Vauban, que l'on déchiffre ses écrits et sa correspondance, on retrouve un homme de la terre, pétri de bon sens et de sagesse paysanne, qui avance d'un pas mesuré et infatigable : « Il faut que les choses se fassent les unes après les autres et qu'on ait encore le temps d'y penser [...]. »

« Le bon sens et la vivacité ne sont jamais d'accord, parce que le premier va toujours au pas, le deuxième toujours au trot. »

On rencontre un homme habitué à scruter les horizons lointains, qui n'hésite pas à quitter les sentiers battus pour tracer des voies nouvelles vers l'avenir.

On découvre, derrière l'écorce rugueuse du Morvandiau, un homme spontané et sincère, coléreux et chaleureux, exigeant et enthousiaste, qui se définit lui-même en ces termes : « J'ai le cœur et le fond d'un honnête homme. »

C'est le corps de cet honnête homme qui repose à Bazoches, tandis que son cœur est déposé aux Invalides[3]. Quant à son esprit, il est toujours vivant à travers ceux que son exemple inspire.

Annexes

1. *Chronologie sommaire*

	VAUBAN	FRANCE	EUROPE
1633	Naissance de Sébastien Le Prestre		
1636		*Le Cid*, Corneille	
1637		*Discours de la Méthode*, Descartes	Guerre de Trente Ans
1638		Naissance de Louis XIV	
1642		Mort de Richelieu	
1643		Mort de Louis XIII Régence d'Anne d'Autriche	
1648		Début de la Fronde	*Traité de Westphalie* (donne à la France les Trois Évêchés et l'Alsace sauf Strasbourg)
1651	Cadet au régiment de Condé		
1653	Au service du Roi	Fin de la Fronde	
1654		Début règne de Louis XIV	
1656		*Les Provinciales*, Pascal	
1659			*Traité des Pyrénées* (donne à la France Roussillon et Artois)
1660	Mariage avec Jeanne d'Osnay		
1661		Mort de Mazarin	
1665		*Dom Juan*, Molière	
1667			Début guerre de Dévolution
1668	Gouverneur citadelle de Lille		*Traité d'Aix-la-Chapelle* (donne à la France une partie de la Flandre espagnole)
1670		*Pensées*, Pascal	
1672			Début guerre de Hollande
1673	Siège de Maëstricht		
1675	Acquisition de Bazoches		

1676	Maréchal de camp Commissaire général des Fortifications		
1677		*Phèdre*, Racine	
1678			*Paix de Nimègue* (donne à la France la Franche-Comté et plusieurs places des Pays-Bas)
1681			Début des « Réunions » et occupation de Strasbourg
1683		Mort de Colbert	Siège de Vienne par les Turcs
1684	Siège de Luxembourg		
1685		Révocation de l'édit de Nantes	
1688	Lieutenant général		Jacques II d'Angleterre déposé par Guillaume d'Orange
1689			Début guerre de la Ligue d'Augsbourg
1690	Siège de Mons	Mort de Louvois	
1694-1695	Commandement en Bretagne		
1697	Siège d'Ath		*Paix de Ryswick* (France abandonne ses conquêtes sauf Strasbourg)
1700			Mort de Charles II d'Espagne duc d'Anjou sur le trône d'Espagne
1702			Début guerre de Succession d'Espagne
1703	Maréchal de France Siège de Brisach		
1705			Mort empereur Léopold Ier
1706	Commandement en Flandre maritime		
1707	Impression de la *Dinme royale* Mort de Vauban		
1713			*Traité d'Utrecht* (fin de la guerre de succession d'Espagne)
1715		Mort de Louis XIV	

2. *Famille de Vauban*

- Emery Le Prestre ép. Françoise de Viesle (achète en 1555 domaine de Vauban)
  - Jacques Le Prestre de Vauban ép. en 1re noces Charlotte Arnault ép. en 2e noces Françoise de La Perrière
    - du 1er mariage, 2 enfants dont :
      - Paul Le Prestre († 1635) ép. Urbaine de Romier ----> ép. en 2e noces Claude d'Osnay baron d'Epiry
        - Paul Le Prestre († 1703)
          - 8 enfants dont :
            - Antoine Le Prestre dit Dupuy-Vauban (1654-1731)
            - Louis Le Prestre abbé de Brantôme
        - Pierre Le Prestre († 1693) Seigneur d'Estevaux et de Montermin
      - (Claude d'Osnay baron d'Epiry) → Jeanne d'Osnay
    - du 2e mariage, 6 enfants dont :
      - Urbain Le Prestre (1602-1652) ép. Aimée de Cormignolles
        - **Sébastien Le Prestre de Vauban** (1633-1707) ép. en 1660 Jeanne d'Osnay
          - Charlotte ép. Louis de Mesgrigny
          - Jeanne-Françoise ép. Louis de Valentinay
        - Charlotte s. d.
      - Jacques Le Prestre ép. Françoise Sauvage
        - 6 filles dont l'une ép. Georges de Morot seigneur de Grésigny
      - Madeleine Le Prestre ép. Jacques Millereau notaire royal à Lormes
        - Philibert Millereau

3. *Principale descendance en ligne directe de Vauban*

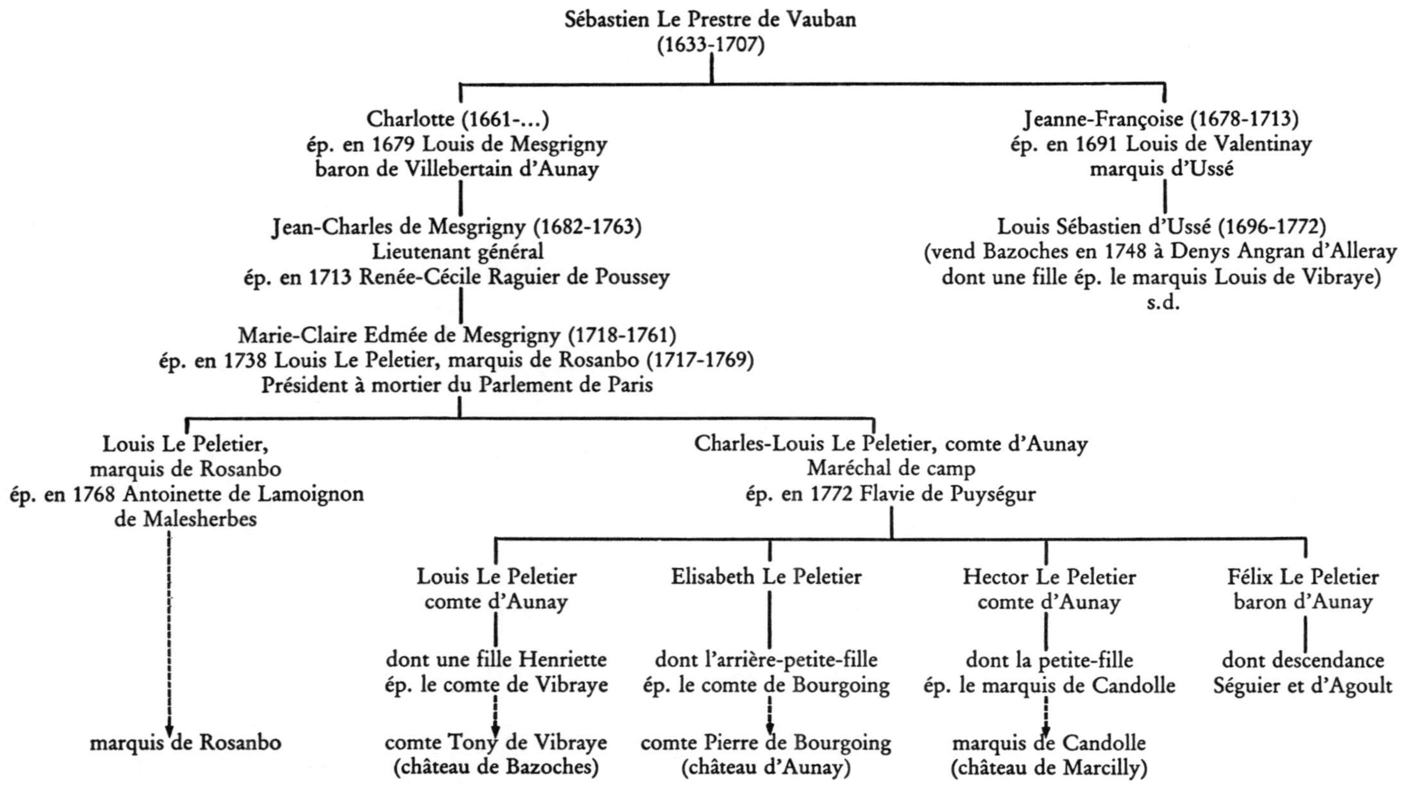

4. *État des biens du maréchal de Vauban*

1) Bazoches et environs

- *Seigneurie de Bazoches*
  Achetée à partir de 1675 au comte de Melun.
  Comprenant château de Bazoches,
  domaine de Côme,
  domaine de Rousseau,
  domaine de Montjourné,
  domaine du château,
  château de Bouchet (ruines).
  Soit 130 hectares de terres et de prés,
  400 hectares de bois.

- *Seigneurie de Pierre-Perthuis*
  Achetée en 1680.
  Comprenant ruines du château,
  domaine attenant,
  vignes sur Pouilly et Fontenay,
  moulin de Sœuvres.
  Soit 30 hectares de terres et de prés,
  12 hectares de vignes.

- *Seigneurie de Vauban*
  Achetée en 1684 à Antoine Le Prestre.
  Comprenant château de Vauban,
  manoir de Champignolles.
  Soit 500 hectares de terres et de « broussailles ».

- *Seigneurie de Neuffontaines*
  Achetée en 1693 au comte de Nevers.
  Comprenant domaine d'Armance,
  Soit 110 hectares de terres et de prés.

- *Sur la seigneurie de Domecy*
  Acheté à Claude de La Perrière.
  Ensemble de 3 fermes,
  Soit 70 hectares de terres et de prés.

2) Epiry et environs

- Seigneurie d'Epiry — par héritage d'Osnay,
- Seigneurie du Creuset,
- Seigneurie de Cervon — achetée en 1683,
- Seigneurie de la Chaume — achetée en 1690.
  Soit de l'ordre de 350 hectares de terres et de près.

Au total, les biens du maréchal de Vauban peuvent être estimés à 1 200 hectares, dont 400 hectares de bois (archives privées).

5. *De la manière de faire une bonne citerne*

J'ai reçu la vôtre du 6 de ce mois avec les plans et profils des souterrains et citernes de Bellegarde y joints, par lesquels je comprends bien que, quand elles seront pleines au point que vous les marquez, il y aura de quoi fournir de l'eau à 1 200 hommes, quatre mois et demi durant, à 5 pintes chaque, mesure de Paris, par jour, quand il ne tomberait pas une goutte de pluie.

Au reste je vois quantité de défauts, dont le premier est qu'elles ne sont ni glaisées, ni cimentées ; car je ne compte point pour ciment un mortier mêlé de sable et de poudre de tuile comme celui dont vous me parlez ; il est impossible que cette maçonnerie puisse jamais être bien étanchée quand les mortiers seront tout à fait desséchés. Il faut donc, pour bien faire, mettre à sec les citernes, l'une après l'autre, et piquer les parements afin qu'ils prennent mieux l'enduit ; les enduire après de cinq ou six couches de ciment composé de deux tiers de poussière de tuile (de la plus cuite), bien pulvérisée et passée au fin tamis, et longtemps battue et démêlée avec un tiers ou deux cinquièmes de chaux vive, détrempée en huile de lin au lieu d'eau ; et quand on l'aura battue une demi-journée, la laisser reposer une nuit. Le lendemain la rebattre encore une demi-heure et ensuite l'employer, faisant faire les enduits par un maçon bien adroit, d'un écu d'épais chaque couche, et, les laissant reposer après trois ou quatre jours avant que d'en recommencer une seconde ; observant de ne le pas laisser dessécher tout à fait, et picoter toujours les endroits qu'on voudra enduire, afin que les couches se lient mieux. Au surplus, cinq ou six enduits appliqués l'un sur l'autre de la sorte doivent faire un citernement de trois quarts de pouce d'épaisseur au moins ; remarquant qu'il suffira que ledit citernement soit élevé d'un pied au-dessus de la plus haute eau.

Il faudra que les citerneaux soient enduits de ciment par le fond et par les côtés comme les citernes ; qu'ils soient percés à trois ou quatre pouces près du fond de leur entrée, bouchés avec des plaques de fer percées de petits trous pour passer l'eau, contre lesquels on arrangera quantité de gros graviers pour empêcher le sable de passer ; que lesdits citerneaux soient assez grands pour contenir au moins 30 ou 40 banneaux de bon sable de rivière dont il les faudra emplir jusques à deux pieds près de la bouche. Plus il y a de sable et meilleure est l'eau, parce qu'elle se filtre par un plus long espace et se nettoie parfaitement ; autrement, et quand il n'y a pas de citerneaux, comme je viens de vous le dire, la citerne ne contient que des eaux empuantées qui empoisonnent ceux qui en usent et dont on ne peut boire sans en être incommodé, parce que, tombant sur les toits, elles ramassent toutes les ordures de chauves-souris, de hiboux, de chats, de rats et souris morts, chenilles, papillons et mille autres sortes de vilenies et d'insectes qu'elles charrient dans la citerne ; ce qui corrompt l'eau et fait qu'on n'en peut boire. Au lieu que, quand il y aura un bon citerneau bien rempli de sable, tout demeure sur la superficie dudit sable et l'eau se purifie en filtrant au travers dudit sable d'où elle sort, claire comme eau de roche, dans le fond de la citerne.

Si vous avez de la terre grasse au lieu où vous êtes, il ne faudrait point d'autre citernement que d'en pulvériser quelques quantités quand il fait sec et de la répandre à pelletées sur la superficie de l'eau jusqu'à ce qu'elle eût fait une vase de trois ou quatre pouces d'épaisseur sur le fond, ce qui l'étancherait. Je me suis autrefois servi de cette invention ; elle m'a fort bien réussi... *.

* Lettre de Vauban à Rousselot, ingénieur à Perpignan, du 22 août 1683 (RdA II).

6. *Les Oisivetés de M. de Vauban*

Elles sont constituées par douze volumes manuscrits. D'après Augoyat leur contenu est le suivant :

Tome I

1. Mémoire pour le rappel des huguenots (1689).
2. L'importance dont Paris est à la France.
3. Le canal du Languedoc.
4. Plusieurs maximes sur les bâtiments.

Tome II

1. Idée d'une excellente noblesse.
2. Les ennemis de la France.
3. Projet d'ordre contre l'effet des bombes.
4. Projet de capitation.
5. Mémoire qui prouve la nécessité de mieux fortifier les côtés du Goulet.
6. Mémoire concernant la course.
7. Mémoire sur les sièges que l'ennemi peut entreprendre la campagne prochaine (1696).
8. Dissertation sur les projets de la campagne du Piémont.
9. Description géographique de l'élection de Vézelay.
10. Fragment d'un mémoire au Roi (1696).

Tome III

1. Places dont le Roi se pourrait défaire en faveur d'un traité de paix (1694).
2. Mémoire des dépenses de la guerre sur lesquelles le Roi pourrait faire quelque épargne (1693).

Tome IV

1. Moyen de rétablir nos colonies de l'Amérique et de les accroître en peu de temps (1699).
2. État raisonné des provisions plus nécessaires quand il s'agit de donner commencement à des colonies étrangères.
3. Traité de la culture des forêts.
4. La cochonnerie.
5. Navigation des rivières.

Tome V

Moyen d'améliorer nos troupes et de faire une infanterie perpétuelle et très excellente.

Tome VI

Mémoires et instructions sur les munitions des places, l'artillerie et les armements en course, faits en divers temps.

Tome VII

Projet du vingtième ou de la taille réelle (Dîme royale).

Tome VIII

Attaque des places.

Tome IX

Défense des places.

Tome X

Traité de la fortification de campagne, autrement des camps retranchés.

Tome XI

Instruction pour servir au règlement du transport et remuement des terres.

Tome XII

Projet de navigation d'une partie des places de Flandres à la mer.

7. *Vauban et les plans en relief*

Vauban note dans son *Abrégé des Services* qu'en 1666, tandis qu'il travaille à la place de Brisach, « il fit faire une petite machine militaire dont il avait donné le dessin pour servir de divertissement à Monseigneur le Dauphin, âgé pour lors de trois à quatre ans. » S'agissait-il d'une préfiguration du plan en relief ? Il ne semble pas, puisque Louvois lui suggère alors de faire réaliser par les mêmes artisans locaux la représentation d'une place forte avec une armée assiégeante.

Louvois poursuit un peu plus tard cette idée en faisant établir des maquettes des places fortes, non plus pour divertir le Dauphin mais pour servir de document de travail : « Comme je désire faire pendant cet hiver un relief de la fortification d'Ath, comme elle sera en sa perfection, je vous prie de laisser à La Lande, ou à votre cousin, tous les profils nécessaires pour que celui que j'y enverrai puisse le faire exactement. » (Lettre de Louvois à Vauban, 25 novembre 1668, RdA II.)

Désormais, chaque fois qu'une place est construite, modifiée ou conquise, Louvois fait établir son plan en relief. Mais la réalisation de ces plans est coûteuse et Vauban écrit à son ministre que l'on pourrait plus utilement utiliser les fonds des fortifications qu'à faire ces jouets.

Peu de temps après, Vauban reconnaît cependant que ces « reliefs » sont utiles pour expliquer au ministre ou au Roi un projet de place ou l'état d'avancement de travaux. (*cf.* lettre de Vauban à Louvois — 29 juin 1684, RdA II.) Louvois écrit à ce sujet à Vauban : « J'ai vu le relief [de Luxembourg] que le sieur de Montaigu m'a apporté. Je compte qu'il servira beaucoup à entendre le projet que j'attends de vous. » (5 juillet 1684. RdA II.) Toutefois Vauban conserve quelque réticence à l'égard de ces « reliefs ». Dans une période où les budgets destinés aux fortifications sont restreints, il écrit à Le Peletier : « C'est un argent assez mal employé que celui des reliefs » (23 mai 1693, RdA II). Mouvement d'humeur passager car, deux ans plus tard, il écrit cette fois à Le Peletier : « Il y a un relief de Namur dans les Tuileries, je vous demanderai d'avoir la complaisance d'y venir avec moi. Je vous ferai toucher au doigt et à l'œil tous les défauts de cette place, qui sont en bon nombre, et en même temps vous ferai apercevoir comment se pourrait corriger celui qu'on m'impute » (6 octobre 1695, RdA II).

Finalement, en 1697, Vauban effectue un inventaire complet de 144 plans qui concernent 101 places fortes. Il fait un tri entre « les anciens qui ne valent rien de ceux bons à conserver » et demande que certains d'entre eux soient réactualisés. La collection est alors transférée des Tuileries, où ils étaient entassés, dans une galerie du Louvre.

Cet inventaire, annoté de la main de Vauban, prouve l'intérêt qu'il portait à cet important outil de travail. On peut conclure sur ce point avec Nicolas Faucherre : « Une lecture attentive de l'inventaire nous montre le lien étroit entre la construction des plans en relief et l'édification des nouvelles frontières de la France. »

Notes

Prologue

1. Le dernier congé de Vauban à Bazoches remonte à l'automne 1696. Il ne s'y était arrêté que quelques jours en juillet 1700, en route pour le Dauphiné.
2. Gabrielle Viode, « fille suivante » de Mme de Vauban.
3. La date de cette arrivée de Vauban à Bazoches se situe vers le 22 octobre 1701. Il y écrit le 27 : « Il n'y a que quatre ou cinq jours que je suis arrivé. »

1. Les débuts difficiles d'un jeune hobereau

1. Dun-Phlun, commune de Rouy, est à 10 kilomètres de Saint-Saulge. Billy est à 6 kilomètres à l'ouest de Rouy.
2. Le château de Vauban est situé à vol d'oiseau à 3 kilomètres au sud de Bazoches.
3. On ne connaît pas la date exacte de sa naissance, par recoupements on peut la situer entre 1548 et 1550. Vauban avait donc plus de douze ans quand son grand-père est mort.
4. Sa mère était Anne de Lanty, d'une famille noble de la région de Tannay en Nivernais.
5. Saint-Léger-de-Fourcheret est devenu Saint-Léger-Vauban par décret impérial du 7 décembre 1867. Le village est à une vingtaine de kilomètres à l'est de Bazoches.
6. Le contrat de mariage daté du 3 mars 1630 est passé au « Chastel de Rivière » « entre Urbain Le Prestre, écuyer, sieur de Vauban, demeurant à Rivière [...] et demoiselle Aimée de Cormignolles, fille de Jean de Cormignolles, écuyer... »

Ce « Chastel de Rivière » est le château de Ruères, sur la commune de Saint-Léger-Vauban (*cf.* étude de Jacques Laloux : *Une ancienne maison forte en Morvand, le Chastel de Ruères*, 1974).

7. Jean de Briquemaut, officier au régiment de Rambure, sera tué devant Valenciennes en 1656. A ce même siège, Vauban, ingénieur du Roi, sera sévèrement blessé.
8. Georges de Morot, écuyer, seigneur de Grésigny, paroisse de Saint-Léger, avait épousé Charlotte Le Prestre, nièce d'Urbain.
9. Extrait de *Le Morvand* de J. F. Baudiau, Nevers, 1865.
10. *Ibid.*
11. Vergne : nom dialectal pour l'aulne.
12. *Abrégé des Services du maréchal de Vauban*, Augoyat, Auselin, 1839.
13. Les « Grands Carmes » ou « Carmes de l'ancienne observance » ont fondé un

couvent à Semur en 1353. Ils acceptent d'établir dans ce couvent, à partir de 1618, un collège où sont enseignées les humanités. Ils signent avec la municipalité en 1652 un contrat pour son fonctionnement qui stipule : « Trois régents, tous religieux de vie exemplaire, capables d'enseigner les bonnes lettres grecques et latines depuis les principes de l'une et l'autre langues jusqu'à la rhétorique... »

Il n'est pas question d'enseignement des mathématiques que ces religieux, formés par des études de philosophie et de théologie, ne semblent guère en mesure de dispenser.

On les voit encore moins s'occuper de « castramétation » (art de tracer des camps) ou de « poliorcétique » (art d'assiéger les villes). (*Cf. Le Carmel en France* par le père Antoine de la Présentation, OCD, Toulouse, 1937.)

14. Limitrophe (*limes* = frontière ; *trophein* = nourrir) : étymologiquement zones assignées aux troupes pour leur subsistance.

15. Une partie des archives concernant le château de Vauban et la famille Le Prestre, ont été détruites dans cet incendie.

16. J. F. Baudiau, *op. cit.*

17. Les cadets sont des fils de nobles qui servent comme volontaires et simples soldats en temps de paix. Ils peuvent être en temps de guerre nommés sous-lieutenants dans l'infanterie et cornettes dans la cavalerie.

18. Charles Antoine de Conygham, seigneur d'Arcenay.

19. Louis XIV a eu 13 ans en septembre 1651, date à laquelle sa majorité officielle a été proclamée.

20. Vauban se contente de dire qu'il « passa une rivière à la nage sous le feu des ennemis, pendant l'assaut ».

Plus tard, dans un *Mémoire* sur le recrutement des officiers, parlant des actions d'éclat pouvant faire acquérir de l'ancienneté ou mériter une récompense exceptionnelle, il citera à titre d'exemple : « avoir été prendre un bateau à la nage de l'autre côté d'une rivière sous le feu de l'ennemi, l'avoir détaché et ramené de notre côté ».

On ne peut s'empêcher de penser que c'est ce que fit le jeune cadet Vauban.

21. Enseigne : titre donné à des cadets susceptibles de passer lieutenants (*Dictionnaire de l'armée de terre*, Baudin, 1841).

22. Maître : ce terme désigne à partir d'Henri IV les simples cavaliers, *ibid.*

23. Vauban raconte cette scène dans son *Abrégé des Services.* C'est la seule anecdote qu'il cite dans ce document.

2. Rude apprentissage d'un ingénieur

1. Olivier Cromwell (1599-septembre 1658). Député puritain, chef de guerre redoutable. Il fait condamner à mort le roi d'Angleterre Charles Ier et instaure la République. Il conquiert l'Irlande, défait les Écossais. Il exerce un pouvoir dictatorial avec le titre de « Protecteur ».

2. *Traité de l'attaque des places* — 1705 — du maréchal de Vauban, Rochas d'Aiglun — tome I.

3. Louis Nicolas de Clerville (1610-1677). Ses brillants états de service dans le régiment de Noailles lui ont valu d'être nommé maréchal de camp en 1652. Gouverneur de l'île d'Oléron en 1673.

4. « Certificat du Chevalier de Clerville au Sieur de Vauban, ingénieur ordinaire du Roi », 16 novembre 1666 (RdA I).

5. Extrait de *Louis XIV* de François Bluche, Fayard, 1986.

6. Abraham de Fabert (1599-1662), nommé maréchal de France en 1658, puis gouverneur de Sedan.

7. *Traité de l'attaque des places* (déjà cité).

8. Lettre de Vauban à Louvois, du 13 août 1688 (RdA II).

9. « Certificat du Chevalier de Clerville au Sieur de Vauban... » (déjà cité).

10. *Abrégé des Services du maréchal de Vauban,* Augoyat, Auselin, 1839.

11. Plus tard, Vauban critiquera vivement la manière dont les opérations ont été menées à Valenciennes et à Condé dans son *Mémoire pour servir dans la conduite des sièges,* 1669 (Fonds Rosanbo).

12. Henri de Saint-Nectaire, duc de La Ferté (1600-1681). Il s'est distingué à la bataille de Rocroi. Pendant la Fronde il a soutenu la royauté. Il a été élevé à la dignité de maréchal de France.

13. *Traité de l'attaque des places* (déjà cité).

14. La place de Mardick, construite en 1622 par les Espagnols, a subi depuis cinq sièges, changeant à chaque fois de mains. Elle sera démolie par ordre du Roi en 1665.

15. « Rapport du capitaine de Batz, des mousquetaires du Roi » ; cité dans le *Turenne* du général Weygand, Flammarion, 1929.

16. *Abrégé des Services du maréchal de Vauban* (déjà cité).

3. Ingénieur ordinaire du Roi

1. Extrait du contrat de mariage de Sébastien Le Prestre (RdA I).

2. Jean Errard (1554-1610), ingénieur des fortifications de Picardie et d'Ile-de-France. A rédigé un traité publié en 1600 sous le titre *Les Fortifications réduites en art et démontrées.*

3. Antoine de Ville (1596-1656). Blaise de Pagan, comte de Merveilles (1604-1665) a rédigé un *Traité des fortifications* et des ouvrages scientifiques.

4. Jeanne d'Osnay est la demi-sœur de Paul II Le Prestre. Leur mère Urbaine de Romier, fille de Sébastien de Romier, seigneur de Cours (canton de Cosne en Nièvre), a épousé en premières noces Paul I Le Prestre (frère d'Urbain Le Prestre, le père de Sébastien) décédé en 1635 et en secondes noces Claude d'Osnay.

5. Épiry est un village proche de la vallée de l'Yonne, à une trentaine de kilomètres au sud de Bazoches.

6. Louis XIV se rend à Metz le 30 août 1663. Il passe en revue les troupes du maréchal de La Ferté qui se préparent à assiéger Marsal. Dès le 3 septembre le duc de Lorraine s'incline et signe à Metz un nouveau traité cédant Marsal à la France (*cf.* F. Bluche, *Louis XIV,* Fayard, 1986).

7. La Maison du Roi est constituée par les gardes du corps, gendarmes et chevau-légers du Roi, les mousquetaires, le régiment des gardes-françaises et le régiment des gardes suisses. Elle comprend aussi la « petite gendarmerie » avec les chevau-légers et les gendarmes de la Reine, de Monseigneur et de Monsieur. Les « vieux corps » qui viennent immédiatement après sont dans l'ordre : Picardie, Piémont, Navarre, Champagne, Normandie...

8. Le frère du ministre Colbert, intendant du Roi en Alsace, a chanté les louanges de Vauban qu'il avait vu au travail à Nancy. Le ministre écrit à son frère le 20 avril 1663 : « Je ne manquerai pas de parler au Roi de la capacité et de l'activité du Sieur Vauban » (RdA II).

9. Michel Le Tellier (1603-1685) doit son élévation à Mazarin. Secrétaire d'État à la Guerre, il jette les bases d'une véritable armée. Il remplit également de nombreuses missions diplomatiques. A partir de 1677, il devient chancelier.

10. François-Michel Le Tellier, marquis de Louvois (1641-1691). Associé dès 1662 à la charge de son père, il en prend la pleine responsabilité à partir de 1677.

11. Jean-Baptiste Colbert (1619-1683). D'abord au service de Mazarin, après avoir contribué à la chute de Fouquet, devient intendant des Finances en 1661, puis contrôleur général des Finances, surintendant des Bâtiments, Arts et Manufactures, secrétaire à la Maison du Roi, secrétaire à la Marine.

12. Colbert de Saint-Marc, cousin du ministre, a remplacé en mai 1663 Colbert de Croissy, frère du ministre, dans la charge d'intendant en Alsace.

13. Lettre de Colbert de Croissy à Colbert, 26 juillet 1666 (RdA II).

14. « Certificat du Chevalier de Clerville au Sieur de Vauban... », 16 novembre 1666 (RdA I).
15. Cette affaire est exposée en détail dans le livre de P. Lazard sur *Vauban*, p. 117 *sq*.
16. Léopold de Habsbourg avait épousé la seconde infante Marguerite-Thérèse, fille de Philippe IV d'Espagne. Ce dernier n'avait pas exigé qu'elle renonce à la succession du trône d'Espagne, en cas de décès de l'infant Don Carlos, renonciation exigée pour sa fille aînée, mariée à Louis XIV.
17. *Abrégé des Services du maréchal de Vauban*, Augoyat, Auselin, 1839.

4. Choisi par Louvois

1. Philippe IV d'Espagne meurt le 17 septembre 1665. Son fils Charles II n'est alors âgé que de quatre ans, il est de plus d'une santé chancelante.
2. Roger de Rabutin, comte de Bussy (1618-1693), officier qui avait la réputation d'être un esprit « libertin ». Son livre *Histoire amoureuse des Gaules*, écrit en 1665, lui vaut d'être embastillé puis exilé dans son château de Bourgogne.
3. Pour entrer aux « gardes », il fallait fournir les preuves de l'ancienneté de ses titres de noblesse, établis sur quatre générations. Ce document, qui semble-t-il a été antidaté (mars 1667) fait référence « au pillage et au brûlement » du château de Vauban survenu en 1555, ce qui dispense la famille Le Prestre d'apporter des justifications plus anciennes de la noblesse de leur maison (RdA I).
4. *Abrégé des Services du maréchal de Vauban*, Augoyat, Auselin, 1839.
5. Lettre de Louvois à Charuel — 20 octobre 1667 — de Saint-Germain (RdA II).
6. Lettre de Louvois à Charuel — 22 septembre 1667 — de Saint-Germain (RdA II).
7. Cette ville avait été prise par le maréchal d'Aumont, le Roi ayant estimé que ce siège ne justifiait pas qu'il y assiste : « Je lui commandai, dit Louis XIV, d'attaquer Courtrai, qui n'était pas digne de ma présence. »
8. Lettre de Vauban à Louvois, citée dans *Histoire de Vauban* par G. Michel, Hachette, 1896.
9. *Ibid.*
10. Lettre de Vauban à Louvois — 29 octobre 1667 — de Lille (RdA II).
11. Lettre de Louvois à Vauban — 20 novembre 1667 — de Paris (RdA II).
12. Lettre de Louvois à Vauban — 20 décembre 1667 — de Paris (RdA II).
13. Le prix courant d'une lieutenance aux Gardes était à cette époque de l'ordre de 20 000 livres (*cf. La Vie militaire sous l'Ancien Régime*, de Babeau).
14. Gilbert Colbret, marquis de Saint-Pouange, a épousé la sœur de Michel Le Tellier, il est donc l'oncle de Louvois. A cette époque il était intendant à Amiens.
15. Lettre de Louvois à Vauban — 30 décembre 1667 — de Paris (RdA II).
16. Athénaïs de Rochechouart, marquise de Montespan (1641-1707). Elle eut du Roi 8 enfants dont 6 survécurent et furent légitimés.
17. Lettre de Louvois à Vauban — 7 mars 1668 (RdA II).
18. Lettre de Louvois à Vauban — 6 mai 1668 (RdA II).
19. Les places cédées par l'Espagne à la France sont d'ouest en est : Furnes, Bergues, Armentières, Menin, Lille, Douai, Audenarde, Tournai, Ath, Binche, Charleroi.
20. C'était une innovation. Il n'y avait jusqu'alors qu'un gouverneur pour l'ensemble de la place forte. A Lille le gouverneur de la ville était le maréchal d'Humières.

5. Quatre années de paix et de travaux

1. Hugues de Lionne (1611-1671), secrétaire d'État « aux Étrangers », artisan de la paix des Pyrénées.
2. Godefroi, comte d'Estrades (1607-1686), ambassadeur en Angleterre puis en Hollande. Recevra le bâton de maréchal en 1675.
3. Lettre de Vauban à Louvois — 1er août 1668 — d'Ath (RdA II).
4. Jean de La Fontaine (1621-1695). Les six premiers volumes de ses *Fables* paraissent en 1668.
5. *Abrégé des Services...* (pour l'année 1668), Augoyat, Auselin, 1839.
6. Dunkerque a été vendu par le roi d'Angleterre au roi de France, par un traité signé en juillet 1662.
7. Lettre de Louvois à Vauban — 7 octobre 1668 — de Chambord (RdA II).
8. Lettre de Vauban à Louvois — 8 octobre 1668 — de Dunkerque (RdA II).
9. Lettre de Vauban à Louvois — 11 octobre 1668 — de Dunkerque (RdA II).
10. Lettre de Vauban à Louvois — 18 octobre 1668 — de Dunkerque (RdA II).
11. Lettre de Vauban à Louvois — 23 novembre 1668 — d'Ath (RdA II). Dans une lettre précédente Vauban dit à Louvois : « Je sais ce que je vous dois et ne saurais vous rendre trop ponctuellement compte de l'emploi que je tiens de vous. »
12. Lettre de Louvois à Vauban — 15 novembre 1668 (RdA II).
13. La place de Pignerol, ainsi que les vallées de la Valteline, avaient été cédées à la France par le traité de Westphalie (1648).
14. Lettre de Vauban à Louvois — 9 mars 1669 — de Perpignan (RdA II).
15. *Abrégé des Services* (pour l'année 1669) (déjà cité).
16. Le chevalier de Clerville sera nommé en 1673 gouverneur de l'île d'Oléron où il mourra en 1677.
17. Lettre de Vauban à Louvois — 22 juillet 1669 — de Lille (RdA II).
18. Lettre de Louvois à Vauban — 25 juillet 1669 — de Saint-Germain (RdA II).
19. Les fonds affectés par le Roi pour l'année 1670 se décomposent en : Dunkerque, 215 000 livres ; Bergues, 120 000 livres ; Lille, 220 000 livres ; Tournai, 130 000 livres ; Ath, 550 000 livres ; Philippeville, 200 000 livres ; Charleroi, 80 000 livres ; Le Quesnoy, 160 000 livres ; Arras, 180 000 livres ; soit au total 1,6 million de livres. Lettre de Louvois à Vauban — 10 décembre 1669. Service historique de l'armée de terre — bibliothèque du Génie.
20. *Abrégé des Services* (déjà cité).
21. Lettre de Louvois à Vauban — 20 novembre 1670 — de Saint-Germain (SHAT-BG).
22. Jean-Baptiste Lully (1632-1687), nommé surintendant de la Musique en 1661. La première représentation de *Psyché* avait eu lieu le 16 janvier 1671 au théâtre des Tuileries (*cf. La Vie de Lully* d'Henry Prunière, Plon).
23. *Mémoire des choses à résoudre sur les travaux de la ville et de la citadelle de Tournai*, signé Vauban — 2 février 1671 (SHAT-AG).
24. Lettre du Roi à Colbert — 20 août 1671 — de Fontainebleau (RdA II).
25. Lettre de Louvois à Vauban — 22 juillet 1671 — de Saint-Germain (SHAT-BG).
26. Lettre de Vauban à Louvois — 5 septembre 1671 — du Quesnoy (RdA II).
27. Au cours du mois d'août et de septembre 1671, Vauban a visité, et pour certaines places à plusieurs reprises : Saint-Quentin, Douai, Tournai, Le Quesnoy, Philippeville, Charleroi, Ath, Audenarde, Lille, Saint-Venant, Bergues, Dunkerque.
28. Lettre de Vauban à Louvois — 11 septembre 1671 — de Béthune (RdA II).
29. Lettre de Louvois à Vauban — 28 septembre 1671 (RdA II).
30. Lettre de Vauban à Louvois — 12 octobre 1671 — de Lille (RdA II).
31. L'original de ce mémoire se trouve dans le fonds Rosanbo.
32. Lettre de Vauban à Louvois — 9 février 1672 — de Lille (RdA II).

33. Lettre de Vauban à Louvois — 23 février 1672 — de Lille (RdA II).
34. Lettre de Vauban à Louvois — 15 décembre 1671 — de Douai (RdA II).

6. Organiser le « pré-carré »

1. Simon Arnaud, marquis de Pomponne (1618-1699). Ambassadeur en Suède puis en Hollande. Il succède à Lionne en 1672 aux Affaires étrangères.
2. Traité de Douvres, juin 1670. Il a été négocié par Henriette, épouse de Philippe d'Orléans, frère de Louis XIV, qui était la sœur de Charles II, roi d'Angleterre.
3. Extrait de *Turenne* de Jean Bérenger, Fayard, 1987.
4. Tolhuis est à 22 kilomètres en amont d'Arnhem. Ce passage du Rhin, chanté par Boileau et peint par Van der Meulen, ne posa aucun problème. Les quelques centaines de Hollandais campés sur la rive droite du Rhin s'enfuirent en voyant arriver les Français.
5. Guillaume III d'Orange-Nassau (1650-1702), fils de Guillaume II, stathouder de Hollande, est par sa mère petit-fils du roi d'Angleterre, Charles Ier. Porté au pouvoir en 1672 à la faveur d'un soulèvement populaire.
6. Lettre de Vauban à Louvois, 26 août 1672, de Vézel (SHAT-BG).
7. Lettre de Vauban à Louvois, 16 octobre 1672, d'Ath (SHAT-BG). Charles de Batz de Castelmon, « d'Artagnan », a inspiré Alexandre Dumas pour son roman *Les Trois Mousquetaires*.
8. Lettre de Vauban à Louvois, du 13 novembre 1672, de Lille (SHAT-BG). Candie, capitale de la Crête, possession des Vénitiens depuis le XIIIe siècle. La ville fut assiégée et prise par les Turcs en 1669.
9. Lettre de Vauban à Louvois — 23 novembre 1672 de Lille (SHAT-BG).
10. Lettre de Vauban à Louvois — 18 novembre 1672 — de Lille (RdA II).
11. Lettre de Vauban à Louvois — 20 janvier 1673 — de Guise (SHAT-BG).
12. Lettre de Vauban à Louvois — 5 avril 1673 — de Nancy (RdA II).
13. Lettre de Louvois à Vauban — 7 avril 1673 — de Saint-Germain (SHAT-BG).
14. Lettre de Vauban à Louvois — 19 avril 1673 —de Nancy (RdA II).
15. Extrait du *Louis XIV* d'Ernest Lavisse, réédité par R. Laffont, 1989.
16. *Abrégé des Services du maréchal de Vauban*, Augoyat, Auselin, 1839.
17. Relation sur le siège de Maëstricht par Vauban (cité dans RdA II).
18. Lettre de Vauban à Louvois — 17 septembre 1673 — de Brisach (SHAT-BG).
19. Lettre de Vauban à Louvois — 15 octobre 1673 — de Brisach (SHAT-BG).
20. Philippsbourg est situé sur l'un des bras du Rhin, sur la rive droite, à hauteur de Landau.
21. Lettre de Vauban à Louvois — 22 novembre 1673 — de Nancy (SHAT-BG).
22. Lettre de Vauban à Louvois — 22 décembre 1673 — du Quesnoy (SHAT-BG).
23. *Ibid.*
24. Lettre de Louvois à Vauban — 23 novembre 1673 — de Versailles (SHAT-BG).
25. Lettre de Vauban à Louvois — 27 décembre 1673 — du Quesnoy (RdA II).

7. Seigneur de Bazoches

1. Traité de La Haye, signé le 30 août 1673.
2. Charles II d'Angleterre signe le 17 février 1674 à Westminster une paix séparée avec les Provinces-Unies.
3. Lettre de Colbert à Colbert du Terron — 19 janvier 1674 — de Saint-Germain (RdA II).
4. Lettre de Colbert à Colbert du Terron — 15 janvier 1674 — de Saint-Germain (RdA II).
5. Lettre de Colbert à Colbert du Terron — 5 mars 1674 — de Versailles (RdA II).

6. Paul Le Prestre, cousin germain de Vauban. Il a reçu la charge de capitaine des portes de la citadelle de Lille. Louvois lui a confié en 1671 l'entreprise de l'hôtel des Invalides.
7. Lettre de Vauban à Louvois — 27 février 1674 — de Paris (RdA II).
8. Lettre de Vauban à Louvois — 14 juillet 1674 — de Lille (SHAT-BG) et *Mémoire sur la conduite des eaux à Audenarde en cas de siège.*
9. Le Roi lui accordera ce terrain, situé près de l'esplanade en bordure de la citadelle, et lui paiera de surcroît le mur de clôture. En remerciant de cette gracieuseté, Vauban précisera : « Quant à la beauté du jardin ne doutez pas que je la fasse ajuster comme il faut et que je ne le mette en état d'y rêver agréablement. »
10. Lettre de Vauban à Louvois — 23 août 1674 — de la citadelle de Lille (RdA II).
11. Le grade de brigadier d'infanterie était un échelon intermédiaire entre colonel et maréchal de camp.
12. Lettre de Condé à Vauban — du 28 août 1674 — (FR).
13. Lettre de Vauban à Condé — 8 septembre 1674 — (FR).
14. Le neveu est Antoine Le Prestre, fils de Paul Le Prestre cousin germain de Vauban. Connu sous le nom de Dupuy-Vauban (1654-1731), ingénieur, il terminera une brillante carrière comme lieutenant général et gouverneur de Béthune.
15. Lettre de Louvois à Vauban — 2 octobre 1674 — de Versailles (RdA II).
16. Lettre de Vauban à Louvois — 17 novembre 1674 — d'Audenarde (RdA II).
17. Lettre de Vauban à Louvois — 11 juin 1675 — de Doulens (RdA II).
18. On peut estimer le prix de cette charge à environ 20 000 livres. (D'après *La Vie militaire sous l'Ancien Régime* de Babeau).
19. Armand, comte de Melun, avait épousé Anne de Veilhan. Celle-ci était la fille d'Antoine de Veilhan, comte de Giry, qui avait lui-même épousé la petite-fille de Claude de La Perrière, propriétaire de Bazoches (*cf.* chap. 1).
20. Voir en annexe, l'inventaire des biens de Vauban.
21. Ce plan est exposé dans une pièce du château de Bazoches.
22. Lettre de Colbert à Vauban — 9 mars 1675 — de Saint-Germain (RdA II).

8. En charge des places du royaume

1. Lettre de Vauban à Louvois — 10 juillet 1675 — du Quesnoy (RdA II).
2. Lettre de Vauban à Louvois — 31 août 1675 — de Dunkerque (RdA II).
3. Lettre de Vauban à Louvois — 21 septembre 1675 — de la citadelle de Lille (SHAT-BG).
4. Lettre de Vauban à Louvois — 4 octobre 1675 — d'Ath (RdA II).
5. Lettre de Louvois à Vauban — 9 octobre 1675 — de Versailles (RdA II).
6. Lettre de Louvois à Vauban — 9 octobre 1675 — de Versailles (RdA II).
7. Le prince de Condé s'est retiré dans son domaine de Chantilly.
8. Le Roi à Louvois — 16 avril 1676 — (RdA II).
9. Ce grade correspond à celui de général de brigade.
10. Lettre de Vauban à Louvois — 10 octobre 1676 — de la citadelle de Lille (RdA II).
11. Lettre de Vauban à Louvois — 21 décembre 1676 — de Verdun (RdA II).
12. Lettre de Vauban à Louvois — 20 janvier 1677 — de Brisach (SHAT-BG).
13. Lettre de Vauban à Louvois — 5 février 1677 — de Besançon (SHAT-BG).
14. Extrait du *Siècle de Louis XIV* de Voltaire.
15. *Abrégé des Services du maréchal de Vauban*, Augoyat, Auselin, 1839. Aux Archives nationales à l'état des gratifications pour l'année 1677 on trouve cette note : « Au sieur de Vauban, maréchal de Camp aux Armées du Roi, en considération de ses services et pour lui donner les moyens de les continuer — 75 000 livres. » Au titre de la même année, les sieurs Despréaux (Boileau) et Racine, qui suivent la campagne en tant qu'historiographes du Roi, émargent pour 6 000 écus chacun.

16. Une ville qui prolongeait sa résistance après que les assaillants eurent réussi à prendre pied dans le corps de la place s'exposait, d'après les coutumes du temps, à être livrée au pillage. Aussi la population assiégée faisait-elle pression sur le commandant de la place pour qu'il capitule. On battait la chamade et l'on cessait le feu. Pendant la trêve, garantie par un échange d'otages, les conditions de la reddition étaient négociées. Celles-ci indiquaient en particulier la garantie des vies et des biens des habitants de la ville.

Si la place comportait une citadelle, les troupes régulières s'y repliaient. Un second siège était entrepris. Une reddition de la citadelle dans un temps jugé convenable permettait à la garnison assiégée de se retirer avec les honneurs de la guerre, ce qui l'autorisait à partir avec armes et bagages. Dans le cas contraire, si la citadelle finissait par tomber, des représailles pouvaient être exercées, et la garnison pouvait être faite prisonnière de guerre. Les conditions de captivité étant en général très précaires, on redoutait d'en arriver à cette extrémité.

17. Lettre de Vauban à Louvois — 15 avril 1677 — de Cambrai (RdA II).

18. Lettre de Vauban à Louvois — du 2 août 1677 — de Dunkerque (SHAT-BG).

19. Ce mémoire n'est pas daté. Certains auteurs ont estimé qu'il avait été rédigé en 1680. Il est plus vraisemblable qu'il ait été écrit à la fin de l'année 1677, puisqu'il évoque la vacance du poste de commissaire général aux Fortifications.

20. Lettre de Louvois au maréchal d'Humières — 17 novembre 1677 — à Versailles (RdA II).

21. Lettre de Vauban à Louvois — 8 décembre 1677 — devant Saint-Ghislain (SHAT-BG).

22. Charlotte a 17 ans. La seconde fille de Vauban, Jeanne-Françoise, a été conçue pendant ce séjour. On ne connaît pas sa date exacte de naissance, qui doit se situer vers le mois d'octobre 1678. (Elle a été mariée début janvier 1691, à l'âge de 12 ans et 3 mois.)

23. Lettre de Louvois à Vauban — 26 janvier 1678 — de Saint-Germain (SHAT-BG).

24. Places rendues par la France à l'Espagne : Courtrai, Audenarde, Gand, Ath, Binche, Charleroi et Limbourg.

Places cédées par l'Espagne à la France :

— en Artois, Saint-Omer et Aire-sur-Lys ;

— en Flandre, Cassel, Bailleul, Ypres, Wervik, Warneton ;

— en Hainaut, Valenciennes, Maubeuge, Cambrai, Bouchain, Condé, Bavay ;

— sur la Meuse, Charlemont et deux places plus avancées, Philippeville et Marienbourg.

25. Cité par F. Bluche dans *Louis XIV*, Fayard, 1986.

9. « Celui qui prend les villes »

1. Risban : du néerlandais *rijsbank*, terre-plein garni de canons.

2. Lettre de Colbert à Vauban — 10 mai 1678 — de Saint-Germain (RdA II).

3. Lettre de Colbert à Vauban — 15 juin 1678 — de Saint-Germain (SHAT-BG).

4. Lettre de Vauban à Louvois — 4 juin 1678 — de Dunkerque (SHAT-BG).

5. Lettre écrite à M. le marquis de Louvois pour accompagner les plans et mémoires de Menin — 23 octobre 1678 (SHAT-AG).

6. Mémoire sur le directeur général des Fortifications (RdA I).

7. Lettre de Vauban à Louvois — 30 novembre 1678 — de Maubeuge (SHAT-BG). Le devis du projet de fortification de Maubeuge s'élève à 2 millions de livres.

8. Mémoire adressé le 23 novembre 1678 avec une lettre pour Louvois. Le texte de ce document figure dans le tome I du RdA.

9. Lettre de Louvois à Vauban — 28 novembre 1678 — à Versailles (SHAT-BG).

10. Lettre de Louvois à Vauban — 15 février 1679 — de Saint-Germain (RdA II).

L'espale était la plate-forme située à l'arrière des galères où se tenait le surveillant. Les deux galériens assis à côté de l'espale, et qui donnaient la cadence de nage, s'appelaient les espaliers.

11. Lettre de Louvois à Vauban — 22 février 1679 — de Saint-Germain (SHAT-BG).

12. *Mémoire sur Toulon* — 10 mars 1679 — (SHAT-AG).

13. Lettre de Vauban à Louvois — 10 mars 1679 — de Toulon (RdA II).

14. La Cerdagne a été partagée lors du traité des Pyrénées entre l'Espagne qui garde la vallée de la Sègre avec Puigcerda et la France qui a la haute vallée de la Têt.

15. Lettre de Vauban à Louvois — 5 mai 1679 — de Perpignan (SHAT-BG).

16. Lettre de Louvois à Vauban — 10 mai 1679 — de Saint-Germain (SHAT-BG). Le ministre fixe le programme de la première partie de cette inspection : Dole, Besançon, Belfort, Huningue, Fribourg, Brisach, Sélestat, Hochfeld, Phalsbourg, Marsal, Nancy, Longwy et Bouillon.

17. Lettre de Louvois à Vauban — 5 juillet 1679 — de Saint-Germain (RdA II).

18. Lettre de Vauban à Seignelay (voir note 29) — 6 novembre 1679 — de Dunkerque (SHAT-BG).

19. Lettre de Colbert à Vauban — 26 octobre 1679 — de Saint-Germain (SHAT-BG).

20. Lettre de Louvois à Vauban — 18 novembre 1679 — de Saint-Germain (SHAT-BG).

21. Lettre de Louvois à Vauban — 28 novembre 1679 — de Saint-Germain (SHAT-BG).

22. Le contrat de mariage entre Charlotte Le Prestre de Vauban et Jacques-Louis de Mesgrigny, baron de Villebertain et d'Aunay, a été signé le 15 novembre 1679 mais la cérémonie religieuse n'aurait eu lieu que dans les premiers jours de décembre.

23. Tous ces livres figurent à l'inventaire de la bibliothèque de Vauban à Bazoches (Congrès Vauban, 1933).

24. Le trébuchet et l'alidade servent à mesurer les angles respectivement dans les plans verticaux et horizontaux. Le « pied du Roy » est la mesure de la toise en Ile-de-France. Vauban souhaitait que cette mesure soit uniformément adoptée dans tout le royaume.

25. Lettre de Vauban à la sœur Marie-Madeleine, prieure de l'hôpital Comtesse à Lille — février 1680 (RdA II).

26. Lettre de Vauban à Louvois — 24 juin 1680 — à Phalsbourg (SHAT-BG).

27. La Petite-Pierre est située dans les basses Vosges à 20 kilomètres au nord de Saverne.

28. *Instruction des ouvrages les plus pressés de la ville et de la citadelle de Besançon* — 14 mars 1680 (SHAT-AG).

29. Jean-Baptiste Colbert, marquis de Seignelay (1651-1690), fils du ministre Colbert. Il lui succède à la charge de secrétaire d'État à la Marine en 1683.

30. Lettre de Louvois à Vauban — 8 avril 1680 — de Saint-Germain (SHAT-BG).

31. *Abrégé des Services du maréchal de Vauban*, Augoyat, Auselin, 1839.

32. Lettre de Vauban au baron de Woerden — 4 janvier 1681 — de Calais (RdA II).

33. Lettre de Colbert à Leblanc, intendant à Rouen — 30 janvier 1681 — de Saint-Germain (RdA II).

34. Lettre de Louvois à Vauban — 17 juin 1680 — de Versailles (SHAT-BG).

35. *Instruction de M. de Vauban sur les fortifications de Saint-Martin-de-Ré avec devis de la ville et de la citadelle* — 31 juillet 1681 (SHAT-AG).

10. Luxembourg qu'on croyait imprenable

1. Charles Colbert, marquis de Croissy (1625-1696), frère du ministre. Il fut intendant en Alsace, ambassadeur en Angleterre avant de devenir secrétaire d'État aux Affaires étrangères.

2. Extrait de *Louis XIV*, F. Bluche, Fayard, 1986.
3. *Mémoire sur les places frontières de Flandre* — novembre 1678 (RdA I).
4. Lettre de Louvois à Vauban — 25 août 1681 — de Fontainebleau (RdA II).
5. La Bruche descend des Vosges par Schirmeck, Mutzig et Molsheim ; elle se jette dans l'Ill au sud-ouest de Strasbourg.
6. Lettre de Vauban à Louvois — 18 novembre 1681 — de Strasbourg (RdA II).
7. Lettre de Louvois à Vauban — 29 novembre 1681 — de Fontainebleau (SHAT-BG). Le Roi débloque un fonds de 700 000 livres pour l'ensemble des ouvrages proposés par Vauban. Il y ajoutera 200 000 pour le canal de la Bruche.
8. Lettre de Vauban à Louvois — 10 décembre 1681 — de Strasbourg (RdA II). Tarade, cité dans cette lettre, est un ingénieur qui travaille pour Vauban en Alsace.
9. Cité par E. Lavisse dans *Louis XIV*, réédité par R. Laffont, 1989.
10. Lettre de Louvois à Vauban — 27 février 1681 — à Meudon (SHAT-BG).
11. Lettre de Vauban à Louvois — 17 avril 1682 — de Pignerol (RdA II).
12. Lettre de Vauban à Seignelay — 9 mai 1682 — de Toulon (RdA II).
13. Abraham Duquesne, marquis du Bouchet (1610-1688). Embarqué dès l'âge de 7 ans, il participe à toutes les batailles navales contre les Anglais et les Hollandais. Il commande la flotte française en Méditerranée à partir de 1675. Bien que calviniste convaincu, il demeure au service du Roi.
14. Lettre de Vauban à Louvois — 19 mai 1682 — de Lyon (RdA II).
15. Lettre de Louvois à Vauban — 27 mai 1682 — de Versailles (SHAT-BG).
16. Lettre de Louvois à Vauban — 20 mai 1682 — de Versailles (SHAT-BG).
17. Lettre de Vauban à Louvois — 8 avril 1682 — de Strasbourg (SHAT-BG).
18. Lettre de Louvois à Vauban — 16 novembre 1682 — de Meudon (SHAT-BG).
19. Lettre de Vauban à Louvois — 2 décembre 1682 — de Lille (RdA II).
20. Lettre de Louvois à Vauban — 24 novembre 1682 — de Versailles (SHAT-BG).
21. *Mémoire sur Belle-Ile* par Vauban — 30 mars 1683 — (SHAT-AG).
22. *Mémoire de la place de Port-Louis* par Vauban — 1683 (SHAT-BG).
23. *Mémoire sur Brest* par Vauban — mai 1683 (SHAT-BG).
24. Dans un *Mémoire sur les réparations les plus nécessaires pour la ville et la citadelle de Brest*, daté du 9 mai 1683, Vauban présente un premier devis qui se monte à 1 373 000 livres (SHAT-AG).
25. Lettre de Colbert à Vauban — 3 juillet 1683 (SHAT-BG).
26. Lettre de Vauban à Louvois — 25 septembre 1683 — de Maubeuge (RdA II).
27. *Mémoire sur les avantages que l'on doit attendre de l'Empereur d'Allemagne en compensation de l'aide qui lui serait fournie dans la guerre qu'il soutient en Hongrie* — 15 août 1683 (archives privées).
28. Lettre de Louvois à Vauban — 24 août 1683 — de Fontainebleau (RdA II).
29. Lettre du maréchal d'Humières à Louvois — 5 novembre 1683 (RdA II).
30. Lettre de Louvois à Vauban — 31 octobre 1679 — de Saint-Germain (SHAT-BG). « Le Roi ajoute [...] quoique votre maison soit achevée [...] trois mille livres pour y faire des colifichets. »
31. Il n'y a pas de trace de ce séjour. La correspondance de Vauban comporte un vide entre janvier et avril 1684.
32. Antoine Le Prestre, fils de Paul II Le Prestre, cousin germain de Vauban, est connu sous le nom de Dupuy-Vauban. Il possédait, par son mariage avec une demoiselle de Busseul, la terre de Saint-Sernin en Saône-et-Loire qui fut érigée en comté sous le nom de Vauban en 1725.
33. François de Bonne, marquis de Créqui, duc de Lesdiguières (1624-1687).
34. Instruction préparatoire du siège de Luxembourg — 1er avril 1684 (cité par P. Lazard, *Vauban*, F. Alcan, 1934).
35. Ce sont des sortes de gabions dressés sur un monticule de terre, qui permettent de dominer les positions de tir ennemies et de les neutraliser par un feu rapproché.
36. Lettre de Vauban à Louvois — 14 mai 1684 — au camp de Luxembourg (RdA II).

37. Lettre de Louvois à Vauban — 23 mai 1684 — de Valenciennes (SHAT-BG).
38. Lettre de Vauban à Louvois — 4 juin 1684 — au camp de Luxembourg (RdA II).
39. *Abrégé des services du maréchal de Vauban,* Augoyat, Auselin, 1839.
40. Lettre de Vauban à Louvois — 30 mai 1684 — au camp de Luxembourg (RdA II).
41. Lettre de Vauban à Louvois — 2 juin 1684 — au camp de Luxembourg (SHAT-BG).
42. Lettre de Vauban à Louvois — 5 juillet 1684 — au camp de Luxembourg (RdA II).

11. Tracer des canaux et défendre les côtes

1. Deux traités sont signés séparément : l'un entre le roi de France et l'Empereur, l'autre entre le roi de France et le roi d'Espagne.
2. Lettre de Louvois à Vauban — 28 juin 1684 — de Versailles (SHAT-BG).
3. Lettre de Seignelay à Vauban — 18 juin 1684 — de Versailles (SHAT-BG).
4. *Mémoires sur le siège de Luxembourg* (archives privées).
5. Lettre de Seignelay à Vauban — 23 novembre 1684 — de Versailles (SHAT-BG).
6. Lettre de Louvois à Vauban — 3 novembre 1684 — de Fontainebleau (SHAT-BG).
7. Lettre de Louvois à Vauban — 30 décembre 1684 — de Versailles (SHAT-BG).
8. Lettre de la marquise de Sévigné à Mme de Grignan — 13 décembre 1684.
9. Création des étangs de Trappes et de Bois-d'Arcy (1672-1675). Captage des « étangs inférieurs » de la plaine de Saclay (1680) et construction de l'aqueduc de Buc (1684). Construction de la machine de Marly (1675-1683) (*cf. Les Eaux de Marly et de Versailles,* par M. Vallès, Paris, 1864).
10. Pontgouin est situé à une vingtaine de kilomètres à l'ouest de Chartres. De Pontgouin à Maintenon il y a environ 30 kilomètres, de Maintenon à Versailles 50 kilomètres.
11. Lettre de Louvois à Vauban — 7 février 1685 — de Versailles (RdA II).
12. L'aqueduc de Vauban devait avoir 5 920 mètres de long, composé de 242 arches de 13 mètres d'ouverture, les plus élevées atteignant 68 mètres de hauteur. La cunette, dans laquelle les eaux couleraient aurait eu 2,48 mètres de large sur 1,89 mètre de profondeur.
13. « Ordre à tenir pour les préparatifs des matériaux nécessaires à la construction de l'Aqueduc que le Roi a résolu de faire [...] » (FR).
14. Le coût de cette entreprise s'élèvera cependant à plus de 8 millions de livres.
15. Mémoire sur le port à faire à Ouessant — août 1685 (SHAT-AG).
16. Ces tours seront construites en 1689.
17. Lettre de Vauban à Louvois — 17 septembre 1685 — de Belle-Ile (SHAT-BG).
18. Lettre de Louvois à Vauban — 11 novembre 1685 — de Fontainebleau (RdA II).
19. Cité dans *Louis XIV* de F. Bluche, Fayard, 1989.
20. Cela consistait à faire loger la troupe chez les huguenots les plus influents. Sûrs de leur impunité les dragons se livraient à de nombreuses exactions.
21. Additif au projet général de Saint-Martin-de-Ré — 24 septembre 1685 (SHAT-AG).
22. Mémoire relatif au projet de Blaye — 30 novembre 1685 (SHAT-AG).
23. Le canal a une longueur de 279 kilomètres, une largeur de 20 mètres à la surface et une profondeur de 2 mètres.
24. Cité dans *Histoire de Vauban* de G. Michel, Hachette, 1896.
25. Mémoire du 5 mars 1686 (SHAT-BG). Ce mémoire sera complété en 1691, à la suite d'une nouvelle visite de Vauban.

26. Vauban envisage de faire passer dans le canal des bâtiments de 90 pieds de long, 20 pieds de large, avec un tirant d'eau maximum de 9 pieds.
27. Cité dans *Vauban* de P. Lazard, F. Alcan, 1934.
28. Lettre de Seignelay à Vauban — 15 janvier 1686 (SHAT-BG).
29. Lettre de Seignelay à Vauban — 3 mars 1686 (SHAT-BG).
30. *Regulae VI* de Descartes — 1628.
31. *Ibid.*
32. En date du 30 janvier 1686 (archives privées).
33. En date du 25 février 1686 (archives privées).
34. En date d'avril 1686 (archives privées).
35. Lettre de Seignelay à Vauban — 30 juin 1686 (RdA II).
36. Lettre de Seignelay à Vauban — 30 juin 1686 (RdA II).
37. Mémoire descriptif et projet de fortification par Vauban — 22 juin 1686 (SHAT-AG).
38. *Mémoire sur Cherbourg* de Vauban — 15 juillet 1686 (SHAT-AG).
39. Lettre de Seignelay à Vauban — 7 septembre 1686 — de Versailles (SHAT-BG).
40. Lettre de Vauban à Louvois — 12 octobre 1686 — citadelle de Tournai (SHAT-BG).

12. Sur les frontières de l'Est

1. Pour punir les Génois d'entretenir de bonnes relations avec l'Espagne, Louis XIV fait bombarder Gênes par la flotte de Duquesne en 1684.
2. Après la révocation de l'édit de Nantes, Louis XIV impose au duc de Savoie de soumettre certaines vallées de son duché, habitées par des « hérétiques », les « barbets » (population protestante habitant certaines hautes vallées du Piémont). L'opération fut menée brutalement par des troupes commandées par le futur maréchal Catinat en 1686.
3. A la mort de l'Électeur palatin, en 1685, Louis XIV tente de faire valoir les droits de sa belle-sœur, Madame, sœur de l'Électeur défunt, sur une partie du Palatinat rhénan.
4. Lettre de Louvois à Vauban — 17 octobre 1686 — de Fontainebleau (SHAT-BG).
5. Seltz est situé sur la rive gauche du Rhin à hauteur de Rastatt.
6. Lettre de Louvois à Vauban — 16 novembre 1686 — de Versailles (SHAT-BG).
7. Lettre de Vauban à Louvois, écrite le 27 novembre, ne figure pas dans les archives.
8. Lettre de Louvois à Vauban — 4 décembre 1686 — de Versailles (SHAT-BG).
9. Projet de fortification dans l'île de Giesenheim — 25 janvier 1687 (FR).
10. Lettre de Vauban à Louvois — 3 février 1687 — de Strasbourg (SHAT-BG).
11. Projet de fortification de Belfort — 3 mars 1687 (SHAT-AG).
12. La correspondance entre Vauban et sa femme ne figure dans aucune des archives que nous avons pu consulter.
13. « L'époigne » est un petit pain en patois morvandiau.
14. Le dessin de ces « tours bastionnées » existe au Service historique avec la signature de Vauban et la date : 13 avril 1687.
15. Nicolas de Catinat (1637-1712), fils d'un conseiller du Roi au parlement de Paris. Gouverneur de Casal (1682-1687). Gouverneur de Luxembourg en 1687. Il commandera l'armée d'Italie en 1690. Maréchal de France en 1693.
16. Lettre de Vauban à Catinat — 7 avril 1687 — de Bazoches (RdA II).
17. Lettre de Louvois à Vauban — 3 avril 1687 — de Versailles (SHAT-BG).
18. Cette place fut construite en cinq ans. Elle sera entièrement démolie en 1697, en application du traité de Ryswick.

19. Ce dossier est envoyé début juillet à Versailles. Louvois écrit le 8 juillet 1687 à Vauban que le Roi l'a vu et accepté (SHAT-BG).

20. On sait que Vauban se soignait à Bazoches au lait d'ânesse, ce qui était fort simple en comparaison des médications appliquées à cette époque. L'ingénieur Niquet, qui souffrait depuis deux ans de « fièvres lentes », lui écrivait le 23 avril 1687, que « tous les remèdes de la faculté de Montpellier n'en ont pas arrêté le cours, de sorte que malgré les eaux de Balaruc, de Vic en Auvergne, de tous les opiats possibles, de lait d'ânesse et de vache assaisonné de poudre de corail, de perles, d'yeux d'écrevisses [...], de bains domestiques et de rivières, de bouillons rafraîchissants, de pilules composées de mercure, de térébenthine, de chio, de mastic, etc. [...] de rhubarbe et une infinité d'autres remèdes publics... » il avait gardé ces fièvres jusqu'au mois dernier (archives privées).

21. Lettre de Louvois à Vauban — 25 août 1687 — de Versailles (SHAT-BG).

22. Mohács est dans la partie sud de la Hongrie, sur la rive droite du Danube. Les impériaux, lors de ce combat, étaient commandés par Charles V de Lorraine, beau-frère de Léopold.

23. Cette lettre ainsi que le mémoire semblent avoir disparu. Certains auteurs ont pensé qu'il s'agissait d'une première version de la Dîme royale ou d'un plaidoyer contre la révocation de l'édit de Nantes. Il paraît beaucoup plus vraisemblable que Vauban traite du problème de l'actualité brûlante, c'est-à-dire de la menace de la guerre et du moyen d'y parer.

24. Lettre de Louvois à Vauban — 13 octobre 1687 — de Fontainebleau (RdA II). « Le Roi de Narsingue », allusion à une publication satirique faite à Paris en 1612.

25. Lettre de Vauban à Louvois — 9 décembre 1687 — de la citadelle de Lille (FR).

26. Lettre de Vauban à Louvois — 21 décembre 1687 — de la citadelle de Lille (RdA II).

27. « Un soldat moyennement entraîné peut tirer 20 coups de mousquet par heure, faisant feu continuel. Il en pourrait bien tirer 30 voire 40, et cela ne serait pas une affaire la première heure, mais comme les armes s'échauffent, qu'on est souvent obligé de les nettoyer et de les rafraîchir [...] qu'il y a toujours quelques mousquets qui crèvent [...]. » (archives privées).

28. Le fusil est équipé d'une pierre à silex pour la mise à feu (en italien *focile,* d'où fusil). Il fait son apparition vers 1630, mais il n'équipera l'infanterie française qu'à la fin de ce siècle.

29. Lettre de Vauban à Louvois — 21 décembre 1687 — de la citadelle de Lille (RdA II).

30. Lettre de Louvois à Vauban — 25 décembre 1687 — de Versailles (RdA II).

31. Nomination en date du 24 août 1688. Le grade de lieutenant général correspond, toutes choses égales d'ailleurs, à celui de général de division.

13. Pour le rappel des huguenots

1. Le Dauphin, alors âgé de 26 ans, a reçu à cette occasion une noble instruction du Roi : « En vous envoyant commander mon Armée, je vous donne occasion de faire connaître votre mérite ; allez le montrer à toute l'Europe afin que, quand je viendrai à mourir, on ne s'aperçoive pas que le Roi est mort. »

2. Jacques-Henri de Durfort, duc de Duras (1626-1704), neveu de Turenne, gouverneur de la Franche-Comté, maréchal de France en 1675.

3. Lettre de Louvois au maréchal de Duras — 17 septembre 1688 — de Versailles (RdA II).

4. Lettre de Vauban à Louvois — 1er octobre 1688 — au camp devant Philippsbourg (SHAT-BG).

5. Lettre de Vauban à Louvois — 13 octobre 1688 — au camp devant Philippsbourg (RdA II).

6. Lettre de Vauban à Louvois — 17 octobre 1688 — au camp devant Philippsbourg (SHAT-BG).
7. Lettre de Vauban à Louvois — 27 novembre 1688 — de Philippsbourg (RdA II). Ces canons ont orné les terrasses de Bazoches jusqu'en 1779. Deux se trouvent aujourd'hui au château de Marcilly (Nièvre), les deux autres ont été fondus en 1793.
8. Lettre du Roi à Vauban — 8 novembre 1688 — Archives départementales de la Nièvre.
9. Lettre de Vauban à Louvois — 6 novembre 1688 — au camp de Mannheim (SHAT-BG).
10. Lettre de Vauban à Louvois — 6 novembre 1688 — au camp de Mannheim (SHAT-BG).
11. Lettre de Vauban à Louvois — 14 novembre 1688 — au camp de Mannheim (RdA II).
12. Lettre de Vauban à Louvois — 30 décembre 1688 — de Strasbourg (SHAT-BG). (Gniolle = échec en vieux français.)
13. Jacques II (1633-1701) a succédé en 1685 à son frère Charles II, mort sans héritier. D'un premier mariage il a eu deux filles, l'aînée Marie a épousé son cousin Guillaume d'Orange. D'un second mariage avec une princesse catholique, Marie de Modène, il a eu un fils, Jacques-Édouard, né en juin 1688.
14. Lettre de Vauban à Louvois — 24 janvier 1689 — Les Rosiers (FR).
15. Lettre de Vauban à Louvois — 18 mars 1689 — de Brest (SHAT-BG).
16. Lettre de Vauban à Seignelay — 6 avril 1689 — de Saint-Malo (RdA II).
17. *Instruction sur les ouvrages les plus pressés de fortifier à Calais* — 15 juin 1689 (FR).
18. Lettre de Louvois à Vauban — 20 juillet 1689 — de Versailles (SHAT-BG).
19. Lettre de Louvois à Vauban — 29 septembre 1689 — de Marly (SHAT-BG).
20. *Essais d'inondation à Menin* — 14 octobre 1689 (SHAT-BG).
21. Ce mémoire figure *in extenso* dans RdA I.
22. Lettre de Louvois à Vauban — 30 octobre 1689 — de Versailles (SHAT-BG).
23. Ce mémoire figure *in extenso* dans RdA I.
24. Lettre de Louvois à Vauban — 5 janvier 1690 — de Versailles (RdA II).
25. Lettre de Louvois à Vauban — 3 janvier 1690 — de Versailles (RdA II).
26. Lettre de Vauban à Louvois — 25 mars 1690 (RdA II).
27. Jules-Louis Bolé, marquis de Chamlay (1650-1719), maréchal des logis aux camps et aux armées du Roi. Collaborateur de Louvois au ministère de la Guerre. Le château de Chamlay était à côté de Joigny. Vauban le visitera et fera un projet pour son agrandissement.
28. Lettre de Louvois à Vauban — 18 mai 1690 — de Versailles (RdA II).
29. Lettre de Louvois à Vauban — 3 juillet 1690 — de Versailles (SHAT-BG).
30. Lettre de Louvois à Vauban — 6 novembre 1690 — de Versailles (SHAT-BG).

14. Namur, siège exemplaire

1. Le prince d'Orange est devenu Guillaume III d'Angleterre. Toutefois Louis XIV ne le reconnaît pas comme tel et considère que Jacques II, en exil en France, est toujours roi d'Angleterre.
2. Traité de Vienne, signé le 12 mai 1689, entre l'Empire et les Provinces-Unies. Les alliés s'engageaient à mettre toutes leurs ressources dans la guerre contre la France pour obtenir le rétablissement de l'état politique et religieux conforme aux traités de Westphalie et des Pyrénées.
3. Louis Bernin de Valentinay va obtenir que la châtellenie d'Ussé soit érigée en marquisat dès 1692. Cette décision sera contestée en 1693 et ne sera confirmée qu'en 1700.
4. Le domaine de Voisins a été acheté en 1663 par Louis de Valentinay, contrôleur

général de la Maison du Roi. Son fils, gendre de Vauban, reçoit cette propriété en 1691. Il la cédera cinq ans plus tard au marquis de Cavoye, maréchal des logis de la Maison du Roi.

5. Lettre de Vauban à Cladech — 19 janvier 1691 — de Luciennes (RdA II).

6. *Mémoire sur le canal du Languedoc* — 25 février 1691 (RdA I).

7. Lettre de Vauban à Ferry — 4 mars 1691 — de l'île de Blaye (SHAT-BG). Le fort Pâté, de forme circulaire, sera construit en trois ans sur cette île où il surveillera le trafic dans l'estuaire de la Gironde.

8. Louis-François, marquis de Boufflers (1644-1701) a contribué à la victoire de Fleurus. Il sera nommé duc et pair après sa glorieuse défense de Lille en 1708.

9. Geste généreux, mais neuf mois plus tard Vauban n'a toujours pas reçu cette somme. Il la réclame à Pontchartrain qui lui répond qu'il ne peut « la payer d'un coup ». — Lettre du 10 décembre 1691 (FR).

10. Lettre de Vauban à Louvois — 8 mai 1691 — de Mons (RdA II).

11. Lettre de Louvois à Vauban — 18 mai 1691 — de Versailles (RdA II).

12. Lettre de Louvois à Vauban — 30 juin 1691 — de Versailles (RdA II).

13. Lettre de Vauban à Louvois — 17 juillet 1691 — de Mons (RdA II).

14. Lettre du Roi à Vauban — 22 juillet 1691 — de Versailles (RdA II).

15. Michel Le Peletier de Souzy (1640-1725), intendant en Flandre puis conseiller d'État. Il devient « directeur général des fortifications des places de terre et de mer » avec rang de secrétaire d'État, poste qu'il détient jusqu'en 1715.

16. Louis-François-Marie Le Tellier, marquis de Barbezieux (1668-1701).

17. *Mémoires* de Saint-Simon, coll. « La Pléiade », Gallimard, 1983, t. I.

18. Lettre de Vauban à Barbezieux — 21 août 1691 — de Valenciennes (RdA II).

19. Phélypeaux de Pontchartrain (1643-1717), contrôleur général des Finances depuis 1687. Il recevra la charge de chancelier de France en 1699. A cette date son fils Jérôme lui succédera à la Marine.

20. Lettre du Roi à Vauban — 15 août 1691 — de Versailles (RdA II).

21. Lettre du maréchal de Luxembourg à Vauban — 26 août 1691 (FR).

22. *Mémoires touchant Namur* — reconnaissance effectuée le 27 août 1691 (RdA II).

23. Lettre de Vauban à Rousselot — 22 août 1683 — (reproduite en annexe n° 5).

24. Vauban date une lettre adressée à Cladech — 9 septembre 1691 — de Luciennes (SHAT-BG).

25. Lettre de Vauban au Roi — 27 septembre 1691 — de Mézières (archives privées).

26. Lettre de Vauban à Le Peletier — 24 octobre 1691 — de Philippeville (RdA II).

27. Lettre de Vauban à Cladech — 31 octobre 1691 — de Mons (SHAT).

28. Lettre de Godignon à Vauban — 21 octobre 1691 — de Bazoches (archives privées).

29. Lettre de Friand à Vauban — 31 octobre 1691 — de Bazoches (archives privées).

30. Lettre de Vauban au Roi — 4 décembre 1691 — de la citadelle de Lille. Ce mémoire, revu ultérieurement par Vauban, figurera dans son traité sur la *Réorganisation de l'Armée* (RdA I).

31. Mme Deshoulières (1637-1694). Elle a daté cette poésie : « De Paris, la veille des Rois, l'an mil six cent quatre-vingt-douze » (RdA I).

32. Françoise d'Aubigné, marquise de Maintenon (1635-1719). Élevée dans la religion protestante qu'elle abjura en 1649. Veuve du poète Scarron. Gouvernante des enfants de Louis XIV et de Mme de Montespan, qu'elle supplantera dans les grâces du Roi. A la mort de la Reine Marie-Thérèse, en 1683, elle épousa secrètement Louis XIV.

33. Lettre de Vauban à Mme de Maintenon — 26 avril 1692 (FR).

34. Menno, baron de Coehorn (1641-1704). D'origine suédoise, s'était distingué dans de nombreux sièges. Guillaume d'Orange se l'était attaché.

35. Lettre de Racine à Boileau — 3 juin 1692 — au camp devant Namur (RdA II).
36. Lettre de Racine à Boileau — 15 juin 1692 — au camp devant Namur (RdA II).
37. Lettre de Racine à Boileau — 24 juin 1692 — au camp devant Namur (RdA II).
38. La moitié de la garnison a été mise hors de combat, contre 800 hommes chez les assaillants (*Abrégé des Services...*, Augoyat, Auselin, 1839).
39. Lettre de Mme de Maintenon à Vauban — 2 juillet 1692 (FR).
40. Lettre de Vauban au maréchal de Luxembourg — 24 juillet 1692 — de Namur (SHAT-BG).
41. Rapport de Vauban à Louis XIV sur Namur — 28 juillet 1692 — annoté en marge par le Roi le 3 août (SHAT-BG).
42. Lettre de Vauban au maréchal de Luxembourg — 26 août 1692 — de Namur (RdA II).
43. Lettre de Vauban au Roi — 1er septembre 1692 — de Namur (FR).
44. Lettre de Vauban à Barbezieux — 3 septembre 1692 — de Charlemont (RdA II).

15. Par monts et par vaux

1. Depuis le traité de Westphalie en 1648.
2. Sa mère, Christine de France, est la sœur de Louis XIII. Il a de plus épousé la nièce de Louis XIV, Anne-Marie d'Orléans.
3. Description de Grenoble — 22 septembre 1692 (RdA I).
4. *Projet pour Fort-Barraux* — 7 octobre 1692 (SHAT-AG).
5. *Projet de fortification pour la ville de Grenoble* — 28 septembre 1692 — l'estimation globale s'élève à 963 224 livres (FR).
6. Lettre de Vauban à Cladech — 29 octobre 1692 — de Pignerol (RdA II).
7. Note du 21 novembre 1692 (RdA I et archives privées).
8. *Projet d'Embrun par M. de Vauban* — 9 décembre 1692 (SHAT-AG). L'estimation globale se monte à 240 263 livres.
9. *Mémoire sur Mont-Dauphin*, de Vauban — janvier 1693 (SHAT-AG).
10. *Note sur Gap*, de Vauban — décembre 1692 (SHAT-AG).
11. *Projet de fortification de Saint-Vincent*, de Vauban — 25 décembre 1692 (SHAT-AG).
12. *Projet de fortification de Seyne* par Richerand, avec addition de Vauban — 30 décembre 1692 (SHAT-AG).
13. Lettre de Vauban à Le Peletier — 6 janvier 1693 — de Nice (SHAT-BG), avec un projet de Sisteron établi avec l'ingénieur Niquet.
14. Lettre de Vauban à Le Peletier — 9 janvier 1693 — de Nice (SHAT-AG). Cette lettre accompagne le projet de fortification de Digne, avec des plans de tours bastionnées.
15. Lettre de Vauban à Catinat — 15 février 1693 — de Nice (RdA II).
16. Lettre de Vauban à Le Peletier — 17 février 1693 — de Nice (RdA II).
17. Lettre de Vauban à Le Peletier — 23 janvier 1693 — de Nice (RdA II).
18. Lettre de Vauban à Le Peletier — 17 février 1693 — de Nice (RdA II).
19. *Ibid.*
20. *Ibid.*
21. *Ibid.*
22. *Ibid.*
23. Lettre de Vauban à Catinat — 15 février 1693 — de Nice (RdA II). Catinat, répondant le 19 février à cette lettre de son ami qu'il connaît bien, exprime un vœu qu'il formule d'une manière pas tout à fait innocente : « Si vous pouviez encore tirer de vos chausses un garçon, né en légitime mariage, pour avoir un rejeton dans le royaume d'un homme aussi illustre et aussi estimable que vous [...] (FR).
24. Ce sont : le comte de Choiseul, le duc de Villeroi, le marquis de Joyeuse, le duc de Noailles, le marquis de Boufflers, Tourville et Catinat.

25. Extrait des *Mémoires* de Catinat.
26. *Agenda* — 4 avril 1693 : « Places sur lesquelles j'ai travaillé pendant mon dernier voyage. Départ Namur 1er septembre, arrivée Paris 30 mars » (FR).
27. *Agenda pour parler au Roi des Ingénieurs et de plusieurs particuliers,* 21 avril 1693 (FR).
28. Ce mémoire, daté du 5 mai 1693, figure *in extenso* dans RdA I.
29. Lettre du Roi à Vauban — 13 juin 1693 — de Marly (RdA II).
30. *Ibid.*
31. Lettre de Vauban à Le Peletier — 29 juin 1693 — de Mons (RdA II).
32. *Ibid.*
33. Lettres de Vauban au Roi — 9 et 20 juillet 1693 — de la citadelle de Lille (archives privées).
34. Lettre de Vauban au Roi — 27 juillet 1693 — de la citadelle de Lille (FR).
35. Lettre de Vauban au Roi — 10 août 1693 — de la citadelle de Lille (FR).
36. Lettre de Vauban au Roi — 18 août 1693 — de Valenciennes (FR).
37. Lettre de Vauban à Le Peletier — 19 août 1693 — de Valenciennes (SHAT-BG).
38. Lettre de Vauban à Le Peletier — 18 octobre 1693 — de Charleroi (cité dans *Vauban* de G. Michel, Hachette, 1896).
39. *Abrégé des Services* du maréchal de Vauban, Augoyat, Auselin, 1839.
40. Lettre de Vauban à Le Peletier — 13 octobre 1693 — de Charleroi (RdA II).
41. Lettre du Roi à Vauban — 27 octobre 1693 — de Versailles (RdA II).
42. Lettre de Vauban à Le Peletier — 13 octobre 1693 — de Charleroi (RdA II).
43. Lettre de Vauban à Le Peletier — 3 novembre 1693 — de Mons (SHAT-BG).
44. *Ibid.*
45. On estime que la France à la fin du XVIIe siècle, comptait environ vingt millions d'habitants. L'exode provoqué par la révocation de l'édit de Nantes n'aurait concerné que cent cinquante mille protestants. André Corvisier, *La France de Louis XIV,* SEDES, 1979.
46. Ce mémoire se trouve dans le tome III des *Oisivetés,* Augoyat, Correard, 1843.
47. Manuscrit figurant dans des archives privées.
48. Document cité *in extenso* dans RdA I.
49. Dans l'ordre donné par Vauban : places d'Italie et de la Savoie : Casal, Suse, Pignerol, Montmélian ; places d'Allemagne : Huningue, Fribourg, Brisach, fort de Kehl, Philippsbourg, Kaiserslautern, Kirn, Mont-Royal, Trèves, Longwy ; places des Pays-Bas espagnols : Dinant, Namur, Charleroi ; places de Catalogne : Roses, Belver ; places de Cerdagne : Montlouis et ses dépendances en échange de Castel-Leon ; Lorraine : Nancy rendue au duc si celui-ci signe un traité d'alliance avec la France.

16. Défense de Brest, pour l'honneur

1. Lettre de Vauban au Roi — 27 mars 1694 — de Paris (FR).
2. Victoire de Lagos, le 27 juin 1693. Tourville, venant de Brest avec 72 vaisseaux, a attaqué un convoi de 200 voiles, escorté de 23 bateaux de guerre anglais et hollandais au large du Portugal. Il réussit à en couler ou à en brûler 75 et à en capturer 27.
3. Le 26 novembre 1693 une escadre britannique arrive devant Saint-Malo. Elle lance 150 bombes, dont 26 tombent sur la ville, sans y causer de gros dégâts. Puis, le 29, un bâtiment transformé en « machine infernale » fait voile vers le port, mais il s'échoue sur un rocher à quelques encablures des remparts et explose.
4. Lettre du Roi à Vauban — 1er mai 1694 — de Versailles (RdA II).
5. Lettre de Vauban au Roi — 7 mai 1694 — de Saint-Malo (SHAT-BG).
6. *Projet supplémentaire de Saint-Malo,* par Vauban — 9 mai 1694 (SHAT-AG).
7. Lettre du Roi à Vauban — 10 mai 1694 — de Versailles (SHAT-BG).

8. Lettre de Vauban au Roi — 15 mai 1694 — de Carentan (SHAT-BG).

9. Recouvrance est un village jouxtant la ville de Brest, sur la rive droite de la rivière Penfeld.

10. Les évêchés de Quimper, Saint-Pol-de-Léon, Tréguier et Saint-Brieuc.

11. Claude de Choiseul (1632-1711), maréchal de France en 1693. Il commandera l'armée du Rhin en 1696.

12. Lettre de Vauban à Le Peletier — 9 mai 1694 — de Saint-Malo (SHAT-BG).

13. Lettre de Vauban à Barbezieux — 24 mai 1694 — de Brest (SHAT-BG).

14. Lettre du Roi à Vauban — 22 mai 1694 — de Versailles (SHAT-BG). Talmack, cité dans cette lettre, est un général anglais.

15. Lettre de Vauban à Barbezieux — 4 juin 1694 — de Brest (RdA II).

16. *Abrégé des Services du maréchal de Vauban*, Augoyat, Auselin, 1839.

17. Lettre de Vauban au Roi — 18 juin 1694 — de Brest (RdA II).

18. Lettre de Barbezieux à Vauban — 24 juin 1694 — de Versailles (SHAT-BG).

19. Lettre de Vauban au Roi — 25 juin 1694 — de Brest (SHAT-BG).

20. Lettre de Vauban à Pontchartrain — 28 juin 1694 — de Brest (citée dans la communication faite au Congrès Vauban, tenu à Avallon en juillet 1933, sur le thème *Vauban à Brest*).

21. Lettre de Vauban à Pontchartrain — 17 septembre 1694 — de Brest (*ibid.*).

22. Jérôme de Pontchartrain, a reçu fin 1693 la survivance de la charge de secrétaire d'État à la Marine qu'il conservera jusqu'en 1715. Saint-Simon, qui ne l'aimait pas, disait de lui « la petite vérole l'avait épargné, mais la fortune l'avait aveuglé » (*Mémoires*, coll. « La Pléiade », Gallimard, 1983, t. I.).

23. Lettre de Vauban à Pontchartrain — 17 septembre 1694 — de Brest (RdA II).

24. Lettre de Vauban au Roi — 2 août 1694 — de Brest (FR).

25. Lettre de Vauban au Roi — 5 août 1694 — de Brest (FR).

26. Lettre de Vauban à M. le Bailli de la Pailletière — 26 août 1694 — de Brest (RdA II).

27. Lettre de Vauban à Pontchartrain — 21 octobre 1694 — de Brest (Congrès Vauban, déjà cité).

28. Lettre de Vauban à Pontchartrain — 4 octobre 1694 — de Brest *(Ibid.)*.

29. *Instructions sur l'organisation de la défense de Brest et de ses environs* — octobre 1694 (FR).

30. Lettre de Vauban à Pontchartrain — 15 octobre 1694 — de Brest (Congrès Vauban, déjà cité).

31. Carte des environs de Cherbourg — signée par Vauban — 30 novembre 1694 (SHAT-AG).

32. Lettre de Vauban au duc de Beauvilliers — 5 décembre 1694 — au Havre (FR).

33. *Mémoire contenant les avis pour et contre le rétablissement de Dieppe*, avec le sentiment de M. de Vauban sur l'enceinte qu'il propose d'y faire, dont le devis se monte à 208 670 livres — 23 décembre 1694 (SHAT-AG).

34. Lettre de Vauban à Le Peletier — 4 janvier 1695 — de Dunkerque (SHAT-BG).

35. *Mémoire sur la guerre de Piémont qui paraît la plus convenable au temps présent, la plus utile, la plus sûre et de la moindre dépense* (77 pages), joint à une lettre au Roi — du 23 décembre 1694 (FR).

36. Pierre Le Pesant de Boisguilbert (1646-1714), lieutenant général du bailliage de Rennes.

37. « Projet de capitation », tome II des *Oisivetés* — février 1695, Augoyat, Correard, 1843.

38. Dans les années de guerre (1690-1693), la taille aurait rapporté de l'ordre de 35 millions de livres par an (d'après E. Lavisse dans son *Louis XIV*, réédité par R. Laffont, 1989).

39. « La capitation » instaurée en 1695 frappait tous les sujets du Roi, répartis en 22 classes suivant leur rang social. L'imposition était proportionnée, allant de une à 2 000 livres. Mais elle n'était pas calculée sur le revenu réel. Elle était arbitrairement fixée

suivant un revenu « présumé ». La « capitation » ne rapportera que 26,5 millions de livres en 1695. Elle fut supprimée en 1698, à la fin de la guerre.

40. Lettre de commandement de Vauban — 24 mars 1695 (archives privées).

41. Lettre de Vauban au Roi — 15 juillet 1695 — de Brest (RdA II).

42. Comte Claude de Choiseul (1632-1711), s'est illustré dans la défense de Candie contre les Turcs. Maréchal de France en 1693.

43. Vauban à Le Peletier — 15 juillet 1694 — de Brest (RdA II).

44. Vauban, dans une lettre adressée un peu plus tard, le 6 octobre, à Le Peletier, précisera sa conception du camp retranché ou fortifié : « Quand je dis camp fortifié ce n'est pas une fortification de 8 jours mais bien d'un mois ou six semaines bien employées, avec des parapets à preuve, bien fraisés et palissadés, des traverses et des épaulements partout où il en sera besoin. Je sais que nous avons la tête dure là-dessus, mais ne me lasse pas de le dire, parce que toute place assiégée, où l'ennemi peut avoir une armée d'observation, peut se compter comme perdue, sitôt que le siège sera formé [...], pour les empêcher d'être prises, il faut empêcher l'ennemi de les assiéger, ce qui ne se peut faire qu'en lui opposant des armées plus fortes que les siennes ou par de bons camps retranchés » (SHAT-BG).

45. Vauban à Catinat — 25 février 1693 — de Nice (RdA II).

46. *Défauts de la situation de Namur et critique de la manière dont la défense a été faite*, manuscrit de Vauban — 1695 (FR).

47. Lettre de Le Peletier à Vauban — 17 avril 1695 — de Versailles (RdA II). Le lieutenant général de la marine, le comte d'Estrées, avait eu au moins la galanterie d'envoyer à Vauban une lettre de félicitations après l'affaire de Camaret. Il lui disait : « Je trouve les troupes de marine bien heureuses de servir sous un général qui sait si bien disposer toutes choses qu'elles n'ont qu'à faire preuve de bonne volonté pour faire une action d'éclat. » — 5 septembre 1694 (FR).

48. *Instruction laissée par Vauban à ses successeurs en octobre 1694 et code des signaux* (archives privées).

49. *Mémoire sur la défense du Goulet de Brest* (RdA I).

50. Lettre de Vauban à Le Peletier — 29 août 1695 — de Brest (SHAT-BG). Vauban reviendra quelques semaines plus tard sur ses relations difficiles avec Pontchartrain : « Je suis fort ennuyé de traiter les difficultés que je trouve sur mon chemin ; je vous en entretiendrai, le nez sur les tisons » — 6 octobre 1695 — de Brest (RdA II).

51. Lettre de Vauban à Le Peletier — 19 août 1695 — de Brest (RdA II).

52. *Notes, mémoires et états sur la construction et l'entretien des navires* (archives privées).

53. *Mémoire sur les galères* — 3 octobre 1695 (FR). Bâtiment amphidrome : navire capable d'aller indifféremment dans un sens ou dans l'autre, la proue devenant poupe et réciproquement (*Glossaire nautique* d'Augustin Jal).

54. *Mémoire sur la caprerie* — 3 novembre 1695 (RdA I). Le capre est le corsaire (mot dérivé du hollandais : *kaaper*).

55. Le marquis de Nesmond, lieutenant général des Armées navales, a armé 10 bâtiments pour la course, suivant un traité signé avec le Roi en juin 1695.

56. Lettre de Vauban à Pontchartrain — 18 septembre 1695 — de Saint-Malo (RdA II).

17. « Je suis bonhomme, mais un peu têtu. »

1. Louis d'Oger, marquis de Cavoye (1639-1706), maréchal du logis du Roi. Réputé pour sa vaillance et ses qualités de courtisan.

2. *Plusieurs maximes bonnes à observer pour tous ceux qui font bâtir*, cité *in extenso* dans RdA I (figure dans le tome I des *Oisivetés*, Augoyat, Correard, 1843).

3. Le fils aîné de Jeanne-Françoise, Louis-Sébastien d'Ussé, naîtra en 1696. Il

servira brillamment sous Louis XV, puis quittera l'armée pour s'adonner aux lettres et aux arts. Il mourra en 1772 sans laisser de postérité.

4. Mémoire non daté (FR).

5. Ronsard (1524-1585), *Odes*.

6. Le titre complet est : « Description géographique de l'Élection de Vézelay, contenant ses revenus, ses qualités, les mœurs de ses habitants, leur pauvreté et leur richesse, la fertilité du pays et ce qu'on pourrait y faire pour en corriger la stérilité et procurer l'augmentation des peuples et l'accroissement des bestiaux », *Oisivetés* (déjà cité).

7. Paul Honorat, duc de Beauvilliers (1648-1714). Gendre de Colbert, réputé « un des hommes les plus sages de la Cour et du Royaume ». Gouverneur du duc de Bourgogne depuis 1689, ministre d'État en 1691, fait partie à ce titre du « Conseil d'En Haut ».

8. Jacques Millereau a épousé Madeleine Le Prestre, sœur d'Urbain. Il avait la charge de notaire royal à Bazoches qui a été reprise ensuite par son fils Philibert. Vauban lui a confié la régie de ses biens. Ce sont leurs descendants, les La Brosse, qui habitent toujours le château de Vauban.

9. L'élection est une circonscription dans laquelle est organisée la perception de la taille. L'élection de Vézelay fait partie de la province du Nivernais. Elle comprend 50 paroisses et compte 22 500 habitants.

10. Au XVIIe siècle les « mesures » étaient différentes dans chaque province, de même que les « coutumes » suivant lesquelles le droit était jugé.

11. Lettre de Barbezieux à Vauban — 4 août 1695 — de Versailles (RdA II).

12. Lettre de Vauban au Roi — 8 avril 1696 — de Paris (FR).

13. *Ibid.*

14. *Mémoire sur les sièges que l'ennemi peut entreprendre la campagne prochaine* — janvier 1696. Il est annoté : ce mémoire a été présenté deux fois au Roi qui en a conservé un exemplaire (*Oisivetés*, t. II, Augoyat).

15. Places de première ligne citées par Vauban : Charlemont, Dinant, Philippeville, Charleroi, Mons, Condé, Tournai, Menin, Ypres, Furnes, Dunkerque. Places de deuxième ligne : Rocroi, Maubeuge, Avesnes, Le Quesnoy, Valenciennes, Lille, Bergues.

16. *Mémoire sur le projet de campagne au Piémont* — février 1696 (*Oisivetés*, t. II, Augoyat).

17. Lettre de Vauban à Le Peletier — 10 mai 1696 — de Mons (RdA II).

18. Lettre de Vauban à Le Peletier — 27 mai 1696 — de la citadelle de Lille (RdA II).

19. Lettre du Roi à Vauban — 2 juin 1696 — de Marly (RdA II).

20. Lettre de Vauban à Le Peletier — 14 juin 1696 — de Dunkerque (SHAT).

21. *Agenda pour le Roi* et *Fragment d'un Mémoire au Roi* — 24 juillet 1696 (FR).

22. Traité de Turin — 29 août 1696. Le duc de Savoie récupère Pignerol et Casal. Il offre le comté de Nice en dot à sa fille, Marie-Adélaïde, qui est fiancée au duc de Bourgogne, petit-fils de Louis XIV.

23. Lettre de Vauban à Racine — 13 septembre 1696 — de Paris (RdA II).

24. Lettre de Vauban à Racine — 17 septembre 1696 — de Paris. Le marquis de Pomponne, ministre des Affaires étrangères *in partibus*, grâce à son gendre Torcy qui en a le titre.

25. Vauban à Le Peletier — 12 octobre 1696 — de Bazoches (RdA II).

26. *Bulletin de la Société des sciences historiques et naturelles de Semur* — année 1872.

27. Les Mesgrigny ont eu onze enfants, dont un seul avec postérité.

28. Estevaux est dans la commune du Poil, canton de Luzy, et Montarmin est dans la commune de Luzy, tous deux dans la Nièvre.

29. « Traité entre René Le Prestre et damoiselle Françoise Le Prestre » daté du 15 novembre 1696, *Bulletin de la Société d'études d'Avallon*, 1971-76, vol. 66.

30. Le « ratafia », boisson locale faite avec un tiers de marc de bourgogne et deux tiers de vin doux. L'origine du nom viendrait de « ratifier » un acte.
31. Voir en annexe n° 4 le détail des biens de Vauban.
32. Archives privées.
33. *Agenda pour le Roi* — décembre 1696 (FR).
34. Jean-Charles de Mesgrigny, comte d'Aunay (1682-1763), fera campagne en Flandre, en Hollande et en Italie. Maréchal de camp puis lieutenant général. Une de ses filles épousera un Le Peletier de Rosanbo.
35. Il s'agit de l'abbaye de Chore (Cure), paroisse voisine de Bazoches. L'abbé Jean Gallois était un érudit, membre de l'Académie française. L'abbé Jean de Barrault était abbé de Saint-Eptade de Cervon dans la Nièvre.
36. *Mémoire sur ce qu'on peut faire par mer l'année prochaine* — décembre 1696 (FR).
37. Jean-Baptiste Colbert, marquis de Torcy (1655-1748), neveu du grand Colbert, succède à son père, le marquis de Croissy, en 1696.
38. Lettre de Vauban au Roi — 24 avril 1697 — de Paris (FR).
39. Lettre de Vauban à Cavoye — 26 avril 1697 (FR).
40. *Instructions pour le siège d'Ath* — 14 mai 1697 (SHAT-AG).
41. Lettre de Vauban à Le Peletier — 4 juin 1697 — au camp devant Ath (RdA II).
42. « Traité de l'attaque des places », *Oisivetés*, Augoyat, Correard, 1843, t. VIII.
43. Lettre de Vauban à Le Peletier — 6 juin 1697 — au camp devant Ath (SHAT-AG).
44. Dans une lettre postérieure, datée du 26 juin, il rectifie le chiffre des pertes : 500 hommes tués ou blessés, dont 3 ingénieurs tués et 6 blessés.
45. Lettre de Vauban au Roi — 8 juin 1697 — au camp devant Ath (RdA II).
46. Lettre de Vauban à Barbezieux — 8 juin 1697 — au camp devant Ath (RdA II).
47. Lettre de Vauban à Mme de Ferriol — 11 juin 1697 — au camp devant Ath (RdA II). M. de Ferriol avait 24 ans de plus que sa jeune femme. Il est nommé receveur général des Finances en Dauphiné. A ce titre il réside à Grenoble, tandis que Mme de Ferriol vit avec une sœur à Paris.
48. Lettre de Vauban au Roi — 16 juin 1697 — d'Ath (RdA II).
49. Lettre du Roi à Vauban — 18 juin 1697 — de Versailles (SHAT-BG).
50. *Abrégé d'instruction et estimation des réparations plus précises de la fortification d'Ath* — 20 juin 1697 (SHAT-AG).
51. Lettre de Vauban à Le Peletier — 31 juillet 1697 — de la citadelle de Lille (RdA II).
52. Lettre du Roi à Vauban — 22 août 1697 — de Marly (RdA II).
53. *Louis XIV* de F. Bluche, Fayard, 1986.

18. « Voilà les chimères dont je m'entretiens... »

1. La France rend à l'Espagne : Courtrai, Ath, Mons, Charleroi...
2. La France rend à l'Empire : Fribourg, Brisach, Kehl, Philippsbourg, le duché des Deux-Ponts et le Palatinat, mais elle acquiert la basse Alsace avec Strasbourg.
3. Vauban écrit au maréchal de Boufflers, qui a participé aux négociations de paix : « Voilà les armes pendues au croc pour longtemps. Dieu le veuille car en vérité la France en a grand besoin » — 26 septembre 1697 (archives privées).
4. Lettre de Vauban à Puyzieulx — juin 1699 (H d L).
5. Il convient de rappeler que le duché de Lorraine était, en fait, une mosaïque de territoires imbriqués dans ceux qui relevaient du Roi de France.
6. Lettre de Vauban à Le Peletier — 6 octobre 1697 — de la citadelle de Lille (RdA II).
7. Lettre de Vauban à Le Peletier — 15 novembre 1697 — de Mézières (SHAT-BG).

8. Lettre de Vauban à Le Peletier — 20 novembre 1697 — de Sedan (SHAT-BG).
9. Dossier non daté (SHAT-AG).
10. Lettre de Vauban à Le Peletier — 27 novembre 1697 — de Stenaÿ (RdA II).
11. Lettre de Vauban au Roi — 29 novembre 1697 — de Stenay (FR).
12. Cette maison a été détruite, celle qui a été reconstruite sur cet emplacement est dans un style plus moderne. Il est probable que Vauban disposait d'une autre maison plus modeste, située sans doute dans le quartier neuf de Lille, jouxtant la citadelle, où il pouvait recevoir plus discrètements certains visiteurs, et surtout quelques visiteuses. La tradition suivant laquelle Vauban aurait habité « le Réduit », construit sur un bastion de la face nord-est de l'enceinte de Lille paraît discutable. En tant que gouverneur de la citadelle, il pouvait difficilement résider à l'autre extrémité de la ville.
13. Il existe un inventaire du mobilier contenu dans cette maison en 1706.
14. État des arbres fruitiers de la citadelle de Lille : dans les demi-lunes 244, sur les remparts 1 062, dans le corps de la place et les rampes 618 ; total 1 679 — Plan de la citadelle et du bastion — 27 mars 1698 (archives privées).
15. « Faire état historique de mes terres... » — 25 février 1698 (archives privées).
16. *Oisivetés*, Augoyat, Correard, 1843, t. V (cité en partie dans RdA I).
17. « La guerre est père de toutes choses. »
18. « Agendas pour le Roi — décembre 1697 et février 1698 (FR).
19. *Relation du voyage sur la frontière — commencé le 9 avril 1698 et fini le 12 février 1699* (RdA I).
20. Lettre de Vauban à Le Peletier — 13 avril 1698 — à Troyes (RdA I).
21. Lettre de Vauban à Le Peletier — 16 avril 1698 — à Belfort (RdA I).
22. Lettre de Vauban à Le Peletier — 28 avril 1698 — de Huningue (RdA I).
23. Lettre de Vauban à Barbezieux — 28 juin 1698 — à Strasbourg (FR).
24. Lettre de Barbezieux à Vauban — 10 septembre 1698 — de Compiègne (SHAT-BG).
25. « Projet de fortification de Brisach », cité dans *Vauban* de P. Lazard, F. Alcan, 1934.
26. *Projet de Landau pour achever de le mettre dans un état de perfection* — 12 août 1698 (FR).
27. Lettre de Vauban à Le Peletier — 23 septembre 1698 — de Metz (RdA II).
28. *Instruction abrégée sur ce qui reste à faire à la ville et à la citadelle de Metz* — novembre 1698 (SHAT-AG).
29. Lettre de Vauban à Le Peletier — 16 novembre 1698 (SHAT-BG). Vauban et ses ingénieurs ont déjà fait des projets pour Verdun en 1678 , 1682, 1684 et 1687. Les travaux seront réalisés au XVIIIe siècle par Cormontaigne.
30. Lettre de Vauban à Le Peletier — 20 novembre 1698 — de Verdun (SHAT-BG).
31. Lettre de Vauban à Le Peletier — 13 décembre 1698 — de Maubeuge (RdA II).
32. Lettre de Vauban à Le Peletier — 26 décembre 1698 — de Condé (SHAT-BG).
33. « Navigation des rivières », *Oisivetés*, t. IV, Augoyat.
34. Cité *in extenso* dans RdA I.
35. T. IV des *Oisivetés*, Augoyat, Correard, 1843. Ce mémoire est cité *in extenso* dans RdA I ; il est daté du 28 avril 1699.
36. Lettre de Vauban à Fiers — 1er mars 1699 (FR).
37. Cette académie a été fondée en 1666 par Colbert. Elle groupait des savants en anatomie, astronomie, botanique, chimie, géométrie et mécanique. Elle venait de s'installer, en 1699, dans un bâtiment du Louvre.
38. Lettre de Vauban à Puyzieulx — 12 juillet 1699 — à Dunkerque (HdL).
39. *Projet général pour fortifier ville et port de Dieppe*, par Vauban — 1699 (SHAT-AG).
40. Lettre de Vauban à Puyzieulx — 23 août 1699 — à Dieppe (HdL).
41. *Projet général pour le Havre* — 8 octobre 1699 (SHAT-AG).

42. Lettre de Vauban au duc de Beauvilliers — 5 octobre 1699 — du Havre (SHAT-BG).
43. Lettre de Vauban au maréchal de Villeroi — 7 octobre 1699 — de Honfleur (FR).
44. Lettre de Vauban à Le Peletier — 21 octobre 1699 — de Cherbourg (RdA II).
45. Lettre de Vauban à Le Peletier — 29 octobre 1699 — de Granville (RdA II).
46. Lettre de Vauban à Nointel — 9 novembre 1699 — de Saint-Malo (FR).
47. Lettre de Vauban à Maurepas — 9 novembre 1699 — de Saint-Malo (RdA II). Jérôme de Phélypeaux, comte de Maurepas, vient de prendre les fonctions de secrétaire d'État à la Marine, succédant à son père devenu chancelier.

19. Projet de la dîme royale

1. Lettre de Vauban à Puyzieulx — 23 avril 1699 (HdL).
2. Lettre de Vauban à Puyzieulx — 22 août 1700 (HdL).
3. Dépenses urgentes pour 1700 (en livres) : Neuf-Brisach 600 000, Landau 100 000, Fort-Louis 30 000, Stenay 500 000, Charlemont 300 000, Furnes 250 000, Dunkerque (port) 100 000, Gravelines 50 000, Calais 60 000, Dieppe 250 000, Le Havre 50 000, La Rochelle 100 000, Bayonne 100 000, Antibes 50 000, Mont-Dauphin 100 000, Briançon 100 000, Barraux 40 000. Le restant des 3 millions destinés aux fortifications, pour entretien des places de première ligne qui n'ont pu être dotées (SHAT-BG).
4. Vauban a rencontré Boisguilbert en décembre 1694. Il a lu depuis son traité sur le *Détail de la France*, imprimé en 1695. Ils se sont revus en février 1698 à Paris, entretien préparé par l'abbé de Beaumont, qui a servi à plusieurs reprises d'intermédiaire entre eux deux. Cet abbé, résidant à Rouen, fournissait à Vauban des informations statistiques sur les paroisses de la région.
5. Lettre de Vauban à Puyzieulx — 14 juillet 1700 — de Bazoches (HdL).
6. Achille de Harlay, comte de Beaumont (1639-1712), conseiller au parlement, puis procureur général du Roi, nommé en 1689 premier président. Saint-Simon, qui ne l'aime pas, en fait un portrait féroce dans ses *Mémoires* : « Tous ces talents, il les tournait uniquement à son ambition de dominer et de parvenir. » (Coll. « La Pléiade », Gallimard, 1983, t. I.)
7. Lettre de Vauban au Roi — 13 mai 1700 de Paris (FR).
8. Jules-Louis Bolé, marquis de Chamlay (voir note 27 p. 334) exerce auprès du Roi, depuis la mort de Louvois, un rôle de conseiller militaire très écouté.
9. Lettre de Vauban à Chamlay — 30 mai 1700 — de Bazoches (FR).
10. Lettre de Vauban à Puyzieulx — 14 juillet 1700 — de Bazoches (HdL).
11. *Mémoire sur la fortification de Fenestrelle* — 20 août 1700 (FR).
12. Lettre de Vauban à Le Peletier — citée dans *Vauban* de P. Lazard, F. Alcan, 1934.
13. Lettre de Vauban à Le Peletier — 23 septembre 1700 — d'Embrun (RdA II).
14. *Nouveau projet pour Briançon* par Vauban. Dossier complet comprenant 99 articles et 14 feuilles de dessin (SHAT-AG). Lettre d'envoi à Le Peletier — 27 septembre 1700 — d'Embrun (RdA II).
15. *Projet des ouvrages à exécuter à Château-Queyras* — 23 septembre 1700 (SHAT-AG).
16. Lettre de Vauban à Le Peletier — 23 septembre 1700 — d'Embrun (RdA II).
17. Lettre de Vauban à Le Peletier — 25 septembre 1700 — d'Embrun (RdA II).
18. *Projet pour la ville de Seyne* par Vauban — 10 octobre 1700 (SHAT-AG).
19. *Estimation des ouvrages proposés à Colmars, frontière de Provence* — 18 octobre 1700 (SHAT-AG).
20. *Mémoire sur la fortification de la ville et du château de Guillaumes* — 25 octobre 1700 (SHAT-AG).

21. *Projet d'Entrevaux avec 6 plans et profils* — 19 novembre 1700 (SHAT-AG).
22. Lettre de Vauban à Le Peletier — 19 novembre 1700 — d'Antibes (RdA II).
23. Lettre de Vauban à Puyzieulx — 4 décembre 1700 — de Toulon (LdH).
24. Lettre de Vauban à Le Peletier — 7 janvier 1701 — de Marseille (RdA II).
25. Lettre de Le Peletier à Vauban — P. Lazard, *op. cit.*
26. *Nouveau projet pour la fortification de Toulon* par Vauban — 19 mars 1701 (SHAT-AG).
27. Lettre de Le Peletier à Vauban — P. Lazard, *op. cit.*
28. *Nouveau projet de fortification et d'agrandissement de Marseille* — 11 avril 1701 (SHAT-AG).
29. Les « Princes », le duc de Bourgogne et le duc de Berry, escortent leur frère, le duc d'Anjou, jusqu'à l'entrée de son royaume d'Espagne.
30. Le maréchal de Boufflers, gouverneur de la Flandre, organise en secret cette opération avec l'Électeur de Saxe, gouverneur des Pays-Bas, pour le compte de l'Espagne. Les places de Luxembourg, Namur, Charleroi, Mons, Ath, Audenarde et Nieuport accueillent des garnisons françaises tandis que les bataillons hollandais sont priés de se retirer. L'opération s'effectue par surprise, le 6 juin 1701, sans qu'un coup de feu ne soit tiré.
31. Ce mémoire est cité *in extenso* dans RdA I.
32. *Cf.* la lettre de l'ingénieur Filley à Le Peletier du 25 mai 1699 à propos des projets successifs de Vauban pour l'enceinte du bourg d'Oléron (SHAT-AG).
33. Barbezieux est mort le 5 janvier 1701.
34. Michel de Chamillart (1652-1721), conseiller au parlement de Paris et intendant des finances. Contrôleur des finances en 1699, il cumule ses fonctions avec le département de la Guerre à partir de 1701.
35. Saint-Simon note dans ses *Mémoires :* « Le grand ressort de la tendre affection du Roi pour lui [Chamillart] était son incapacité même, il l'avouait au Roi à chaque pas et le Roi se complaisait à le diriger et à l'instruire. »
36. John Churchill, duc de Marlborough (1650-1722), capitaine habile et bon diplomate.
37. En novembre 1701 l'Électeur-archevêque de Cologne, sortant de sa neutralité, autorisera les troupes françaises à occuper les villes de Liège, Bonn, Rheinberg et, sur la rive droite du Rhin, Kaiserswerth.
38. Victor-Amédée, duc de Savoie, signe le 6 avril 1701 un traité avec Louis XIV. Il devient généralissime des armées françaises et espagnoles en Italie. Moyennant un traitement de 150 000 livres par mois, il doit entretenir une armée de 8 000 fantassins et de 2 500 cavaliers. Enfin il donnait sa seconde fille en mariage à Philippe V.
39. Le prince Eugène de Savoie-Carignan (1663-1736), fils du comte de Soissons et d'Olympe Mancini, nièce de Mazarin. Il avait préféré la carrière des armes à l'état ecclésiastique auquel il était destiné. Louis XIV ne lui ayant pas donné le régiment qu'il ambitionnait, il était allé prendre du service dans les troupes impériales. Il s'était distingué dans la guerre contre les Turcs.
40. Lettre de Vauban au Roi — 30 avril 1701 — de Paris (FR).
41. Lettre de Vauban à Mme de Ferriol — 12 octobre 1701 — de Fontainebleau (RdA II).
42. *Traité de la culture des forêts* — 14 octobre 1701 — de Fontainebleau, cité *in extenso* dans RdA I (et dans les *Oisivetés*, Augoyat, Correard, 1843, t. IV).
43. L'arrivée de Vauban à Bazoches, vers le 23 octobre 1701, est relatée dans le prologue.
44. Lettre de Vauban à Puyzieulx — 27 octobre 1701 — de Bazoches (HdL).
45. Lettre de Vauban à Mme de Ferriol — 28 octobre 1701 — de Bazoches (RdA II).
46. Mémoire cité *in extenso* dans RdA I (et dans les *Oisivetés*, Augoyat, t. IV).

20. Le bâton de maréchal

1. Cité dans les *Mémoires* de Saint-Simon, coll. « La Pléiade » Gallimard, 1983, t. I.
2. Lettre de Vauban au Roi — 2 janvier 1702 — de Paris (RdA II).
3. Échange de correspondance entre Vauban et M. de Valentinay, ainsi qu'entre Vauban et son gendre (archives privées).
4. La rue Saint-Vincent était l'actuelle rue Saint-Roch entre la rue de Rivoli et la rue Saint-Honoré (*cf. La maison mortuaire de Vauban)* communication de M. Dumoulin dans les actes du congrès de l'Association bourguignonne des sociétés savantes tenu à Avallon en juillet 1933.
5. Lettre de Vauban au père de La Chaise — 30 mars 1702 — de Paris (FR). L'abbaye de Vézelay sera finalement attribuée à l'abbé de Tencin, frère de la « belle Angélique », pour lequel Vauban avait, dans la même lettre, demandé également une abbaye !
6. Scrupule : « L'incertitude d'une conscience exigeante au regard de la conduite à avoir ou du caractère de faute d'une action passée » (dictionnaire *Robert*).
7. *Testament du maréchal de Vauban*, cité *in extenso* dans RdA I.
8. Saint-Simon, *op. cit.*
9. La France a mis sur pied une infanterie de 160 000 hommes et une cavalerie de 40 000 hommes, renforcée par l'armée espagnole. Les alliés comptent environ 250 000 hommes sous les armes.

La marine royale peut aligner 200 vaisseaux, renforcés par la marine espagnole. Tandis que la marine anglaise compte 150 vaisseaux, à laquelle s'ajoute la marine hollandaise. « Au total les vaisseaux de combat des deux camps s'équilibrent », cité dans *Louis XIV*, F. Bluche, Fayard, 1986.

10. *Agenda pour le Roi* — 4 mars 1702 (FR).
11. Louis-Joseph, duc de Vendôme (1654-1712). Son grand-père était le fils naturel d'Henri IV et de Gabrielle d'Estrées.
12. Kaiserswerth, situé sur le Rhin entre Düsseldorf et Duisbourg, une des villes appartenant à l'Électeur de Cologne qui a demandé à la France de l'aider à se défendre. Le gouvernement de la place a été confié au marquis de Blainville, fils de Colbert ; Vauban lui envoie le 14 mars des conseils sur la manière d'organiser la défense.
13. Lettre de Vauban à Boufflers — 17 mai 1702 — de Liège (FR).
14. Dans une lettre de Vauban à Mme de Ferriol — 25 juin 1702, il évoque « [...] un siège considérable qui ne s'est pas fait ».
15. Lettre de Chamillart à Vauban — 15 juillet 1702 — de Versailles (RdA II).
16. Hulst est située à cinq lieues, ouest-nord-ouest d'Anvers.
17. Lettre de Vauban à Boufflers — 1er septembre 1702 — du camp devant Hulst (SHAT-BG).
18. Lettre de Vauban à Boufflers — 2 septembre 1702 — du camp devant Hulst (RdA II).
19. Lettre de Vauban au duc de Bourgogne — 2 septembre 1702 — du camp devant Hulst (FR).
20. Lettre de Vauban à Boufflers — 6 septembre 1702 — du camp devant Hulst (RdA).
21. Lettre de Vauban à Chamillart — 24 septembre 1702 — de Malines (RdA II).
22. Lettre de Chamillart à Vauban — 30 septembre 1702 — de Fontainebleau (RdA II).
23. Duc de Villars (1653-1734), colonel de cavalerie à 21 ans, il piétine longtemps avant de se distinguer à Friedlingen, ce qui lui vaut le bâton de maréchal. Il débute alors une brillante carrière de guerrier. Sa victoire à Denain en 1713 sauvera le royaume.
24. Lettre de Catinat à Vauban — 21 décembre 1702 — de Paris (*Catinat*, E. de Broglie, V. Lecoffre, 1902).

25. Lettre de Vauban à Catinat — 28 décembre 1702 — de Namur (FR).

26. Dans l'ordre d'ancienneté, les dix nouveaux maréchaux sont : Chamilly, Estrées de Cœuvres, Château-Renault, Vauban, Rosen, Huxelles, Tessé, Montrevel, Tallard, Harcourt. Louis XIV avait déjà promu neuf maréchaux pendant son règne : Duras (1675), Estrées (1681), Choiseul, Villeroi, Joyeuse, Boufflers, Noailles, Catinat (1693), Villars (1702).

27. Lettre de Vauban à Puyzieulx — 8 février 1703 — de Namur (HdL).

28. Extrait du *Journal* de Dangeau, coll. « La Pléiade », Gallimard, 1983, t. II.

29. *État des réparations de la ville et du château de Namur* — avec une lettre d'envoi datée du 11 février 1703 (SHAT-AG).

30. *Cf.* note sur Chamlay page 334.

31. « Mémoires et instructions sur les munitions des places, l'artillerie, et les armements en course », *Oisivetés*, Augoyat, Correard, 1843, t. VI. Dans ce même tome figurent, après le « Traité sur les places » (150 pages manuscrites), un mémoire sur « La Levée de trois régiments d'artillerie » et un « Projet de création d'une compagnie de sapeurs », plus un certain nombre de mémoires sur « l'armement en course », « les galères », « les escadres des vaisseaux » (représentant encore une centaine de pages manuscrites). Ces différents textes ont été composés à des dates différentes et rassemblés par Vauban entre 1703 et 1706.

32. Lettre de Vauban, Puyzieulx — 23 juillet 1703 — de Paris (HdL). Débiffé : mis en mauvais état, affaibli.

33. Ce traité figure dans le tome V des *Oisivetés* (déjà cité).

34. Extrait d'une lettre de Vauban à Chamillart — 2 décembre 1701 (FR), et repris en des termes similaires dans son mémoire.

35. Mémoire pour le Roi — 1er juin 1703 (FR).

36. Lettre du Roi à Chamillart — 29 juillet 1703 — de Marly (RdA II).

37. Fénelon (François de Salignac de la Mothe-Fénelon, 1651-1715). Réputé pour son habileté dialectique, il est choisi par le Roi pour être le précepteur du duc de Bourgogne en 1689. Cette charge lui fut enlevée en 1694 à la suite de ses prises de position dans l'affaire du quiétisme. Il fut exilé à Cambrai dont il était archevêque. « Le plus bel esprit et le plus chimérique du royaume », disait de lui Louis XIV.

38. Cité dans *Des vicissitudes politiques de la France,* R. de Larey, Amyot, 1860.

39. Lendore : personne lente et paresseuse qui semble assoupie (*Littré*).

40. Lettre de Vauban à Chamillart — 21 août 1703 — de Biesheim (RdA II).

41. Lettre de Vauban à Chamillart — 27 août 1703 — du camp devant Vieux-Brisach (RdA II).

42. Lettre de Vauban à Chamillart — 29 août 1703 — du camp devant Vieux-Brisach (RdA II).

43. Lettre de Vauban à Chamillart — 6 septembre 1703 — devant Vieux-Brisach (RdA II).

44. Les pertes des assaillants se limitent à 350 tués et blessés. La garnison assiégée comptait 4 200 hommes, dont 500 furent tués ou blessés.

45. Lettre de Vauban à Mme de Ferriol — 7 septembre 1703 (citée dans *Vauban* de M. Parent, Berger-Levrault, 1983).

46. Lettre de Vauban à Chamillart — 29 septembre 1703 — de Brisach (RdA II).

47. Lettre de Chamillart à Vauban — 3 octobre 1703 — de Fontainebleau (RdA II).

48. *Avis sur l'attaque de Landau* — 6 octobre 1703 (SHAT-AG).

49. Landau, attaqué le 15 octobre, se rendra le 15 novembre 1703.

50. Lettre de Vauban à Puyzieulx — 11 octobre 1703 — de Strasbourg (HdL).

51. Lettre de Vauban au directeur des fortifications du Dauphiné — 8 février 1704 — de Paris (RdA II).

52. Lettre de Vauban à Robelin — 7 août 1704 — de Paris (RdA II).

53. *Traité de l'attaque des places* — tome VIII des *Oisivetés* (déjà cité) (des extraits figurent dans RdA I).

54. *Traité sur la défense des places* — tome IX des *Oisivetés* (déjà cité).

55. Lettre de Vauban à Puyzieulx — 13 mai 1704 — de Paris (HdL).
56. Le duc de Savoie a en effet changé de camp une nouvelle fois. Il a signé un traité avec l'Empereur, le 8 novembre 1703, qui lui promettait des extensions territoriales.
57. Le Portugal, sollicité depuis longtemps par l'Angleterre, a pris le prétexte de l'affaire de Vigo pour traiter avec les alliés. Il a signé, le 16 mai 1703, un traité lui promettant la protection de ses vaisseaux et de ses territoires en Amérique. Il a même reconnu l'archiduc Charles, comme roi d'Espagne.
58. Hochstädt : sur le Danube, entre Ulm et Donauwoerth, à environ trois lieues en amont de cette ville.
59. Lettre de Vauban à Puyzieulx — 13 mai 1704 — de Paris (HdL).
60. Lettre de Vauban à Dupuy-Vauban — 2 octobre 1704 — de Fontainebleau (RdA II).
61. Archives privées.
62. *Mémoire de l'état présent de la rivière de Cousin depuis son embouchure dans la Cure jusqu'au pont de Cousin près d'Avallon* — 17 et 18 octobre 1704 (archives privées).
63. La place, commandée par le lieutenant général de Laubanie, s'est défendue vaillamment ; elle était investie depuis le 9 septembre par une armée commandée par le prince Louis de Bade.
64. Lettre de Vauban à Le Peletier — 10 décembre 1704 — de Bazoches (SHAT-BG).

21. Dernière campagne

1. Lettre de Vauban à Le Peletier — 30 janvier 1705 — de Paris (RdA II).
2. L'ordre du Saint-Esprit a été institué par Henri III en 1578. Son insigne, suspendu à un cordon bleu, était une croix d'or portant à l'avers la colombe du Saint-Esprit et au revers un saint Michel. Les membres de l'ordre étaient limités à cent.
3. Extrait des *Mémoires* de Saint-Simon, coll. « La Pléiade », Gallimard, 1983.
4. Extrait des titres produits par Vauban pour recevoir les Ordres du Roi (RdA I).
5. Tome II des *Oisivetés,* Augoyat, Correard, 1843.
6. *Traité de la fortification de campagne* par le maréchal de Vauban — 1705.
7. Lettre de Vauban à Chamillart — 18 février 1705 — de Paris (RdA II).
8. Lettre de Chamillart à Vauban — 9 mars 1705 — de Versailles (SHAT-BG).
9. James Stuart Fitz-James, duc de Berwick (1670-1734), fils naturel de Jacques II d'Angleterre et de la sœur de Marlborough. Envoyé en Espagne avec 12 000 hommes pour soutenir Philippe V. Fait maréchal de France en 1706.
10. Lettre de Vauban à Le Peletier — 16 mars 1705 — de Paris (FR).
11. Lettre de Vauban à Chamillart — 6 avril 1705 — (FR).
12. Lettre de Vauban à Chamillart — 28 avril 1705 — de Paris (RdA II).
13. La paroisse de Bazoches, jadis relevant du diocèse d'Autun, avait été donnée en « collation » à l'abbé de Cure, en 1664, par l'évêque Henri de Bourgogne, *Histoire de Bazoches* par Louis Guédon, 1899.
14. Extrait des registres de l'église de Bazoches (RdA II).
15. Sierck est à environ 5 lieues en aval de Thionville sur la Moselle.
16. Lettre de Vauban à Puyzieulx — 24 juin 1705 — de Paris (HdL). Cacade : échec ridicule, reculade honteuse causée par la couardise ou le manque d'habileté.
17. Lettre de Chamillart à Vauban — 21 août 1705 — de Versailles (RdA II).
18. *Mémoire sur les canaux du Nord* fait à Lille — 15 juillet 1705 (SHAT-BG).
19. Lettre de Vauban à Puyzieulx — 9 septembre 1705 — de Paris (HdL). En fait ce projet sera réalisé sous le règne de Louis XV.
20. La Feuillade écrit le 1er septembre à Chamillart : « Ayez confiance en moi et vous vous en trouverez mieux et le Roi aussi [...]. Il y a des gens nés pour commander

et ces sortes de messieurs-là [les ingénieurs] pour exécuter les ordres qu'on leur donne. » (RdA II).

21. Lettre de Vauban à La Feuillade — 11 septembre 1705 — de Paris (FR).
22. Lettre de La Feuillade à Chamillart — 7 novembre 1705 (SHAT-BG).
23. Le baron Pallavicini est un officier piémontais, passé depuis plusieurs années au service de la France.
24. Lettre de Vauban à Chamillart — 16 janvier 1706 — de Paris (RdA II).
25. Lettre de Chamillart à Vauban — 18 janvier 1706 — de Versailles (RdA II).
26. Fille de Jean Dupuy de Montbrun, marquis de Villefranche, qui émigra en Angleterre lors de la révocation de l'édit de Nantes et qui fut tué en 1693 à la tête d'un régiment.
27. Rapport de d'Argenson au chancelier Pontchartrain — 10 novembre 1705 (RdA I).
28. Lettre de Vauban à Chamillart — 8 janvier 1706 — de Paris (RdA II).
29. Le château de Nice est pris par le duc de Berwick le 6 janvier 1706. Quand Vauban écrit cette lettre, il ne l'a pas encore appris.
30. La technique mise au point consistait à tirer de plein fouet, à moins de 100 toises de distance, en traçant sur les murailles à coup de boulets un H majuscule, en commençant par les barres verticales du H. Le rempart ainsi découpé, comme en pointillé, s'éboulait pratiquant une brèche qui permettait de donner l'assaut. (Technique qui m'a été expliquée par le général Nicolas.)
31. Louis-Auguste de Bourbon, duc du Maine (1670-1736), second fils de Louis XIV et de Mme de Montespan.
32. Lettre de Vauban au duc du Maine — 2 mars 1706 — de Paris (RdA II).
33. Les canons de bronze disparaîtront à la fin du XIXe siècle seulement.
34. Mémoire cité *in extenso* dans RdA I.
35. Sept mois plus tard, en septembre 1706, Vauban fait état de ce mémoire dans une lettre adressée à Chamillart. Il lui propose de lui en envoyer un exemplaire.
36. Ramillies est en Brabant, près de Louvain.
37. Lettre de Vauban à Chamillart — 18 juin 1706 — de Paris (RdA II).
38. Lettre du Roi à Vauban — 20 juin 1706 — de Marly (RdA II). « Mon Cousin » est utilisé par le Roi s'adressant aux maréchaux de France.
39. Lettre de Vauban à Chamillart — 23 juin 1706 — de Dunkerque (SHAT-BG).
40. Lettre de Chamillart à Vauban — 28 juin 1706 — de Marly (SHAT-BG).
41. Lettre de Vauban à Chamillart — 1er juillet 1706 — de Dunkerque (RdA II).
42. Lettre de Vauban à Chamillart — 6 juillet 1706 — de Furnes (RdA II).
43. Lettre de Villeroi à Vauban — 17 juillet 1706 — de Valenciennes (FR).
44. Lettre de Vauban à Chamillart — 22 juillet 1706 — de Dunkerque (RdA II).
45. *Ibid.*
46. Lettre de Vauban à Chamillart — 8 avril 1706 — de Lille (RdA II).
47. Lettre de Vauban à Maurepas — 30 août 1706 — de Dunkerque (SHAT-BG).
48. Lettre de Vauban à Chamillart — 20 août 1706 — de Dunkerque (RdA II).
49. Lettre de Vauban à Chamillart — 17 octobre 1706 — de Dunkerque (RdA II).
50. Lettre de Vauban à Maurepas — 24 octobre 1706 — de Dunkerque (RdA II).
51. Lettre de Maurepas à Vauban — 5 juillet 1706 — (RdA II).
52. Lettre de Vauban à Chamillart — 28 novembre 1706 — de Paris (FR).

22. Ultimes combats

1. Lettre de Chamillart à Vauban — 19 décembre 1699 — de Versailles (SHAT-BG).
2. *Cf.* Annexe n° 6.
3. Certaines de ces pensées sont citées dans RdA I.
4. Un rapprochement est à faire avec les conseils prodigués par Fénelon au jeune

duc de Bourgogne à travers les *Aventures de Télémaque,* ouvrage publié à l'insu de l'auteur en 1699.

5. Il existe ainsi 220 maximes, numérotées par Vauban (archives privées).

6. François, duc de La Rochefoucauld (1613-1680) — *Sentences et maximes morales,* 1665. Jean de La Bruyère (1645-1696) — *Caractères* parus de manière anonyme en 1688.

7. Archives privées.

8. Pour tout ce qui touche à la *Dixme Royale,* se rapporter à l'excellente présentation faite par J. F. Pernot (édité par l'Association des Amis de la Maison de Vauban, 1988). L'hypothèse d'une impression réalisée à Lille paraît la plus vraisemblable, Vauban y ayant, au titre de gouverneur de la citadelle, de grandes facilités.

9. La préface a dû être écrite entre 1698 et 1700, puisqu'il y fait allusion à la paix de Ryswick.

10. Vauban, malgré ses multiples occupations, a beaucoup lu. Sa bibliothèque comprenait de nombreux ouvrages d'histoire, de philosophie et de relations de grands voyageurs.

11. Écrits du duc de Bourgogne, datant de 1704 environ, cité dans *Vicissitudes politiques de la France,* R. de Larey, Amyot, 1860.

12. Le chancelier de Pontchartrain avait entre les mains le manuscrit de la *Dixme Royale* depuis plus de 18 mois. *Cf.* lettre de Vauban à Jérôme de Pontchartrain du 24 mai 1705 (archives privées).

13. Boisguilbert a été en relations avec Vauban entre 1694 et 1704. Ce dernier cite dans la *Dixme Royale* le premier ouvrage de Boisguilbert *Le détail de la France.*

14. Lettre de Chamillart à Vauban — 11 février 1707 — de Versailles (FR).

15. Lettre de Vauban à Le Peletier — 20 février 1707 — de Paris (FR).

16. Lettre de Vauban à Garangeau — 14 mars 1707 — de Paris (SHAT-BG).

17. Lettre de Maurepas à Vauban — 20 mars 1707 — de Versailles (SHAT-BG).

18. Voir le dossier, comprenant toutes les pièces ayant trait à l'enquête menée par le lieutenant général de police de Paris, d'Argenson, qui est placé en annexe de la communication de Michel Morineau dans les actes du colloque tenu en décembre 1983 sur le thème *Vauban réformateur,* Association Vauban, 1985.

19. « Hier pendant que le Roi dînait, M. Fagon vint lui dire que le maréchal de Vauban était à l'extrémité et qu'il priait qu'on lui envoyât M. Boudin, premier médecin de Monseigneur. Le Roi ordonna qu'il partît sur l'heure et parla de M. de Vauban avec beaucoup d'estime et d'amitié ; il le loua sur plusieurs chapitres et dit : " Je perds un homme fort affectionné à ma personne et à l'État ". », *Journal* de Dangeau, coll. « La Pléiade », Gallimard, 1983, t. II.

Épilogue

1. Peu de temps après le décès de Vauban, le philosophe Fontenelle fit devant l'Académie royale des sciences l'éloge du défunt, posant ainsi les premiers éléments de cette légende. On en a retenu quelques formules :

« Sa vertu était en quelque sorte un instinct heureux, si prompt qu'il prévenait sa raison.

» C'était un Romain qu'il semblait que notre siècle eût dérobé aux plus heureux temps de la République. »

Voltaire, parlant de Vauban, l'appelle « l'ami des vertus et des arts ».

En 1784, l'Académie des sciences, des arts et des lettres de Dijon propose pour thème de son prix d'éloquence « l'éloge de Vauban ». Un capitaine du génie, qui deviendra le grand Carnot, remporte l'épreuve avec des sentences lapidaires telles que : « Il devance son siècle et son langage ne peut être entendu que de la postérité. »

La seule note dissonante vient de Pierre Choderlos de Laclos, qui deviendra célèbre pour son livre *Les Liaisons dangereuses;* il écrit en 1786 une lettre ouverte à l'Académie française affirmant que Vauban n'est pas le grand homme que l'on dépeint. Cela soulève un tollé général.

Quelques années plus tard, Napoléon, qui admire le génie militaire de Vauban, décide de lui rendre un hommage solennel en faisant transférer son cœur aux Invalides.

2. Le château de Bazoches a été vendu en 1748 par le petit-fils de Vauban, Louis-Sébastien d'Ussé, à Denys Angran d'Alleray. La fille de ce dernier épouse le marquis Louis de Vibraye. Bazoches demeure dès lors dans la famille de Vibraye qui se trouve par ailleurs alliée aux d'Aunay, descendants directs de la fille aînée de Vauban.

3. Le transfert du cœur de Vauban est une suite étonnante de péripéties.

En 1793, les armées de la République manquent de munitions, on décide de récupérer à cet effet les cloches des églises et le plomb des cercueils. Fouché, envoyé dans le département de la Nièvre, donne l'ordre d'ouvrir les caveaux. C'est ainsi que la tombe de Vauban est profanée, ses ossements et ceux de sa famille jetés dans un coin du caveau. Mais, suivant la coutume du temps, son cœur avait été prélevé au moment de son décès, placé dans une boîte en plomb qui avait été scellée sous l'autel de l'église de Bazoches.

En 1804, quand cette église a été remise en état, après les dégradations survenues pendant la période révolutionnaire, on a retrouvé la boîte contenant le cœur de Vauban. Napoléon en ayant été informé, décide de le faire transporter sous le dôme des Invalides, à côté du tombeau de Turenne.

Le 15 octobre 1804 le sous-préfet d'Avallon, escorté de deux gradés de la gendarmerie, vient chercher la relique à Bazoches. Après la cérémonie, le maire, François Millereau, les invite à déjeuner au château de Vauban. Repas copieux, bien arrosé et long, digne des traditions morvandelles. Pour rattraper son retard, la petite troupe part au grand trot vers Avallon où elle est attendue. Le gendarme, en charge du précieux colis, s'assure en cours de route qu'il est toujours dans une fonte de la selle. Horreur, il n'y est plus ! Demi-tour, on fouille buissons et fossés le long de la route jusqu'à Bazoches. La boîte est finalement retrouvée dans l'écurie où les chevaux avaient été attachés pendant le repas, elle avait glissé dans une mangeoire sous le foin.

Le sous-préfet et son escorte arrivent au grand galop à Avallon, pour apprendre que la délégation venant de la capitale pour prendre en charge la relique n'est pas arrivée, le général qui devait être à sa tête étant tombé malade. Le cœur de Vauban est donc déposé dans l'église Saint-Lazare… où il attendra près de deux ans la désignation d'un nouveau chef de délégation, le général étant mort entre-temps.

C'est un arrière-petit-fils de Vauban, Charles-Louis-David Le Peletier d'Aunay, qui en 1806 vient chercher la relique et la dépose dans son hôtel particulier, rue de Lille, en attendant la cérémonie officielle du transfert aux Invalides. A nouveau cette attente dure deux ans, la mise au point du mausolée dans la chapelle du dôme ayant subi de nombreux retards.

Enfin, le 26 mai 1808, la précieuse boîte est placée sur un char funèbre orné de drapeaux et de trophées. Le convoi suit un itinéraire bordé de troupes rendant les honneurs et d'une foule nombreuse. Au cours d'une imposante cérémonie, le cœur de Vauban est mis dans une urne d'albâtre, au sommet d'une colonne funéraire, dans la chapelle du dôme.

Mais en 1840, quand les cendres de Napoléon sont ramenées en France, on décide de faire d'importants travaux dans cette chapelle pour y mettre le tombeau de l'Empereur. L'urne funéraire de Vauban est alors reléguée dans le caveau des Gouverneurs situé sous l'église des Invalides. Elle y est plus ou moins oubliée jusqu'aux cérémonies du tricentenaire de la naissance du maréchal en 1933. Elle est alors replacée dans la chapelle du dôme sur le monument élevé à la mémoire de Sébastien Le Prestre, maréchal de Vauban.

Sources et bibliographie

I

L'essentiel des sources exploitées pour composer cet ouvrage provient :

— du Service historique de l'armée de terre :

1. Bibliothèque du Génie, neuf volumes de « correspondance de Vauban » avec le Roi, les ministres et les ingénieurs, plus un tome : « Supplément à la correspondance de Vauban » (SHAT-BG).

2. Archives du Génie, quelque 120 dossiers de places classés Article 8 — section I pour les places françaises et Article 14 pour les places étrangères (SHAT-AG).

— des deux tomes de Rochas d'Aiglun, intitulés : *Oisivetés* et *Correspondance* (RdA I ou II).

— des *Lettres au marquis de Puyzieulx*, présentées par Hyrvoix de Landosle (HdL).

— des archives appartenant à la famille de Rosanbo, déposées aux Archives nationales sous le titre Fonds Rosanbo (FR). Les documents consultés ont les cotes suivantes :

Registres. 260 AP 1, 4, 5, 7, 10, 17.
Fortifications et frontières. 260 AP — 26 à 40.
Sièges. 260 AP — 41 à 43.
Campagnes et combats. 260 AP — 48 à 52.
Théorie fortification et attaque de places.
260 AP — 48 à 52.
Finances de l'État. 260 AP 54.
Dénombrement de la population. 260 AP 59.
Canaux et aqueducs. 260 AP — 62 à 64.
Politique. 260 AP 65.
Colonies. 260 AP 66.
Métaphysique. 260 AP 69.
Suppléments. 260 AP 70 à 74.
Correspondance. 261 AP 1 et 2
261 AP 20 à 24 — 29 et 30
261 AP 44 à 47
261 AP 50 à 54

— des archives privées appartenant à différentes familles, en particulier celles des Millereau, détenues par la famille de La Brosse à Vauban (archives privées).

II

Principaux ouvrages et documents consultés :

Études sur le siècle de Louis XIV

Albert BABEAU, *La Vie militaire sous l'ancien régime*, Plon, 1980.
Jean BÉRENGER, *Turenne*, Fayard, 1987.
Anne BLANCHARD, *Les Ingénieurs du Roy*, Université de Montpellier, 1979.
François BLUCHE, *Louis XIV*, Fayard, 1986.
E. de BROGLIE, *Catinat*, V. Lecoffre, 1902.
André CORVISIER, *La France de Louis XIV*, Sedes, 1979.
—, *Louvois*, Fayard, 1983.
Paul GUTH, *Mazarin*, Flammarion, 1972.
R. de LAREY, *Vicissitudes politiques de la France*, Amyot, 1860.
Ernest LAVISSE, *Louis XIV*, rééd. Laffont, 1989.
François LEBRUN, *Le XVIIe siècle*, A. Colin, 1967.
Jean MEYER, *Colbert*, Hachette, 1981.
Inès MURAT, *Colbert*, Fayard, 1980.
Camille ROUSSET, *Histoire de Louvois*, Paris, 4 vol., 1861-1863.
SAINT-SIMON, *Mémoires* et *Additions au journal de Dangeau* (2 tomes), La Pléiade, Gallimard, 1983.
Général WEYGAND, *Turenne*, Flammarion, 1929.
Actes du colloque international de Rouen sur Boisguilbert, INED, 1989.

Biographies et études sur Vauban

G[al] baron AMBERT, *Le Maréchal de Vauban*, A. Mane, 1982.
Daniel AUGER, *Vauban et le Morvan*, Maison Vauban, 1986.
Robert BORNECQUE, *La France de Vauban*, Arthaud, 1984.
Marthe de FELS, *Terre de France-Vauban*, Gallimard, 1932.
FONTENELLE, CARNOT, BARILLON, *Éloges de Vauban*, Maison Vauban, 1986.
Daniel HALÉVY, *Vauban*, Grasset, 1923.
F. J. HEBERT et G. A. ROTHROCK, *Soldier of France*, American University Studies, Peter Lang, 1989.
Colonel LAZARD, *Vauban*, F. Alcan, 1934.
Georges MICHEL, *Histoire de Vauban*, Hachette, 1896.
M. PARENT et J. VERROUST, *Vauban*, Freal, 1971.
M. PARENT, *Un encyclopédiste avant la lettre*, Berger-Levrault, 1983.
Alfred REBELLIAU, *Vauban*, Fayard, 1962.
ROCHAS d'AIGLUN, *Vauban, sa famille, ses écrits, ses oisivetés et sa correspondance*, Berger-Levrault, 1910.
J. SEVERIN, *Vauban, ingénieur du Roi*, Fayard, 1962.
G. TOUDOUZE, *Monsieur de Vauban*, Berger-Levrault, 1954.
Gal WEYGAND, *Éloge de Vauban*, Tallandier, 1933.
Congrès Vauban, *X[e] congrès de l'Association bourguignonne des sociétés savantes*, Avallon, 1933.
« Vauban réformateur » *Actes du Colloque international*, Association Vauban, 1983.

Écrits de Vauban

Abrégé des Services du maréchal de Vauban, Augoyat, Auselin, 1839.
Oisivetés, Augoyat, Correard, 1843.
Lettres adressées au marquis de Puyzieulx, H. de Landosle, Brossard, 1924.
Description géographique de l'élection de Vézelay, J. F. Pernot, Maison Vauban, 1986.
Projet d'une Dixme Royale, J. F. Pernot, Maison Vauban, 1988.

Glossaire de quelques termes de fortification

bastion : ouvrage pentagonal faisant saillie sur une enceinte.

bâtardeau : digue en maçonnerie limitant la partie en eau d'un fossé.

cavalier : masse de terre élevée sur un bastion (cavalier de tranchée) utilisé par l'assaillant.

caponnière : cheminement protégé par des levées de terre, parfois par de la maçonnerie.

casemate : salle voûtée, à l'épreuve des bombes, située dans le corps d'un ouvrage pour desservir une ou plusieurs embrasures.

chemin couvert : cheminement sur la contrescarpe, protégé par le parapet de glacis.

contrescarpe : versant d'un fossé situé du côté extérieur ; elle peut être revêtue de maçonnerie.

contre-mine : travail identique à la mine, exécuté par l'assiégé pour déjouer celle-ci.

contrevallation : ligne de retranchement des assiégeants encerclant une place.

circonvallation : ligne de retranchement protégeant la position des assiégeants contre l'intervention d'une armée de secours.

corps de place : enceinte principale d'une place.

courtine : élément de muraille compris entre deux bastions.

cunette : 1 — petit canal pratiqué dans le fond d'un fossé de fortification.
2 — partie d'un aqueduc où circulent les eaux.

dehors : ensemble des ouvrages construits à l'extérieur du corps de place.

demi-lune : ouvrage retranché placé devant une courtine, entièrement cerné de fossés.

embrasure : ouverture dans un parapet ou une muraille pour permettre le tir. Synonyme de créneau.

escarpe : paroi d'un fossé du côté de la place.

échauguette : guérite de pierre construite en saillant des bastions ou des demi-lunes, pour abriter des sentinelles.

faces : côtés extérieurs d'un bastion ou d'une demi-lune, formant angle saillant.

fascine : fagot de branchages servant à retenir les terres d'un remblai.

flancs : côtés d'un bastion ou d'une demi-lune qui joignent la courtine.

fraise : palissade inclinée plantée au sommet d'une escarpe.

front bastionné : tracé dont toutes les parties se flanquent réciproquement, formé par des bastions et des courtines.

gabion : panier cylindrique, rempli de terre pour former un parapet de protection.

glacis : plan incliné en terre, raccordant le chemin couvert au niveau naturel du terrain (il est gazonné).

lunette : demi-lune isolée, placée en avant du glacis, pour surveiller et défendre une direction particulière.

mine : cheminement souterrain creusé par l'assiégeant jusque sous la muraille pour y ménager une chambre de mine, dont l'explosion provoquera une brèche.

moellon : pierre de petite dimension, de nature généralement calcaire, ordinairement recouverte de plâtre ou de mortier.

orillon : massif de maçonnerie semi-circulaire construit sur le flanc d'un bastion du côté de son raccordement avec la courtine (épaule du bastion).

ouvrage à corne : ouvrage implanté en avant du corps de place, comportant deux saillants triangulaires et des flancs allongés.

parapet : mur ou massif de terre gazonné protégeant un emplacement de tir à ciel ouvert (en particulier sur le rempart, protégeant un chemin de ronde).

parpaing : pierre de taille tenant toute l'épaisseur d'un mur et ayant deux parements.

place d'armes : espace libre pour rassembler une troupe, soit au centre d'une place forte, soit sur un chemin couvert.

poterne : porte dans la muraille d'enceinte d'une forteresse.

tenaille : ouvrage placé devant une courtine, pour la couvrir et la protéger.

traverse : mur ou massif de terre placé en épi sur un chemin couvert ou un terre-plein de rempart pour se protéger contre les tirs en enfilade.

Typologie du fronton bastionné

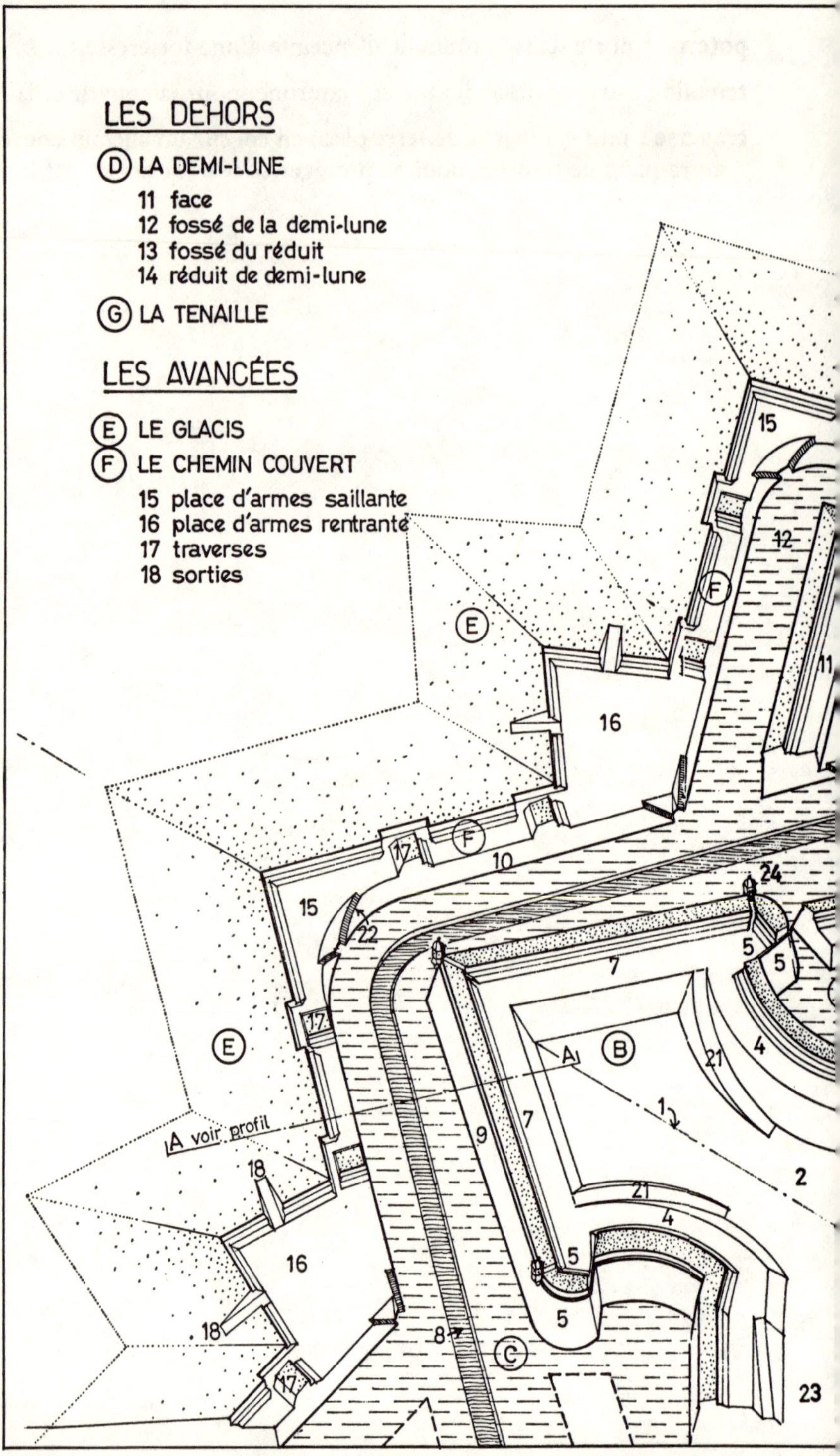

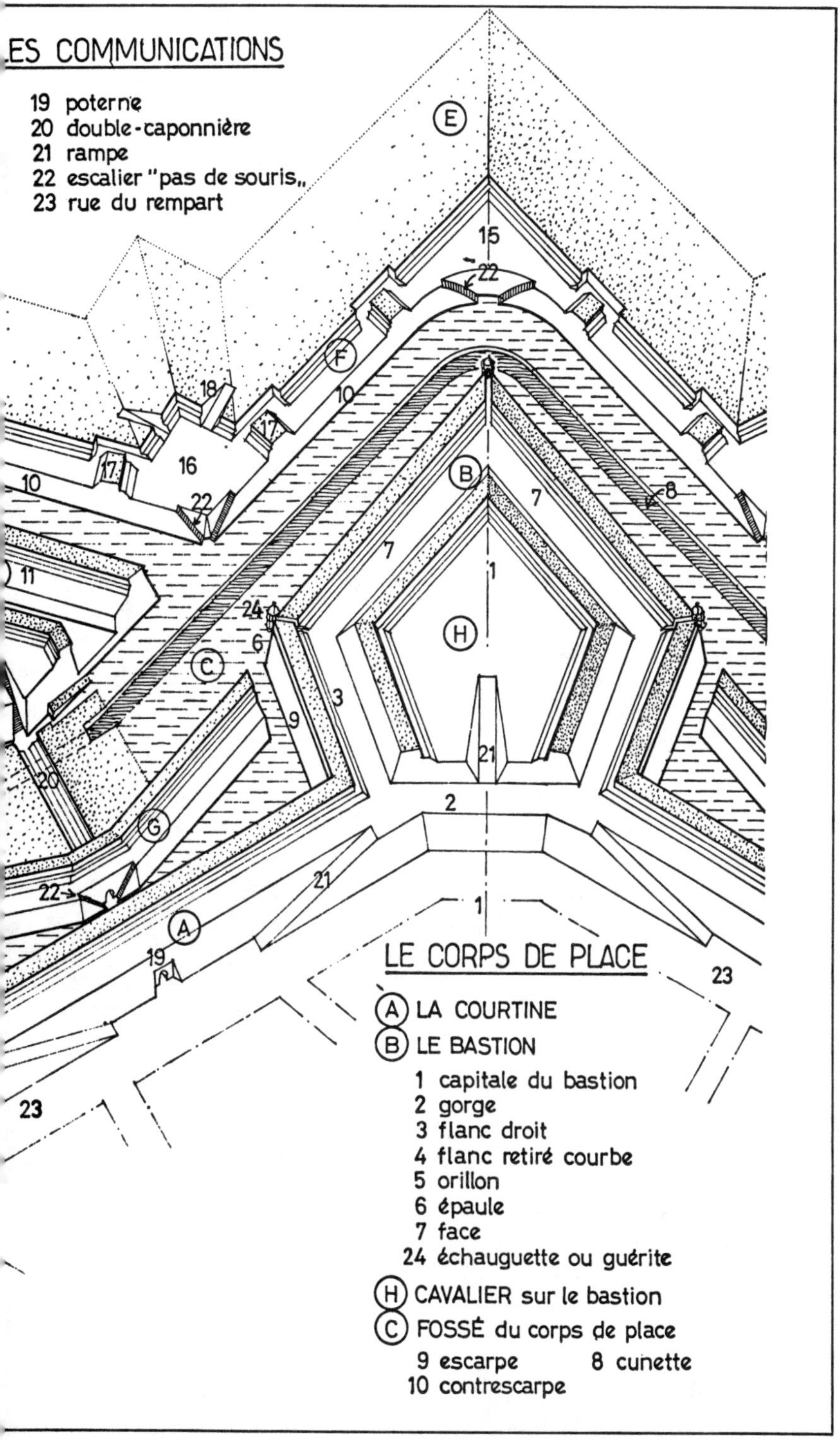

LES COMMUNICATIONS
19 poterne
20 double-caponnière
21 rampe
22 escalier "pas de souris„
23 rue du rempart
E
15
22
F
10
18
17
16
10
22
B
7
8
7
1
11
24
6
H
C
3
9
21
2
20
G
21
22
A
1
19
LE CORPS DE PLACE
23
A LA COURTINE
B LE BASTION
1 capitale du bastion
2 gorge
3 flanc droit
4 flanc retiré courbe
5 orillon
6 épaule
7 face
24 échauguette ou guérite
H CAVALIER sur le bastion
C FOSSÉ du corps de place
9 escarpe
8 cunette
10 contrescarpe
23

Remerciements

Je tiens à exprimer mes remerciements à tous ceux qui m'ont aidé dans l'élaboration de cet ouvrage.

Ma reconnaissance va d'abord au comte Tony de Vibraye qui, dans un esprit de fidélité et de dévotion à l'égard de son aïeul, a consacré une grande partie de son existence à faire revivre le château de Bazoches. Grâce à lui j'ai pu, non seulement visiter de nombreuses fois la demeure de Vauban, mais aussi m'imprégner de l'atmosphère qui y règne.

Dans le château voisin, qui a donné à Sébastien Le Prestre son patronyme, j'ai consulté, grâce à l'amabilité de François de la Brosse, la très riche documentation que sa famille a conservée depuis l'aïeul Millereau, oncle de Vauban et administrateur de ses biens.

En descendant plus au sud en Nièvre, j'ai été amicalement reçu dans le château d'Aunay, où habitait la fille aînée du maréchal, demeure restée dans cette même famille depuis cette époque. Le comte Pierre de Bourgoing m'a montré, parmi les souvenirs qu'il y conserve, ce portrait si vivant de son aïeul, dont la reproduction figure sur la couverture de ce livre.

Le marquis de Rosanbo m'a aimablement et exceptionnellement autorisé à consulter une partie du très important fonds Vauban appartenant à sa famille, dont les copies microfilmées sont déposées aux Archives nationales.

J'ai eu aussi le privilège d'avoir, au début de mon travail, de longs entretiens avec le général Nicolas, qui fut le meilleur spécialiste de Vauban. Avec une grande bienveillance, il m'a tracé les axes de recherche et fourni les points de repère pour l'étude que j'entreprenais.

Au Service historique de l'armée de terre, le général Bassac m'a largement ouvert ses dossiers. Pour me guider dans mes recherches, j'ai trouvé une aide prévenante auprès de Mlle Lacroq et de Mme Sallat, en charge des archives du Génie.

L'Association des Amis de la Maison Vauban, en la personne de Daniel Auger, m'a fourni d'utiles renseignements et des documents photographiques.

L'Association Vauban et son président Michel Parent m'ont réservé un accueil amical. Grâce à eux j'ai rencontré de nombreux spécialistes de la fortification. Je citerai en particulier Nicolas Faucherre qui a mis à ma disposition une documentation fort utile.

Je remercie enfin le professeur André Corvisier, éminent spécialiste du XVIIe siècle, dont les conseils m'ont été de la plus grande utilité.

Index

Table

DU MÊME AUTEUR

JUIN, MARÉCHAL DE FRANCE
Albin Michel, 1988
Couronné par l'Académie française

La composition de ce livre
a été effectuée par Bussière à Saint-Amand,
l'impression et le brochage ont été effectués
sur presse CAMERON
dans les ateliers de la S.E.P.C.
à Saint-Amand (Cher)
pour les Éditions Albin Michel

Achevé d'imprimer en avril 1992.
N° d'édition : 12390. N° d'impression : 966.
Dépôt légal : avril 1992.